21世纪创新系列教材

世界遗产与旅游
Shijie Yichan yu Lüyou

本教材将世界遗产与旅游相联系，以学生喜闻乐见的方式传播联合国教科文组织世界遗产项目的核心理念，即"从人们的思想中构建和平"！内容涉及世界遗产项目的背景与一般理论、遗产审美与旅游价值、遗产普遍意义与人生启迪、典型遗产地介绍与案例分析等。教材力求在平实的语言与内容组织中彰显人文关怀，使学生从世界遗产的普遍意义中体味人类的价值，从看似平常的旅行中洞察生命的意义，进而激发起学生对生活的热爱、对世界遗产的关爱之情，最终成长为负责任的旅行者和快乐的生活者。

李燕琴 编著

图书在版编目(CIP)数据

世界遗产与旅游/李燕琴编著. —北京：北京大学出版社，2012.12
(21 世纪创新系列教材)
ISBN 978-7-301-21544-9

Ⅰ. ①世… Ⅱ. ①李… Ⅲ. ①文化遗产-旅游-世界-高等学校-教材 ②自然保护区-旅游-世界-高等学校-教材 Ⅳ. ①F591

中国版本图书馆 CIP 数据核字(2012)第 274038 号

书　　　　名：	世界遗产与旅游
著作责任者：	李燕琴　编著
责 任 编 辑：	闵艳芸
标 准 书 号：	ISBN 978-7-301-21544-9/G·3533
出 版 发 行：	北京大学出版社
地　　　　址：	北京市海淀区成府路 205 号　100871
网　　　　址：	http://www.pup.cn
新 浪 微 博：	@北京大学出版社
电 子 信 箱：	minyanyun@163.com
电　　　　话：	邮购部 62752015　发行部 62750672　编辑部 62752824
	出版部 62754962
印　刷　者：	三河市北燕印装有限公司
经　销　者：	新华书店
	965 毫米×1300 毫米　16 开本　19.75 印张　351 千字
	2012 年 12 月第 1 版　2023 年 1 月第 5 次印刷
定　　　　价：	39.00 元

未经许可,不得以任何方式复制或抄袭本书之部分或全部内容。
版权所有,侵权必究
举报电话:010-62752024　电子信箱:fd@pup.pku.edu.cn

失去了文化，人类将无以前行
失去了自然，生命也将无所依存
爱旅行，爱护世界遗产

世界遗产标志：中央的正方形代表人类技艺与灵感的创造，外面的圆圈代表大自然的恩赐。两者结合，象征文化与自然合而为一，同时也意味着世界遗产超越时空，为全人类共同所有，被全世界共同保护。

缩略说明

联合国教科文组织(United Nations Educational, Scientific and Cultural Organization),简称 UNESCO。

国际古迹遗址委员会(International Council on Monuments and Sites),简称 ICOMOS。

世界自然保护联盟(International Union for Conservation of Nature),简称 IUCN。

《世界遗产名录》,简称《名录》。

《濒危世界遗产名录》,简称《濒危名录》。

《保护世界文化和自然遗产公约》,简称《世界遗产公约》。

《实施保护世界文化与自然遗产公约的操作指南》,简称《操作指南》。

自序　世界遗产与品质生活

"我是谁？我来自何方？我去向何处？"苏格拉底的千年追问也是人类的终极追问。人生这趟旅程，意义是什么？苏格拉底在其墓碑上给出了他的答案，"认识你自己"。简简单单五个字，读懂却很难！真实的自己往往为层层的欲望所包裹。蛋糕与巧克力是孩子的梦，分数是学生的命根，玫瑰与钻戒是恋人的礼物；长大了，盼着有鼓鼓的钱包，大大的房子，高高的职位……欲望裹挟着生命，匆匆，又匆匆，冷落的是内心真正的需求。

孔子云：四十不惑，但那是过去，现在寿命延长了，世界也更纷繁了，人到四十似乎才刚刚开始对自我的探索。假期与年龄相仿的几个朋友聚会，"寻找自己"竟是大家不约而同的关注，只是切入角度有异。A君是事业上的拼命三郎，人过四十，突然意识到让自己优秀的基因在这世上留存才是最重要的事情，于是开始谈婚论嫁；B君曾是打造SCI论文的高手，饱经了过度医疗之痛后，开始过一种简单而平淡的"有机"生活，现在的工作是为别人的论文做"嫁衣"，但却觉得快乐；C君是中国著名学府的博士，近年却信了佛，并从中体味到内心的宁静与充实；D女和F女分别在尝试阳台种菜和城市菜园，松土、播种、浇灌、除草、收获，回到土地，感受自然的韵律，也回归生命的本真。欲望的诱惑与真实的自我之间常常有太远的距离，需要依赖一种媒介，改变一种生活方式，以史鉴今，由外观内，方能有所突破，"世界遗产"以及"在路上的生活"无疑给了我们更多认识自己的机会。

保护世界遗产与构建个体品质生活之间有着某种内在的关联，故2008年世界遗产保护杭州论坛将"世界遗产与品质生活"确立为主题。2012年国际古迹遗址日前夕，ICOMOS世界遗产工作组主席阿尔弗雷多·康迪谈到，"有一些遗产的意义及价值突破了国家之间的边界，破坏或失去它意味着整个人类的贫困"。这种"贫困"是人类精神的匮乏！人之一生，短暂而脆弱，容易为欲望所侵蚀。世界遗产是全人类公认的具有突出意义和普遍价值的文物古迹及自然景观，走近它们，厚重的历史与文化滋养着我们，自然的力量救赎着我们，它们"能够让人了解,我们内在的心灵,它静谧且美丽"①。世界遗产开启了我们认识世界、发现"真我"的全部征程,旅途中很多人成就了全新的自己。

穿越欧亚大陆直抵澳大利亚的新婚旅程,造就了 Lonely Planet 创始人惠勒夫妇针对自助旅行者的"黄色圣经"事业。一次朝圣之旅彻底改变了年近四十的商人保罗·科埃略的生活,追随自己的内心,他终于成长为拉丁美洲最具影响力的畅销书作家。中国小伙子于晓东②在个人生活遭遇较大变故的时候,猛然发现自己一直走在亲友们认为最正确、最稳妥的光明之路上,可不知不觉却把真正的自我和曾经的梦想丢失在路上。于是美国落基之西的游荡式旅行成为了他寻找真实自我和重拾梦想的过程。

2010年初结束在夏威夷为期一年的访学回到国内,异域生活的冲击与远离惯常世事的思考,使我心中滋长起愈发强烈的冲动——循着自己的内心做些事情,于是开始每学期在中央民族大学开设"世界遗产与旅游"的通识课。回想该课程开设之初,挑战很大!朋友和学生都曾问我,"你要在这门课程中讲些什么"?现有的教材大多聚焦于世界遗产地的介绍,而这显然不能满足现在学生的需求。他们说,如果是这样,我上网"百度"一下,可能内容更多,顶多再看一些相关的 Discovery(发现)或国家地理频道的纪录片,观感上也绝对一流。但我想,再丰富的网络资源,再好的纪录片,学生面对的都只是机器;在夏威夷大学旁听课程给我最大的启发是,如何还课堂以更多的"人情"!同期,对心理学的偏好以及对自身发展的关注,使我对该课程"讲些什么"的回答日渐明晰:借"旅游"(或称旅行更恰当)这一学生感兴趣的话题,深入挖掘每一世界遗产地所传达的突出意义、普遍价值及保护之道;将旅行的意义拓展为人生的意义,从世界遗产价值发现人生的价值,使学生在课堂上不仅增旅行之兴趣,长世界之见识,更能从屹立千年、万年的遗产中对生活之道有所领悟。几轮讲下来,越来越多的学生告诉我,感觉收获很多,对生活有了新的思考,对人生有所启发,思维和眼界拓展了。有学生在新年贺卡中写道:我找到了"挚爱"的一门课程!在与学生的互动中,他们的见解也丰富着我的人生,我们一起,沐浴在"做自己喜欢的事情"的快乐中。

《世界遗产与旅游》教材的撰写,使我对整个课程有更为系统的思考。本教材分四大部分:第一部分主要阐述有关世界遗产的背景知识、基本理论以及世界遗产与旅游的关系;第二、三部分分别讲述世界自然遗产和文化遗产;第四部分介绍两类特殊的遗产——自然与文化双重遗产以及濒危遗产,并从濒危遗产

---

① 引自威廉·华兹华斯赞颂威尔士山谷的诗句,转引自阿兰·德波顿《旅行的艺术》,137 页。
② 于晓东. 一个人的落基山[M]. 青岛:青岛出版社,2008:自序.

的论题出发，进一步探讨世界遗产的保护之道，以及如何做世界遗产地负责任的旅游者。教材力求展现地球演化与人类发展进程中最美的景观，分十余大类论述世界遗产的旅游价值，让学习者在美的享受中理解自然、社会与人生。教材重点介绍36处世界遗产地，及1处正在申请中的遗产地——新西兰特卡波镇星空自然保护区。每一遗产地的讲述包括基本信息、UNESCO评价、入选标准、遗产地详细介绍，以及相关案例讨论（电子版，见网站链接）等，通过多层次、多角度阐述，使学生欣赏世界遗产所具有的突出的普遍价值，并从中体味人类的价值，洞察快乐生活之道。"找寻旅行的意义"、"发现你的幸福之地"是课程的两项常规作业，促使学生静下心来捕捉令自己感动的瞬间和地点，感悟生活之美，发现真实的自己（部分学生感悟见第16章）。

　　本教材编著过程中参考了大量论文、书籍、报纸、期刊等，引用文字在参考文献中尽可能详尽地进行了标注，所有图片的著作权者、出处在附录1集中列出，在此特向相关著作权者表示深深的感谢！特别是在国内首开"世界遗产"公选课程并撰写教材的北京大学晁华山教授，其开创性工作为本教材的撰写奠定了坚实的基础！教材部分文字来自于笔者之前与北京林业大学张茵老师等合作编著的《旅游资源学》一书，特向张茵老师致谢！① 资料庞杂，恐有挂一漏万之处，遗漏处向相关作者深表歉意！该教材得以出版，首先要感谢家人的理解和鼓励，还要感谢北京大学出版社杨书澜主任、闵艳芸女士、魏冬峰女士的倾心帮助。文稿编写过程中，夏威夷大学的刘莉萍老师对世界遗产入选标准的翻译稿进行了校对，参与资料整理的学生有杨祖文（附录2内容整理）、王彦、卢绘存（部分入选标准初译）、梁悦庆、吴春美（1处世界遗产地初稿撰写）等，一些朋友无偿提供了世界遗产地的照片，在此一并致谢！

　　穿越历史千万年，世界遗产散发着不朽的光芒，在当今浮躁的社会氛围中，如何使之帮助我们安顿躁动的灵魂，探索才刚刚开始，欣慰的是已经在路上！不足之处还很多，我会继续努力，好的意见和建议可通过 minzudaxue2005@sohu.com 的邮箱发送给我。希望可抛砖引玉，使《世界遗产与旅游》在未来成长为一门令老师和学生都有收获的课程！

李燕琴

2012年8月24日于博雅西园

---

① 主要集中于第二编世界自然遗产部分。

目 录

自序　世界遗产与品质生活 …………………………………………………… 1

第一编　世界遗产与旅游

第1章　世界遗产 …………………………………………………………… 3
第一节　世界遗产定义与分类 ……………………………………………… 3
第二节　世界遗产的申报与管理 …………………………………………… 19
第三节　世界遗产的核心理念：原真性(Authenticity)与
　　　　完整性(Integrity) …………………………………………………… 23
第四节　世界遗产的评价标准：突出的普遍价值(Outstanding
　　　　Universal Value) …………………………………………………… 25
第五节　中国的世界遗产 …………………………………………………… 29

第2章　世界遗产与旅游 …………………………………………………… 34
第一节　旅行与旅游 ………………………………………………………… 34
第二节　从遗产旅游到世界遗产旅游 ……………………………………… 36
第三节　世界遗产旅游的动机 ……………………………………………… 38

旅行的意义之一：Lonely Planet 创始人的故事 ……………………………… 45

第二编　世界自然遗产

第3章　地质地貌类世界遗产 ……………………………………………… 49
第一节　地质地貌类世界遗产的旅游价值 ………………………………… 49
第二节　地质类世界遗产 …………………………………………………… 54
第三节　地貌类世界遗产 …………………………………………………… 64

第4章　水体类世界遗产 …………………………………………………… 76
第一节　水体类世界遗产的旅游价值 ……………………………………… 76

第二节　水体类世界遗产 ································· 80

第5章　生物类世界遗产 ······································· 102
　　第一节　生物类世界遗产的旅游价值 ····················· 103
　　第二节　生物类世界遗产 ································ 105

第6章　气象气候与天象类世界遗产 ···························· 118
　　第一节　气象气候类世界遗产的旅游价值 ················· 119
　　第二节　气象气候与天象类世界遗产 ····················· 121

旅行的意义之二：旅行的艺术 ·································· 132

第三编　世界文化遗产

第7章　乡村类世界遗产 ······································ 135
　　第一节　乡村类世界遗产的旅游价值 ····················· 135
　　第二节　乡村类世界遗产 ································ 137

第8章　城市类世界遗产 ······································ 146
　　第一节　城市类世界遗产的旅游价值 ····················· 147
　　第二节　城市类世界遗产 ································ 151

第9章　历史遗址类世界遗产 ·································· 161
　　第一节　历史古迹类世界遗产的旅游价值 ················· 163
　　第二节　历史遗址类世界遗产 ···························· 166

第10章　古代陵墓类世界遗产 ································· 184
　　第一节　古代陵墓类世界遗产的旅游价值：思考生命与
　　　　　　死亡的意义 ···································· 185
　　第二节　古代陵墓类世界遗产 ···························· 188

第11章　古代建筑类世界遗产 ································· 196
　　第一节　古代建筑类世界遗产的旅游价值 ················· 197
　　第二节　古代建筑类世界遗产 ···························· 201

第12章　古典园林类世界遗产 ································· 208
　　第一节　古典园林类世界遗产的旅游价值 ················· 208
　　第二节　古典园林类世界遗产 ···························· 211

第 13 章 宗教文化类世界遗产 ······ 219
第一节 宗教类世界遗产的旅游价值 ······ 219
第二节 宗教文化类世界遗产 ······ 221

旅行的意义之三：朝圣路上 ······ 234

第四编 双重遗产、濒危遗产及其他

第 14 章 世界文化与自然双重遗产 ······ 237
第一节 双重遗产的旅游价值 ······ 237
第二节 世界文化与自然双重遗产 ······ 241

第 15 章 濒危世界遗产 ······ 250
第一节 濒危世界遗产破坏的主要原因 ······ 254
第二节 世界遗产保护的东西方差异与经验借鉴 ······ 261

第 16 章 结语 ······ 269
第一节 做负责任的旅行者 ······ 269
第二节 找寻旅行的意义 ······ 275
第三节 发现你的幸福之地 ······ 277

旅行的意义之四：旅行，旅行去 ······ 280

参考文献 ······ 281
附录 1 本书图片出处目录 ······ 294
附录 2 案例讨论目录 ······ 300

第一编
世界遗产与旅游

每年夏天,尼罗河的泛滥虽会带来肥沃的土地,但同时也威胁着城市的发展与生命的安全。1954年,埃及政府决定修建阿斯旺水坝以获得防洪、发电和灌溉之利。水坝的修筑将形成一座长500千米、宽35千米的大蓄水湖,人工湖将淹没位于埃及与南方邻国之间的历史文化遗产丰富的努比亚地区,也将改变努比亚人传统的生活方式。在埃及与苏丹政府的请求下,1960年,UNESCO发起了一项超越了国家利益的拯救努比亚文物的国际行动。

抢救工程主要有两项:一是把阿布辛拜勒的两座岩体神庙迁至山顶的人工湖之上;二是把菲莱庙群从较低的岛上迁至位置较高的另一座岛上。阿布辛拜勒神庙规模庞大,迁移十分艰巨,整个神庙岩体被锯成大块,再运到山顶拼合(见图1-1)。1967年神庙在山顶新址落成。

图1-1　拆解阿布辛拜勒神庙

大庙被切成807块,小庙被切成235块,每块重约二三十吨。石块用起重机谨慎吊运,运至贮石场按编号存放,然后再运至新址重新装配。装配时,正面的接缝全部用与石头同样颜色的灰浆补严实,几乎未留下任何切割过的痕迹;庙内装饰面却故意接缝明显,让游客与后人联想起神庙的搬迁。

为纪念这一拆迁工程，施工人员在新址地下埋放了 1 本古兰经、2 张埃及报纸和一些埃及硬币以及搬迁过程的文件。1980 年拯救努比亚文物的国际行动正式结束，期间专家们进行了四十多次大规模的挽救古迹活动，共耗资 8000 万美元，其中有一半集资于五十多个国家。1979 年阿布辛拜勒至菲莱的努比亚遗址被列入《世界遗产名录》①（见图 1-2）。

图 1-2　埃及阿布辛拜勒神庙(1979②)

公元前 1275 年，古埃及最伟大的法老拉美西斯二世所建。其精妙之处是每年春分和秋分时节，阳光会穿过长长的甬道直接照射在拉美西斯二世的雕像上，营造出举世无双的"日出奇观"。迁移后的神庙成功地保持了这一特色。有旅游者试图在现场寻找神庙搬动的痕迹，终以失败告终，不禁感叹"古人有古人的伟大，但现代人依旧让人惊叹"。

努比亚行动的成功之处还在于对其他类似保护行动的促进，如挽救意大利的水城威尼斯、巴基斯坦的摩亨佐达罗考古遗迹、印度尼西亚的婆罗浮屠等行动。

2009 年 3 月，联合国教科文组织（UNESCO：United Nations Educational, Scientific and Cultural Organization）在埃及召开国际会议纪念努比亚行动 50 周年。"这是第一场国际文物保护运动，也是一场规模空前、至今无与伦比的技术壮举……"，UNESCO 表示："迄今为止，这场独一无二的行动，为树立人类共同遗产的重要观念铺了一条坦途，从而巩固了 1972 年签署的《保护世界文化和自然遗产公约》③（Convention Concerning the Protection of the World Cultural and Natural Heritage）。这正是这场伟大运动所留给我们的经久不衰的遗产。"

---

① 以下简称《名录》。
② 括号中数字为列入世界遗产名录的年份。
③ 以下简称《世界遗产公约》。

第 1 章　世界遗产

> 由教科文组织发起的这一场国际保护运动被普遍视为一场规模空前、至今无与伦比的技术壮举……教科文组织呼吁拯救这些世界最灿烂、最悠久文明之一的壮美遗迹,让全世界人民感受到文化遗产的普遍重要意义。迄今为止,这场运动是这方面独一无二的行动,它为树立人类共同遗产的重要观念铺平了道路,从而巩固了 1972 年签署的《世界遗产公约》。
>
> ——UNESCO 总干事松浦晃一郎于"纪念努比亚运动 50 周年"大会上的致辞

第一节　世界遗产定义与分类

✎ 什么是世界遗产(World Heritage)？

图 1-3　同一个地球,同一个世界

1960 年，UNESCO 发起的"国际保护行动"特别强调"人类共同的遗产"和"人类分担保护的责任"两个概念。不谋而合的是，60 年代环境保护运动中也出现了类似观念，认为自然是一种财富和遗产，对其的保护关系到"作为一个整体的人类"的未来。1965 年在华盛顿召开的"世界遗产保护"白宫会议上最早提出"世界遗产"的概念，认为它"关系所有世界公民的现实和未来的利益"。上述提案在 1972 年法国巴黎的联合国环境大会上得到响应，11 月 16 日，UNESCO 通过《世界遗产公约》，公约承诺"全人类同意为保护和守卫杰出财富与独特现象共同努力"。公约所约定的世界遗产特指：

> 被联合国教科文组织和世界遗产委员会确认的、人类罕见而又无法替代的、为全人类公认的具有突出意义和普遍价值的文化和自然财富，它包括亿万年地球史上、人类发展过程中遗留下来的不可再生的自然奇观、人造工程、人与自然的联合工程以及考古遗址等。

世界遗产被美国《国家地理》杂志称为"全球最珍贵的地方"，是每一个民族在人类文明中的足迹，是民族自豪感和认同感的源泉。北大学者俞孔坚将世界遗产比喻为民族的"身份证"。他认为，不管是文化遗产还是自然遗产，都带有显著的民族特征。文化遗产是从文化意义上标识出一个民族的个性和历史记忆；自然遗产则是文化遗产的本源，因为文化本身是适应自然的过程、现象和格局发展而形成的，正是中国多样化的自然环境，造就了中华民族特有的文学、艺术和社会格局。与此同时，世界遗产也成为联结全人类的黄金纽带，在"国际保护行动"中，它超越了国家与民族的界线，践行了教科文组织"和平建设"、"可持续发展"以及"文化间对话"的使命。

世界遗产被联合国界定为"人类的共同遗产"，其定义应符合如下原则：

（1）"禁止据为己有"，即共同遗产不是属于国家、私人的财产；

（2）"非军事化"，即专门为和平目的加以利用，不带有侵略性；

（3）"共同利益"，即对资源利用带来的福利属于所有国家，属于全人类（包括当代与后代）（欧斌等，2003）。

总之，"世界遗产"是一种特殊的遗产，有独特的评价标准和管理方式，其目的是服务于国际团结与协作，实现世界和平。世界遗产可分为文化遗产、自然遗产和文化与自然双重遗产三大类型。截止到 2012 年 7 月，共有 157 个国家 962 处世界遗产被列入世界遗产名录，其中文化遗产 745 处，自然遗产 188 处，双重遗产 29 处（见表 1-1）。

表1-1 至2012年7月各地区世界遗产数

区域	文化	自然	双重	合计
非洲	47	35	4	86
阿拉伯国家	67	4	2	73
亚洲和太平洋地区	148	55	10	213
欧洲和北美洲	393	59	10	462
拉丁美洲和加勒比地区	90	35	3	128
合计	745	188	29	962

注：1. 俄罗斯及高加索国家的世界遗产被计入欧洲的数量中。
2. 乌布苏盆地为蒙古和俄罗斯共有的自然遗产，被计算到亚洲的数量中。
3. 有1项位于主权有争议的耶路撒冷，由约旦代为申请列入。

1982年4月18日国际古迹遗址委员会（ICOMOS：International Council on Monuments and Sites）在突尼斯首次提出世界遗产日，并于次年11月在UNESCO第22届大会上得到批准，现已得到110多个国家和地区的积极响应。2001年起，ICOMOS还为每年的这个日子设立一个主题，强调所关注的文化遗产诸多内容与层面中的一项，如2011年的主题为"文化遗产和水环境"。

文化遗产（Culture Heritage）

"尼姆的圆形剧场和加德桥（Pont du Gard）带给法国的要远比它们让罗马人花费的多。"阿贝·格雷戈瓦（Abbé Grégoire）在法兰西共和国成立的第二年说过的这句话至今仍然有效。我们对遗产的投资将带来明显有益的回报。

——ICOMOS法国国家委员会荣誉主席本杰明·穆顿

世界文化遗产包括文物古迹、建筑群和考古遗址三大类，它们都具有珍贵的历史、艺术、人类学或科学等价值，标志着人类历史上一个重要的阶段，或是为已消逝的文明或文化传统提供特殊的见证等。具体包括以下方面。

（1）文物古迹（Monuments）：从历史、艺术或科学角度看具有突出的普遍价值的建筑、碑雕和壁画、考古元素或结构、铭文、洞窟以及特殊联合体。

（2）建筑群（Group of building）：从历史、艺术或科学角度看在建筑式样、整体和谐或与所处景观结合方面具有突出的普遍价值的独立的或相互连接的建筑群。

（3）遗址（Sites）：从历史、审美、人种学或人类学角度看具有突出的普遍价值的人类工程或自然与人联合的工程以及考古发掘所在地。

文化遗产以形形色色的方式持续述说着人类的智能及活动的结晶。教科文组织提出世界遗产项目必须"加强所有人属于一个世界的感觉"，意在突出统一的"人类大家庭"的概念。教科文组织认为文化遗产中的统一性与多样性具有辩证关系:"文化遗产可以定义为由每个文化的过去传下来的物质符号的全体——无论艺术的还是象征的,因此是传给整个人类的。作为肯定和丰富文化特性的要素,文化遗产是人类经验的仓库。保护和保存文化遗产是任何文化政策的基石。"

但由于特殊历史时代导致的局限性,这种美好愿望的实现却遇到了阻碍。世界文化遗产定义受到《威尼斯宪章》[①]中"历史建筑类文物"思想的影响,倾向保护"具有历史和艺术价值的文物"。"文化"被更多理解为艺术产品和外部实践,注重的是"消逝的文明"及其代表性的纪念物、考古遗址、著名的建筑群等,而不是"深刻的、内在的、造成身份的思想、感情、理解和存在于世界上的方法"(转引自史晨暄,2008);强调的是"凝固的历史",而不是"活态的文化"。这种偏向导致了《世界遗产公约》实施后,欧洲文物类型遗产的大量列入,导致《名录》在地区间、遗产类型间出现严重的不平衡,并一直延续至今。

截止到1991年的《名录》中,欧洲及北美地区的世界遗产几乎占据了半壁江山(约44%,见图1-4),而全部遗产中文化遗产所占比例更是高达72%。2012年,上述情况并无改观,如欧洲及北美地区的世界遗产占比高达48%,文化遗产的占比也上升为77%。

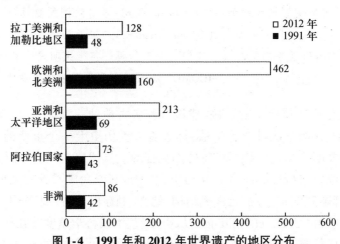

图1-4　1991年和2012年世界遗产的地区分布

遗产数量在各国之间的不均衡分布阻碍了教科文组织通过世界遗产保护运动促进文化间平等、人类团结与世界和平的目标。UNESCO虽然承认了文化

---

① 全称《国际古迹遗址保护与修复宪章》,1964年在威尼斯通过,宪章肯定了历史文物建筑的重要价值和作用,将其视为人类的共同遗产和历史的见证。

的相对性和历史的多线进化,但对文化体系的构建却极为褊狭,体现出强烈的欧洲中心主义。这也反映出一种新理论提出与付诸实践之间的差距(史晨暄,2008)。

1994年世界遗产全球战略会议借鉴了人类学理论,提出人类历史不是"单独的文物",而是由复杂和多维的文化共同构成。文化遗产的概念从这时开始放弃"纪念性建筑"视角,转向更加人类学的和全球的"世界不同文化的物质证据"的概念,一些特殊类型的文化遗产相继被提出,如文化景观、文化线路等。

自然遗产(Natural Heritage):

> 不要碰它(美国科罗拉多大峡谷)……岁月已经为它留下了痕迹,人类只会破坏它……为你的孩子,孩子的孩子,还有比你晚来的人,好好保护它。
>
> ——美国前总统西奥多·罗斯福,1903

《世界遗产公约》给自然遗产的定义是符合下列规定之一者:

(1)从审美或科学角度看具有突出的普遍价值的由物质和生物结构或这类结构群组成的自然面貌;

(2)从科学或保护角度看具有突出的普遍价值的地质和自然地理结构以及明确划为受威胁的动物和植物生境区;

(3)从科学、保存或自然美角度看具有突出的普遍价值的天然名胜或明确划分的自然区域。

自然遗产是我们赖以生存的这个星球的历史见证。它们或以其纯粹的美令人震惊,如加拿大高耸的落基山脉、澳大利亚多彩的大堡礁或挪威瑰丽的峡湾;或以其雄伟广阔引发人无限遐想,如赞比亚和津巴布韦边界咆哮的维多利亚瀑布、俄罗斯浩渺的贝加尔湖以及瑞士壮丽的阿雷奇冰川;还有一些地方以其珍贵而脆弱的生态系统而成为地球上的珍宝,如厄瓜多尔的加拉帕戈斯群岛(又叫科隆群岛)、美国的黄石国家公园等。总之,自然遗产无与伦比的特色使得它们成为了"无可取代的生命力及灵感源泉"。所以,从另一角度看,保护自然遗产也是在保护人类赖以延续的创造力和心灵的家园。北京市西南的周口店北京人遗址显示(见图1-5),在人类的黎明时代,大自然就为人类提供了天然的居所,果腹的食物,避寒的衣物,甚至装扮的"饰品",这里记载着人与自然最紧密的联系,也为"人为什么能在自然中获得快乐和灵感"提供了最佳的佐证。

图1-5　周口店北京人遗址(1987)

距今70万—20万年前,"北京人"生活于北京市西南48千米处的龙骨山。山地多为石灰岩,水力作用下形成的天然洞穴成为黎明时代人类的天然居所。"北京人"遗址上方,发现有距今3万年左右的山顶洞人遗址。洞内还挖掘出骨针、穿孔的骨坠、石珠串联而成的"项链"等,这足以证明他们已学会缝制兽皮衣服御寒,懂得从大自然中取材装扮自己,显示出人类原始的艺术萌芽。

但遗憾的是,"世界遗产"脱胎于"欧洲文物保护"的历史,使自然遗产一直无法在"世界遗产"的"大家庭"中与文化遗产"平起平坐"。如图1-6,截止到2011年6月,自然遗产加之文化与自然双重遗产也只占到全部遗产数量的23%,而在1986年该比例还是28%。这种结构失衡,除可在"世界遗产"

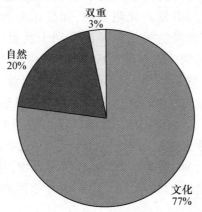

图1-6　2011年文化与自然遗产比例图

的渊源上寻找原因外,还有其他因素,如:其一,尽管伴随环境问题日益突出,尊重自然的呼声愈来愈高,但"人类中心论"的观念依然根深蒂固;其二,早期将自然遗产与文化遗产完全割裂开来,且自然遗产概念狭窄,中后期开始注意到很多景观得益于文化与自然的共同作用,但作为"人与自然的联合作品"的文化景观却被归为文化遗产,这进一步加剧了《名录》中文化与自然遗产的不平衡。

文化与自然双重遗产(Mixed Properties)

> 我们一直生活在一个巨大问号的阴影下:我们是谁?我们从哪儿来?我们到哪儿去?
>
> ——威廉·房龙

房龙说,人类是最晚出现,却是最早懂得运用自己的智慧来征服自然的动物。自从人从自然中"走出"的那一刻起,就开始困惑于如何处理"人"与"自然"的关系。西方文化中人对自然的征服是最核心的主题,而东方文化中从未中断对"天人合一"理念的追求。中国著名哲学家贺麟在20世纪40年代将这种关系归纳为三个阶段:

第一阶段,主客混一。在原始民族中间,他们不知道什么叫自然,也不知道什么叫人生。人类的个性均埋没在外界的自然中,没有自我意识的存在。

第二阶段,主客分离。自然与人生为对立面,二者互争主奴,不是人生征服自然,就是自然征服人生。进而人经由自己创造对立、征服对立而获得"成长"的机会,由草昧时期进入物质文明的阶段。

第三阶段,主客合一。经自然与人生的对立后,自然成为精神化的自然,人生成为自然化的人生。人成为最能了解自然的知己,自然在人的灵魂里愈发绽放光明。这可谓是人与自然关系的最佳境界。

由于《世界遗产公约》是一个西方文化主导的产物,因而从一开始世界遗产便带着深刻的西方传统哲学烙印:即人与自然的对立。《世界遗产公约》将遗产分为了文化和自然两大类,其界限泾渭分明,各有一套评价标准。只有那些同时符合两者认定标准的地方才有幸成为一类特殊的遗产——文化与自然双重遗产。该类遗产代表了"人类与自然的共同作品",兼具文化与自然特色,为最稀少的一种,至2012年全世界只有29处(见表1-2)。

表 1-2　2012 年文化与自然双重遗产列表

遗产名称	国家	时间	标准①
泰山	中国	1987	(i)(ii)(iii)(iv)(v)(vi)(vii)
黄山	中国	1990	(ii)(vii)(x)
峨眉山风景区,含乐山大佛风景区	中国	1996	(iv)(vi)(x)
武夷山风景区	中国	1999	(iii)(vi)(vii)(x)
卡卡杜国家公园	澳大利亚	1981	(i)(vi)(vii)(ix)(x)
威兰德拉湖区	澳大利亚	1981	(iii)(viii)
塔斯马尼亚荒原	澳大利亚	1982	(iii)(iv)(vi)(vii)(viii)(ix)(x)
乌卢鲁—卡塔曲塔国家公园	澳大利亚	1987	(v)(vi)(vii)(viii)
汤加里罗国家公园	新西兰	1990	(vi)(vii)(viii)
比利牛斯山脉—珀杜山	法国、西班牙共有	1997	(iii)(iv)(v)(vii)(viii)
伊维萨岛的生物多样性和特有文化	西班牙	1999	(ii)(iii)(iv)(ix)(x)
阿索斯圣山	希腊	1988	(i)(ii)(iv)(v)(vi)(vii)
曼代奥拉修道院	希腊	1988	(i)(ii)(iv)(v)(vii)
奥赫里德地区的自然和文化遗产	马其顿	1979	(i)(iii)(iv)(vii)
拉普人居住区	瑞典	1996	(iii)(v)(vii)(viii)(ix)
格雷梅国家公园和卡帕多细亚石窟群	土耳其	1985	(i)(iii)(v)(vii)
希拉波利斯古城和帕姆卡莱(棉花堡)	土耳其	1988	(iii)(iv)(vii)
圣基尔达岛	英国	1986	(iii)(v)(vii)(ix)(x)
帕帕哈瑙莫夸基亚国家海洋保护区	美国	2010	(iii)(vi)(viii)(ix)(x)
洛佩—奥坎德生态系统与文化遗迹景观	加蓬	2007	(iii)(iv)(ix)(x)
邦贾加拉悬崖(多贡斯人地区)	马里	1989	(v)(vii)
夸特兰巴山脉/德拉肯斯堡山公园	南非	2000	(i)(iii)(vii)(x)
恩戈罗保护区	坦桑尼亚	1978	(iv)(vii)(viii)(ix)(x)
蒂卡尔国家公园	危地马拉	1979	(i)(iii)(iv)(ix)(x)
马丘比丘城址及古神庙	秘鲁	1983	(i)(iii)(vii)(ix)
里奥阿比塞奥国家公园	秘鲁	1990	(iii)(vii)(ix)(x)
阿杰尔的塔西利岩画群	阿尔及利亚	1992	(i)(iii)(vii)(viii)
瓦迪拉姆保护区	约旦	2011	(iii)(v)(vii)
洛克群岛—南部泻湖	帕劳	2012	(iii)(v)(vii)(ix)(x)

注:(i)(ii)(iii)(iv)(v)(vi)为文化遗产评价标准;(vii)(viii)(ix)(x)为自然遗产评价标准。

---

① 评价标准的含义见表 1-4。

一方面,文化与自然双重遗产记载了人与自然在地球之上共同创造的经典之作,见证了二者和谐相处的历史。如澳大利亚的卡卡杜国家公园(见图1-7)它是卡卡杜族的故土,有着适合各种动植物繁衍的理想环境,传承了世界上还存活着的最古老的文化。卡卡杜人的祖先至少在4万年前就已从东南亚迁来,而1972年以前,数百名土著人仍然在这里过着不为外界所知的石器时代群居的原始生活。人类历史长河中的短暂一瞬在这里却长久地定格下来,使我们得以重温人与自然的亲密关系。

图1-7　澳大利亚卡卡杜国家公园(1981)

这是独一无二的考古和人种保护区,位于澳大利亚北领地州,四万多年以来,一直有人类在此居住。这里的石洞壁画、石刻以及考古遗址完整记录了该地区人民的生活技能和生活方式,包括从史前狩猎采集者到如今仍在此生息的土著居民。这里还是各种生态系统共存的一个特例,包括潮坪、漫滩、低地和高原,为当地大量的珍稀动植物提供了栖息之地。①

另一方面,文化与自然双重遗产的出现加剧着文化与自然的对立。在各国实践中,有太多文化和自然紧密交织在一起的遗产,要想把它们列入《名录》,就必须将其中的人文和自然因素人为地分离,否则申报时将无所适从,由此"文化"和"自然"被现实地推到了两个对立的极端。进入20世纪80年代,这一问题成为了争论的焦点,之后直接导致了1992年"文化景观"类世界遗产的出现。

---

①　遗产地图片介绍多选自 UNESCO 网站(http://whc.unesco.org)相关遗产地的评价(Brief Description)。

特殊类型的文化遗产

文化景观(Cultural Landscape)

(一)

金色的水仙花迎春开放,
在树荫下,在湖水边,
迎着微风起舞翩翩。
连绵不绝,如繁星灿烂,
……
每当我躺在床上不眠,
或心神空茫,或默默沉思,
它们常在心灵中闪现,
那是孤独之中的福祉;
于是我的心便涨满幸福,
和水仙一同翩翩起舞。

——选自英国湖畔诗人威廉·华兹华斯(William Wordsworth)的《我孤独地漫游,像一朵云》

英国湖区[①]不仅有着绚丽的自然景色,更拥有丰厚的文化蕴藏,是英国人的心灵之乡。那里有史前的人类聚落遗址、罗马的堡垒、中世纪的修道院,而且还是英国浪漫主义运动的重要基地。在湖区曾有不少英国著名诗人、作家长年在那里生活、创作。著名的湖畔诗人华兹华斯曾说:"我不知道还有什么别的地方能在如此狭窄的范围内,在光影的幻化之中,展示出如此壮观优美的景致。"湖区曾在1986年和1989年两次申报世界遗产,但是对于这样一种既有历史文化渊源,又有自然乡村风光,人文与自然密不可分,同时仍然不断有机演进的富有集合意象的遗产,在当时的操作指南中却找不到对应的提名标准。这对世界遗产的实践带来重大震动,刺激世界遗产委员会认真思考在世界遗产中应该如何纳入有人类影响的景观。

1992年第16届世界遗产大会终于通过了文化遗产标准的修订,谨慎增设了"文化景观"这一特殊类别并制定了相应标准,强调其为"人类和自然的共同作品",从而架构起自然和人文之间的桥梁,同时也使遗产理念从精英、伟大、静止向平民、普通、动态方向发展。

---

① 英国湖区现已列入世界遗产预备名录。

"景观(Landscape)"一词可追溯到公元500年的日耳曼—盎格鲁语系。"Landscaef"这个词被盎格鲁—撒克逊殖民者带到英国,其原义是森林中清理出来的空地,上面有动物、小屋、田地和围栏,本质上是一种从森林和荒野中分离出来的农业景观。因此"景观"从一开始即指被文化过程赋予价值的人工作品。换句话说,景观本身是、而且始终是包含了人类意义和价值的文化架构。由此,文化景观恰好处在了自然和文化、有形价值和无形价值、生物多样性和文化多样性的交界面上,它们代表了一种紧密的关系网络,而这种关系正是文化和种族认同感的本质所在。依据《欧洲景观公约》,景观是"人类生活品质的重要组成",也是"个人和社会福祉的重要元素"。

《世界遗产公约》提出,文化景观的选择应基于其自身突出而普遍的价值,划定的地理—文化区域要具有明确的代表性,体现出此类区域基本而独特的文化能力。在这里,土地被持久使用,景观的自然价值却得以提高,故保护文化景观也有助于保护生物多样性。文化景观的加入,丰富和完善了世界遗产概念的内涵。

世界遗产委员会颁布的《实施保护世界文化与自然遗产公约的操作指南》①将文化景观分为三大类型:

(1)人类有意设计和建筑的景观。包括出于美学原因建造的园林和公园景观,它们经常(但并不总是)与宗教或其他纪念性建筑物或建筑群有联系。

2009年,五台山继庐山之后成为我国第二个世界文化景观。五台山有着东亚乃至世界现存最庞大的佛教古建筑群。自东汉永平年间起,历代在此修造的寺庙鳞次栉比,雕塑、石刻、壁画、书法遍及各寺,全方位见证了近两千年间佛教中国化的过程及其在东亚地区的传播历程。

(2)有机进化的景观。它产生于最初始的一种社会、经济、行政以及宗教需要,并通过与周围自然环境的联系或适应而发展到目前的形式。它又包括两种次类别:

一是残遗物(或化石)景观,代表一种过去某段时间已完结的进化过程,不管是突发的或是渐进的。它们之所以具有突出、普遍价值,还在于其显著特点依然体现在实物上。它们虽不完整,却真实地记载了人与自然交互作用的一段历史。

2004年入选世界遗产的鄂尔浑峡谷文化景观占地121967公顷,包括鄂尔浑河两岸辽阔的牧地与可追溯到公元6世纪的考古遗迹群。鄂尔浑峡谷文化景观中的遗址都清楚地反映出游牧生活、游牧民族社会与管理和宗教中心的共

---

① 以下简称《操作指南》。

生关联性,并且展现出鄂尔浑峡谷在中亚历史上的重要性。现在这片草原上仍有蒙古国的游牧民族在此放牧。峡谷内几处宗庙的遗址反映了当时的蒙古已经受到佛教和西方文化的双重影响,出现融合的趋势。

二是持续性景观,它在现代与传统生活方式相联系的社会中,保持一种积极的社会作用,而且其自身演变过程仍在进行之中,同时又展示了历史上其演变发展的物证。

图 1-8　菲律宾科迪勒拉山水稻梯田(1995)

两千年以来,伊富高山上的稻田一直是依山坡地形种植的。种植知识代代相传,神圣的传统文化与社会使这里形成了一道美丽的风景,体现了人类与环境之间的征服和融合。

菲律宾科迪勒拉山水稻梯田(见图1-8)是世界最大的人造灌溉系统,它以悠久的历史、广袤的面积和令人叹为观止的建筑技术而闻名世界。两千年来,当地伊富高部落的民众为了防止土壤流失,不辞辛劳地用一块块的岩石垒成一道道的堤坝,直至成为现在被美誉为"通往天堂的天梯"的稻米梯田。与此同时,伊富高人并未融入现代的主流社会,而是继续从事传统的农耕生活,仍保持自己的信仰。

(3)关联性文化景观。这类景观列入《名录》,以其与自然、宗教、艺术或文化相联系为特征,而不是以文化物证为特征。其一般符合世界遗产标准第 vi 条,即"与具有突出的普遍价值的事件或者活的传统、理念、信仰、艺术及文学作品有直接或实质的联系"。因此该类文化遗产被认为不仅联系了自然和文化遗产,也在物质和非物质遗产间架起桥梁。原住民,特别是非洲和太平洋地区原住民所处的文化景观多属于此类世界遗产。

1993年新西兰的汤加里罗国家公园(见图1-9)成为世界上第一处文化景观。公园包括3个著名的活火山:汤加里罗、恩奥鲁霍艾、鲁阿佩胡火山,这里原来归毛利族部落所有,毛利人视汤加里罗火山为圣地。1887年,毛利人为了维护山区的神圣,不让欧洲人把山分片出售,将3座火山献给国家。1894年新西兰政府将其辟为国家公园。

图1-9 新西兰汤加里罗国家公园(1993)

1993年,汤加里罗成为第一处根据修改后的文化景观标准被列入《名录》的遗址。地处公园中心的群山对毛利人具有文化和宗教意义,象征着毛利人社会与外界环境的精神联系。公园里有活火山、死活山和不同层次的生态系统以及非常美丽的风景。

自1993年至今,共有66处世界遗产以文化景观类型入选《名录》。20世纪90年代被称为"文化景观的上升期"。这种上升是对20世纪60—70年代只注重伟大纪念物、考古遗址、著名建筑群和与财富名声相关联的历史场址的遗产观发起的挑战,也是对大众历史兴趣的进一步拓宽。

为了促进人与环境和谐发展,维护更多样的地球,世界遗产近年对文化景观特别关注。2004年,ICOMOS会议上通过的《关于遗产景观的奈克提西宣言》指出,世界遗产中人和自然的分离关系极大地阻碍了遗产景观的观念,现在是时候让所有的国家和地区贡献自己的价值了。

文化景观更好地表达了长久以来人与自然间的密切关系,因此被认为是一种更具包容性的概念,可以包括自然景观及其中的建筑物、人物、神话、宗教、仪式,甚至是动植物与饮食。故有学者认为,文化景观的增加有着取代文化与自然双重遗产的趋势。

文化线路(Cultural Routes)

对文明、文化和民族间对话的追求深深扎根于教科文组织的组织法及其各项计划和决议。增进对话以"于人之思想中筑起保卫和平之屏障"是教科文组织使命的核心。

——UNESCO

为了增进文化间平等,加强人类团结,教科文组织强调文化遗产必须来自"每个文化",也强调不同文化间相互促进的重要性。为此,教科文组织开展了"文化间对话之路"项目,包括丝绸之路、佛教之路、耶路撒冷信仰之路、奴隶之路、非洲钢铁之路及"两个世界接触500年"等,并逐渐衍生出世界遗产中的"文化线路"类型。和以往的世界遗产相比,文化线路注入了一种新的发展趋势,即由重视静态遗产向同时重视动态遗产方向发展,由单个遗产向同时重视群体遗产方向发展。

2008年,ICOMOS第16次大会通过了《文化线路宪章》,"文化线路"作为一种新的遗产类型被正式纳入《名录》的范畴。该宪章明确了文化线路的定义:

> 任何交通线路,无论是陆路、水路、还是其他类型,拥有清晰的物理界限和自身所具有的特定活力和历史功能为特征,以服务于一个特定的明确界定的目的,且必须满足以下条件:它必须产生于并反映人类的相互往来和跨越较长历史时期的民族、国家、地区或大陆间的多维、持续、互惠的商品、思想、知识和价值观的相互交流;它必须在时间上促进受影响文化间的交流,使它们在物质和非物质遗产上都反映出来;它必须要集中在一个与其存在于历史联系和文化遗产相关联的动态系统中。

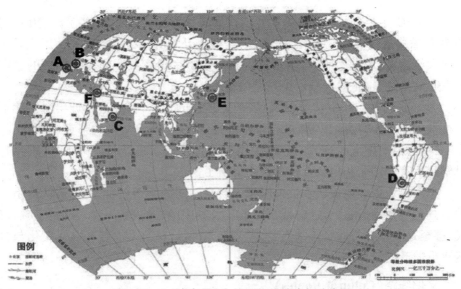

图1-10　6处《名录》中的文化线路案例分布图

编号	遗产名称	国家	时间	标准
A	冈斯特拉的圣地亚哥朝圣之路	西班牙	1993	(ii)(iv)(vi)
B	圣地亚哥—德孔波斯特拉朝圣之路(法国段)	法国	1998	(ii)(iv)(vi)
C	乳香之路	阿曼	2000	(iii)(iv)
D	塔夫拉达·德乌玛瓦卡河谷的历史文化遗迹	阿根廷	2003	(ii)(iv)(v)
E	纪伊山脉的圣地和朝圣之路	日本	2004	(ii)(iii)(iv)(vi)
F	熏香之路——内盖夫的沙漠城镇	以色列	2005	(iii)(v)

文化线路强调文化相互影响导致的交融性和多源性,有助于消解民族主义,建立人类团结。因此,文化线路类型从产生之始就获得教科文组织格外的重视。图1-10显示出最早进入《名录》的6条文化线路,诚如《文化线路宪章》所言,"文化线路构成了一个浓缩不同文化的文化遗产,这一遗产体现出不同文化中丰富的共同特点和价值体系,滋润并在整体价值上超越了这些文化"。

早期的文化线路中,法国到西班牙冈斯特拉的圣地亚哥朝圣之路最为有名,其分别在法国及西班牙境内被列入《名录》,相关建筑数百栋。该朝圣之路兴起于9世纪初期圣雅各布坟墓的发现;圣墓发现之后,该线路成为基督教第三条朝圣之路,对于促进伊比利亚半岛和欧洲其他地区的文化交流起到了十分重要的作用。1993年,冈斯特拉的圣地亚哥朝圣之路作为第一条文化线路列入《名录》,其直接导致的主题研究会议"线路作为我们遗产的一部分",推动了文化线路作为特殊类型列入《操作指南》。1998年,朝圣之路的法国部分被列入《名录》,从法国到圣地亚哥著名的线路有四条(见图1-11),分别由巴黎(Paris)、亚勒(Arles)、维泽列(Vézelay)及勒普(Le Puy)起程。法国曾对四条朝圣路上的建筑作过普查,认定了约800处相关遗产,在法国则明确了71处遗产,包括了本身就是世界遗产的韦兹莱教堂及布尔日大教堂。

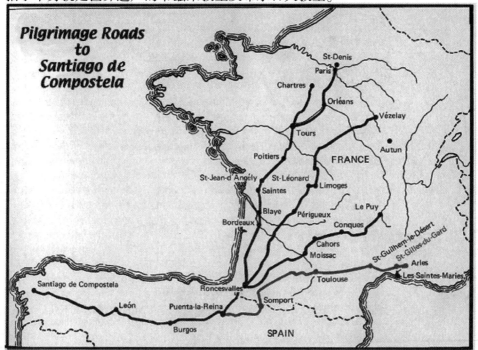

图1-11　前往圣地亚哥之路(法国部分)

圣地亚哥之路已经超越了宗教本身的含义,《玩转地球》中提到,"游客在徒步前往圣地亚哥的漫长路途中在领略西班牙北部美丽的自然风光之外,同时能够感受到朝圣者虔诚的心"。一位踏上这条路的中国游客也感叹,它是人们对灵性的一种追求,虽然基本上没有人能坚持从起点走到终点,但是经历过的人们会得到一个全新的自己。在旅行越来越便捷的今天,很多地方太容易到达,这样的旅行似乎缺少了对一路上所看到的生命和信息的尊重。因此,无关乎宗教,一次长途的徒步旅行,放慢速度,成了人生的一种必要。

中国地域广袤,民族众多,历史悠久,文化线路类型的世界遗产资源尤其丰富。目前,丝绸之路、灵渠和京杭大运河已于2008年列入世界遗产预备名录。

综上所述,世界遗产类型(见图1-12)的日益丰富有利于"人与自然"关系本质的探讨。地理环境为人类的创造提供了丰富的材料和多姿的舞台,人的"智慧"无论是以有形的建筑、聚落、遗址,抑或城镇、文化线路的方式留存,还是以无形的政治、经济、民族、技术、艺术的方式传承,除了可践行 UNESCO 的使命外,也为后来者探寻"人与自然"、"人与土地"、"人与历史"的关系提供了重要的线索,进而为每一个个体回到生活的本质,遵从自然人生,了悟生命的意义提供了有效的路径。

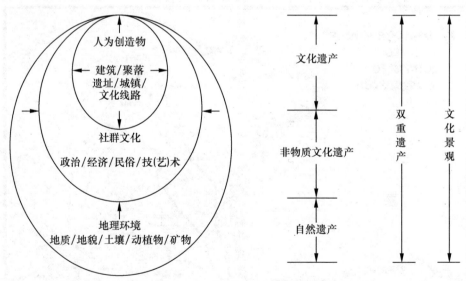

图 1-12 世界遗产类型关系图

注:非物质文化遗产并不包括在世界遗产范畴内,它们是 UNESCO 的两项不同计划。

第二节　世界遗产的申报与管理

【延伸阅读1】

联合国教科文组织总部

站在巴黎铁塔274米的第三层瞭望台往东望去,越过战神公园,拿破仑深造的皇家军事学院大门右前方,就是 UNESCO 的总部,也是世界遗产中心、世界遗产委员会所在地,全球自然及文化遗产数据都保存在总部大楼内。大楼呈"Y"形,故又名"三翼楼"。空中俯瞰,建筑群犹如汉语的"人"字,"人"字"相互支撑"的寓意与 UNESCO 追求"世界和平"的使命不谋而合。

世界遗产申报流程

根据 UNESCO 文件,如图1-13,世界遗产的申报需要完成以下步骤:
(1) 一个国家首先要签署《世界遗产公约》并保证保护该国的文化和自然遗产,成为缔约国;[①]
(2) 任何缔约国要把本土上具有突出普遍价值的文化和自然遗产列出一个预备名单;
(3) 从预备名单中筛选要列入《名录》的遗产;
(4) 把填写好的提名表格寄给 UNESCO 世界遗产中心;
(5) UNESCO 世界遗产中心检查提名是否完全,并送交世界自然保护联盟(IUCN:International Union for Conservation of Nature)(自然遗产)和 ICOMOS(文化遗产)评审;
(6) 专家到现场评估遗产的保护和管理情况。按照自然与文化遗产的标准,IUCN 和 ICOMOS 对上交的提名进行评审;
(7) IUCN 和 ICOMOS 提交评估报告;
(8) 世界遗产委员会主席团的7名成员审查提名评估报告,并向委员会提交推荐名单;
(9) 由21名成员组成的世界遗产委员会最终决定入选、推迟入选或淘汰的名单。

---

① 截止到2012年7月,《世界遗产公约》的缔约国共有189个。

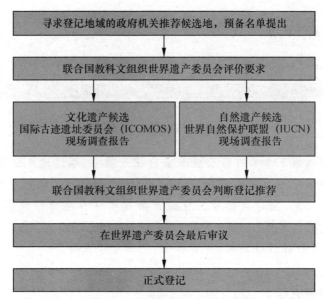

图 1-13　世界遗产的申报步骤

一般的世界遗产申报流程之外,也有特例,如 1981 年作为文化遗产列入《名录》的耶路撒冷古城和城墙(见图 1-14),在《名录》中其名称的后面特别标注了"约旦提出"的字样,并被予以单列,没有归属在任何国家名下。

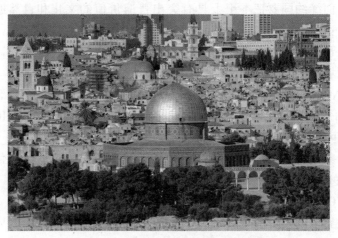

图 1-14　耶路撒冷古城及其城墙(1980)

耶路撒冷作为犹太教、基督教和伊斯兰教三大宗教的圣城,具有极高的象征意义。在它的 220 多处具有历史意义的建筑物中,有建于 7 世纪的著名岩石圆顶寺,其外墙装饰有许多美丽的几何图案和植物图案。三大宗教都认为耶路撒冷是亚伯拉罕的殉难地。哭墙分隔出代表三种不同宗教的部分,圣墓大教堂的复活大殿庇护着耶稣的墓地。

1980年第4届世界遗产委员会大会上,约旦政府提出将耶路撒冷古城及其城墙列入世界遗产名录的请求,按照《世界遗产公约》的有关规定,一项世界遗产的产生,首先要由缔约国向世界遗产委员会递交一份申请。而约旦显然不符合这样的规定,但是考虑到耶路撒冷特殊的国际地位和所具有的独特的价值和宗教、文化方面的重要性,世界遗产中心接受了约旦的申报,并派出 ICOMOS 的专家,帮助申报内容进行了必要的补充。在1981年的第5届世界遗产委员会大会上进行审议时,虽然与会代表多少对由约旦政府提出的申报存在着一定的看法,但是在最后表决时还是得到多数代表的支持,获得了通过。以色列由于是非缔约国,其参会的要求被拒绝。

为了对耶路撒冷这一跨国家、跨文化和跨宗教的重要城市的地位表示赞颂,并使该城成为各族人民之间和平与理解的中心,UNESCO 推出了一个"信仰之路"项目,作为"世界文化发展十年"计划的一个组成部分。1991年出台的该项目由于以色列和阿拉伯国家之间的和平对话而获得了新的意义。教科文组织跨文化项目处主任杜杜·迪耶纳先生指出,该项目有可能为联合国教科文组织提供新的机会,通过努力重新发现昔日这三个宗教之间所形成的那种盘根错节的关系,而对和平进程有所促进。

由于"世界遗产"头衔给所在国与所在区域带来的巨大效益,申请世界遗产越来越为各缔约国所重视,每年申报的国家和所报的项目越来越多。2002年6月召开的世界遗产委员会第26届会议决定,今后审批世界遗产的条件将更严格,一个国家一次只能提出一处申请,尚没有世界遗产景点的国家将享有优先权。但是在2004年苏州第28届世界遗产大会上,根据各国的意见,又作了修改,允许从2006年起,每个国家可以提交两项预备世界遗产,但其中必须至少有一项是自然遗产。

世界遗产委员会(World Heritage Committee)

UNESCO 世界遗产委员会是政府间组织,成立于1976年11月,由21名成员组成,负责《世界遗产公约》的实施。委员会每年召开一次大会,主要决定哪些遗产可以录入《名录》,对已列入名录的世界遗产的保护工作进行监督指导。委员会成员每届任期6年,每两年改选其中的三分之一。委员会内由7名成员构成世界遗产委员会主席团,主席团每年举行两次会议,筹划委员会的工作。

表 1-3　最近 10 次世界遗产大会

会议	时间	地点
第 27 届	2003 年 6 月	法国巴黎
第 28 届	2004 年 6 月	中国苏州
第 29 届	2005 年 7 月	南非东部港口城市德班
第 30 届	2006 年 7 月	立陶宛首都维尔纽斯
第 31 届	2007 年 6 月	新西兰"花园城市"基督城
第 32 届	2008 年 7 月	加拿大魁北克城
第 33 届	2009 年 6 月	西班牙南部城市塞维利亚
第 34 届	2010 年 7 月	巴西首都巴西利亚
第 35 届	2011 年 6 月	法国巴黎
第 36 届	2012 年 6 月	俄罗斯圣彼得堡

世界遗产委员会承担 4 项主要任务：

（1）在挑选录入《名录》的文化和自然遗产地时，负责对世界遗产的定义进行解释。在完成这项任务时，该委员会得到 ICOMOS 和 IUCN 的帮助；这两个组织仔细审查各缔约国对世界遗产的提名，并针对每一项提名写出评估报告。国际文物保护与修复研究中心（ICCROM：International Centre for the Study of the Preservation and Restoration of Cultural Property）也对该委员会提出建议，并提供文化遗产方面的培训。

（2）审查世界遗产保护状况报告。当遗产得不到恰当的处理和保护时，该委员会让缔约国采取特别性保护措施。

（3）经过与有关缔约国协商，该委员会作出决定把濒危遗产列入《濒危世界遗产名录》（以下简称《濒危名录》）。

（4）管理世界遗产基金。对为保护遗产而申请援助的国家给予技术和财力援助。

世界遗产中心（World Heritage Center）

由于世界遗产逐年增多，日常事务工作日益繁重，1992 年 UNESCO 正式设置了世界遗产中心，即"公约执行秘书处"，与教科文组织总部同在巴黎。该中心主旨在于协调 UNESCO 关于世界遗产的相关事宜，协助缔约国执行《世界遗产公约》，确保世界遗产始终受到公约的保护与管理。同时，世界遗产中心也需要筹备每年世界遗产委员会与世界遗产局的年会事宜，给准备提报《名录》的缔约国提供建议，协助需要国际援助的国家申请世界遗产基金，以及为遭遇威胁的遗产地提供紧急行动方案并记录其发展等。

此外，该中心也会举办技术工作营与座谈会，同时负责更新世界遗产的最新名录与数据库系统，发展出一些可以提升大众遗产保护认识的媒介，并持续关注世界遗产相关的公共议题。如 1994 年,中心与 UNESCO 联系学校项目网络(ASPNet:Associated Schools Project Network)发起了"年轻人参与世界遗产保护与发展"的项目,激励世界各地的年轻人积极参与世界遗产的保护工作,并在世界遗产的保护中成为活跃的宣传者。后来在此工作基础上,UNESCO 专门编写了相关教材——《世界遗产与年轻人》(见图 1-15)。

图 1-15 《世界遗产与年轻人》

该书英文版出版于 1998 年,中文版出版于 2001 年,至今已有多种文字版本。英文版的副标题是"To Know Cherish and Act",中文意思是了解、珍惜和行动。启示年轻人要了解世界遗产、珍惜世界遗产,并要切实落实到行动中去。

第三节 世界遗产的核心理念:原真性(Authenticity)与完整性(Integrity)

2000 年 8 月 4 日,中国 14 位著名专家教授和院士联名发出紧急呼吁:立即停止泰山中天门——岱顶索道违规扩建工程,尽快拆除原有的建筑物,恢复岱顶植被,保护泰山这一世界自然和文化双重遗产的原真性和完整性。按国务院批准的有关规划,1983 年建成运行的泰山中天门——岱顶的索道已期满,理应将索道及其相关建筑物全部拆除,恢复泰山的生态景观和人文景观。但有关单位不仅没有拆除反而准备大规模扩建,设计增加 5 倍多的运量,增建 11 座支架。专家们认为,这将严重损害泰山的雄伟形象。

——侯仁之,吴良镛,谢凝高等,2000

遗憾的是,专家的呼吁在媒体的力挺之下,仍以失败告终。2000 年 9 月 22 日,泰山新索道又如期竣工交付使用。据统计,新索道仅一个站,就损坏岩石面积 1.9 万平方米。作为力阻这一工程的 14 名专家之一的谢凝高教授曾 23 次登临泰山,几十年来详尽的研究使他对泰山了如指掌。他感叹:"泰山的历史文化和自然景观的内涵实在太丰富了！现在我才知道什么叫'有眼不识泰山'！"谈到索道，他非常动情地说："如果泰山是一个少女，这就好像在她的额头上砍了一刀。"

UNESCO早在1972年颁布的《关于在国家一级保护文化和自然遗产的建议》中就指出："在生活条件加速变化的社会中，为人保存与其相称的生活环境，使之在其中接触到大自然和先辈一流的文明见证，这对人的平衡和发展十分重要。为此，应该使文化遗产和自然遗产在社会生活中发挥积极的作用，并把当代成就、昔日价值和自然之美纳入一个整体规划加以考虑。"可以说，保持世界遗产的原真性和完整性，不仅是《世界遗产公约》的核心目标，也与人类整体的福利息息相关。遗产的原真性关乎人类的"记忆"，生物和文化的多样性理论力图维护人类"完整"的"根脉"。原真性、多样性、完整性犹如"土壤"中的养分，为栽培、滋养人类所不可或缺。

1997年版的《操作指南》第24条指出，一项文化遗产被提名列入《名录》时，委员会将认定其是否至少符合文化遗产的6条标准之一并检验其原真性。第44条指出，一项自然遗产在被提名列入《名录》时，委员会将认定其是否至少符合自然遗产的4条标准之一并检验其完整性。因此最初"原真性"的概念主要用于文化遗产，而"完整性"的概念则主要用于自然遗产。

"原真性"概念最早出现于1964年的《威尼斯宪章》，《威尼斯宪章》充分表达了文化遗产保护的"原真"概念的内涵，即"最初的状态"与"当时的环境"。但世界不同文化区域对于什么是"原真的"，常常有着不同的想法。1992年日本成为《世界遗产公约》缔约国，申报的法隆寺等木结构古建筑（见图1-16）在原真性检验中受到质疑——这些建筑在历史上经历了部分或全部的重建。日本认为当地的遗产保护方法延续了地方的文化文脉，重建是日本保护伦理的基础组成部分，不应该以西方或者欧洲的文脉进行评估，并为此召开了奈良会议来澄清自己的观点。奈良会议认为，原真性检验应该采纳更开放的、不完全以欧洲为中心的方法，关注世界文化的多样性及多种表达方式。会议通过的《奈良原真性文件》提出："基于文化遗产的本质，它的文化文脉及其历时的演变，原真性判断可以联系到大量信息来源的价值。这些来源的方面可能包括形式和设计、材料和物质、使用和功能、传统和技术、位置和环境、精神和感觉，以及其他内在和外在因素。"上述内容在2005年《操作指南》修订时被全部采用。原真性概念的演变，回应了教科文组织提出的"文化间对话"的号召，并推动着遗产保护理论的持续发展。

完整性一词来源于拉丁词根，表示尚未被人扰动过的原始状态。1977年的《操作指南》中，完整性被阐释为："应该意识到单独的地点可能不拥有最壮观或者突出的上述特征（即标准中描述的）。但是当这个地点被从一个更宽广的视

图1-16　日本法隆寺地区的佛教建筑物(1993)

在奈良县的法隆寺地区,约有48座佛教建筑,其中有一些建于公元7世纪末至8世纪初,是世界上现存最古老的木结构建筑。这些木结构建筑杰作的重要性不仅仅在于它们展现了中国佛教建筑与日本文化的艺术融合的历史,还在于它们标志着宗教史发展的一个重要时期,因为修建这些建筑的时候正是中国佛教经朝鲜半岛传入日本的时期。

野来看——同具有重要性的周边面貌的组合一起来看,整个地区可能被证明是一组具有全球重要性的面貌的排列。"完整性主要用于评价自然遗产,如原始森林或野生生物区等。完整性原则既保证了世界遗产的价值,同时也为遗产的保护划定了原则性范围。当遗产地区内或周围受到不当的开发破坏而危及遗产的本质时,就是减损了完整性。例如一条新公路将一处名列世界自然遗产的国家公园一分为二时,这条公路即严重危害了遗产的完整性。

由于文化和自然遗产"疆界"逐渐被打破,完整性概念也开始应用于所有遗产,尤其是那些"活的遗产",如大尺度的城镇和文化景观等。以文化景观为例,其完整性指不同阶段的历史证据、意义以及景观构成元素之间的关系维持完整并且可解读。2000年,《基于非洲文脉的真实性完整性的津巴布韦会议》进一步强调了真实性和完整性的关联、文化与自然的关联、有形与无形元素的关联。2005年新版《操作指南》,不再将原真性检验置于文化遗产的判据下,不再将完整性条件置于自然遗产的判据下,而将二者一并归入"突出的普遍价值"的判据下。自此,原真性与完整性逐步走向统一。

第四节　世界遗产的评价标准:突出的普遍价值(Outstanding Universal Value)

"突出的普遍价值"是世界遗产概念的核心,也是备受瞩目的世界遗产评选活动的标准和依据。"突出的普遍价值"承载着特殊的象征意义——对全人类都很重要。遗产原本属于某一国家或个人,而世界遗产要获得一种国际性的认可,这并不容易。因此,从 1977 年颁布以来,《操作指南》几乎每年修订。现行的 2005 年版指南中,世界遗产突出的普遍价值概念阐释为:"突出的普遍价值意味着文化和/或自然的意义,它们如此特殊,以至于超越了民族界限,对全人类的当代和后代都有共同的重要性。因此,对这些遗产的永久保护,对于作为一个整体的国际社会具有最高的重要性。"

史晨暄在其博士论文中系统地探寻了"突出的普遍价值"标准的变化及其背后多元因素的影响。将标准修订的历程按发展规律分为四个阶段:

第一阶段(1978—1986),为依靠文化建立国际经济新秩序,教科文组织强调了文化的复杂性、决定性。标准由对单独的实例的衡量转向考虑"风格特征的组合",并增加了对城镇建筑群类型的评价。突出的普遍价值的概念开始从绝对的、最突出的含义向特别的、代表性的含义发生细微的转变。

第二阶段(1987—1991),面对加剧的环境与资源问题,教科文组织提出和平包括人与自然的和谐关系,标准由对消失的文明的侧重转向对活的文化、传统的考虑,同时增加了对人与自然共同创造的文化景观类型的评价。

第三阶段(1992—1999),在冷战结束的文脉中,教科文组织探讨了普遍性与多样性的辩证关系并强调了文化与自然及文化间互动的重要作用。这导致文化与自然遗产标准合并,同时增加了反映文化交流的文化线路类型。突出的普遍价值的概念就此从"最好"转向"代表",承认了普遍性寓于多样性之中。

第四阶段(2000—2005),在发展问题成为国际社会共识的背景下,教科文组织强调以文化多样性支持促进发展的多元主义文化政策,倡导联系文化与自然、物质与精神的整体保护方法。标准修订中鼓励了低代表性地区通过识别遗产促进社会发展,也与新的《非物质遗产公约》建立了联系。突出的普遍价值已经联系到项目的整体价值、本土价值和精神价值,成为对人类的代际团结及可持续发展的支持。在此阶段,人们开始意识到物质和非物质"混合遗产"的价值与意义。如菲律宾的稻米梯田(1995 年作为文化景观列入《名录》)和伊富高人的哈德哈德圣歌(2001 年被宣布为"人类口述和非物质遗产代表作")吟诵就反映了有形和无形遗产的相互依存。在古老而广阔的稻米梯田上,伊富高人在播种、收获时都会表演叙述性的哈德哈德圣歌以反映稻米种植的重要性。该实例充分反映出文化与自然、物质与非物质遗产之间内在的联系(史晨暄,2008)。

上述四个阶段中标准的变化体现出教科文组织维护世界和平的根本目标,不同的修订内容反映了特殊的时代背景和保护领域面对的问题。

整个修订过程的关键转折点是文化、自然遗产标准由分立走向合并,从而更好地反映了文化和自然无法截然分开的本质特征。2004 年前,世界遗产的遴选标准仍然采用的是分类标准,即六条文化标准、四条自然标准。操作过程中发现,由于类型的分立导致大部分受到人类干涉的自然区域被排除在自然遗产外,人为地造成了世界遗产类型的不平衡。从 2005 年起,文化与自然遗产评价标准不再分立,合并为一套共十条标准,见表 1-4。

表 1-4 评价世界遗产"突出的普遍价值"的十条标准

标准	价值定义	价值关键	范例
文化遗产	(i) 代表人类创造性的天才杰作。	杰作	印度泰姬陵
	(ii) 在一定时期或世界某一文化区域内对建筑、技术、纪念性艺术、城镇规划、景观设计的发展有巨大影响,促进人类价值的交流。	价值/影响	德国施佩耶尔大教堂
	(iii) 能为一种已消逝的文明或文化传统提供一种独特的至少是特殊的证明。	证明	加拿大安东尼岛
	(iv) 可作为一种建筑类型,或建筑及技术的组合,或景观上的卓越典范呈现人类历史上一个(或几个)重要阶段。	类型	韩国汉城宗庙
	(v) 代表一个或数个人类居住区或者土地使用或者海洋使用的突出实例,这种居住区或使用是一种(或多种)文化、或者人类与环境的交互作用的代表,尤其是当它在不可逆转的变化中变得易受攻击时。	土地使用	匈牙利霍洛克的传统村庄
	(vi) 与具有突出的普遍价值的事件或者活的传统、理念、信仰、艺术及文学作品,有直接或实质的联系(世界遗产委员会认为该标准应最好与其他标准共同使用)。	关联性	日本广岛和平纪念碑
自然遗产	(vii)(iii) 包含出色的自然美景与美学重要性的自然现象或地区。	自然美景	中国九寨沟
	(viii)(i) 构成代表地球历史主要发展阶段的突出例证,包括生命进化的记录,重要且持续的地质发展过程,或具有意义的地貌或地形特征。		越南丰芽—格邦国家公园
	(ix)(ii) 代表在陆地、淡水、沿海及海洋生态系统和动植物群落演变和发展中的重要的、正在进行的生物和生态过程的突出实例。		美国夏威夷火山国家公园
	(x)(iv) 拥有对于生物多样性物种保护最重要、最有意义的自然栖息地,承载着从科学或者保护的视点看具有突出的普遍价值的濒危物种。		中国四川大熊猫栖息地

注:以上(i)—(vi)是判断文化遗产的标准,(vii)—(x)是判断自然遗产的标准。文化遗产标准的编号 2005 年前后没有变化,自然遗产标准的编号第一个为 2005 年后的编号,第二个为 2005 年前的编号。

资料来源:"价值关键"部分参考荣芳杰,2010。

继 1979 年奥斯威辛集中营列入《名录》之后,1996 年广岛和平公园(见图 1-17)也单独基于标准(vi)列入《名录》,二者都见证过人类的巨大灾难,因此被列入《名录》以表达对和平的向往。然而这一列入引起中、美等国的强烈不满。美国提出,如果各种战场都被列入《名录》,它将偏离《世界遗产公约》的最初目的。委员会认同了这种看法,加之文化景观中联系性的景观大量申报,委员会决定此后该标准只能在特殊的情况下使用,且必须和其他文化或自然标准同时使用。因此目前只有少数世界遗产只满足标准(vi),除上述两处外,还包括塞内加尔的戈雷岛黑奴囚禁地。

图 1-17 日本广岛和平纪念碑(1996)

广岛和平纪念公园是 1945 年 8 月 6 日广岛原子弹爆炸区留下的唯一一处建筑。通过许多人的努力,包括广岛市民的努力,这个遗址被完好地保留了下来,一直保持着遭受原子弹袭击后的样子。广岛和平纪念公园不仅是人类历史上创造的最具毁灭性力量的象征,而且体现了全世界人们追求和平,最终全面销毁核武器的愿望。

ICOMOS 的一项截止到 2007 年的统计表明,大多数已登录的文化遗产都满足 2~3 条标准,其中 14% 的文化遗产满足 1 条标准,;42% 的文化遗产满足 2 条标准;30% 的文化遗产满足 3 条标准;10% 的文化遗产满足 4 条标准;只有 4% 的文化遗产满足 5 条标准;全部 6 条文化遗产标准都达到的文化遗产仅有 2 处,即中国敦煌的莫高窟和意大利的威尼斯,以及文化与自然双重遗产中的中国泰山。此外,各条标准在实际操作中的应用程度也不同,如图 1-18 所示,第

(ii)、(iii)、(iv)应用比例更大,分别是21%、20%和28%。

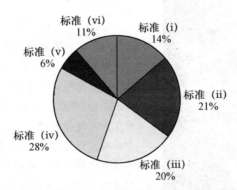

图1-18　世界文化遗产评价标准的应用比例

多数自然遗产都能满足表1-4中的多条标准,其中全部的4条标准都达到的有:澳大利亚的大堡礁、新西兰西南部的蒂瓦希普纳姆自然保护区、马来西亚的穆鲁山国家公园、委内瑞拉卡奈依马国家公园、俄罗斯的贝加尔湖、中国的三江并流等。如图1-19所示,IUCN截止到2007年的统计数据表明,第(viii)条标准使用频率最高,比例达到了一半(51%)。

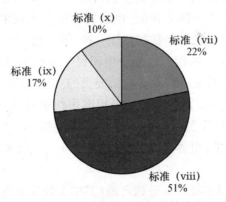

图1-19　世界自然遗产评价标准的应用比例

第五节　中国的世界遗产

1984年,北京大学的侯仁之教授(见图1-20)在美国康奈尔大学讲学,他第一次听说国际上有个《世界遗产公约》。而此时,这个公约诞生已有12个年头了,但国内几乎还没有人注意到它的存在。

图 1-20 侯仁之教授

侯仁之,中国科学院院士,北京大学教授,被认为是中国历史地理学的奠基人之一。他 1950 年发表的"中国沿革地理课程商榷"一文首次阐释了沿革地理和历史地理的区别。他对北京历史地理的研究贡献很大,解决了北京城市起源、城址变迁等很多重要问题。1984 年他被英国利物浦大学授予"荣誉科学博士"称号。

很多外国朋友疑惑不解,中国历史那么悠久,又有着极其珍贵的文化遗址和著名的风景胜地,为什么不参加这个公约?"中国的万里长城这一世界文化史上的奇观,不仅是属于中国人民的,也是属于世界人民的",加州大学伯克利分校地理系斯坦伯格教授的话,犹如棒槌一样,重重地击打在侯仁之的心上。

1985 年春天,回国后的侯仁之征得中国科学院的阳含熙、城乡建设部的郑孝燮、国家文物局的罗哲文三位全国政协委员的同意,联名提出《建议我国政府尽早参加〈世界遗产公约〉》的提案,这份提案很快被政协通过并上报全国人民代表大会。1985 年 11 月 22 日,全国人大常委会批准中国加入《世界遗产公约》。同年,中国签署了《世界遗产公约》,成为世界上第 89 个加入该组织的缔约国。

1987 年 6 月,中国申报的 6 处遗产地(其中 5 处文化遗产:长城、明清故宫、周口店北京人遗址、莫高窟、秦始皇陵及兵马俑坑;以及 1 处文化与自然双遗产:泰山)得到世界遗产委员会的批准列入《名录》。1999 年 10 月 29 日,中国当选为世界遗产委员会成员。为了加强世界遗产的申报、管理和保护工作,2002 年国务院授权国家文物局设立了世界遗产处。

截至 2012 年 7 月,中国已有 43 处世界遗产。其中世界文化遗产 30 处,世界自然遗产 9 处,文化和自然混合遗产 4 处(见表 1-5),居世界第三位,仅次于意大利(47 处)和西班牙(44 处)。

表 1-5　中国世界遗产名录

序号	登录名称	类型	评价标准①	登录及扩展年份
1	泰山	C/N	(i)(ii)(iii)(iv)(v)(vi)(vii)	1987
2	长城	C	(i)(ii)(iii)(iv)(vi)	1987
3	北京及沈阳的明清皇家宫殿	C	(i)(ii)(iii)(iv)	1987,2004
4	莫高窟	C	(i)(ii)(iii)(iv)(v)(vi)	1987
5	秦始皇陵及兵马俑坑	C	(i)(iii)(iv)(vi)	1987
6	周口店北京人遗址	C	(iii)(vi)	1987
7	黄山	C/N	(ii)(vii)(x)	1990
8	九寨沟风景名胜区	N	(vii)	1992
9	黄龙风景名胜区	N	(vii)	1992
10	武陵源风景名胜区	N	(vii)	1992
11	承德避暑山庄和外八庙	C	(ii)(iv)	1994
12	曲阜的孔庙、孔林、孔府	C	(i)(iv)(vi)	1994
13	武当山古建筑群	C	(i)(ii)(vi)	1994
14	拉萨布达拉宫历史建筑群	C	(i)(iv)(vi)	1994,2000,2001
15	庐山国家级风景名胜区	C	(ii)(iii)(iv)(vi)	1996
16	峨眉山风景区,含乐山大佛风景区	C/N	(iv)(vi)(x)	1996
17	丽江古城	C	(ii)(iv)(v)	1997
18	平遥古城	C	(ii)(iii)(iv)	1997
19	苏州古典园林	C	(i)(ii)(iii)(iv)(v)	1997,2000
20	颐和园	C	(i)(ii)(iii)	1998
21	天坛	C	(i)(ii)(iii)	1998
22	大足石刻	C	(i)(ii)(iii)	1999
23	武夷山	C/N	(iii)(vi)(vii)(x)	1999
24	青城山与都江堰	C	(ii)(iv)(vi)	2000
25	皖南古村落——西递、宏村	C	(iii)(iv)(v)	2000
26	龙门石窟	C	(i)(ii)(iii)	2000
27	明清皇家陵寝	C	(i)(ii)(iii)(iv)(vi)	2000,2003,2004
28	云冈石窟	C	(i)(ii)(iii)(iv)	2001
29	三江并流保护区	N	(vii)(viii)(ix)(x)	2003
30	高句丽王城、王陵及贵族墓葬	C	(i)(ii)(iii)(iv)(v)	2004
31	澳门历史城区	C	(ii)(iii)(iv)(vi)	2005
32	四川大熊猫栖息地	N	(x)	2006
33	殷墟	C	(ii)(iii)(iv)(vi)	2006
34	中国南方喀斯特	N	(vii)(viii)(ix)(x)	2007
35	开平碉楼与村落	C	(ii)(iii)(iv)	2007
36	福建土楼	C	(ii)(iii)(iv)	2008
37	三清山国家公园	N	(vii)	2008
38	五台山	C	(ii)(iii)(iv)(vi)	2009

① 评价标准的含义见表 1-4。

(续表)

序号	登录名称	类型	评定标准	登录及扩展年份
39	登封"天地之中"历史建筑群	C	(iii)(vi)	2010
40	中国丹霞	N	(vii)(viii)	2010
41	杭州西湖文化景观	C	(ii)(iii)(vi)	2011
42	澄江化石遗址	C	(viii)	2012
43	元大都遗址	N	(ii)(iii)(iv)(vi)	2012

注:N为自然遗产,C为文化遗产,C/N为文化与自然双遗产。

中国世界遗产类型齐全。相比之下,文化遗产覆盖面积较广,数量较多;自然遗产面积较小,数量偏少。在宏观上,中国世界遗产呈带状、组团状分布,其分布不均衡(见图1-21),主要表现为:

（1）区域分布不平衡,从南北看,多分布在我国南方,且多聚集在人口分布密集的东南方,占遗产总数的92%。

（2）从东中西部看,主要分布在东部和中部地区,而西部地区尤其是西北地区世界遗产稀少。

（3）文化遗产主要分布在黄河流域、北京及周边地区;自然遗产主要分布于长江流域、西南地区(王昕等,2010)。

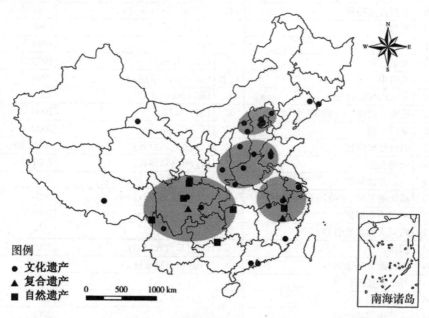

图1-21 中国世界遗产总体分布图

注:数据截至日期为2009年6月,涵盖38处世界遗产。

未来中国的申遗之路在何方？2009年接受《世界遗产》专访的俞孔坚教授强调，"在我们已经拥有的近40项遗产里，绝大部分是反映帝王将相和封建意识形态的遗产，这是我们对待遗产认识的一种偏差。故宫、长城、兵马俑表现的仅仅是中国文化遗产中代表封建王朝贵族文化的那一部分，只把这些展示给世界，我们给人留下的还是封建帝王国家的印象，人民、土地却不知道在哪里。未来中国遗产的申报，应该挖掘代表人民大众的文化和精神，探索人与土地更深层次的关系。而国际社会对文化景观、文化线路、遗产运河等等综合性、整体性的新遗产种类特别重视的趋势，也要求我们对遗产价值的认识需要有所突破与转变，要求我们回到土地，回到平常，回到真实的人地关系中去重新认识我们国家的遗产"。在2006年文物局公布的《中国世界文化遗产预备名单》中，就出现了诸如大运河、坎儿井、山陕古民居、哈尼梯田、黔东南苗族村寨等一大批中国大地上所独有的"平民式"的文化遗产，在这些遗产中生态与人文水乳交融，是世代先人为生存而适应环境的人工景观，其中包含适应各种环境的生存艺术和技术，包括如何理水、如何开垦、如何耕作、如何建房、如何节约利用土地等等。

随着人类对世界遗产理解的不断深入和中国参与世界遗产项目的不断增多，中国世界遗产的发展思路也在转变，即从高贵到朴素、从专业到大众、从重经济到重教育、从静态到动态和从保护到传承的转变。随着时间的推移，世界遗产将会慢慢走下圣坛，成为真正的"世界性"遗产，出现在我们每个人的周围，使世界每个角落都能沐浴到文化传承的厚重和喜悦(薛岚等，2010)。

第 2 章　世界遗产与旅游

> 旅游能激发人们欣赏人类共有的文化与自然遗产,并以此促进彼此间的了解。那么,还有比旅游更好的办法来做到这一点吗?
>
> ——UNESCO 前总干事费德里科·马约尔

联合国世界遗产委员会的诸项文件以及正式出版物《世界遗产评论》、《世界遗产手册》当中,"世界遗产旅游"一词多有出现。在专门用于教育培训的《世界遗产与年轻人》一书中,甚至辟有专门篇章,对世界遗产与旅游进行详细阐述。可见,世界遗产与旅游有着天然的联系,通过旅游,世界遗产得以更好地展示其突出的普遍价值,使旅游者在愉悦的氛围中感悟到历史的价值、生命的意义以及不同文化间和平相处与沟通之道,因此旅游不失为传承世界遗产价值的最佳载体。

下面的文字形象地展示了世界遗产带给旅游者的震撼:

> 到了埃及,站在"从阿布辛拜勒至菲莱的努比亚遗迹"前,呼吸着纳赛尔水库周边清爽的空气,再来直面聆听历史老人的无言教诲,对世界遗产的感受,怕不会让人轻易忘掉;到"威尼斯及其泻湖"游览,坐在头尾翘起的"贡多拉"小船上绕城游览,对世界遗产的认同感会增加许多;一头汗喘登上雄伟的万里长城向远处眺望的时候,没有谁会对人类的伟大创造产生怀疑。

第一节　旅行与旅游

✍ 旅行(Travel)

旅行指人徒步或通过交通工具进行的"长距离"位移,也指包含此位移的活动。旅行的核心是长途的移动,行走伴随人类一起来到世界,旅行的历史也从此开始。

有一种说法是，大约在120万年前，非洲直立人就开始了他们漫长的环球旅行壮举。从大裂谷东支出发，在经历了旷日持久达几十年的跋涉后，终于奠定了地球的人种分布格局，铸就了今日世界闻名的基本面貌。作为世界文明古国之一，中国旅行活动的兴起时间同样居世界前列。早在公元前22世纪，大禹为了疏浚九江十八河，行走于神州大地，成为最早的旅行家。之后，春秋战国时，老子传道，骑青牛西去；孔子讲学周游列国。汉时张骞出使西域，远至波斯，即今伊朗和叙利亚。唐时玄奘取经到印度，明时郑和七下西洋，远至东非海岸，还有大旅行家徐霞客经30年考察撰写成《徐霞客游记》。人类旅行的动因各不相同，但无一不利于文明之间的交融与发展。从这个意义上讲，"旅行"可谓是人类"文明之母"。

旅行是一个文化概念，全世界的文人墨客也更乐于将自己的"移动"称为"旅行"，而非"旅游"。于丹在接受《中国旅游报》专访时，提出旅游(这里称"旅行"更恰当些)之三重境界：

> 第一重是邂逅了一个未曾到过的旅游目的地，在这种全然陌生的旅游过程中获得一种惊喜。比这更高的一层境界是在一个旅游目的地获得一种生活方式。邂逅一处风景只是外观，但是邂逅一种生活方式，会让人们反思现有的生活方式。我所企及的最高一层境界是，在旅游中终于邂逅了全新的自己。因为穿越了景观与生活方式之后，我们会发现自己可以像孩子一样烂漫天真，像诗人一样多愁善感……所有这一切，实际上是通过旅游，找到了我们在日常生活中并未发现的生命特质。

因此，于个体而言，旅行的意义在于对我们内在生命的唤醒，发现"新我"以及在"新我"引领之下的"新的生活"。

旅游(Tourism)

如果说"旅行"最大的收获是对生命意义新的诠释，"旅游"收获的则是轻松愉快的心情。1980年，世界旅游组织在菲律宾马尼拉通过的《世界旅游宣言》中特别强调，旅游的根本目的是"提高生活质量并为所有的人创造更好的生活条件"。

旅行概念多与文化现象相关联，旅游则是一种经济现象，旅游业被认为是世界第一大产业。如2008年全球累计接待9.22亿国际旅游者，旅游收入达9440亿美元。为统计上的便利，1991年世界旅游组织召开的旅行与旅游国际统计会议上，将旅游认定为人们为了休闲、商务和其他目的，离开自己的惯常环境，连续不超过一年的旅行和逗留活动。

1979年9月,世界旅游组织正式将9月27日定为世界旅游日。选定这一天为世界旅游日,一是因为世界旅游组织的前身"国际官方旅游联盟"于1970年的这一天在墨西哥城的特别代表大会上通过了世界旅游组织的章程。此外,这一天又恰好是北半球的旅游高峰刚过去,南半球的旅游旺季刚到来的相互交接时间。每年的世界旅游日都有不同的主题口号(见表2-1),通过这些口号所反映的旅游精神与世界遗产的目标与价值有着惊人的一致,这也再一次印证旅游是传承世界遗产价值的最佳载体。

表2-1 部分世界旅游日主题口号

年份	主题口号
1980	旅游业的贡献:文化遗产的保护与不同文化之间的相互理解
1984	为了国际间的理解、和平与合作的旅游
1986	旅游:世界和平的重要力量
1992	旅游:社会经济的稳定和人民之间的交流的重要因素
1999	旅游:为新千年保护世界遗产
2001	旅游业:和平和不同文明之间对话服务的工具
2003	旅游:消除贫困、创造就业和社会和谐的推动力
2006	旅游让世界受益
2010	旅游与生物多样性

第二节 从遗产旅游到世界遗产旅游

遗产旅游

"遗产"的概念远比"世界遗产"久远。遗产与历史相关,是前人留给子孙后代加以传承的东西,其中既包括文化传统,也包括人造物品。也就是说,遗产是具有选择性的,那么什么东西应该被传承下去呢?在不同的社会和不同的时间往往有不同的答案。遗产无法脱离其所存在的环境。例如,从北欧人的角度来看,除非旅游的内容包括游览城市,特别是古老城市的历史核心区,否则就不能算作遗产旅游。与此相反,对于北美人来说,遗产旅游主要是指游览自然景观,尤其是国家公园,但也包括土著民族的文化、城市环境中的博物馆和美术馆、在乡村和城市举办的各类节庆活动以及突出民族认同感的特殊庆祝活动等。对于澳大利亚和新西兰人来说,旅游目的地的自然景观虽然十分重要,但是遗产同样也包括共存于自然环境以及人文环境中的独特文化、当地居民(土著人、毛利人和欧洲定居者)及其民族认同感。总之,遗产以及对遗产的理解是无法与其存在的环境分隔开的。

关于遗产旅游的界定,国内外尚无统一定论。在国外,最早给遗产旅游下定义的是耶尔,在他看来,遗产旅游是"关注我们所继承的一切,它可能意味着任何东西,从历史建筑、艺术作品到优美的风景"(Yale,1991)。进入 21 世纪以后,波里亚等人曾提出另外一种阐明遗产旅游的方法,即基于旅游者的动机与认知,而不是基于旅游景区景点的具体特征。据此,他们将遗产旅游定义为"一种旅游类型,旅游者游览旅游景点的主要动机源于该景点的遗产特色以及他们对自身遗产认知"。但也有学者质疑该定义,认为该定义忽视了实际提供遗产旅游体验的供应者们的观点。米歇尔则坚持认为:遗产旅游不应该被看做是一种任意性的行为,而应该把它看做是一种社会心理的需要。类似地,鲍瑞尔等人提出遗产旅游是一种旅游者因对特殊地点的感觉而产生的现象(邹统钎等,2009)。

✍ 世界遗产旅游

世界遗产旅游特指以被列入《名录》的文化遗产、自然遗产、文化与自然双重遗产等作为旅游吸引物的旅游形式。

遗产被认为存在着不同层次和等级(见图 2-1),即世界遗产、国家遗产、本地遗产、个人遗产几部分(蒂莫西等,2007:13),它们虽然都与"人类的共同遗产"概念相关,但只有第一个级别与 UNESCO 所提出的"世界遗产"概念大抵相符。世界级遗产景区可以吸引大批来自世界各国的旅游者,游客们参观文物古迹的动机大多是因为他们认为这些文物古迹与远古时代有着某种联系,遗产旅游是一种了解人类文明和获取某种人类共同感的方式。

图 2-1 遗产旅游的划分

另一方面,《名录》中的世界遗产都是各国精心挑选出来的国家遗产的汇总,因此,从本国民众视角来看,世界遗产则可以成为国家自尊的象征以及民族认同感的源泉。如长城即是可以激发起中国人爱国情怀的共同的国家遗产。所以,历史遗迹可成为持久的民族理想的象征,而民族自豪感又可以进一步成为保护这些遗产地的重要推动力。

第三节　世界遗产旅游的动机

作为全人类科研、教育、游览和启智等精神文化的活动场所,世界遗产地是人与大自然精神联系、人与历史对话的理想胜地。因此,遗产以旅游方式向社会公众开放,既是一种趋势,也是一种社会责任。

我国的世界遗产地总数虽然名列全球第三,但根据截止到2002年的数据统计表明,中国人均遗产地系数位列倒数第三,仅多于尼日利亚和印度。但进一步观察就会发现,中国的经济在近年来的快速发展,居民的游憩需求急速扩大,面临的压力实际上要大于尼日利亚和印度(吴必虎等,2002)。例如,在九寨沟风景名胜区,短短的十年间观光人数从3 000人/年上升到300多万人/年。面对日益增长的世界遗产旅游需求,如何保护世界遗产地?管理的改善势在必行,游客管理在其间也应发挥重要作用。游客管理的最高境界可谓是"不战而屈人之兵",即提高游客文明素质和激发自觉保护意识。这一方面有赖于基础教育的渗透,一方面也来自于旅游中对游客动机的尊重。于丹就提出,"与其靠外界的一些硬性规定去提升旅游者的文明素质,还不如让旅游者在历程中完成自己的感悟。这种感悟因为是来自内在的,而不是外在的要求,所以会更有效也会更持久"。因此,对世界遗产旅游动机的关注也是从另外一个角度探讨遗产保护的问题。

获取知识

一些学者认为,旅游者较强的求知意愿以及在旅游中的求知过程是区别遗产旅游者与其他类型旅游者最为关键的因素之一。Joseph S. Chen所做调查的受访者声称,在其寻求知识的过程中,了解文化与自然以及一般意义上的丰富个人的知识是他们进行遗产旅游的主要动机(蒂莫西等,2007:70—71)。在安徽西递、宏村的调查也显示,"考察、学习、进行艺术创作"、"喜欢古民居的宁静氛围和独特文化"、"了解当地历史文化"、"了解当地风土人情"是大部分旅游者的主要动机(苏勤等,2005)。

针对遗产旅游者的求知动机,提供丰富而多样的遗产解说是实现游客教育的重要途径。赫伯特指出:解说的作用是"让游客更加了解他们所游览的地方,传授知识以提高游客的理解力,以及提高游客兴趣以增强其愉悦感乃至强化责任感"。显然,这一定义本身包括了三个目标,即:(1) 传授有关旅游地的知识;(2) 为游客提供愉快甚至有趣的体验;(3) 通过以上两方面的共同作用使游客更加尊重遗产,并担负起关心和保护遗产的责任。蒂尔顿也曾经说过,"理解了就不会蓄意破坏,因为一个人真正领悟的东西,在某种程度上已经成了其自身的一部分"(蒂莫西等,2007:199)。

作为一种沟通的方式,遗产解说必须依赖中间媒介。依据媒介的不同,可以将遗产解说分为两种类型:人员解说和非人员解说。几种形式的人员解说已在遗产旅游景点取得了相当理想的成功,最常见的形式之一是有导游陪同的解说。导游在阐释世界遗产地的突出的普遍价值方面以及遗产地的环境保护方面都扮演着重要角色。

大多数遗产景点都采用了非人员解说,如展示板、自助式语音导游与视听媒体解说方案等。展示板是最常使用的非人员解说,可起到多方面的作用,其一,可介绍遗产地,展示其突出的普遍价值;其二,在老城区等容易迷路的地方,图解可方便游客辨识方向;其三,可告诉游客该做什么,不该做什么,确保环境安全,也确保游客的安全。如在加拿大乔金斯化石悬崖的展示板上就有这样的文字:

——石头会随时落下,保持安全距离,不要攀爬崖壁

——至少在高潮来临前3个小时,计划转移到更远的地方

——留心脚下,潮间带的石头易使人滑到,特别是那些长有绿色藻类的

✍ 个人益处

Joseph S. Chen 提出人们喜欢游览遗产旅游景点的另一重要动机是它能为个人带来各种各样的益处,如有益于身体健康、身心放松、获取某种方面的精神回报等(蒂莫西等,2007:71)。中国学者的研究也发现有一类被命名为消遣型的文化旅游者类型,其出游的主导动机即是"休闲和娱乐、放松精神"、"休息和运动、增强体质"、"变换生活环境、摆脱日常生活烦扰"等(苏勤等,2005)。

每一处世界遗产地,都从不同角度诠释着某种突出的普遍价值,这些价值常使我们的内心感悟到平日生活无法触及的一种"超然之美"。1817 年,意大利冒险家贝尔佐尼在今天埃及卢克索附近的底比斯古城发掘时,就由衷地感叹"我仿佛独自一人置身于世间极尽神圣之地,它使我全然忘却了人生的烦琐与荒唐"。自然美景同样可带给人如痴如醉般的感受。2010 年,一位中国游客在新西兰蒂瓦希普纳穆地区游览时,这样描述自己的感触:"驱驰于半空中的 6 号

国道,一面是大海,一面是群山,细石扑簌车身,沙沙作响,峰回路转,一会儿是波涛堆雪的海岸,一会儿是绿意炙烈的山体,苍翠或蔚蓝溢满双目,教人耳畔响起葡萄牙诗人费尔南多·佩索阿《牧羊人》中的诗句:'悄无人迹的大自然的全部静谧/来到我身边坐下。'"

躁动的人生随着自然的美景"静谧"下来,常让我们对"如何生活"有重新的思考。有研究表明,一段较长的旅程归来,人们常常会改变自己看待人生的角度,调整自己的生活方式。台湾的一位铁道学者苏昭旭在"环游世界之后的人生观"一文中谈道:"人生是长途的旅行,旅行是短暂的人生。许多人生的问题,会在旅行的思索中找到答案。旅行,原来是人面对人生的写照。"在世界遗产地,面对千年以纪的人类历史,万年以纪的地质变迁,人生百年,常令人有"短暂"之感;与此同时,无论是璀璨的历史遗存,还是瑰丽的自然丽景,其所传达的千古不变的突出价值,又会引发我们对"人生意义"的拷问,许多人生的问题,会在旅行的思索中找到答案。旅行让我们从"空间"和"时间"两个角度,都拓宽了看待人生的视角,从而让我们更容易探知到人生的真谛。苏昭旭说:"人生真正的幸福是找到你热爱生命的方式,投入它而且感受它。即使生命有起伏,生活有情绪。这些得失变化都不足以动摇对人生的乐趣,还有人生最大的成就,绝非高居其位,大权在握,而是有爱可以付出和分享。"因此,他想与大家分享的一句话是:"环游世界的真正目的,不只是探索大世界,更是发现新自己。"

作为世界遗产地,应通过各种途径展示其突出的普遍价值,并与旅游者的人生相关联,启迪其生命的真谛,调动其保护环境、尊重历史的内在驱动力,并最终实现分享世界遗产价值——保护世界遗产的原真性与完整性的良性循环。

万里长城是中国的象征,是中国人的骄傲。在世界另一端的英国也有一段"百里"长城——哈德良长城(见图2-2),标志着罗马帝国扩张的最北疆界,是英国境内保存最好、最有名的古罗马遗址。哈德良长城注重游客体验的特点体现在很多细小的环节,如在每个建筑遗址前都竖有图文并茂的解说牌或刻有醒目的标记,描绘了房屋的原貌和功用。尽管此处所有游客加在一起也仅约占该地区游客总数的一至两成,但标牌或展板的内容仍然被译成了德语、意大利语、法语和日语以方便游客之需。在该长城的某些地方还使用了更丰富的媒体,如录音卡带,卡带里录有伴以各种声音效果的古罗马式生活与古罗马长城的配乐解说。虽然,哈德良长城与中国的万里长城相比,宛如一个小孩子的玩具,但其保护与游客管理方面的经验值得我们学习和参考,如:

图 2-2 英国哈德良长城(1987)

一条由石头和泥土构成的横断大不列颠岛的防御工事,由罗马帝国君主哈德良所兴建。公元122年,哈德良为防御北部皮克特人反攻,保护已控制的英格兰的经济,开始在英格兰北面的边界修筑一系列防御工事,后人称为哈德良长城。哈德良长城的建立,标志着罗马帝国扩张的最北界。

(1) 为了给到访游客提供原真性的体验,哈德良长城的保护大多采用了只做加固,不采取复建、重建的方法(除几个地点外);

(2) 虽仅开放部分地段长城,供游客在上面行走,但大部分长城修建有城旁小路和其他辅助建筑,供游客参观长城时使用;

(3) 设立长城保护区,大约在长城南北5千米的范围。在保护区内,农(牧)民保持原有的生活方式,房屋保持原有的样式(可以改成小旅馆),还可以得到管理局的补助。因此游客在此获得的不仅是有关长城的体验,更有长城周边环境带来的历史感,提高了景观质量;

(4) 在每个哈德良长城信息中心、商店都赠送粘贴画、卡片,向游客宣传"山野之约",以保护长城经过的地域的环境。"山野之约"条目包括:为了安全,提前计划好行走路线,并跟随路标的指向;绕开人家的住宅和院门;保护动植物,把垃圾带回家;管好你的宠物狗;在自己行走时,考虑其他人的感受(吴琪,2006)。

怀旧情结

一些研究显示,如果人们在童年时期与同学或家人一起参观过遗产旅游景点,那么他们在长大成人以后要比那些没有类似童年经历的人更多地参观这类景点。甚至,"世界遗产"会成为他们的事业,比如来自英国的威廉·林赛。

1984年7月,林赛的二哥尼克邀请他沿着英国哈德良长城长跑,兄弟俩用了11个小时跑完了全程。在中途的一次休息时,尼克对他说:"你有没有想过,去中国跑万里长城?"这个提法听似荒唐,却唤起了他的梦想。两年后,他辞去工作,独自一人来到中国跑长城。而且,这一"跑",就是二十多年。1987年,他从嘉峪关到山海关,对长城进行了徒步考察,行程2470千米。这次长途跋涉,不仅促使他落户中国,更鼓舞他在20世纪90年代对长城进行了系统的学术调查研究。威廉首先对北京地区的长城在建筑学、考古学方面的最突出的特点进行了调查;调查过程中,他发现北京地区许多地段的长城上垃圾遍地,人们胡刻乱画,使得长城满目创痍;旅游基础设施的过度发展也在危及长城的生存。2001年4月11日,作为创始人,威廉在香港特别行政区注册国际长城之友协会。在其注册申请书中,规定了下述宗旨:"协助中国文化、文物部门保护长城原貌,应对相关挑战。"

所有这一切努力,和威廉早年的经历密不可分,他回忆:

> 早在儿童时代,我就与大自然和历史结下了不解之缘。我所在学校的校长约翰·帕特里克·麦克米兰牧师没有接受过师范教育,他的教学方法也不同寻常。他不仅靠言传来传授知识,更喜欢带学生到处走走、看看。于是建于12世纪的城堡、教堂成了我们的历史教科书……父母也创造了许多机会,让我体验探访蛮荒之地的乐趣。1960年代中期,父亲买了一辆汽车;星期日下午,他便驱车带我去威尔士北部山区……享受穿越松林、沼泽带来的快乐。我随身携带一个很粗的手杖,以后我把它保存了许多年。独处大自然中,我从未感到孤独;相反,我深深地爱上了大自然。

源自童年的正面经历可以在人们长大成人以后唤起他们故地重游的愿望,这就引出了人们希望游览遗产旅游景点的另一个重要原因——即怀旧情结。怀旧情结源自希腊语,意思是一种渴望返回故乡之情。如今,怀旧情结一词通常被用来描述人们的怀旧思古之情。这种怀旧思古之情可以促使人们前往与自己有着密切关联的景点(如公墓和故居等),可以使人产生爱国主义情结和民族自豪感的景点(如国家公墓和战场遗址等),以及可以使人对历史人物和事件产生敬畏感的景点(如古代寺庙和城堡等)。

由于怀旧动机的存在,如果使人在孩童时代就更多参与和世界遗产有关的工作,将有利于他们成长为负责任的遗产地旅游者。因此,UNESCO一直致力于世界遗产文化在年轻人中的普及和教育。针对孩子的世界遗产教育方式往往是活泼生动的,适合他们的年龄特点。如 UNESCO 在全球范围内发起了一项青少年参与世界遗产保护的活动——世界遗产历险动画片脚本绘画比赛。2010年,中国的青少年首次参加了这项比赛,亚太苏州中心从400多幅作品中,共评选出14幅优胜作品,作者年龄从9岁至13岁不等。孩子们笔下的"世界遗产历险记"充满了想象力。香格里拉建水电站(见图2-3),生态环境面临破坏,卧龙大熊猫栖息地竹子突然开花,"国宝"就要挨饿了,还有秦始皇皇陵被盗、敦煌壁画遭遇鼠害……一个个故事鲜活生动,脚本都是由8—19幅图画构成。

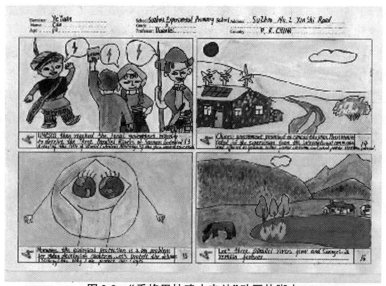

图2-3 "香格里拉建水电站"动画片脚本

许多世界遗产地也非常重视对年轻人的教育和培养,如美国西部的约塞米蒂国家公园由约塞米蒂保护组织资助,2011年开展了一系列"年轻人在约塞米蒂"的活动。活动通过在公园中学习有关野生生物的知识、体验人生中的首个荒野之夜、协助维护公园步道等,使年轻人与自然相联系,并有更多机会成长为未来环境的守护者。莉莉,参加此活动的一名16岁的女生就以诗歌的形式表达了活动对她的激励,诗的名字叫"我是莫赛德河"(流经约塞米蒂国家公园的一条河流),"我是莫赛德河/从容而无畏/总是向前/从不回头/尽我所能/悠然奔向下一趟旅程"。"从容而无畏"、"悠然向前",不也是我们生活的真谛吗?因此,孩子们在遗产地学到的已经超越了环境与遗产保护知识,正如活动的资助者所谈到的,这能改变他们的生活。

"悠然向前"对于现代社会的成年人来讲,确实是一个巨大的挑战。一个新的工业化社会使今天总是充斥着动荡不安的因素,而未来的不确定性又总让人担忧,只有过去,能带给人们更多的幸福感。洛文特尔指出,现代化的迅速发展以及"(过去)的加速消失强化了人们的怀旧感,使人们更加怀念过去那种简单、安全和美好的生活环境,去寻根和寻找自己的历史渊源"(蒂莫西等,2007:72)。人们对于自己过去以及其他人的过去既感到自豪,也感到好奇。这种自豪感和好奇心促使人们前往一些地方去旅游,因为那里还保留着现代世界正在消失的价值观和生活方式。

　　位于布达佩斯东北部100千米的霍洛克村(见图2-4)就称得上欧洲中部传统村落的罕见标本,自13世纪蒙古人入侵后,帕洛克人为躲避战争逃到这里,并在这里建起村庄。至今这里仍保留着具有匈牙利北部传统民俗风格的17—18世纪的农舍126座,它们是20世纪农业生产改革之前匈牙利农民住房的典型样式。农舍整洁而漂亮,称得上是匈牙利东北部山区最具魅力的村庄,更重要的是村中至今仍然保留着完好的"过去时代"的民俗。这里的妇女最喜欢戴绣着花的白色头巾,也经常穿着或红或蓝的印花套裙。如今走在村庄中,如果碰巧与这些妇女相遇时,她们还会以欧洲古典的屈膝礼来迎接你,优雅地用手扯着裙角,轻轻地一屈膝,实在是风情万种。霍洛克村只在每年的4月1日—10月31日开放,其他时间,村民们则悠然地享受着属于他们自己的生活。

图2-4　匈牙利霍洛克古村落及其周边(1987)

　　霍洛克是被精心保护下来的传统民居的一个典型范例,这个村落主要发展于17世纪和18世纪,是20世纪农业革命前乡村生活的一幅生动图景。

【旅行的意义之一】

Lonely Planet 创始人的故事

托尼·惠勒(Tony Wheeler)和莫琳·惠勒(Maureen Wheeler)是传奇的 Lonely Planet(孤独的星球)出版公司的创始人。他们出版的"Lonely Planet"旅行指南系列以无可比拟的权威性和独一无二的态度而成为全世界旅行者的"黄色圣经"。

Lonely Planet 诞生于一次一见钟情和一次跨越大陆的旅行。1970 年 10 月,伦敦商学院的在读 MBA 托尼和初到伦敦的爱尔兰女子莫琳在伦敦不期而遇,一见钟情的两个人在一年后结婚。

图 2-5　惠勒夫妇

这时托尼正好毕业,为了暂时摆脱将要开始的"朝九晚五"的生活,新婚不久的托尼和莫琳离开伦敦开始了一次探险之旅。他们穿越欧亚大陆并在一年后抵达澳大利亚。旅行结束之后,惠勒夫妇遇到很多想要自助旅行的人不断询问他们关于此次路上的各种问题,最后他们决定出版一本旅行手册。《便宜走亚洲》是 Lonely Planet 的第一本指南书,它也标志着 Lonely Planet 的诞生!《纽约时报杂志》称托尼为"全世界背包客和探险旅行者的带头人"(1996 年 6 月)。在《旅游和休闲》杂志 25 周年的纪念刊(1996 年 9 月)中,托尼被列为改变世界旅行方式的"先锋"人物之一。当比尔·盖茨访问澳大利亚时,他要求见两个人:总理和托尼·惠勒。

Lonely Planet 的口号是:"……,因此我旅行!"无数旅行者用他们的故事诠释了旅行的意义。旅行有太多的理由,旅行为平淡的生命注入了太多的精彩。旅行成就着惠勒夫妇的梦想、事业与婚姻。因此,托尼说"旅行是开始,是结束,是这两者之间所有的一切"。他说:

"今天我们生活的这个星球看起来像是陷入了一个永无休止的怪圈:冲突,误解还有悲伤和心碎。但与此同时旅行也一直在不断地提醒我们:我们生存的这个世界是如此美好而这个美好的世界是属于我们大家的。对于一些国家来说,旅游业对他们的经济十分重要,而对于无数旅行者来说,旅行则会给他们带来巨大的满足和喜悦。但更为重要的是旅行能够以最积极的方式去帮助人与人相互结识,去让我们认识到我们有着同样的希望和渴求,去证明我们可以拥有一个更美好的世界。"

因此,旅行是,也一直都是,这个世界上最重要的人类活动之一。

资料来源:Lonely Planet,2011.

第二编
世界自然遗产

苏格拉底的墓碑上,刻着五个大字:认识你自己!

"我是谁?我来自何方?我去向何处?"这是古希腊哲学家苏格拉底的千古追问。苏格拉底终其一生想要寻找答案,结果也没能找到!

图3-1　保罗·高更(Paul Gauguin)(1848—1903)

法国后印象派画家、雕塑家、陶艺家及版画家,与塞尚、梵高合称后印象派三杰。他的画作充满大胆的色彩,在技法上采用色彩平涂,注重和谐而不强调对比,代表作品有《讲道以后的幻景》等。

除了哲人的探寻,许多人都试图用各种方式来回答这个问题!法国画家保罗·高更(见图3-1)就试图用画笔来诠释这个问题。1891年,为了艺术,他放弃了安稳富足的生活来到塔希提岛,在这个大洋深处的偏僻海岛上高更找到了滋养他心灵的某些东西。曾经光鲜的证券经纪人高更,在这里快乐地做起了一个"幼稚而粗鲁的野蛮人",他光脚走路、吃野果、住茅屋、只系围腰。颠沛流离了大半生,最后寻找到伊甸园般的小岛后,高更终于创作了名垂画史的杰作,这是耐人寻味的。这也使人联想到台湾女作家三毛在撒哈拉沙漠中生活的情景。在1897年,他怀着对人生的极大疑问完成了这幅题为"我们从哪里来?我们是谁?我们往哪里去?"(见图3-2)的作品。此画的右边有一个刚刚诞生的婴儿,中间有一个采摘水果的青年,左边是一个行将就木的老妇。这一连串的形象,意示着人类从生到死的命运。虽然其形象、色彩和构图看上去像是神话或传说,那异国的渺远气息,静悄悄和神秘的意境再加上这样一个标题,使人感到更加神秘。该幅作品完美体现了高更在塔希提岛回归自然之后对人生意义的思索,他把塔希提岛那些未失去原始面貌的大自然风光,充满原始生命力的土地看做是人类的"乐园"。

图3-2 我们从哪里来?我们是谁?我们往哪里去?

英国作家毛姆在以高更为原型创作的小说《月亮和六便士》中谈道:"有时候一个人偶然到了一个地方,会神秘地感觉到这正是自己的栖身之所,是他一直在寻找的家园。于是他就在这些从未寓目的景物里,在不相识的人群中定居下来,倒好像这里的一切都是他从小就熟稔的一样。"恰如塔希提于高更,撒哈拉于三毛,一个地方会激发人无限的灵感与创造力,让人对生命有所洞彻。

自然的力量犹如母亲之爱,恰如唐君毅在其哲学童话《人生的旅程》中所讲述:"人生"自自然中来,自然是"人生"的母亲;"人生"在离开自然世界进入人的世界的时候,联结两世界的路已经崩裂,"人生"生出原始的无依之感;这种感觉让"人生"在人的世界体验了名、利、权,体验了智慧之后,最终要修复与自然的通道,回到自然,其间蕴涵着"人生"的需要,即人需要从自然中去理解自己;纯粹的以人观人,常常带来对人生的遮蔽,而当人从人所生存的自然世界来反观人生的时候,就足以了解人生的真义;在超然的反省后,"人生"得以重返人间,带着理想,回归现实,"认识自己",走自己的路。就像唐君毅在诗中所吟唱的:"什么是人间的敌我对峙,什么是人间的恩怨分明。人逃到深山荒野与绝对的虚空中时,才知任何人的声音,都可使我感无尽的欢欣。"

自然是所有人的"快乐老家",就如同乡间的老屋和屋中的老妈妈,走近她,亲切之感总会油然而生。恬静的风景让内心重拾一份宁静,狂风暴雨则使脆弱的我们调动起每一个细胞的能量,寻回直面生活的勇气。渐渐地,认识了自己,了悟到人生的真意!

第3章 地质地貌类世界遗产

> 活着,还有这样一种方式;活着,还可以这样纯净;活着,还可以这样豁达! 在这个有些过分阴柔的现实世界里,我们的灵魂需要一些粗犷;在这个急功近利的现实世界,我们的精神需要大山的洗礼;在这个缺乏关怀的现实世界,我们更需要山友之间那种朴实真挚得没有一丝杂质的友情!
> ——选自《在天边撒点野》

地质地貌是构成风景特征的基本条件,在自然地理环境中,地质地貌既可塑造大地景观,又可影响地表水、气象气候以及生物群落的组成,形成独特的景观。地质地貌类旅游资源是指长期地质作用和地理过程中形成并在地表或浅地表存留下来的各种景观,地质地貌类世界遗产是其中具有"突出的普遍价值"者。

第一节 地质地貌类世界遗产的旅游价值

根据盖洛普世界民意调查(Gallup World Poll)机构在 2005—2009 年间对世界 155 个国家中数千人进行的调查结果显示,以丹麦为首的 4 个北欧国家,在"全球最幸福的国家和地区"排名中分列前四,中国大陆位列 125 位,也即倒数第 31 位,属于比较缺少幸福感的国家之列。这个结果多少有点让人出乎意料。因为多年来中国经济一直都是蒸蒸日上,国家经济强盛,国人理应有强烈的幸福感,为何背道而驰? 在美国,研究者也观察到同样的现象。从 1957 年到 2002 年,美国人的人均收入从 9000 美元增加到 20000 美元,但人们并没有感到更快乐。具体地说,感到"非常快乐"的人群的比例反而从 35% 下降到了 33%。经济增长居然不能让人们满意! 更令人惊讶的是,越是为财富努力奋斗的个体的幸福感可能越低,瑞安和卡塞的研究表明:那些转而追求亲密感,个人成长和为社会事业而奋斗的人会体验到更高质量的生活。

1914 年初,英国探险家沙克尔顿在《泰晤士报》上刊登一则招人启事:"赴南极探险,薪酬微薄,需在极度苦寒、危机四伏且数月不见天日的地段工作。不保证安全返航,如若成功唯一可获得的只有荣誉。"令沙克尔顿没有想到的是,短短几天内,受招聘启事吸引的报名者竟达5000人之多。一个具体的目标以及目标之后的信仰和荣耀,克服困难过程中自我成长的体验,同伴间共同超越死亡的真挚之情,让人们将低薪和艰苦置之度外。惯常的世界遗产之旅,远没有这般辛苦,但同样的特质,让人们一样体味到财富之外的幸福感。

在藏族文化中,山和水都是有灵魂的,因此有了"神山圣水"的说法。西藏许多地方更有"转山"的习俗,即对着灵性的大山反复绕走的仪式。藏人相信,遭遇苦难的人借此能得到罪孽的洗脱与身心的净化。转山者,必须舍却己身私欲,仅为他人祈福而行。2010年,央视女主播徐俐与丈夫完成在梅里雪山的转山之后,写就《垭口》一书,记载下这段激发自己在艰苦条件下重新思考生命意义的特殊历程。13天,这是一对没有长途跋涉经历的夫妇最终完成的成绩,中间经历众多艰苦、尴尬的境地,然而靠着对生命的思考,对人生意义的领悟,他们坚强地走完全程。在众多的艰苦之中,垭口是艰苦之最。垭口,是山峰之间的凹谷之处,是爬山者最喜欢的捷径之处,然而,站在高山之巅,才会发现垭口才是真正的凶险之地,当然也是最能让人开始思考的地方。

"因为山在那里!"1924年,英国登山家乔治·马洛里回答《纽约时报》"你为什么要攀登珠峰"时的回答成为了一句名言,激励着无数的登山者去追寻自己的梦想。在登山者眼中,山不再是石头的堆砌,而是老友,甚至是精神的导师,于无言中给我们以心灵的慰藉。

1. 审美与游览

地质地貌是自然景观的骨架,多种形态的地表构成了自然景观场的基本格调:令人仰止的高山给人以威严、壮丽之感,狭奥的深谷使人产生神秘、幽密之感,而一望无际的平畴则令人心旷神怡。与其他类别的遗产相比,地质地貌类世界遗产更具有吸引大众回归自然、观光游览的天然优势。自然山水的雄、奇、险、秀、幽、奥、旷,本质上是地质、地貌在地形方面所起的骨架性作用,再辅以植被对环境气氛的烘托,形成了自然山川的多态之美。如图3-3,极具中国特色的丹霞地貌呈现出丹山—碧水—绿树—白云的最佳形态、色彩组合,陡峭的悬崖、红色的山体、密集深切的峡谷、壮观的瀑布及碧绿的河溪,加之广泛覆盖的天然森林,自然之美表现得淋漓尽致。

所谓"智者乐水,仁者乐山",中国历代文人墨客,无论是画家,还是诗人、文学家都对山水之美情有独钟。一代代文人,徜徉于山水之中。谪迁者,借之刷洗块垒,慰抚伤痛;隐逸者,借之寄意遣情,超然玄远;通达者,啸吟高歌,表志得之意气。一些文人,甚至到了晚年,人老体衰,足已不能登,手亦不能攀,还愿意

图 3-3　中国丹霞（2010）

　　这一遗产包括中国西南部亚热带地区的 6 处遗址。它们的共同特点是壮观的红色悬崖以及一系列侵蚀地貌，包括雄伟的天然岩柱、岩塔、沟壑、峡谷和瀑布等。这里跌宕起伏的地貌，对保护包括约 400 种稀有或受威胁物种在内的亚热带常绿阔叶林和许多动植物起到了重要作用（图为江西龙虎山仙水岩）。

以山水"画饼充饥"，聊以自慰。晚年的宗炳就叹道："老病俱至，名山恐难遍睹，唯当澄怀观道，卧以游之。"由此可见，山水在不同境遇之下，可带给人多层次的审美享受。

2. 登山与探险

　　近年来，登山、探险等户外活动在我国的大中城市方兴未艾，这类特殊的旅游产品已成为我国广大都市白领和青年休闲度假的时尚选择。险峻的高山，深切的峡谷，神秘幽深的地下溶洞，茫茫无涯的戈壁大漠，都是开展探险活动的理想场所。珠穆朗玛白雪覆盖的山坡是无数登山者梦寐以求的天国，而九曲回环的地下溶洞则是探洞者充满悬念的乐园。许多地貌条件都适合开展独特的户外活动，如陡峭的山崖可开展蹦极、攀岩、峡谷滑翔、溜索等活动，林木繁茂、相对复杂的地形适合开展定向越野、野外生存等活动。

　　"无限风光在险峰"，悬崖峭壁、陡坡深谷和斧刃般的山脊形象，虽令人望而生畏，却因其对体力与心力的双重特殊挑战而引起勇者的孜孜游兴。多洛米蒂山脉（见图 3-4）位于意大利和奥地利的接壤地带，以山形峥嵘奇特的灰白色白云岩山峰为典型地貌，山脊呈锯齿形，山谷深邃，多陡峭岩崖。20 世纪最有名的建筑师勒·柯布西耶将它描述为"世界上最美的自然建筑"。第一次世界大战期间，意大利人在多洛米蒂地区修筑了很多山间小径运送军火，它们被称为维弗拉它（Via Ferrata），意为铁索栈道，都十分崎岖险峻。战后这些小径逐渐成为高山徒步爱好者在阿尔卑斯山区远足的最佳路径,小径编号从 1 到 8,至少需要一周的时间才能穿过山峰,好在沿途设有大量可供歇息的棚屋。

图 3-4　意大利的多洛米蒂山脉(2009)

由意大利北部阿尔卑斯山脉构成,共有 18 个山峰,高度超过 3000 米,占地 141903 公顷。这里随处可见美妙绝伦的山景、垂直的岩壁、陡峭的悬崖和星罗棋布、幽深狭长的山谷。一组由 9 个区域组成的系列遗产,以崇山峻岭、悬崖峭壁的地貌展现了多姿多彩的国际名胜景观,该遗址还可见到冰川地貌和喀斯特地形。

3. 科学与教育

地质地貌类旅游资源堪称地球地质和地理环境演变的"窗口",是一座蕴涵了地壳演化、海陆变迁、生物进化等重大信息的典型、直观的资讯库,因而具有重要的科学价值。除了适宜开展科考活动,地质地貌景区还是普及地质地貌科学知识、进行相关教育的最好课堂。书本上枯燥的知识通过这个立体空间、通过原始生动的形象而鲜活起来,给人们留下刻骨铭心的印象,使游客在审美体验之外获得教育。

地质地貌类世界遗产的科普教育功能的实现通常有两种方式。一种是对于直观形象的自然景致和具有一定知识贮备的游客,可以依靠户外实地踏勘,通过游客的观察、发现和理解,达到科普教育的目的;另一种,对于那些不能直观解释的现象,通常可以通过遗产地游人中心,或宣传册、科普读物、解说标识牌等相关的解说系统,实现科研成果的大众普及(张成渝,2006)。

4. 文化的载体

作为一个多山的国家,我国孕育了源远流长的名山文化。中国山水之美,更美在其厚实的人文积淀。早在上古,便流传着山乃盘古之躯的神话,山岳崇拜和祭祀从远古时期就已成为社会生活的重要内容。魏晋以后,文人墨客寄情山水,游山玩水逐渐成为知识阶层的传统风尚,所谓"读万卷书,行万里路"。他们从山水之中汲取灵感,留下了无数畅情抒怀的书画佳作。唐代大诗人李白说自己是"五岳寻仙不辞远,一生好入名山游",他一生中大部分时间在周游名山大川中度过,写下大量流传千古的山水诗篇。文因景名,景以文传,山水艺术与名山景观交相辉映,让自然之美更具有了深层内涵,令人玩味不尽。

　　世界遗产委员会也认可,自然美偏重于人类文化因素的认知,因此文化与自然遗产的不可分割性越来越受到人们的重视。好的文化遗产往往也得益于自然之景的孕育,如2010年入选世界文化遗产的河南登封"天地之中"历史建筑群,就坐落在风景优美的嵩山之下。嵩山在大地构造上处于华北古陆南缘,在公园范围内,连续完整地露出35亿年以来太古代、元古代、古生代、中生代和新生代五个地质历史时期的地层,地层层序清楚,构造形迹典型,被地质界称为"五代同堂",是一部完整的地球历史石头书。嵩山优美的景色还激发了璀璨的建筑文化在这里的集聚。在海拔1500米的嵩山脚下,有8座占地共40平方千米的建筑群,其中包括三座汉代古阙,以及中国最古老的道教建筑遗址——中岳庙、周公测景台与登封观星台等等。这些建筑物历经9个朝代修建而成,它们不仅以不同的方式展示了天地之中的概念,还体现了嵩山作为虔诚的宗教中心的力量,是中国时代跨度最长、建筑种类最多、文化内涵最丰富的古代建筑群,是中国先民独特宇宙观和审美观的真实体现。

5. 智慧的启迪

　　阿兰·德·波顿在《旅行的艺术》一书中写道,"宏阔的思考常常需要有壮阔的景观,而新的观点往往产生于陌生的所在"。景观虽无言,但其令人震撼之美却可激发人的灵感,启发人的智慧。

　　一般的游客,面对自然之美,常会引发对人生的某些思考,如"在悬崖之下,我们曾关注的一些东西都显得不重要了。反之,一些崇高的念头油然而生。它的雄伟鼓励我们要稳重和宽宏大量;它的巨大体积教导我们用谦卑和善意尊重超越我们的东西"。

　　与这种一般性启智相对应的,还有一种"科学意义上的启智"。这种启智会推动人类认识地质史、认识自然。明代徐霞客在考察了桂林漓江"九马画山"后认为,画山峭壁"横列江南岸,江自北来,至是西折,山受啮,半剖为削崖,有纹层络",解释了峭壁受江水急转弯的冲击、侵蚀、切割的成因,这与现代地质学河流的凹岸侵蚀、凸岸堆积的基础理论相吻合。他还解释九马形象的形成是由于"绿树掩映,石俱黄、红、青、白,杂彩交错成章,上有九头,山之名画,以色非以形也"。徐霞客的这些描述超出了一般游览者停留于表层的美学欣赏,不仅有景点的位置、象形,还有其成因分析。

第二节 地质类世界遗产

地质构造类——以云南三江并流保护区为例

地质构造是岩石或岩层在地球内动力的作用下产生的原始面貌。形成地质构造的运动常被称为地壳运动,地壳运动通常很缓慢,以地质年代作为时间的尺度,但也有快速突变的运动,如火山喷发和地震。地质构造的空间尺度有大有小,作为旅游资源的地质构造从规模上可以分为三级:第一级为全球性构造,第二级为区域性构造,第三级是以褶皱和断裂为代表的中、小型构造。全球性构造和区域性构造常造就壮阔的景观,中小型构造是雕塑局地景观的主要力量。著名的地质构造类世界遗产如:加拿大的格罗莫讷国家公园为大陆漂移学说和板块构造学说提供了证据;印度尼西亚的洛伦茨国家公园位于两个相互碰撞的大陆板块交接处,复杂、连续的造山运动和冰川活动给公园留下了随处可见的地质、地貌遗迹;张家界的砂岩峰林是沿两组垂直节理发育而成的中小型构造景观等。

名称:云南三江并流保护区(Three Parallel Rivers of Yunnan Protected Areas)
所在地:中国云南省
入选标准:(vii)(viii)(ix)(x)①
列入时间:2003
UNESCO 链接:http://whc.unesco.org/en/list/1083

图 3-5 中国云南三江并流保护区

UNESCO 评价

三江并流风景名胜区位于多山的云南省西北部,其中包括了八个自然保护

---

① 评价标准的含义见表 1-4。

区。面积多达170万公顷,并以亚洲三条大河:金沙江(长江)、湄公河(澜沧江)及萨尔温江(怒江)的上游流域为主。这三条大河在3000米深的峡谷且邻着6000米高的冰河间,由北至南平行流动着。此区是中国生物多样性的中心,同时也是世界温带物种多样性最丰富的地区之一。

遗产价值

(vii) 绝妙的自然现象、自然之美及其重要的艺术价值。幽深而并行的金沙江、澜沧江、怒江峡谷是该遗产地最杰出的自然特征;尽管三条江河的大部分流域在该区之外,但该遗产地却具有此区主要的景致元素。这里到处是高山,它们与梅里、白茫、哈巴雪山创造出一个特别的天际景致。明永恰冰川(北纬28度)作为著名的自然景观,从卡瓦格博峰海拔6740米的高度延伸至海拔2700米,成为在北半球低纬地区冰河延伸的最低海拔。另外还有高山的喀斯特地形(特别是怒江峡谷上月亮山风景区的月亮石)和高山丹霞地貌的"龟背石"。

(viii) 该遗产地有着可显示过去5亿年地质史的观赏价值,如印度板块和欧亚板块的碰撞,古地中海的消失,以及喜马拉雅山脉和西藏高原的抬升。这些都是亚洲地表进化过程中的重要事件,并且仍在持续进行中。该地多样的岩石类型就是历史最好的证明。除此之外,该地高山区的有些喀斯特地貌、花岗岩巨石及丹霞地貌,在全世界山区里都算得上是最佳类型。

(ix) 三江并流引人注目的生态过程是由地质、气候和地形之共同影响造成。首先,此地位于地壳运动的活跃带,所以产生了大规模的岩石基层,包括火成岩(有4种)以及石灰岩、砂岩、砾岩等不同种类的沉积岩。该地一系列独特的地形特征——从河谷、喀斯特地貌到冰峰,都与此地位于板块的碰撞点有关。还有一点就是该地区是更新世的残遗保护区,并且也是生物地理上的聚合区(包含温带和热带的元素),保存有高度的生物多样性进化的物理基础。这里除了有着垂直斜度6000米的地形多样性外,还有影响此地大部分地区的季风气候,提供了让古北界的温带生物发展下去的良好生态刺激。

(x) 云南西北部是中国境内,甚至是全球温带地区生物多样性及濒危物种最丰富的地带。该遗产地包含有大部分横断山区的自然栖息地,而横断山区则是世界上所剩不多的重要的生物多样性保护区之一。加之该遗产地多样性的地形和气候,位于东亚、东南亚及西藏高原交接处的地理位置,以及作为动植物移动的南北通道(尤其在冰河时期)的功能,都让这里有着相当独特的风景。尽管此地千年前已成人类的栖息地,但它依旧保持着相当程度的自然特色。该遗产地是许多稀少且濒临绝种之物种的栖息地,因此这里对全球有着重要价值。

遗产介绍

"三江并流"地区是世界上温带生物多样性最丰富的区域之一。从1911年到 1950 年的 40 年间，英国植物学家和地理学家金敦·沃德曾八次考察藏东南、滇西北、川西南这些地势险恶、难以通达的秘境。其中，1913 年 4 月到翌年 3 月，金敦·沃德在川、滇、藏接壤的横断山区，穿梭于金沙江、澜沧江和怒江的三江流域，对玉曲河"S"形河曲以下的三江之间距离进行了测定，成为最早发现该区段三条巨川平行并流世界地理奇观的第一人。他描述："在某个地点，三条河流相互间的距离当在 80.5 千米以内，中间的湄公河与长江相距 45 千米，而与萨尔温江相距 32 千米，这是世界地理上的奇观之一。"他深信这是亚洲最迷人的地区之一，"多姿多彩的高山花卉，数之不尽的野生动物，异域风情的民族部落以及复杂的地理结构。只要能在这里游荡几年，我就心满意足了：攀登险峰，踏着厚厚的积雪，和暴风雨作战，徜徉于温暖幽深的峡谷，眼前是奔腾怒吼的河流，最重要的是还可以结交勤劳勇敢的部落人。这一切让我感到血液在血管流动，心情安详平静，肌肉结实紧绷"。

我们今天运用最先进的仪器测量，可以对金敦·沃德近百年前的个人测量做些小小的纠正：三江并流最窄的地段，东侧金沙江与西侧怒江之间的直线距离为 66.3 千米，怒江与澜沧江仅隔 18.6 千米。事实上，三江之间的距离比他意识到的更加亲密。90 年后，这位外国探险家的个人意见，终于得到了全世界的公认。

三江并流不是一个景点，而是指云南省西北部一片广阔的区域（见图 3-6），位于滇西横断山脉纵谷之中，南北走向的高黎贡山、怒山和云岭山脉之间，南北跨度 310 千米，东西宽达 180 千米，共由八大片区 15 个保护区构成。"三江"均发源于青藏高原唐古拉山附近的广大区域，沿横断山脉进入滇西北后，越来越亲近，并肩同行 170 多千米后，金沙江在石鼓镇掉头北上，东流入海，留下极负盛名的长江第一湾。而澜沧江和怒江继续南下，共同行 400 多千米，出云南前分道扬镳：一个流经老挝、缅甸、泰国、柬埔寨、越南，注入太平洋；另一个由缅甸径自扎进印度洋。

一般认为，滇西北奇特的地理现象，是晚新生代以来的青藏高原隆升运动的结果。按照板块构造学说，印度大陆板块与欧亚大陆板块相撞，形成了高大的喜马拉雅山脉，并导致青藏高原整体抬升。至于亚洲大陆东侧未受到直接撞击的部分，因没有同步向北运动而滞后，于是原来接近东西向的大陆被强行扭曲，发生了顺时针约 90°的旋转，形成一系列近南北向的剪切断裂组成的剪切带。同时，东面扬子地块也向西挤压，导致地壳紧缩并产生巨大的褶皱。这就是南北向的四山（大小雪山、云岭、怒山、高黎贡山）夹"三江"奇观的地质原因。

"三江并流"景区内高山雪峰横亘，海拔变化呈垂直分布，从 760 米的怒江干热河谷到 6740 米的梅里雪山主峰——卡瓦格博峰，汇集了高山峡谷、雪峰冰川、高原湿地、森林草甸、淡水湖泊、稀有动物、珍贵植物等奇观异景。景区有 118 座海拔 5000 米以上、造型迥异的雪山。与雪山相伴的是静立的原始森林和

图 3-6 "三江并流"八大片区示意图

星罗棋布的数百个冰蚀湖泊。卡瓦格博峰上覆盖着万年冰川,晶莹剔透的冰川从峰顶一直延伸至海拔 2700 米处,这是目前世界上最为壮观且稀有的低纬度低海拔季风海洋性现代冰川。千百年来,藏族人民把梅里雪山视为神山,恪守着登山者不得擅入的禁忌,主峰卡瓦格博峰至今仍是人类未能征服的雪山之一。

海拔 4000 多米的高黎贡山和碧罗雪山夹着汹涌的水流,劈出世界上最长、最神秘、最美丽险奇和最原始古朴的峡谷——怒江大峡谷。峡谷仅云南段就长达 300 多千米,平均深度为 2000 米,最深处在贡山丙中洛一带,达 3500 米。再加之西藏段的长度,怒江大峡谷被认为比美国科罗拉多大峡谷更长、更深。

地貌与气候的丰富多样,使三江并流区成为众多生物类型的汇聚区。据报道,三江并流地区占中国国土面积不到 0.4%,却拥有全国 20% 以上的高等植物,25%以上的动物种数,是欧亚大陆生物群落最富集的地区,拥有北半球除沙漠和海洋外完整的生物群落类型。每年春暖花开时节,这里绿毯般的草甸上、幽静的林中、湛蓝的湖边,到处是花的海洋,可以观赏到两百多种杜鹃、近百种龙胆、报春及绿绒马先蒿、杓兰、百合等野生花卉。因此,植物学界将"三江并流"地区称为"天然高山花园"。同时,该地区还是16个民族的聚居地,是世界上罕见的多民族、多语言、多种宗教信仰和风俗习惯并存的地区。

古生物遗址类——以加拿大艾伯塔省立恐龙公园为例

古生物遗址,是地球生物繁衍的证据,是研究古地理、古气候、古人类和古生物的钥匙。于一般游者而言,"那远去的历史,总让人有一种大气滂沱和回归母亲怀抱的感觉。除了温暖,还是温暖,且渐渐地被它的胸怀所融化"。

古生物遗址可分为两大类。其一是古人类遗址(或称古人类活动遗址),是指史前人类遗址,往往在人类演化史上具有重大价值。我国境内有多处古人类遗址,其中最著名的为北京人、云南元谋人和陕西蓝田人遗址。周口店"北京人"遗址是我国第一批列入世界文化遗产名录的遗产地。其二是古生物遗址,包含古生物化石保存地以及古生物遗迹保存地。如加拿大魁北克省东南部的米瓜莎国家公园,被认为是世界上关于泥盆纪"鱼的时代"的最著名的化石遗址。这里的鱼类和植物化石展现了3.7亿年前地球的环境资料。一种绰号"米瓜萨王子"的鱼体内有肺,身体两边的鳍里有骨组织,这帮助科学家们弄清楚了生物是如何从水中进化到陆地爬行动物的。

名称:艾伯塔省立恐龙公园(Dinosaur Provincial Park)
所在地:加拿大艾伯塔省
入选标准:(vii) (viii)
列入时间:1979
UNESCO 链接:http://whc.unesco.org/en/list/71

图3-7　加拿大艾伯塔省立恐龙公园

UNESCO 评价

艾伯塔省立恐龙公园位于艾伯塔荒地的中心，除了它特有的美丽风景之外，也曾经发现爬行动物时代所形成的最重要的化石，特别是可追溯至 7500 万年前的恐龙品种。

遗产价值

（vii）省立恐龙公园是半干旱草原主要地质过程以及河流侵蚀模式的杰出范例。这片"恶地"（Badlands）沿着 24 千米长的高品质的、几乎不受干扰的河岸生境伸展，呈现了一片虽然荒凉，但有着独特自然美的景观。

（viii）无论就高品质的白垩纪恐龙标本的数量还是品种而言，该遗产地都是杰出的代表。多样性为古生物学家横向的比较和时间的纵向研究都提供了极好的机会。在公园的老人地层中发现超过 300 件标本，其中包括超过 150 个的完整骨架，现在它们落户在 30 多个主要的博物馆。

遗产介绍

恐龙公园位于加拿大艾伯塔省荒野的中心地带，占地 5965 公顷，保持着远古时代的自然风貌，岩石台地、砂砾石柱、山峰河谷等共同构成了一幅荒凉奇异的景观，使人恍如置于月球之上。早期法国移民者将之命名为"恶地"。但在 7500 万年前的晚白垩纪，这里并非如此寒冷与荒凉，而是一个温暖的亚热带生命乐园。复原这个古老乐园，我们能看到一个地势低平、气候潮湿、恐龙遍布的河畔平原。西方的河流从这里入海，从上游带来的河沙将这一带淤积成广大的海岸平原，形成了森林、沼泽、池塘以及纵横的河流网络，恐龙在其间过着幸福的生活。6500 万年前，一场不名原因的灾难降临，可能是洪水、彗星撞击、超新星爆发或是瘟疫，总之恐龙很快全部死亡了。由于当时这里属于近海区域，海滩和浅海沉积交替变迁，因此提供了最容易形成化石的环境。动物死后的遗骸被河沙或泥土覆盖。由于与氧气隔绝，在矿物质的作用下，经过漫长的岁月，便形成了动物化石。自此，恐龙曾经的"美好家园"最终成为了世界上单一地区化石密度最高的恐龙墓地。

恐龙重现之日已经是 1884 年。古生物学家泰勒尔在红鹿河谷考察时，于一处山坡上发现了第一件艾伯塔龙的化石。1909 年，美国自然历史博物馆助理馆长布朗在蒙大拿州挖掘恐龙骨架的过程中，得知艾伯塔富含恐龙化石。很快，他率领考察队来到艾伯塔进行大规模采集，找到了大量保护极为完好的戟龙、盔龙和尖角龙等骨架化石及一些恐龙皮肤化石。1910 年，布朗满载而归，据说当时从当地运回纽约的恐龙化石足足装了四个车皮。

面对大量化石的流失，人们开始热议能否将加拿大土地上挖掘的恐龙化石带至其他国家。在种种压力之下，加拿大地质局聘请了美国人斯坦伯格和他的三个儿子专门为加拿大政府挖掘恐龙化石。最终，在全长 24 千米的红鹿河谷，累计挖掘出 300 多具保存较为完整的化石，它们分属于约 37 个属种，占全球已发现恐龙种类的 5% 以上。如今，在包括纽约美国自然历史博物馆、伦敦大英自然历史博物馆、芝加哥菲尔德自然历史博物馆、加拿大国家博物馆、阿根廷自然历史博物馆等全世界 30 多所顶级的古生物或者自然博物馆内，都能看到来自斯坦伯格和布朗在艾伯塔的考古发掘。

1911 年，安德森博士首先提倡在这片荒野中设立一个国家公园。1955 年 6 月 22 日，安德森的愿望得以实现，恐龙省立公园正式建园。由于其在地质演化和生物进化史上具有不可替代的科学研究价值，1979 年，UNESCO 将艾伯塔省立恐龙公园列入世界自然遗产名录。

至今，相关的恐龙化石挖掘仍在进行中，且有严格的管制措施。公园虽然对外开放，但被严格地划分为 3 个管制区，最外层的两个管制区，游客可不受限制地参观，最内层的管制区出于保存化石遗迹的原因，必须由解说员带领才可进入。

同时，恐龙公园也非常注重对游客的教育。解说员不仅带着游客寻找恐龙、植物化石，解释陆相地层与海相地层的区别，讲述这片"恶地"的地质、人文故事；还会在一开始，就严肃地要求游客宣誓"绝不会移动或带走公园里的一草一木"。当然，解说员也会尽量满足游客的好奇心，传授给他们辨认化石的本领。"在我手中是一枚恐龙的脊椎化石，现在，让我教各位如何辨别化石与石头。"如何辨别？竟是用沾着口水的手指，轻触化石表面，如出现黏黏的感觉，那就是化石！这样类似的环节，诸如"挖掘出的恐龙化石到底什么模样"，"恐龙以何种姿势被埋藏在地层中"，全程不时出现，让游客感到整个旅程严肃但不乏趣味。

每年夏季，公园管制区都会迎来一大批世界各地恐龙爱好者组成的义工来帮忙挖掘化石，他们要抢救出新露出地表的化石，防止被大自然侵蚀殆尽。挖掘出的宝贝大都集中存放于距挖掘区约 90 分钟车程的皇家泰勒尔博物馆。

博物馆以第一个在这里发现"艾伯塔龙"的古生物学家泰勒尔命名。除鼎鼎大名的艾伯塔龙（见图 3-8）外，这里陈列的还有 1 种头甲龙、2 种角龙、4 种体型较大的鸭嘴龙等。这座博物馆还设有一个高大的温室，里面种植着不少曾与恐龙一起生活过的古老植物，有些还是恐龙的食物，如树蕨、苏铁、罗汉松以及一些寄生的有花植物。

图3-8 艾伯塔龙的模型

博物馆里陈列着很完整的艾伯塔龙化石,也有形象逼真的艾伯塔龙模型。艾伯塔龙属于肉食性的霸王龙,眼睛长在头骨较高的部位,有一对足形的盆骨支持着强大的躯体。艾伯塔龙最早(1884年)由加拿大地质学家约瑟夫·泰勒尔所带领的地质调查队所发现,后以其最早出土地艾伯塔省而命名。

地质灾变现象类——以美国夏威夷火山国家公园为例

在自然历史进程中,时常会发生一些突发性的灾害事件,如地震、火山喷发等,它们记录了自然界的环境变化过程和变化结果,同时也记载下人类面对灾难的态度与抗争,具有极高的旅游价值。地质灾变现象形成的遗迹主要包括3大类:

(1) 地震遗迹,是指地震发生后留下来的各种痕迹。"5·12"汶川特大地震发生之后,北川老县城规划建成一座多功能、具有国际影响的地震遗址博物馆,多名专家还提出将其申报为世界遗产。

(2) 火山活动遗迹,在地球内部高温高压的作用下,地下的炽热岩浆沿压力较小的破裂面或向斜轴部喷出地表。火山喷发时,有大量气体(以水蒸气为主)、熔岩和固体碎屑(火山灰和火山砾等)通过火山喉管从地球深处喷发出来。大量碎屑物质从空中落下堆积为火山锥;熔岩溢出后顺地面流动,形成和缓的火山坡、微微凸起的熔岩盖和波状起伏的熔岩垄岗,有时还会阻塞河谷形成熔岩堰塞湖。

庞贝古城是火山活动遗迹的典型代表,公元79年8月24日,离城约十千米的维苏威火山再次喷发,一场毁灭性的灾难吞没了两个繁盛的罗马城市:庞贝和赫库兰尼姆,它们从此被埋没了千余年,直到公元1720年,意大利农民在火山附近的地方开渠、挖井,挖出了不少古罗马的钱币和一些经过雕琢的大理石碎块,才证实庞贝城的遗址所在位置!庞贝遗址的最动人心魄之处在于:它真实地保留着灾难来临前庞贝人的样子。庞贝被掩埋封存在渐渐冷却、凝固、变硬的火山灰中,躲过了上千年岁月的侵蚀,因而获得永生;奇妙的是,两千年前一位庞贝人死在绘有植物花叶的壁画下,当人们挖掘出他的遗骨时,同时发现那幅壁画上刻有一句铭文:"没有任何东西可以永恒。"

(3) 陨石遗迹,流星体经过地球大气层高速下降时,与空气摩擦冲击没有完全烧毁而散落在地面,形成陨石群。大大小小的陨石由于坠落、撞击过程中承受了剧烈的物理、化学变化和漫长的地质变迁,外表形态千姿百态。南非最大城市约翰内斯堡西南 100 千米处的弗里德堡陨石坑被认为是世界上已知的最古老和最大的陨石冲击地球的遗迹,其直径达 380 千米,具有很高的科研价值。2005 年,它成为南非第 7 处世界遗产地。

名称:夏威夷火山国家公园(Hawaii Volcanoes National Park)
所在地:美国夏威夷州
入选标准:(viii)
列入时间:1987
UNESCO 链接:http://whc.unesco.org/en/list/409

图 3-9　美国夏威夷火山国家公园

UNESCO 评价

夏威夷火山国家公园包含世界上两处活动最频繁的火山:冒纳罗亚火山(Mauna Loa,4170 米高)与基拉韦厄火山(Kilauea,1250 米高)。由于火山持续地喷发,因而创造出了此地不断变化的地形景观,流动的岩浆也造就了令人惊叹的地理结构。人类在这里发现了许多稀有鸟类、当地特有物种和大量的巨型蕨类植物。

遗产价值

夏威夷火山属于盾状火山,在其形成过程中,公园的景观既相对恒定,而又富有动态的变化,游客每一次重游都会有新的惊喜。

(viii)该遗产地是通过进行中的火山活动过程形成重要岛屿的独特案例。它代表了夏威夷群岛地质起源和变化的持续过程中最近期的活动。公园包括世界上两个最活跃和研究得最透彻的火山——基拉韦厄和冒纳罗亚火山的重要部分。冒纳罗亚火山,如果从海底测量,是地球上最大规模的火山。

遗产介绍

夏威夷群岛位于北太平洋的中央,由8座主岛和124处小岛、珊瑚礁和浅滩组成。夏威夷岛是夏威夷群岛中面积最大、形成年代最短的岛屿,它位于群岛的最南端,由于熔岩在海岸不断积累,它的面积还在不断增大。

夏威夷火山国家公园,成立于1916年8月1日,面积929平方千米。那里展示了数以十万年计的火山活动,地壳移动,以及独有的生态演化。该区拥有全球最为巨大的活火山——冒纳罗亚,其地貌变化非常丰富。基拉韦厄则是世界上最为活跃的火山之一,科学家可以从基拉韦厄峰的活动中探究夏威夷诸岛的诞生过程及地貌的变化。

夏威夷岛的火山并不像日本的富士山或华盛顿的雷尼尔山那样,圆锥状的山体覆盖着皑皑白雪。实际上,位于夏威夷的这些火山从海平面上缓缓升起,直至山顶的大火山口。这种类型的火山称为"盾状火山",因为其山顶酷似一个正面朝下的古代战士的盾牌。几个世纪以来,夏威夷人一直传说火山岛是这样产生的:火山之神佩莉(Pele)在这些岛上游荡。当她向其他神仙讲述她的旅行故事时,她会使劲跺动自己的双脚,这时大地就会颤抖并产生新的岛屿。地理学家认为这一传说有一定的依据。可能出现岛屿的地方确实在不断变换。科学家用一种"热点"理论和板块构造论对此加以解释。由于一些未明原因,地表以下存在着100多个热区。这些地方产生的熔岩或岩浆比其他地方多。夏威夷热点就是其中最大的一个。热点是固定的,但是构成地壳的12个左右的大板块却不是固定的。太平洋板块处于持续运动中,每年大约移动0.1米。当该板块移到夏威夷热点上时,就使足够的岩浆涌出,创造了一个新的岛屿。新生岛屿又被移动的板块拖离了热点,一段时间过后,另一个岛屿又在该热点处生成。因此,随着岩浆不断凝固,夏威夷群岛也就不断地"生长"。

两座火山中,基拉韦厄更容易让人亲近,游客们可以亲眼目睹其喷发时的容颜。与印象中炽热的熔岩从顶部的火山口喷出不同,基拉韦厄火山有一处更便捷的通道:一处位于山峰较低一侧名叫普欧(Pu'uO'o)的喷气孔。在从普欧喷气孔涌出之前,基拉韦厄火山的熔岩先通过了一段约11千米的天然火山通道,之后从靠海一侧的山体处进入海洋中。自1952年以来,基拉韦厄已经喷发了34次。科学家指出,1983年1月,基拉韦厄火山就至少喷出0.5立方英里(约合2立方千米)熔岩,在此之后,这座火山便一直处于喷发状态;截止到1995年,基拉韦厄火山喷发出的熔岩已经使夏威夷的面积增加了2平方千米,而现在的基拉韦厄火山仍以每天40万平方米的速度向外喷发着熔岩。这也是有记录以来持续时间最长的喷发,到现在为止它还没有停歇的迹象。

【延伸阅读2】

熔岩喷射进行时

2011年3月6日,基拉韦厄火山的普欧火山口再次出现崩裂,裂缝长度达到0.33英里(约合0.5千米)。美国地质调查局夏威夷火山观测站表示,随着这个新喷口的形成,大量熔岩向外喷射,高度达到80英尺(约合25米)。狂野的火焰喷泉冲天而起,同时岩浆从地面的巨大裂缝中流出,可谓自然界最壮观的焰火奇观之一,其塑造地球的伟力,令人敬畏。

与持续喷发的基拉韦厄火山不同,夏威夷岛上的另一座活火山冒纳罗亚火山大约每隔一些年才喷发一次。在过去的200年间,共喷发过约35次,至今山顶上还留着火山口。火山喷发时,大量熔岩不断地倾泻出来,使山体日益增大,被称为"伟大的建筑师"。1984年4月冒纳罗亚火山再次喷发,熔岩向夏威夷首府希洛的方向流泻了17英里。冒纳罗亚火山是世界上最大的活火山,它喷发的熔岩覆盖着夏威夷岛上大约50%的面积。冒纳罗亚火山海拔虽然只有4170米,却是世界上名副其实的最高的山峰,比珠穆朗玛峰还要高,只不过冒纳罗亚火山大部分都位于海平面以下,从水深6000米的太平洋底部耸立起来。从海底算起,冒纳罗亚火山的总高度达9144米,体积达8万立方千米,占据着5270平方千米的面积。

夏威夷地处一隅,与世隔绝,因而岛上盛产大批特有的植物,记录在案的约1000种植物中,95%是其他地方没有的。由于各种植物和花卉生长繁茂,夏威夷群岛的昆虫也是最多的。仅蝴蝶就有万种以上,而且有些品种是这个群岛上特有的,如一种蝴蝶叫"绿色人面兽身蝶",它是一种世界上少见的大蝴蝶,它的翅膀展开时长达10厘米。

第三节 地貌类世界遗产

山石景观类——以湖南武陵源风景名胜区为例

依据地质学岩石可分为三大类:岩浆岩、沉积岩与变质岩。花岗岩是地球上分布最广的深成岩浆岩之一,是地壳的重要组成部分,出露面积约占地表岩浆岩面积的20%~25%。花岗岩纵横节理发育,在海拔较高山区,岩体抬升出露于地表后,外营力即沿节理侵蚀风化,形成雄伟高耸、重峦叠嶂、坡陡谷深的奇峰深壑,往往成为风景旅游胜地,如黄山、九华山、三清山等。同时花岗岩独有的"球状风化"现象,造就了许多鬼斧神工的奇石,如三清山的"司春女神"、黄山的"猴子观海"等。独有的岩性特征,使得花岗岩山体往往雄伟挺拔、群峰拱立、奇石遍布,集雄、险、奇于一体的景观令人叹为观止。

玄武岩是岩浆岩中的喷出岩,颜色多为暗黑色,显得苍劲古朴,也有部分呈紫色或浅红色。因喷发形式不同,常形成不同的地形,裂隙式喷发形成平坦的方山和熔岩台地,中心式喷发则形成火山锥、熔岩隧道等。因其特殊的柱状节理发育,有时会形成四棱、五棱或六棱柱式的高大密集的石柱林奇景。"巨人之路"及其海岸(见图3-10)北临浩瀚的大西洋,长达8千米的路段绵延伸展于崖岸下的礁岩海滩上,一眼望去,黑黝黝的岩礁给人一种强烈的视觉冲击。每根柱体都有清晰的节理,在亿万年海涛的冲击下,各个柱体的节理断裂不一,因而,在一片又一片岩石滩上,柱体高低错落,整齐之中又有了无穷变化。

图 3-10 英国"巨人之路"及其海岸(1986)

位于北爱尔兰安特令平原边沿,沿着海岸坐落在玄武岩悬崖的山脚下,由大约40000个黑色玄武岩巨型石柱组成,这些石柱一直延伸到大海。这个令人称奇的景观使人们联想起巨人跨过海峡到达苏格兰的传说。300年来,地质学家们研究其构造,了解到它是在第三纪(大约5000—6000万年前)时由活火山不断喷发而成的。这个壮观景点同时大大推动了地球科学的发展。

石灰岩的主要成分是易溶解于水的碳酸钙,经流水不断溶蚀,往往在地面发育成奇秀的石灰岩峰林、峰丛、石林等,如名满天下的桂林山水、云南石林;在地下发育成溶洞,溶洞内往往形成琳琅满目的地洞穴堆积,如石钟乳、石笋、石柱等,形成一个令人目不暇接、千姿百态的地下宫殿。

如果近于水平的砂岩受到垂直于水平面节理的切割,再沿节理遭受风化侵蚀,就会形成柱状的峰林、岩墙等具陡崖的地形,湖南武陵源是该种地貌类型的典型代表。在其厚度达 500 米的坚硬的泥盆纪砂岩地层中,发育两组垂直节理,并与近乎水平的岩层垂直相切;受后期地壳运动抬升,重力崩塌及雨水冲刷等内外地质动力作用的影响,沿节理缝隙不断剥蚀、风化,形成了 3000 多座拔地而起、优美壮观的石峰,是世界上极为罕见的砂岩峰林地貌景观,有重大的科学价值和极高的旅游价值。

含有大量氧化铁的红色砂岩,又被称为"丹霞岩",在其基础上发育而成著名的丹霞地貌。丹霞地貌主要分布在我国东部和东南部地区,是南方红岩盆地中单层很厚、固结坚硬的红色砾岩和沙砾岩,在热带和亚热带高温多雨的气候条件和地壳间歇抬升的作用下,经流水的切割与侵蚀形成的地貌。丹霞地貌的特点是顶平、崖直、麓缓:山顶呈平坦的台地状,山崖多陡壁,山麓部位则为缓坡。赤壁丹崖上色彩斑斓,洞穴累累;石堡、石墙、石柱、石桥造型丰富,变化万千。暖色调的红色砂岩和山涧里的碧流相映衬,产生如诗如画的美感,如丹霞山的锦江、武夷山的九曲溪,俱是丹山绿水,美景无限。此外,丹霞地貌往往山体尺度较小,精巧玲珑,犹为耐人寻味。

名称:武陵源风景名胜区(Wulingyuan Scenic and Historic Interest Area)
所在地:中国湖南省
入选标准:(vii)
列入时间:1992
UNESCO 链接:http://whc.unesco.org/en/list/640

图 3-11 湖南省武陵源风景名胜区

UNESCO 评价

武陵源景色奇丽壮观,位于中国湖南省境内,连绵 26000 多公顷,景区内最独特的景观是3000余座尖细的砂岩柱和砂岩峰,大部分都高200余米。在峰峦之间,沟壑、峡谷纵横,溪流、池塘和瀑布随处可见,景区内还有40多个石洞和两座天然形成的巨大石桥。除了迷人的自然景观,该地区还因庇护着大量濒临灭绝的动植物物种而引人注目。

遗产价值

(vii)独特、稀少或绝妙的自然现象、地貌或具有罕见自然美的地带。该遗产地数量庞大的陡峭的石英砂岩峰林蔚为壮观,世所罕见。在峰峦之间,加之其他地貌形态(天生桥、沟壑和洞穴),以及萦绕的云雾,形成了一道绝美亮丽的风景线。

遗产介绍

武陵源风景名胜区地处湖南省西北部武陵山脉中段,隶属张家界市,由张家界、索峪溪、天子山、杨家界四大景区组成,总面积约391平方千米,核心景区面积超过250平方千米。在这片广袤的区域,三千奇峰拔地而起,八百溪流蜿蜒纵横,林海莽莽,山花烂漫,景色奇秀、险峻,被誉为"中国山水画的原本"。"奇峰、幽谷、秀水、深林、溶洞"是武陵源享誉海内外的五绝。

石英砂岩峰林地貌为武陵源主要特色,区内石英砂岩柱峰有3103座,千米以上峰柱243座,这些峰林造型独特,高低参差,风格各异,构成蔚为壮观的奇观胜景,以骆驼峰、醉石峰和五指峰最为代表。或险峻高大,或淑秀清丽,阳刚之气与阴柔之姿并存,令人赏心悦目。最高峰为兔儿望月峰,海拔1264.5米。

武陵源的石英砂岩峰林具有质纯、石厚之特点,石英含量为75%~95%,岩层厚520余米,为国内外所罕见。专家推断:在距今大约35000万年以前,这里曾是濒临大海的沙滩,被海水冲刷来的石英砂,在这里反复沉积,形成了300至500米厚的石英砂岩地层。在距今7000万年前,造山运动使这里平整的石英砂岩层被凸出水面,并发生断裂,最终形成方向一致的峡谷。由于岩层中石英砂的含量并不均匀,所以含量较低的岩层极易受到风化水蚀影响,发生碎解。表面碎解后的砂石,在雨季来临时被雨水冲走。夹带沙砾的雨水又对岩石进行磨蚀,使岩缝扩大,逐渐将岩石磨成块。另外,植根于岩石缝隙中的植物,也可通过生长过程中的膨胀力,致岩石爆裂碎解。冬去春来,在大自然的"雕塑"之下,亿万年前的石英砂砾层显露出凸凹不平、层层叠叠的外貌,突兀入眼的岩壁、峰石,形态各异,连绵万顷,给人以层峦叠嶂的磅礴气势与恢弘景观。峰石造型大如"神堂湾"、"西海长卷",小如"天下第一桥"(见图3-12)、"天女献花"、"采药老人"、"屈子行吟",给予了人们无限的遐想空间。天子山、张家界有80多处观景台,在那里可以静观细赏。

图 3-12 "天下第一桥"

"天下第一桥"是一天然石桥,位于袁家界景区,凌空飞驾于两座巨大的石峰之巅,厚约4米,宽2米余,跨度约50米,相对高度400多米。桥面两端石峰上,绿树丛簇,郁郁葱葱,峰壁则宛若斧劈,草木不生。它是由峰墙在风化作用下,下部岩层坍塌形成。

云雾为山谷增添了幽野之美。每当雨过转晴或阴雨连绵天气,幽幽山谷中生出了云烟,云雾缥缈在层峦叠嶂间,云海时浓时淡,石峰时隐时现,景象变幻万千。雾,使晴日下坚硬的山峰变得妖娆、飘逸和神秘。观雾的最好季节是夏季,天子山是赏雾的最佳去处,也是摄影家常常涉足的地方。

武陵源水绕山转,仅张家界就有"秀水八百",众多的瀑、泉、溪、潭、湖各呈其妙。境内长2000米以上的沟谷32条,总长达84.6千米,最著名的是金鞭溪、神堂湾、十里画廊等峡谷。水使山林更有生气,金鞭溪是一条有十几千米长的溪流,从张家界沿溪一直可以走到索溪峪,它潺缓地流过纸草潭、跳鱼潭、楠木坪和天子洲,最后由索溪峪注入澧水。两岸峡谷对峙,红岩绿树倒映溪间。走在溪边小径上,一路清凉沁人心脾。踏木桥石阶,观花斑鱼潭戏水,听布谷鸟的叫声在山谷间回荡,让人完全沐浴在自然之美中。

武陵源地形复杂,气候温和,雨量丰富,森林覆盖率达88%,动植物资源非常丰富。其中,国家一级保护植物4种,二级保护植物19种,武陵松为本地区仅有植物,分布广泛,数量极多,有"十万八千松"之称。另外生长着珙桐、伯乐树、南方红豆杉、白豆杉等第三纪孑遗植物。珍稀动物有著名的大鲵(娃娃鱼)、红腹角雉、原鸡和猕猴等。

由于武陵源地处石英砂岩与石灰岩结合部。景区北部有大片的石灰岩喀斯特地貌,经亿万年河流变迁降位、侵蚀溶解,形成了无数的溶洞、落水洞、天窗、群泉等。这里的溶洞很有特色,数量多,规模大:索溪峪的黄龙洞深15千米,洞分四层,洞内有1座水库、2条河流、3挂瀑布、4处潭水、13个大厅、96条走廊。洞内石笋众多,形态各异,令人称绝!

在东方,世外桃源是一个人间生活理想境界的代名词。千百年来,完美主义者无不在苦苦追寻、刻意营造自己想象中的"桃源"。据说,陶渊明所描述的

"世外桃源"即位于今天的武陵源左近。不管这种传说的根据是否充分,武陵源风景名胜区内村宅点缀,绿树四合,翠竹依依,炊烟袅袅,的确勾勒出浓烈的抒情氛围,令人陶醉。武陵源还是土家族、苗族等少数民族的聚居地,游客如有缘遇上民族节日,还可观赏到质朴的歌舞。

✍ 水成景观类——以美国大峡谷国家公园为例

水是大自然的雕刻师,流水、冰川作为重要的地质营力,在地貌地质景观形成中发挥着巨大作用。峡谷是一种狭窄而深切的河谷地形,常和高山景观相伴出现,通常由流水向下侵蚀坚硬的岩石而产生。峡谷旅游资源以雄伟险秀、寂静隐蔽、深奥幽静的特征备受旅游者青睐。海岸地貌是指海岸在构造运动、海水动力、生物作用和气候因素等共同作用下所形成的各种地貌的总称。第四纪时期冰期和间冰期的更迭,引起海平面大幅度的升降和海进、海退,导致海岸处于不断的变化之中。距今6000—7000年前,海平面上升到相当于现代海平面的高度,构成了现代海岸的基本轮廓,形成了各种海岸地貌。

2005年,挪威西南部最狭长的两处峡湾——盖朗厄尔峡湾和纳柔依峡湾成为世界遗产的一员。峡湾中,耸立着1400米高的狭窄而陡峭的水晶岩壁,至海面以下绵延500米;悬崖峭壁上有数不清的瀑布,自由欢畅的河水穿越落叶和松叶林流入冰湖、冰河和崎岖的山地,呈现出独特的自然美景。据考证,1万年前开始,挪威附近的冰川开始融化,冰川在向海洋移动并最后被海洋所吞没的过程中产生了巨大的力量,将山谷切割成U型,形成了著名的挪威峡湾。

名称:美国大峡谷国家公园(Grand Canyon National Park)
所在地:美国亚利桑那州
入选标准:(vii)(viii)(ix)(x)
列入时间:1979
UNESCO 链接:http://whc.unesco.org/en/list/75

图3-13 美国大峡谷国家公园

UNESCO 评价

著名的科罗拉多大峡谷深约 1500 米,由科罗拉多河长年侵蚀而成,是世界上最为壮观的峡谷之一。大峡谷位于亚利桑那州境内,横亘了整个大峡谷国家公园。大峡谷的水平层次结构展示了 20 亿年来地球的地质学变迁,同时它也保留了大量人类适应当时恶劣环境的遗迹。

遗产价值

(vii) 以其无与伦比的自然之美深入人心,被认为是世界上最具震撼力的视觉景观之一,大峡谷以其陡然降落的深度、庙宇般的孤峰,以及广阔、斑斓的色调,错综复杂的地形而著称。公园范围内的自然奇景包括高原、平原、沙漠、森林、火山锥、熔岩流、溪流、瀑布,和美国最伟大湍流之一——科罗拉多河。

(viii) 公园的地层拥有跨越寒武纪到新生代 4 个地球演化历史时期的地质记录。特别是前寒武纪和古生代部分的记录很好地暴露在峡谷的岩壁上,并含有丰富的化石群。许多洞穴为化石和动物遗迹提供了避难所,这使得古生物记录可追溯至更新世。

(ix) 大峡谷是展示不同海拔高度生物环境演变的杰出范例,随河流向峡谷的更深处切割,峡谷内壁上刻画出北美 7 个生物带中的 5 个。在很多地带,动植物物种分布有所重叠,有的动植物物种甚至在整个峡谷都可发现。

(x) 该公园多样的地形地貌造就了其同样多样的生态系统。大峡谷内,5 大生物带代表性地积聚在非常小的地理区域内。大峡谷国家公园是一个生态庇护所,拥有相对未受干扰的日渐减少的生态系统的残余(如北方森林和荒漠河岸群落),以及众多地方特有的、珍稀和濒危的植物和动物物种。

遗产介绍

位于亚利桑那州的科罗拉多河大峡谷是大自然最富想象力的杰作之一。当代美国作家弗兰克·沃特斯这样评价大峡谷:"这是大自然各个侧面的凝聚点,这是大自然同时的微笑和恐惧,在它的内心充满如生命宇宙脱缰的野性愤怒,同时又饱含着愤怒平息后的清纯,这就是创造。"大峡谷的壮观令人惊叹,其地层证据所揭示的地球历史的价值更是无与伦比。在长达 600 万年的地质活动中,科罗拉多河冲刷不断抬升的地壳,形成了今天深达 1.5 千米,宽度从 500 米到 30 千米不等,蜿蜒曲折绵延 445 千米的大峡谷。大峡谷宽阔的深渊错综复杂,两外壁之间包容有许许多多的孤山、尖峰、台地和山涧。其暴露的水平岩层展现了 20 亿年的地质构造历史,从谷底向上,沿崖壁显露出 4 个地质历史年代的岩系,含有代表性的生物化石,因此有"活的地质史教科书"之美称。

1540 年,一个名叫卡迪纳斯的西班牙人最先发现了大峡谷。19 世纪 70 年代,美国陆军少校鲍威尔率领第一支科学考察队前往大峡谷。鲍威尔将谷中的沉积岩层形容为"一本巨型小说中的书页"。然而,此前已有美洲印第安人在峡谷壁上定居了。在 20 世纪初期,西奥多·罗斯福总统倡导了保护美国自然资源的运动,他告诫美国人民不要试图用人工活动去改变甚至破坏自然景观。1908 年科罗拉多大峡谷被隔离出来,罗斯福总统承诺要让这里成为一处国家公园,1919 年,他的愿望终成现实。

今天的大峡谷国家公园占地面积超过了 4920 平方千米,公园被分为南缘和北缘两部分,北缘平均比南缘高出 90 米,被大片云杉林覆盖着。大峡谷一般呈红色,但每一个岩层或每一组岩层各有不同的色调——米黄和灰白,淡绿和粉红,在谷深处则呈棕褐、瓦灰和紫罗兰色。大峡谷并不是世界上最深的峡谷,但是大峡谷凭借其超乎寻常的体量和错综复杂、色彩丰富的岩层景观而驰名。从地质角度上来看,它非常有价值,因为裸露在峡谷石壁上的岩层无声地记载了北美大陆早期地质形成发展的过程。同时,这里也是地球上关于风蚀研究所能找到的最迷人的景点。

大峡谷西缘是印第安人保留区,位于亚利桑那州金曼市西北面 72 英里处,不属于大峡谷国家公园。世居此地的华莱派印第安人现约有两千人口,占据西缘地区近一百万英亩的土地。西缘地带是大峡谷范围内唯一可让游客坐直升机到达河畔、进行水上康乐活动的区域。游客可乘船观光,也可乘坐豪华悍马在大峡谷边缘越野奔驰,进入平时难得一到的私人部落地区。

【延伸阅读 3】

大峡谷的印第安人

大峡谷一带至今仍是美国印第安人数最多的地区之一。印第安人世代居住于此,白人来了之后,他们的生活和文化都饱受威胁。后来美国政府为了尊重印第安原住民的权益及方便管理,在大峡谷设立了几个印第安保留区,让印第安人能继续在这片原属于他们的土地上生活。

据估计,大峡谷地区演化过程持续了 300—600 万年。由于构成大峡谷的绝大部分岩石都是海下沉积物,人们推测大峡谷所在地区曾是一片茫茫的内陆海洋。数百万年的大陆和板块构造运动以及海洋的进进退退形成了这里的岩层。落在山上的降水汇合之后形成了一条河床,这便是科罗拉多河的雏形,而它也开始在平原中开凿自己的道路。而大峡谷之所以如此之深、其岩层如此高耸，可能要归功于大约6500万年以前科罗拉多高原将近1500至3000米的抬高。这一抬高使科罗拉多河及其支流的倾斜度大大增加，从而加快了其流速、增强了其下切岩石的能力。这个过程就好像是一个人正向上举一块木板而另一个人在拿锯子向下锯，使得河流侵蚀岩层的速度大大加快。除了流水作用之外，还有风力侵蚀、冰川侵蚀、火山作用和岩崩等自然力也在这里雕刻着地形，可以说，为了完成大峡谷这一杰作，大自然几乎动用了能够用到的所有方式。

大峡谷的边缘是一片森林，越往峡谷中走温度就越高，到峡谷底端则近似荒漠地带，因此大峡谷中包含了从森林到荒漠的一系列生态环境。国家公园内的植物多达1500种以上，并有355种雀鸟、89种哺乳类动物、47种爬虫动物、9种两栖类动物、17种鱼类生活其中。

自1869年鲍威尔首次漂流科罗拉多大峡谷开始，100多年来无数的美国探险家追随着他的足迹在大峡谷里挑战险滩，搏击急流，在这里诠释着一种美国精神。虽然从空中或边缘看，大峡谷的景色都很壮观，但只有进入大峡谷才能真正领略到它的气势磅礴和神秘的美。背包旅行、徒步旅行、乘筏漂流等方式都能随意欣赏大峡谷的美景，因此深受人们的喜爱。除了一饱眼福，看到茫茫天地间竟有如此宏伟壮观的大峡谷以外，到这里的人们都会重新思考人类在这个世界中应处的位置。如同面对地球上其他几个地方一样，在这里人们可以深刻体味到面对雄伟的自然时，人类显得多么渺小。

✍ 喀斯特景观类——以越南丰芽—格邦国家公园为例

碳酸盐岩形成的地貌称为岩溶地貌或喀斯特地貌，是指地下水和地表水对以碳酸盐岩为代表的可溶性岩石进行破坏和改造而形成的地貌。喀斯特地貌尤以峰丛、峰林、孤峰、石林、溶洞和钙华沉积最具旅游观光价值。峰林和峰丛是由于石灰岩遭受强烈溶蚀后形成的山峰集合体；当溶蚀继续发育，峰丛基部被切开、相互分离之后就成为峰林，而孤峰是岩溶作用发展到后期的产物。石芽是石灰岩表面的一种溶蚀形态，而石林是在热带多雨气候条件下形成的一种非常高大的石芽。

喀斯特地貌在我国分布非常广泛，2006年，由云南石林、贵州荔波、重庆武隆共同组成的"中国南方喀斯特"入选世界自然遗产。"中国南方喀斯特"形成于50万年至3亿年间，总面积达1460平方千米，其中核心区面积480平方千米，缓冲区面积980平方千米。该区域集中了中国最具代表性的喀斯特地形地貌，很多景点享誉国内外：云南石林以"雄、奇、险、秀、幽、奥、旷"著称，被称为"世界喀斯特的精华"；贵州荔波是布依族、水族、苗族和瑶族等少数民族聚集处，曾入选"中国最美十大森林"。

四川黄龙的岩溶钙华景观，是在高寒山地由第四纪冰川作用形成的特定冰川地貌的基础上，叠加高寒岩溶作用以及新构造运动的联合作用而铸成的世界奇观。黄龙主要钙华景观分布在长3.6千米、宽30—170米的黄龙沟内，有钙华滩流、钙华池、钙华瀑布和钙华洞穴等多种神奇的地貌形态，游人莫不称奇流连。

喀斯特地貌的地下表现形态主要为溶洞，溶洞内往往拥有丰富多彩的洞穴堆积物，如石钟乳、石笋、石柱、石幕、边石坝等，形成一个奇妙的地下世界。猛玛洞穴国家公园位于美国肯塔基州，是世界上最大的自然洞穴群和地下长廊，也是石灰岩地貌构成的典型代表。猛玛洞是现在世界上已知的溶洞系统中最大的一个，截至2006年已探明洞穴总长度将近600千米，这个数字每年都会增加，究竟有多长，至今仍在探索。洞里宽的地方像广场，窄的地方像长廊，高的地方有30米，整个洞平面上迂回曲折，垂直向上可分出三层，洞中有77座地下大厅，最高的一座称为"酋长殿"，可容纳数千人。由于地下溶洞的复杂性，猛玛洞是全美少有的只允许向导带领游览的国家公园，途中导游会不断清点人数，唯恐有人落单。

名称：丰芽—格邦国家公园(Phong Nha-Ke Bang National Park)
所在地：越南广平省
入选标准：(viii)
列入时间：2003
UNESCO链接：http://whc.unesco.org/en/list/951

图3-14　越南丰芽—格邦国家公园

UNESCO评价

丰芽—格邦国家公园的喀斯特地貌的形成是从古生代(大约4亿年前)开始的，是亚洲最古老的喀斯特地貌。由于剧烈的地壳运动，丰芽—格邦国家公园的喀斯特地貌异常复杂,具有许多重要的地貌特征。公园的喀斯特地貌面积广阔,一直延伸到老挝边界,沿途65千米布满了岩洞和地下河。

遗产价值

标准(viii):丰芽、格邦与新南能(Hin Namno)喀斯特地貌属于同一广大的切割平原。这里的石灰岩是不连续的,中间夹杂着页岩和沙石混合的沉积层,和该地区的板岩、花岗岩一起形成了独具特色的地貌。在地表,地貌景观各异,从绵亘的低山到平原,再到灰岩盆地。这些都是该地区古代成熟喀斯特系统发展演变中经历了至少一次地热活动的证据。该平原可能是东南亚最好最清晰的喀斯特地貌。

遗产介绍

造化赋予了越南广平省一个绝美的世界自然遗产——丰芽—格邦国家公园。除了历史、地质和地貌的特别价值外,这里还有很多溶洞。其溶洞系统全长共70千米,有大大小小的溶洞300多个,科学家们目前只对其中的20个溶洞进行了考察,其中17个位于丰芽区域,另外3个位于格邦区域。丰芽—格邦国家公园创下了多项世界洞穴纪录,如它有最长的地下河流,最大的山洞,最大的天然通道等等。许多游客特别钟爱洞中丰富多姿的石钟乳和石笋,它们有的像狮子,有的像大象,有的像佛祖,有的像凤凰……惟妙惟肖,引人遐想。

丰芽—格邦国家公园属越南石灰岩山区,位于河内以南500千米,顺化以北200千米,距省会同海市40千米,西部与老挝新南能生态多样性保护区相邻。公园的喀斯特地貌面积广阔,中心区857.54平方千米,缓冲区1954平方千米。丰芽—格邦国家公园因丰芽洞而得名,该洞是所有洞穴中最美丽的一个,包含了许多独特的岩石造型。从广平省布泽县仁泽乡中心,游客乘机动船在逊河逆行30分钟即可到达。丰芽洞之美在史书上早有记载。19世纪末,越南阮朝国史馆编撰的《大南一统志》汉文地理书称丰芽洞为"神仙洞"。19世纪末,法国的卡迪耶雷神父(Leopold Michel Cadiere)多次探险后把该洞推崇为"印度支那第一洞"。

丰芽—格邦喀斯特地貌从大约4亿年前的古生代就开始形成,因此它也是亚洲最古老的喀斯特区域。由于地表抬升,海平面改变,丰芽—格邦喀斯特大致经历了7次主要的演变过程,因而其地形极为复杂,混杂了多种独特的地质地貌特点。除因大量地质变化使丰芽地区的石灰石夹杂了许多其他岩石外,还有证据表明来自地热运动的硫磺对于形成大规模的地貌和溶洞也有重要作用。丰芽—格邦国家公园为地球史提供了大量证据,如从地下河路线的改变等可探知该地区喀斯特地貌的演变过程。

从丰芽洞中的石柱和祭坛上铭刻的占婆文字看,早在越南向南扩张前,洞穴中就有人居住。但直到1990年,丰芽—格邦区域神秘的面纱才逐渐被揭开。当年河内国家大学接受了英国洞穴研究协会的合作请求,共同致力于丰芽—格邦地区洞穴的全面考察和研究。截止到1999年,共进行了4次系统的考察,成绩斐然,对该地区洞穴系统有了更全面的了解,为保护、规划、发展丰芽—格邦国家公园和向 UNESCO 申请世界自然遗产提供了丰富的资料。

丰芽洞具有世界最长的地下河流,洞内深邃宽大,洞中套洞,知名的有天洞、水洞和浅洞。洞的出入口主要有两个:天洞口和水洞口。天洞口距离地面200米,水洞口则是注入胭脂河的一条地下深水溪流的出口。游人进洞,一般是乘船逆河从水洞口而入。水洞洞门宛如鲸鱼巨口,高约10米,宽20余米。洞口水色深黛,洞内溪流清澈。洞中景色奇妙,有的两侧石壁色彩缤纷,钟乳石光怪陆离,呈现出巨象、狮子、凤凰、麒麟、仙人弈棋、琼楼玉宇等千姿百态的形象;有的钟乳石层层叠叠,犬牙交错,构成石林美景;有的形如洼地,周围石壁耸立,如入深幽山谷;并有岩壁水珠下滴和水波叩击岩岸所发出的音响,交织成天然乐曲。洞内还有古代遗迹:水洞口一边岩壁上的石座,是古代占婆族人供祀的丰芽洞守门金刚的遗迹;深入洞内约700米处,岩壁上刻满古代占婆族文字。

2005年,英国洞穴研究协会的科学家新发现了一个洞穴,并将其取名为天堂洞(Thien Duong)。天堂洞位于丰芽—格邦国家公园的原始森林区,该洞长达36千米,宽30—100米,最宽处为150米,高60—80米。洞内景致奇特,洞顶垂挂下一根根形态各异的石乳柱,形状如梯田、高脚屋、占塔等越南各地的文化景观。天堂洞被英国皇家山洞协会评价为世界上最壮美的山洞之一。英国科学家称之为"丰芽—格邦地区最大最美的洞穴"。

丰芽—格邦国家公园不断带给世界以震惊。2009年4月,英国探险家在该公园再次探索到一个新洞——韩松洞。韩松洞是在越南偏远丛林中发现的,很多科学家认为韩松洞是迄今为止世界上最大的单个大型天然洞穴,也是迄今为止发现的世界上最大的洞穴通道。

独特的环境孕育出丰富的物种,该公园的动物多样性比越南其他自然保护区和国家公园要高,66个动物种类被列入越南濒危物种数据红色名录,其他23个种类被列入 IUCN 濒危物种红色名录。2005年,由越南、瑞士、德国生物学家组成的研究小组在该公园发现了壁虎的一个新种。

第4章 水体类世界遗产

水者何也,万物之本原也,诸生之宗室也。

——《管子》

上善若水,水善利万物而不争,处众人之所恶,故几于道。

——《道德经》

智者乐水,仁者乐山;智者动,仁者静;智者乐,仁者寿。

——《论语》

中国的先贤都给予"水"以极高的评价。管子说水是万物之本源;老子说水有滋养万物的德行,它使万物得到它的利益,而不与万物发生矛盾、冲突,故天下最大的善性莫如水。"水"对我们的人生赋予了丰富的启迪,它徐徐而进,因势利导,遇到阻碍自然转个弯,但却从不改变流向,这种态度,便是智者的风范,无怪乎孔子说"智者乐水"。恰如老子所言,中国文化认为,如果一个人能够像水一样待人处事,那么,"故几于道",这个人就非常接近于人生的最高境界"道"了!

江河、海洋、溪涧、飞瀑、山泉、湖塘、冰川,水体是最吸引游客、最为生动的世界遗产。水体本身的形态、光影、声响、色泽、甘苦、冷暖等均具有极高的观赏性。此外,作为地理环境中活跃的构景要素,水与地质地貌景观、生物景观、人文建筑景观相组合,形成了风景的血脉和灵气。

第一节 水体类世界遗产的旅游价值

1. 重要的观赏价值

作为自然界最为活跃的构景要素,水体以其形、影、声、色等的变化展示了其特有的美感,或壮阔,或秀美,或奇特;同时与其他类别的旅游资源相组合,形成极富观赏价值的审美对象,从而吸引无数游人。通常,海洋、江河、流泉、飞瀑等水体以动态美为主,而内陆湖和部分淡水湖则展示出无与伦比的静态之美。"乱石崩云,惊涛拍岸,卷起千堆雪",描绘了长江翻滚咆哮的雄姿;"君不见黄河之水天上来,奔流到海不复还",写出了黄河奔腾不息的壮美;"飞流直下三千尺,疑是银河落九天",道尽了庐山瀑布跌宕如飞的气势。

说到瀑布,位于南美洲巴西与阿根廷交界处的伊瓜苏瀑布(见图4-1)可谓"瀑布之王"。伊瓜苏是世界上最宽的瀑布,左右延伸2700米,275个大小不一的瀑布,轰然而下,这种气吞山河、震天撼地的气势,没有任何瀑布可比。它那万水奔腾,声吼如雷,仿佛银河坠落人间的奇景,任何人看了都要屏息。

图4-1　阿根廷的伊瓜苏国家公园(1984)

该公园中心是一个半圆形瀑布群,高约80米,直径达2700米,处于玄武岩地带,横跨阿根廷与巴西两国边界。瀑布群由许多小瀑布组成,产生了大量水雾,是世界上最壮观的瀑布之一。瀑布周围生长着2000多种维管植物的亚热带雨林,是南美洲有代表性的野生动物如貘、大水獭、吼猴、虎猫、美洲虎和大鳄鱼的快乐家园。

法国人说,没有巴黎,就没有法国;巴黎人说,没有塞纳河,就没有巴黎。一个城市似乎必须有条河流才具有灵性,无疑,塞纳河为巴黎平添了无数的浪漫和灵动。旅行者说,晚上的巴黎比白天精彩。夜幕降临,坐上游船徐徐前进,月色下的塞纳河温柔而富有诗意。两岸的华美建筑流光溢彩(见图4-2),霓幻无

图4-2　法国巴黎塞纳河畔(1991)

从卢浮宫到埃菲尔铁塔,从协和广场到大小王宫,巴黎的历史变迁从塞纳河可见一斑。巴黎圣母院和圣礼拜堂堪称建筑杰作,而土耳其宽阔的广场和林荫道则影响着19世纪末和20世纪全世界的城市规划。

穷,令人目不暇接。一座又一座漂亮的大桥不时从头顶掠过,每个桥洞都雕刻有精美的人物塑像,默默地注视着往来的各色人流。此时,倚身船栏,放眼塞纳河两岸史诗般的宏伟建筑,总让人禁不住热泪盈眶。

水还是大自然的雕刻师,具有育景功能。许多地貌类型如河流地貌、岩溶地貌、海岸地貌、冰川地貌等,都离不开水的作用。此外,水还滋养了花木万物,从而让美景充满生机。

2. 丰富的文化内涵

在文人墨客的笔下,水常常被赋予千种姿态、万般风情:既有"大江东去,浪淘尽,千古风流人物"的壮怀激烈,也有"今宵酒醒何处,杨柳岸晓风残月"的凄婉低回;既有"气蒸云梦泽,波撼岳阳城"的磅礴气势,也有"亭亭孤月照行舟,寂寂长江万里流"的淡定出尘。不仅如此,水在中国的传统文化中还被赋予了深刻的哲理内涵,如"智者乐水,仁者乐山",水在此处与人的精神追求结合起来,引人遐思。最后,品茗文化作为中国文化中的代表性景观之一,也与水有着千丝万缕的联系。丰厚的文化积淀提升了水体旅游资源的品位和观赏价值,为开展水体的文化旅游奠定了基础。

历史上,武夷山(见图 4-3)地名为人所熟知与茶叶有剪不断的关联。宋代文学家范仲淹题诗"溪边其茗冠天下,武夷仙人自古栽"赞美武夷山的茶叶。公元 1302 年,元朝曾在武夷四曲处设置"御茶园"为朝廷制作贡茶,武夷山的制茶

图 4-3　福建的武夷山(1999)

武夷山脉是中国东南部最负盛名的生物多样性保护区,也是大量古代孑遗植物的避难所,其中许多生物为中国所特有。九曲溪两岸峡谷秀美,寺院庙宇众多,但其中也有不少早已成为废墟。该地区为唐宋理学的发展和传播提供了良好的地理环境,自 11 世纪以来,理教对东亚地区文化产生了相当深刻的影响。公元 1 世纪时,汉朝统治者在程村附近建立了一处较大的行政首府,厚重坚实的围墙环绕四周,极具考古价值(图为九曲溪)。

业名声大震。有资料显示,武夷山能叫出名称的茶叶就有300余种,被誉为"茶叶王国"。因此,武夷山之旅,乘一叶古朴的竹筏顺九曲溪漂流而下,可赏山之奇拔秀伟、千姿百态;而上得岸来,品一杯"大红袍",所有的"美景"又尽在杯中了!

3. 多种旅游活动的载体

以水为载体开展的旅游活动极其丰富多彩,且多参与、重体验。游泳、垂钓、划船、潜水、冲浪、漂流、溯溪等活动都须依靠水体。欢乐的水中或水畔活动,总能给旅游者带来无穷的愉悦或刺激。在美国科罗拉多大峡谷,除了峡谷南岸的休闲观光游外,皮筏漂流与徒步旅行也尤其受欢迎。登珠穆朗玛峰,是登山探险的顶峰;而在科罗拉多大峡谷漂流,则是漂流探险的"顶峰"。自1869年首次漂流科罗拉多大峡谷开始,一百多年来无数的美国探险家在大峡谷里挑战险滩,搏击急流,在这里诠释着一种美国精神。

4. 宜人的气候,疗养的价值

水体能够改善局地气候,这是由于水的比热较大,可在一定程度上调节温度和湿度。在水面宽广的地区,温差会相对缩小,呈现冬暖夏凉的特点。例如,因海洋和陆地受热不均匀,在海岸附近会形成一种每日变化的风系:白天风从海上吹向陆地,夜晚风从陆地吹向海洋,前者称为海风,后者称为陆风,合称为海陆风。在较大湖泊的湖陆交界地,也可产生和海陆风环流相似的湖陆风。海风和湖风对沿岸有消暑热的作用,使得海岸和湖畔成为避暑佳处。

离巴西本土545千米的费尔南多—迪诺罗尼亚岛虽属热带气候,但由于周围大洋环绕,它曾一连55年最热时气温只升到30℃,而最寒冷时温度也只降到18.6℃。群岛全年平均气温为26℃。1503年8月,当航海家阿美利哥在费尔南多—迪诺罗尼亚群岛的主岛靠岸时,他被周围的景色迷住了。他在给葡萄牙国王的信中说道,自己到了天堂!整整500年过去了,费尔南多—迪诺罗尼亚今天依然保持着阿美利哥所给的称号,并成为世界遗产,成为巴西人和外国游客向往的旅游圣地。

温泉、矿泉、海水、湖泊等均具有疗养的功能。例如因含有对人体有益的矿物质,硫磺泉、碳酸泉、碘泉、氡泉、铁泉、食盐泉等矿泉对人体有不同的医疗和保健功能。李时珍在《本草纲目》一书中详细记载了温泉的疗效:"温泉主治诸风湿、筋骨挛缩及肌皮顽痹、手足不遂、无眉发、疥、癣诸疾。"而海水浴法则是通过海水的寒凉,锻炼人体对气温的调节功能,此外海水的浮力与静水压力还可起到按摩、收敛、消肿、止痛的功效。

位于东日本火山带的知床半岛在北海道的东北部,在宇登吕一侧、罗臼一侧分别都有颇具特色的温泉。所有温泉都包围在大海、森林等大自然之中。熊之汤是罗臼温泉中的一个,是溪流旁边的隐秘温泉,水温高、硫磺味浓是其特色。濑石温泉、相泊温泉位于海滨之上,濑石温泉在涨潮时甚至会沉入海中。在此,旅行者总可以度过一段无比幸福的时光。

第二节　水体类世界遗产

江河类——以德国莱茵河中上游河谷为例

从自然角度分析,河流的不同地段各有差异,源头神秘莫测,上游急流峡谷,中游波涛滚滚,下游河汊众多,水网密布,形成具有不同吸引力的自然景观。沿河地带,特别是土地平坦的中下游地区,多是历史上开发较早的人口聚居之处,从而积淀了厚重的历史文化。如在红海、地中海和撒哈拉沙漠所夹持的北非平原,尼罗河创造了古埃及文明;在幼发拉底河和底格里斯河冲击下,泛滥的河水溢出河道,积淀为美索不达米亚平原,孕育了灿烂一时的古巴比伦文明;先后被印度河、恒河所滋润的古印度是世界文明的又一发祥地;黄河、长江则是中华民族的摇篮,铸就了华夏文明和儒道互补、外圆内方、刚柔相济的民族性格。

河流不仅提供了灌溉、运输的功能,还使人类在哲学上发展出深刻的意义。在印度,人们至今坚信,河流是生命的泉源。日出的时候,可以看到当地人抱着新生的婴儿,在恒河边帮婴儿洗礼、沐浴,祝福婴儿的诞生;也会看到青年人与中年人,围着一块布浸泡在河流里,对着刚升起的黎明,进行瑜珈式的礼拜。尤其临终的人,会被带到河岸边,等待死亡,遗体安放在类似床的木头搭建物上,旁边会装饰许多鲜花,经过哀祷与颂经仪式,最后放火燃烧。躯体焚烧后的剩余物质,就推到河流里,随着河流而去。

正因为江河与人类文明如此密不可分,江河类世界遗产在自然和文化遗产中都有分布。罗马尼亚的多瑙河三角洲是欧洲最大及保存最好的三角洲,育有超过1200种的植物、300种鸟类及45种淡水鱼类等。加拿大的纳汉尼河是北美洲最壮观的河流之一,1978年成为世界自然遗产的纳汉尼国家公园就坐落在南纳汉尼河流域。法国的米迪运河开拓了世界遗产委员会的视野,在1996年成为第一条入选名录的运河。米迪运河建于1667至1694年间,为工业革命开辟了道路。总长360千米,各类船只通过运河在地中海和大西洋间穿梭往来,整个航运水系涵盖了船闸、沟渠、桥梁、隧道等328个大小不等的人工建筑,创造了世界现代史上最辉煌的土木工程奇迹。

名称:莱茵河中上游河谷(Upper Middle Rhine Valley)①
所在地:德国的莱茵兰—普法尔茨州和黑森州
入选标准:(ii)(iv)(v)
列入时间:2002
UNESCO 链接:http://whc.unesco.org/en/list/1066

图4-4 德国的莱茵河中上游河谷

UNESCO 评价

延绵65千米的莱茵河中游河谷,与河畔的古堡、历史小城、葡萄园一起生动地描述了一段人类与变迁的自然环境相互影响的漫长历史。几个世纪来,这里发生的众多历史事件、演绎的许多传奇,对作家、艺术家和作曲家产生了很大影响。

遗产价值

从宾根到科布伦茨之间的莱茵河中游河谷,是莱茵河秀丽的自然风景与多元的人文景观结合得最完美的一段。在浪漫主义作家维克多·雨果的眼中,莱茵河是其最爱,因为这条河,映照着整个欧洲的历史。60多千米长的河畔上,耸立着数十座古堡,散布着延续了古罗马、中世纪格局的小镇,加之梯田式的葡萄园镶嵌其间,生动地演绎出人与自然共同缔造的杰作。其突出价值体现在:

(ii) 两千年来,莱茵河中游河谷作为欧洲最重要的运输线路之一,一直促进着地中海和北部之间的文化交流。

(iv) 莱茵河中游河谷是一处与众不同的文化景观,这里不但环境优美,风景如画,而且积聚了两千年的丰厚文化底蕴,它的民居、运输设施、土地使用都有浓厚的传统文化色彩。

(v) 莱茵河中游河谷是狭窄河谷中发展传统生活方式和通讯方式的典范。两千年来峡谷陡峭的斜坡形成了独特的景观,但是这种土地使用模式面临着当今社会生态压力的日益威胁。

遗产介绍

在欧洲腹地,流淌着一条被德国人称为"父亲河"的大河——莱茵河。它发

---

① 注:莱茵河中上游河谷为文化遗产。

源于瑞士的阿尔卑斯山,全长 1320 千米,流经卢森堡、法国、德国、奥地利等,在荷兰汇入北海。自古以来,莱茵河就是连接北欧和南欧的一条重要的水上通路,在各民族的文化商贸交流上有着至关重要的战略意义。

在德国西北部,从宾根到科布伦茨这段,莱茵河遇到了莱茵高地坚硬的岩石,经过几十万年的切割,形成了深邃幽长的峡谷,自然景色尤为险峻、秀丽。莱茵河畔绵延着两三百米高的山冈,山坡上有茂密的森林和大片的葡萄园,一座座中世纪古堡或雄踞山冈之巅、或隐没于绿荫丛中。可以说,世界上没有哪一处峡谷,优美的自然与厚重的历史交织得如此浑然一体。难怪,几百年来,诗人墨客无不被这段河流激发出绵绵不绝的浪漫情怀。可否记起那首歌《莱茵河,圣洁之河》,舒曼的音乐,海涅的才情,飘飘洒洒,"莱茵河,美丽的河;波浪浩荡,倒映着伟大圣城科隆,还有那座天主教堂。大教堂里有幅肖像,画在镀金牛皮上,它曾经亲切友善,把我的生命荒野照亮……"。是的,莱茵河谷的美丽景观与悠远历史不知照亮了多少人的人生。

游莱茵河,乘车比坐飞机好,坐船又比乘车优越。尤其是在天气晴朗的日子,乘船顺流而下,两岸一幅幅不断变幻的风景画掠过,令人倍感惬意。坐船游莱茵河,多从瑞士巴塞尔出发,途经法国名城斯特拉斯堡、神秘的黑森林、浪漫的大学城海德堡,以及莱茵河谷葡萄产区和德国重镇波恩、科隆、杜塞尔多夫,直至荷兰的鹿特丹,历时 4 天。当然,时间紧,你也可以只截取中游最亮丽的这段。

莱茵河中游河谷两岸至今保留着 40 座左右的古城堡,数量和密度皆属欧洲之最。它们大多建于公元 11—13 世纪欧洲"诸侯割据"的时期。城堡的建筑一般出于两个目的,一是监督过往船只,作为收取税金的关卡;二是在军事上防卫和抵御敌人入侵。

很多古堡都有自己独特的名称、古老的故事和传说,记载着英雄们气吞山河的业绩及幽幽的儿女恋情。如莱茵费尔斯堡(Rheinfels)在 1245 年由冯·卡岑奈伦博根伯爵修建,作为控制莱茵水道,征收关税的要塞。城堡建成后不久,因反抗城堡主人强行加收河税,附近 27 个村庄结盟起兵。8000 名步兵、1000 名骑兵和 50 只船攻堡一年零五个月未破,莱茵费尔斯堡由此声名大振。1353 年,彼蒙特大主教因不满莱茵费尔斯堡独揽莱茵河中段关税,开始在对岸的山坡上修建自己的私人行宫——后被称为鼠堡。这个城堡虽然名副其实地袖珍,花的心思却不少,整整修了 30 年才最后完工。为了争夺关税权,卡岑奈伦博根的伯爵威廉二世 14 世纪末又在鼠堡的旁边搭起了另一座擂台——新卡岑奈伦博根,即猫堡(见图 4-5)。如今繁华褪去,争斗与辉煌不再的古堡,保存较好的、经过修葺的,多改为了酒店、青年旅馆或饭店,使游者可以穿越时空,古堡也由此获得新的活力。

图 4-5 猫堡

卡岑奈伦博根的伯爵威廉二世在 14 世纪的后期建造了猫堡。在这段时期内猫堡被用来加强莱茵费尔斯堡的防御功能,同莱茵费尔斯堡一起形成壁垒,以提高莱茵关税。自 1989 年以来猫堡为一个日本人购得,并改建成一家日本宾馆。

莱茵河谷独特的气候、光热、水分和土壤条件为葡萄生长提供了绝佳的环境。据说,公元前 2 世纪古罗马人就把葡萄种植和酿造技术带到了莱茵河畔,到公元 12 世纪,葡萄园梯田已成为河谷的主要风景。至今,两岸仍隐没着很多百岁高龄的葡萄园。所以,去当地农家品尝地道的葡萄美酒,绝对会让整个旅程更加美好。一般品酒,主人要备 6～10 种不同年份、不同品种的葡萄酒,依次是由低到高。主人一边给客人斟酒,一边讲解,如果客人在品酒时提些问题,谈谈对酒的感受,往往会引得主人兴高采烈,谈兴更浓。说起葡萄酒,主人多很动感情,有着 130 多年历史的柏勒索萨·雷斯酒庄的第四代传人就说:"只有用诗歌和歌唱才能讲述葡萄酒的神奇和妙处。"

莱茵河中游河谷沿岸有包括宾根、博帕德(Boppard)、布劳巴赫(Braubach)、科布伦茨等在内的 30 多个城镇,其中一些城镇的历史甚至可以追溯到两千年前古罗马时期的聚落。被葡萄藤和玫瑰花围绕的布劳巴赫就是典型的仍然还保留着古罗马和中世纪时期生活环境的莱茵小镇。布劳巴赫的中心还保留着当年的集市广场,而屹立于老城小巷拐角处的高耸雄伟的马克思堡,是莱茵河中游河谷中唯一没有被破坏的城堡,同时也是现在莱茵河中游河谷的象征和世人瞩目之所。在布劳巴赫,人们仍然可以看到无数的中世纪的城市防御工事的遗迹,建于 13 世纪、并具有历史性意义的芭芭拉教堂的角状防御塔楼就曾经是这座城市城墙的一部分。身处如此中世纪般的小镇,行走于石子铺就的存在了千年的小巷,欣赏着各家各户窗台上的花花草草,时间似乎凝固了,没有了匆匆,只剩下一份生活的悠然。这不正是遗产价值最生动的体现吗?

在莱茵河中游河谷,很多遗产都是在使用中的,而不仅仅是供人瞻仰和感叹的历史文物。这是一个值得很多遗产地思考的问题:在保护的同时,如何可持续利用遗产带来的机遇,如何让遗产给现代人带来更大的价值感。

✍ 湖泊类——以四川九寨沟风景名胜区为例

湖泊是陆地表面洼地积水后形成的宽广水域。地球上的湖泊总面积占全球大陆面积的 1.8% 左右,其中以北欧和北美的湖泊最多。我国面积在 1 平方千米以上的天然湖泊有 2800 多个,主要分布在东部平原、青藏高原和蒙新地区。湖盆的形态、分布状况,湖水的透明度、颜色,以及湖中发生的奇异现象等,均能产生强烈的旅游吸引力。不仅如此,湖泊也是开展多种水上或水畔旅游活动的理想场所,往往成为度假、休闲、疗养的佳地。

如果说河流是一条文化之线的话,那么散落各地的湖泊就是一个个文化据点,默默传承并展示着地域文化的独特魅力。世界上很多湖泊都具有很高的审美价值和历史文化价值,入选《名录》的湖泊主要有:俄罗斯的贝加尔湖、澳大利亚的威兰德拉湖区、克罗地亚的布里特威斯湖国家公园、肯尼亚的图尔卡纳湖国家公园、马拉维的马拉维湖国家公园、中国杭州的西湖文化景观等。以"俄国的加拉帕戈斯"而闻名于世的贝加尔湖,是世界上年代最长(250 万年)和最深(1637 米)的湖泊;马拉维湖国家公园保护着上百种当地特有的鱼类,其对于进化研究的重要性也可与加拉帕戈斯群岛上的雀类相提并论。而西湖的魅力则在于风景与文化的交融。自公元 9 世纪以来,西湖的湖光山色引得无数文人骚客、艺术大师吟咏兴叹、泼墨挥毫。景区内遍布庙宇、亭台、宝塔、园林,其间点缀着奇花异木、岸堤岛屿,为江南的杭州城增添了无限美景。数百年来,西湖景区对中国其他地区乃至日本和韩国的园林设计都产生了影响,在景观营造的文化传统中,西湖是对天人合一这一理想境界的最佳阐释。

名称:九寨沟风景名胜区(Jiuzhaigou Valley Scenic and Historic Interest Area)
所在地:中国四川省
入选标准:(vii)
列入时间:1992
UNESCO 链接:http://whc.unesco.org/en/list/637

图 4-6　四川九寨沟风景名胜区

UNESCO 评价

九寨沟位于四川省北部，连绵超过 72000 公顷，曲折狭长的九寨沟山谷海拔 4800 多米，因而形成了一系列多种森林生态系统。壮丽的景色因一系列狭长的圆锥状喀斯特地貌和壮观的瀑布而更加充满生趣。山谷中现存约 140 种鸟类，还有许多濒临灭绝的动植物物种，包括大熊猫和四川扭角羚。

遗产价值

（vii）九寨沟之著名在于其群峰林立的景观和喀斯特地貌、相对未受干扰且高度多样化的森林生态系统，加上众多湖泊和瀑布，特别是湖水因富含矿物质而碧蓝澄澈，极具吸引力。

九寨沟还包含大量在全球范围濒临灭绝的动植物。原始森林覆盖了九寨沟一半以上的面积。林中植物种类繁多，现有天然森林近 3 万公顷，植物 2000 余种。多种野生动物繁衍栖息于此，其中包括脊椎动物 170 种、鸟类 141 种，属国家保护的有 17 种。

遗产介绍

自 1984 年正式对外开放以来，数以百万计的游客为九寨沟之美所震慑。灵洁、神奇、天堂、人间仙境，最撩人心弦的词语似乎也无以说尽九寨沟的动人，因此，有"天下第一沟"之美誉。较发达的冰川和岩溶地貌奠定了九寨沟风光的基础。1—4 亿年前，这里原是海域，有 4000 多米的沉积碳酸盐岩层；6000—7000 万年前，隆升为高原，裸露出石灰岩层；再经 5000 多万年冰川、雪水等的切蚀，遂形成了今日所看到的峭壁、深谷、梯湖、瀑布组合而成的壮美景观。

九寨沟位于四川省阿坝藏族羌族自治州境内，保护区面积 643 平方千米，旅游区面积 55 平方千米，海拔 1996—3100 米，因沟内有树正、荷叶、则查洼等 9 个藏族村寨而得名。景区四周群山耸峙，有数十座雪峰直插云霄，河谷地带奇水荟萃，其间有呈梯形分布的大小湖泊 114 个，瀑布群 17 个，钙华滩流 5 处，泉水 47 眼，湍流 11 段，树正、则查洼、日则三条沟谷呈"Y"型分布，逶迤近 60 千米，形成了中国唯一、世界罕见的以高山湖泊群和瀑布群以及钙华滩流为主体的景区[①]。

翠海、叠瀑、雪峰、彩林、藏情并称"九寨五绝"。五绝之首非"翠海"莫属。"海子"是藏民对湖泊的称谓。海子之美，美在清澈，能见度可达 30 米。由于水中富含碳酸钙质，一旦遇到障碍物便附着其上，凝结在湖底、湖堤，形成乳白色的碳酸钙"钙华"之湖盆；而来自雪山的活水本身就清澈，加之梯状湖泊层层过滤，其水色显得更加透明。海子之绝，绝在五彩，分明是一池之水，却呈现出蓝、

---

① 本文所采用的数字大部分来源于九寨沟风景名胜区管理局旅游营销处 2010 年发表于《中国园林》的"童话世界——九寨沟"一文。

黄、橙、绿等多种色彩,绚丽夺目。缤纷的颜色是水中矿物、阳光、水藻和湖岸植被"合作"之结晶。湖水中所含矿物成分不同,对太阳光的散射、反射和吸收也有差异,如有的湖水呈现艳丽的蓝绿色,说明湖水中短波长的散射远大于长波长。此外,或深或浅的水藻,色彩各异的湖岸植物,特别是秋日的彩林倒映水中,染出一个个五彩的海子。沟内石磨房、栈道、经幡等点缀其间,演绎出浓郁的藏族特色,使丽景之外更添一份神秘与淳朴。金秋是九寨沟最美的季节,那深橙的黄栌,金黄的桦叶,绛红的枫树,殷红的野果,深浅相间,错落有致,犹如巨幅的天然油画一般,令人心醉神迷。

所有海子中,五花海的颜色最令人眼花缭乱!在海拔2472米的高度,水深5米的同一水域,却呈现出鹅黄、墨绿、深蓝、藏青等色,斑驳迷离,色彩缤纷,不由得让人感叹大自然妙笔涂抹的色彩是如此大胆、强烈而又富于变幻。所以,五花海号称"九寨一绝"。长海是九寨沟海拔最高(3100米)、湖面最宽(600多米)的海子,湖深处达百余米,呈S形展布,海子四周森林碧翠,山峰终年积雪。令人奇怪的是长海四周都没有出水口,但雨季,水不溢堤,冬日久旱,也不干涸,因此长海被藏民赞为"装不满,漏不干的宝葫芦",比喻相当传神。树正群海则以规模取胜,二三十个大小海子逶迤相衔,湛蓝静谧,前后连绵数里,上下高差近百米,构成梯状湖群,如翡翠一般镶嵌在深山幽谷之中,宛如一条美丽的项链。

九寨沟属高山峡谷地貌,断层错落,河谷布满阶梯,激流穿山涧而下,形成一道道美丽的瀑布。"诺日朗"藏语意为"男神",也有伟岸高大的意思,瀑宽320米,高约30米,是中国最宽的瀑布。诺日朗充满野性,磅礴非凡的气势令人震撼、折服。最与众不同的是,它不像其他瀑布水泻如布,而是水流自诺日朗群海穿林过滩而来,被奇形怪状的岩石所阻,它却肆意地奔涌着,前进着!瀑布下的岩石经过了千百年的冲刷,却棱角依旧,与奔腾的流水一道,演绎着生命之美。珍珠滩是九寨沟钙华最为发育的一处水域,清澈的激流在倾斜而凹凸不平的乳黄色钙华滩面上溅起无数水珠,阳光下,点点水珠就像巨型扇贝里的粒粒珍珠,煞是美丽。流水顺滩而下,至斜滩尽头,则一改刚刚的柔美,冲出悬崖,跌落在深谷之中,形成了雄伟壮观的珍珠滩瀑布。珍珠滩瀑布宽310米,落差最大可达40米,以雄浑著称。

几千万年前,青藏高原上经历了几次冰河时期,寒冷的气候迫使高原上的动植物向岷山山脉迁移,一部分在九寨沟找到了避难所。它们与世隔绝了许多世代,才得以在九寨沟不受干扰地繁衍下来。所以,九寨沟不仅于人类是梦幻般的天堂,于大熊猫、金丝猴、白云杉等珍稀动植物也是快乐的伊甸园。

❧ 瀑布类——以赞比亚和津巴布韦的维多利亚瀑布为例

瀑布是从悬崖或陡坎上倾泻而下的急流，或从河床陡坡上跌落下来的水流。瀑布景观一般由水帘和其下的深潭构成，其飞动的形态、白练般的光色、轰鸣的声响、非凡的气势和富有层次感的景观均具有高度的审美价值，使得瀑布往往成为风景区最具吸引力的自然美景。瀑布以形、声、色三态之美先声夺人，如果再与山石峰洞、林木花草、白云蓝天等环境要素协调辉映，就更能形成仙境般的迷人胜景。许多著名的瀑布都是文人墨客吟咏的对象，李白的诗句"飞流直下三千尺，疑是银河落九天"，让庐山开先瀑布名扬四海；袁枚的佳作"龙湫之势高绝天，一线瀑走兜罗棉"，令197米高的雁荡山大龙湫名满天下。丰富的文化内涵更增添了瀑布的观赏价值，使其成为令人神往的景观。

被列为世界遗产的瀑布，除前文谈到的伊瓜苏瀑布，下面要讲的维多利亚瀑布外，在很多遗产地，瀑布都是重要的构景要素，如加拿大的落基山脉国家公园、格罗莫讷国家公园、中国的武陵源风景名胜区等。

名称：莫西奥图尼亚瀑布/维多利亚瀑布（Mosi-oa-Tunya / Victoria Falls））
所在地：赞比亚共和国南部省的立文斯敦区，津巴布韦的北马塔贝莱兰省
入选标准：(ⅶ)(ⅷ)
列入时间：1989
UNESCO 链接：http://whc.unesco.org/en/list/509

图4-7　赞比亚和津巴布韦的维多利亚瀑布

UNESCO 评价

这是世界上最壮观的瀑布之一，赞比西河宽度超过2千米，瀑布奔入玄武岩峡谷，水雾形成的彩虹远隔20千米以外就能看到。

遗产价值

（vii）绝妙的自然现象。维多利亚瀑布或者说莫西奥图尼亚瀑布有世界上最大的落水面,与之衔接的是一条两千米宽的河流,它流经一连串狭窄的峡谷。在瀑布对面,由于有瀑布溅起的巨大水雾的滋养,形成了一片小型的热带雨林。

（viii）一个重要而持续的地质过程的突出例证。河流袭夺和水的侵蚀作用持续雕琢了那些坚硬的玄武岩,形成了瀑布群和峡谷。

遗产介绍

维多利亚瀑布是世界七大自然奇观之一①,向人们展示了自然界令人敬畏的、无法征服的巨大力量。它无疑是宁静与雄浑最辉煌的交响!泛着涟漪的赞比西河水缓缓流淌于津巴布韦和赞比亚边境。突然之间,河床被拦腰截断,自然之斧劈出一道长约两千米,宽深各约百米的峡谷,于是原本平静的河水犹如骏马脱缰,狂奔跳涧,数万立方米的水量一股脑地咆哮而下,巨瀑翻银,飞沫四溅,声如雷鸣。在这里,人们对"壮观"的含义总会有更深刻的体悟。

1.5亿年以前,当时地壳运动所造成的岩石断裂谷正好横切赞比西河,河流跌落处的悬崖对面又是一道悬崖,两者相隔仅75米。两道悬崖之间是狭窄的峡谷,水在这里形成一个名为"沸腾锅"的巨大旋涡,从空中看去,瀑布像一个巨大的盛满水的银盘,银盘之下就是高约108米的维多利亚瀑布,银盘之上则常常挂着阳光与水滴共同装点的彩虹,身临其境者,多可体味到一种梦境般的神奇。

维多利亚瀑布是世界三大瀑布之一,宽1708米,年平均流量约950立方米/秒,相当于黄果树瀑布的20倍。确切而言,它是一个瀑布群,由魔鬼瀑布、马蹄瀑布、彩虹瀑布、主瀑布及东瀑布共五条组成,其中前四条在津巴布韦境内,后一条在赞比亚这边。位于最西边的是"魔鬼瀑布",魔鬼瀑布只有约30米宽,但流量巨大,故流水侵蚀严重,比其他段落差低10米左右,气势最为磅礴,轰鸣声震耳欲聋,强烈的威慑力犹如魔鬼一般使人不敢靠近;毗邻的"主瀑布"流量最大,最为宽阔,落差约93米,中间有一条裂缝;东侧是"马蹄瀑布",它因被岩石遮挡为马蹄状而得名;像巨帘一般的"彩虹瀑布"则位于"马蹄瀑布"的东边,空气中的水点折射阳光,产生美丽的彩虹。彩虹瀑布即因时常可以从中看到七色彩虹而得名。水雾形成的彩虹远隔20千米以外就能看到,彩虹经常在飞溅的水花中闪烁,并且能上升到305米的高度。在月色明亮的晚上,水气更会形成奇异的月虹;"东瀑布"是最东的一段,该瀑布在旱季时往往是陡崖峭壁,雨季才成为挂满千万条素练般的瀑布。

---

① 美国人洛厄尔·托马斯提出,包括科罗拉多大峡谷、维多利亚瀑布、冰河湾、猛犸洞、珠穆朗玛峰、贝加尔湖、黄石国家公园。

当地马可洛洛族人称这个瀑布为莫西奥图尼亚,意即"声若雷鸣的烟雾",名字中透露出一种原始的诗意,其雄浑与气势从中可略见一斑。1855 年 11 月 16 日,探险家大卫·利文斯敦成为第一个看见此瀑布的欧洲人。利文斯敦是从上游接近维多利亚瀑布的,在瀑布上方他越过了一个小岛,今天这个岛被命名为利文斯敦岛。他在日记中感叹,"在英国没有这样美丽的景象,没有人能够想象出它的美景。从来就没有一个欧洲人看到过它,只有天使在飞过这里时才能看到这么漂亮的景象。"为表示对英国维多利亚女王的崇敬,利文斯敦坚持重新命名了此瀑布。如今,在津巴布韦和赞比亚两边,都树有探险家利文斯敦的铜像。两尊铜像造型基本相同,利文斯敦戴着能遮住耳朵的帽子,腿上扎着绑腿,一副探险家装扮,目光深邃,凝视着他惊叹不已的瀑布。

雄浑之外,维多利亚瀑布还有一个令全世界勇敢者都想一试身手的最危险的游泳池——"魔鬼池"(见图 4-8)。之所以得名"魔鬼池",是因为它地处 110 米高的维多利亚瀑布顶部,是天然形成的岩石水池。正因为瀑布如此凶险,才吸引了世界各地的勇敢者。只有每年 9 月到 10 月的旱季时,水池的水量相对较少,也相对较平静,不会顺着岩壁留下瀑布,人们也才敢跳进池内游泳。

图 4-8 魔鬼池体验

"我站在池边,看着腾空的浪涛,听着如雷的水声,胆战心惊,恐惧异常!但在体会死亡感觉的同时,却不得不承认,我更领略到了前所未有的奇特刺激感!"

"似乎体会到了临近死亡的感觉。"

"有些人从跳进游泳池就开始尖叫,还有一些人选择安静地体味'魔鬼池'的魅力,例如仔细观看周围的特殊风景,那是另外一种乐趣。"

感受维多利亚瀑布壮美的途径多种多样,乘热气球、直升机,甚至可以骑在象背上。但如果你是那种喜欢徒步旅行的人,那么,漫步穿越瀑布就别有一番情趣了。但别忘了穿上双层的雨衣,缭绕的雾气会时时刻刻滋润着你。

虽然雾气会使你步履维艰,但这里的动植物却要依靠瀑布生活。维多利亚瀑布地区维持着一种独特雨林气候。瀑布冲向谷底时飞溅出大量水珠,从而使这一地区的空气保持湿润。瀑布的深渊对面是一片河岸森林,那里生长着茂密的黑檀木、无花果和桃花心木。同时,这儿也生长着许多稀有的品种,比如深水粉背蕨,这是一种只在世界上少数地方才能看到的稀有植物。在这片烟雾弥漫的独特生境中,也生活着很多稀有动物,如森林的较高处生活着黑鹰和泰埃隼。

泉水类——以美国黄石国家公园为例

泉是地下水的天然露头。一般来说,地质构造复杂的山区,大气降水、地表水丰富的地区,以及地表容易渗水的地区泉水较多。泉是一种独特而重要的水体旅游资源,不断喷涌的泉水给周边环境带来了无穷的生机与活力。泉不仅可直接作为人们的审美对象,特别是乳泉、笑泉、水火泉、珍珠泉、鱼泉等奇泉异景往往有着很高的观赏性,而且还具有疗养、饮用、品茶、酿酒等多重价值,自古以来就是人们观赏、利用的对象。

温度低于20℃或低于当地年平均气温的泉称为冷泉,常以水质甘醇清洌而供饮用或作为酿酒的水源。温度高于20℃或高于当地年平均气温的泉称为温泉,其中水温超过37℃为热泉,43℃以上为高热泉,而100℃以上称沸泉。由于有较高的热量并常含有多种有益于人体的微量元素,温泉具有重要的治病疗养功效。而提到热泉和间歇泉,名声之大,规模之巨,非美国的黄石国家公园莫属了!

名称:黄石国家公园(Yellowstone National Park)
所在地:美国怀俄明州、蒙大拿州、爱达荷州
入选标准:(vii)(viii)(ix)(x)
列入时间:1978
UNESCO 链接:http://whc.unesco.org/en/list/28

图4-9 美国黄石国家公园

UNESCO 评价

黄石国家公园建于 1872 年,其广袤的自然森林占地面积约 9000 平方千米,其中 96% 位于怀俄明州,3% 位于蒙大拿州,还有 1% 位于爱达荷州。黄石国家公园拥有已知地球地热资源种类的一半,共有 1 万多处。黄石公园还是世界上间歇泉最集中的地方,共有 300 多处间歇泉,约占地球总数的三分之二。它因为其生物多样性而闻名于世,其中包括灰熊、狼、野牛和麋鹿等。

遗产价值

(vii) 黄石非凡的景观财富包括:世界上最多的间歇泉(geyser)、黄石河大峡谷、众多的瀑布,以及大群的野生动物。

(viii) 黄石公园是世界上研究和欣赏地球进化史最重要的地方之一。这里拥有无与伦比的地表地热活动的组合,包括成千上万的温泉、泥温泉(mudpots)和喷气孔(fumaroles),以及占世界总量一半以上的活跃的间歇泉。公园内已鉴别出近 150 种的植物化石,从小型蕨类植物到大型红杉树,以及许多其他树种,化石遗存非常丰富。并且,世界公认的最大的火山口(45 千米宽,75 千米长)也在黄石公园里。

(ix) 黄石公园是地球北温带所剩不多的保存完好的大型生态系统之一。公园里所有动植物都得以自然繁衍、生长,没有人为的直接管理。森林火灾,如果由闪电引起,在可能的情况下往往允许燃烧,以定期维护火的自然调节效果。公园的野牛全部在野生状态下成长,曾经遍及大平原的野牛如今仍然与其他野生动物一起,成群自由散布在公园里,成为黄石最具魅力的景观之一。

(x) 黄石国家公园是北美最重要的珍稀动植物物种的避难所,也是生态系统演变进程的一个典范。这里的灰熊被深入研究,已成为世界上最为人类熟知的熊种。对灰熊的研究促使人们更加充分地了解到生态系统中各个物种相互依存的特性。在将人类影响降到最低的条件下,公园内对于动植物物种的保护以及对能够影响物种数量和分布的自然进程的维护,保障了公园内的生物进化得以自然推进。

遗产介绍

关于"黄石"的称谓,最响亮的莫过于"世界第一个国家公园"。1872 年,它的建立开创了世界范围内"国家公园"之先河,这也是历史上仅有的几个范例,一个国家的政府为了保护景观和生态,"为了人民的利益和欣赏"(见图 4-10)而把一大片地区(8982 平方千米)划定为保护区。美国联邦政府为此出台了相关法律,规定:国家公园只能供给人们参观游览,而不得利用公园的景观和物产进行任何商业开发。现在,美国人自豪地将黄石开创的"国家公园"事业称为"美国的最佳创意"。

图4-10 为了人民的利益和欣赏

黄石国家公园北方的入口，拱门上题写着老罗斯福的名言"For the Benefit and Enjoyment of the People"（为了人民的利益和欣赏）。

如此坚决的态度，似乎令人费解，但如果你领略了黄石"史诗般的风光"，你就能真正理解这一决定具有多么重大的历史意义。黄石公园坐落在大陆的分水岭上，它北边的河流全部流入密西西比河和大西洋，而南边的河流则注入了太平洋，这是怎样的气魄！更为奇妙的是黄石公园的中心竟然是一处面积达3100平方千米的火山口。温泉和间歇泉在公园内随处可见，远远望去，到处是"炊烟袅袅"，所以，黄石是名副其实的地球"大厨房"。220万英亩的黄石国家公园，80%为森林覆盖，10%是草地，还有10%为水面，以这样组合，不难想见其景观之壮美。在巍巍山脉的拥揽中，宁静的黄石河流经浩淼的黄石湖，蜿蜒在常绿的黑松林，突然间变成咆哮的白色水幕，但这（上黄石瀑布）还只是预演；短暂停留之后，又沿着下黄石瀑布直落118米，轰鸣地进入下方曲折的大峡谷，场面极为壮观。可要说到黄石公园的创造力，所有的景致又都要让位于地下热水与当地岩石共同创作的岩壁，或红、或棕、或橘黄，厚重的色彩，像是一幅油画，古老而有韵味。

1807年爬山专家约翰·寇特是第一位看到黄石景观的白人。当寇特向他的朋友描述自己看到的黄石地热奇观，却没有人相信他，并将之戏称为"寇特地狱"。1870年8月，一支由20余人组成的有组织的探险队，由内战时的将军且曾任国会议员的亨利·瓦虚率领，来到黄石公园。他们为间歇的喷泉取名"老忠实泉"。离开黄石之后，这群探险家写了许多文章，对黄石作了广泛的报道。1871年，在大众的督促下，美国地形地质测量队派出一群科学家前往勘察。1872年，美国国会经过一场激烈的辩论之后，通过黄石国家公园法案，并且在3月1日由总统签署生效，划定大部分位于怀俄明州的这片土地为黄石国家公园。

黄石确实是一个巨大的火山口，这个活火山在人类历史上还没有爆发过，但在地质时代里曾经爆发过三次。与世界上大部分的火山都不一样，黄石并不在地壳上两块板块相交的地方。它跟夏威夷的火山具有相同的原理，乃是地幔里的一个热点（Hot Spot）。板块漂移的时候，热点并不移动，因此就好像热点在板块上挪动的感觉一样。热点经过的地方，形成一系列的死火山，这些火山过去喷发出来的熔岩，形成了今天的蛇河高原。

黄石热点的具体表征就是地表的热气地带。强烈的地热活动造就了黄石公园绝妙的景观——温泉和间歇泉。地表水流渗入多孔的岩层之后，在压力下被加热，当水流受到的压力突然下降后，就变成了间歇泉中冒出的水蒸气；当地下水没有达到过热状态或在压力下从地面和缓喷出时就形成了温泉。这种类型的地下水还能形成喷气孔。在喷气孔那里没有足够的水分，所以只能喷发出水蒸气而不是水流。同样情况下还能形成泥温泉，来自喷气孔的酸性气体把岩石分解成黏土颗粒，之后在喷气孔上方就会逐渐形成一个泥温泉。这些水的温度都很高，而且含有丰富的硫化氢，因此吸引了各式各样的细菌来这儿生活，这些细菌各有不同的鲜艳色彩，将热气地带染得五彩缤纷，艳丽夺目。

美国黄石公园中有温泉1万多个，形成景区最富特色的景致。温泉中以猛犸温泉最为壮观，泉水从岩层渗出，沿着五级台阶逐级流淌，堆金积玉，晶莹剔透，台阶上还有红、棕、蓝、绿的彩条。可是2002年的一次地壳变动后，这里的大部分热泉都不再流了，死掉的细菌变成灰白色的粉末，残留在干枯了的大台阶上，反射着耀眼的阳光，将这里变成一片肃杀的不毛之地。

黄石公园有许多壮观的间歇泉，最著名的当属"老忠实泉"。老忠实泉得名于它喷发的规律性，该泉每70至90分钟喷一次，每次喷发2~5分钟，巨大的爆发力甚至可以把4.5万升的滚热泉水抛向几十米的高空。喷发时，先是一团小小的雾气升腾起来，随着嘶嘶的热气与冷空气的交汇，水蒸气越聚越多，地上雾气慢慢蒸腾，由低到高，渐渐弥漫于近百平方米的地面。下方的冲力越来越大，终于到了堵塞不住的程度，于是堵塞在通道中的水凌空而起，伴之以低沉的喷吼声，形成一股高达几十米的水柱，好似倒转的瀑布，霎时间热雾弥漫、水沫飞舞，最高潮时呈蘑菇柱状喷涌而出，甚为壮观。

最近，黄石的地热有稍微北移的迹象，老忠实泉也许真的老了，每次喷发的平均间隔时间越来越长了；相反地，在公园西部的诺里斯间歇泉盆地变得越来越活跃了。其中的蒸气船间歇泉（Steamboat Geyser）已经从好久才喷一次变成几乎每天都在喷了；还有一些间歇泉的喷发高度更是屡创历史新高，一些好几个月才喷一次的间歇泉其喷发高度甚至可以是老忠实泉的好几倍。

地热奇景之外，在这片壮阔无垠的荒野中，绚丽多彩的高山，鬼斧神工的巨石峡谷，池水碧蓝的大湖深潭，灰熊、狼、野牛和麋鹿等悠游其间的野生动物，打造出令人赞叹的旷野奇景。由于面积巨大，黄石国家公园公路全长200千米，因此到公园游览，必须乘坐汽车。汽车在公园内行驶要严格限速，如遇到野生动物，还必须停住让动物先行。为了修养生息，漫长的冬季（从上年的10月至次年 4 月底)黄石都要休园关闭,完全杜绝人类的活动。

海洋类——以澳大利亚大堡礁为例

"万里西风瀚海沙","百川东到海,何时复西归","天地皆得一,澹然四海清","山不厌高,海不厌深"……我国古诗词里随处可见描述海洋宏大气魄的诗句。作为地球表面最大的水体(占全球总面积的 70.9%),海洋的浩渺无边、深邃莫测,以及海滨的沙滩艳阳一直对人们具有强烈的吸引力,是观光、休闲、度假、疗养的理想场所。

海洋类世界遗产作为旅游资源,或以旖旎的海滨景观见长,或以奇妙的海底风光撩人心弦。瓦登海是德国和荷兰共有的一块浅海,它北起自丹麦南部的海岸,遂向南至德国海岸后又转向西到荷兰,与北海之间有弗里西亚群岛分开。瓦登海拥有丰富的生物多样性资源。目前,有多个岛屿已经开放供游客参观。瓦登海每 6 个小时就会发生一次潮汐,这使岛上的风景在一天内几乎瞬息万变。特别是在落潮后,可以在泥滩上漫步,见证海风、海水和海浪的力量,了解它们自冰河时期以来对环境的影响。伯利兹堡礁是仅次于澳大利亚大堡礁的第二大珊瑚礁,是北半球及西半球最大的堡礁。其优美的自然风光和丰富的生物多样性令人印象深刻。要想近距离触摸大海,潜水无疑是最佳的方式。伯利兹的大蓝洞是世界上最佳的潜水地之一,它邻近海底高原边缘的灯塔暗礁,形成于冰河时代末期,后因海水上升,洞顶随之塌陷,遂变成水下石灰岩洞穴。在这里,你会看到很多海洋生物,如天使鱼、石斑鱼和虾虎鱼等。

名称:大堡礁(Great Barrier Reef)
所在地:澳大利亚昆士兰省的东边海上
入选标准:(vii)(viii)(ix)(x)
列入时间:1981
UNESCO 链接:http://whc.unesco.org/en/list/154

图 4-11　澳大利亚大堡礁

UNESCO 评价

大堡礁位于澳大利亚东北海岸,这里物种多样、景色迷人,有着世界上最大的珊瑚礁群,包括 400 种珊瑚、1500 种鱼类和 4000 种软体动物。大堡礁还是一处得天独厚的科学研究场所,因为这里栖息着多种濒临灭绝的动物,比如儒艮("美人鱼")和巨星绿龟。

遗产价值

毫无疑问,大堡礁满足世界自然遗产地的所有标准。据统计,有关大堡礁的参考书目有 4444 种之多,这一点足可证明人们对此区域的兴趣之大。人们在该区域已经做了大量科学研究,在珊瑚礁研究方面这里堪称绝无仅有。

大堡礁是世界上珊瑚礁分布最广泛,可能也是世界上动物多样性最丰富的地区。其丰富的多样性反映了历经数百万年演变的澳大利亚东北大陆架生态系统的成熟程度。这里有超过 1500 种的鱼类,约 400 种珊瑚,4000 种软体动物,242 种鸟类,此外还有种类丰富的海绵、海葵、海洋蠕虫、甲壳类动物以及许多其他海洋生物。大堡礁包括了各种大小和形状的大约 2900 多个单独的珊瑚礁群,成为地球上最壮观的海洋景观。该地区是濒临灭绝的儒艮的主要觅食地,是具有世界意义的两个濒危海龟物种——绿海龟(the green turtle)和红海龟(the loggerhead turtle)的栖息地,也为其他 4 种海龟提供栖息之所。在世界其他地方,这些物种正面临着严重的威胁,大堡礁可能是它们最后的安全堡垒。

【延伸阅读4】

经典策划:世上最好的工作

来做一个幸福的人吧:喂鱼,潜水,周游列岛,尽享烧烤和海鲜,拥有一所别墅,面朝大海,冬暖花开……哈密尔顿岛看护员还将获得半年 15 万澳元(约 65 万元人民币)的薪水。

为提升大堡礁的国际知名度,2009 年 1 月昆士兰旅游局策划了一次营销活动——"世上最好的工作"。经数月选拔,乐于冒险、外向、聪明且善于交流的英国公民本·绍索尔击败大约 3.4 万名竞争者,获得这份高薪工作。工作内容包括探索大堡礁各个岛屿,每周通过更新博客和网上相册、上传视频、接受媒体采访等方式,向外界讲述自己的探奇历程等。

遗产介绍

大堡礁,这片浩淼的海域堪称世界上最壮阔的自然奇观之一,它拥有世界最大型的活体珊瑚群,是闻名全球的潜水首选之地。潜入水下,就到了小丑鱼尼莫的家,还记得《海底总动员》中那些美丽的画面吧,就在你身边。穿行于世界上最大的生物构筑体中间,数百条色彩斑斓的鱼儿在你的潜水镜前游过,那是何等令人惊叹的感觉!

大堡礁并非一块大礁石,而是世界上最大最长的珊瑚礁群。位于南半球,纵贯于澳大利亚的东北沿海,北起澳洲大陆东北角的约克岛,南到南回归线附近的艾略特夫人岛,绵延伸展达2000余千米,宽50~260千米,面积35万平方千米,相当于我国10个台湾省那么大。整个海域包括2900多个大小珊瑚礁及900多个小岛,自然景观非常特殊。大堡礁的南端离海岸最远,北端较靠近。在落潮时,部分的珊瑚礁露出水面形成珊瑚岛。在礁群与海岸之间是一条极方便的交通海路。风平浪静时,游船在此间通过,船下连绵不断的多彩多姿的珊瑚景色,就成为吸引世界各地游客的最佳海底奇观。

珊瑚是由珊瑚虫和珊瑚藻死亡后的骨骼经过数十亿年的时间在石灰石基底上累积而成的。为了生存,珊瑚虫需要清澈温暖、深度较浅的咸水环境,这种环境主要分布在热带地区。这也是珊瑚礁主要分布在赤道两侧纬度30度以内的原因。地球上最早出现珊瑚类生命大约是在5亿年前,大堡礁的北部是1800万年前形成的,南部大概形成于200万年前。但是,沧海变迁,地壳更迭,旧的礁盘不断被毁坏,新的珊瑚群又不断生长出来。现在这些礁的年龄大约有6000—7000年。

有文字记载的大堡礁的发现者是詹姆斯·库克船长。1770年,努力号英国船在礁石和大陆之间搁浅,撞了个大洞,库克曾滞留于此。努力号船上的植物学家班克斯看到大堡礁时惊讶不已。船修好后,他写道:"我们刚刚经过的这片礁石在欧洲和世界其他地方都是从未见过的,但在这儿见到了,这是一堵珊瑚墙,矗立在这深不可测的海洋里。"1975年,澳大利亚政府颁布大堡礁海洋公园法,提出了建立、控制、保护和发展海洋公园,其中涵盖了大堡礁98.5%的区域范围。强势制止了各种破坏活动,并对旅游活动进行了控制。目前开放旅游的只有"绿岛"等三个珊瑚岛礁,并强化保护管理,严格规定:带走一片树叶和一捧沙子,都属违法行为。此举对保护大堡礁起到了重要作用,从而确保了1981年整个区域收入《名录》。

大堡礁的珊瑚无论形状、大小、颜色都极不相同。有的微小如针,有的可宽达2米;有的坚硬如石(石珊瑚),有的柔软(软质珊瑚)却缤纷;有的如扇形、半球形,还有的如鞭形、鹿角形、树木和花朵状的,无奇不有。那是一个比陆上更灿烂的世界,淡粉色、深玫瑰色、鲜黄色、蓝绿相间色,绚丽多彩。

大堡礁的礁岩洞窟与缝隙很多,最适合各种生物觅食与躲藏,是绝佳的庇护所。也因此,同样面积的海域内,这里所蕴藏的生机比其他海域多了数倍。全世界只有7种海龟,这里就有6种,还有数量繁多的虾、蟹、蚌等甲壳动物及腔肠动物等等。一块如篮球大小的珊瑚礁就有100多种生物生存其中,其生物的多样化,只有陆地上的热带雨林可比。潜入水中,透过温暖清澈的海水,清晰可见的是珊瑚所构成的五彩缤纷的海底"森林",森林深处,有泳姿优雅的蝴蝶鱼,色彩华美的雀鲷,大型的马林鱼,也有凶猛的虎鲨、好逸恶劳的印头鱼等,彼此互相瞪视,十分有趣。

大堡礁,这个活生生的大自然杰作是如此巨大,以至于可包容下你所有新奇的想法,游泳、潜水、浮潜和驾船,还有什么,不妨参考一下官方推荐的五种玩法(澳大利亚旅游局官网,2012)。其一,在水面上,游遍各个小岛。在白日梦岛大开派对,前往汉密尔顿岛体验各种水上运动,到梦幻般的南莫莉岛上度蜜月,将烦恼忧伤一扫而光;其二,带上脚蹼和潜水衣潜水去。胆小些的,也可以乘坐玻璃底观光船,从凯恩斯、班达伯格、罗克汉普顿等海岸交通枢纽出发,去寻访色彩鲜艳的珊瑚和海洋生物;其三,从道格拉斯港口扬帆出海,前往与世隔绝的洛岛,库克船长于1770年发现了这个明珠般的岛屿;其四,呼吸雨林的气息。在虎克岛、长岛、西得岛、南莫莉岛和北莫莉岛等岛上露营,在小鸟的歌声中醒来,在无人的海滩边游泳,呼吸雨林芬芳的气息;其五,感受心跳刺激。乘坐观光直升机在丹翠雨林和大堡礁上空翱翔,飞往绿岛。

✍ 冰川类——以阿根廷冰川国家公园为例

冰川是较长时间存在于寒冷地区的一种由多年降雪不断积累变质形成的天然冰体,分为大陆冰盖和山岳冰川两种类型。银光闪闪、气势磅礴的冰川不但本身是观赏对象,还可造就独特的冰川地貌,具有重要的科考和科普价值。

大陆冰盖面积超过5万平方千米,呈自边缘向中心隆起的盾形,冰层厚度往往超过千米。在海岸地带常伸出巨大的冰舌,断裂入海后成为漂浮的冰山。南极大陆和格陵兰岛的大陆冰盖最为典型。巨大的冰盖,加上冰流迅速移动,在冰山覆盖的峡湾内崩裂发出的巨响,形成了令人敬畏的自然现象。

山岳冰川存在于中低纬度高山雪线以上。1932年,沃特顿湖区国家公园(加拿大艾伯塔省)与冰河国家公园(美国蒙大拿州)进行合并,组成世界上第一个国际和平公园。这里的冰川形成于200万年前的冰河时期,3000多条冰川如密林耸立。巨大的冰川刻蚀山岩,形成了两侧岩壁笔直陡峭、底部宽阔的冰川谷,分外壮观。四川黄龙寺—九寨沟地区新构造运动活跃,这里不仅具有高山冰川地貌的典型特征,第四纪冰川遗迹随处可见,而且仍在形成现代冰川,冰蚀地貌明显。

名称:冰川国家公园(Los Glaciares)
所在地:阿根廷圣克鲁斯省
入选标准:(vii)(viii)
列入时间:1981
UNESCO 链接:http://whc.unesco.org/en/list/145

图4-12　阿根廷冰川国家公园(阿根廷湖俯瞰)

UNESCO 评价

冰川国家公园风景秀美,峰峦叠嶂,冰川湖泊星罗棋布,其中包括长达160千米的阿根廷湖。在遥远的源头,三川汇流,奔涌注入奶白色冰水之中,将硕大的冰块冲到湖里,冰块撞击如雷声轰鸣,蔚为壮观。

遗产价值

(vii)阿根廷的冰川国家公园是一个具有罕见自然美的地区。这里有崎岖高耸的山脉,许许多多的冰川湖,其中之一就是著名的阿根廷湖。

(viii)这个广大的高山地区包括占据公园一半面积的巴塔哥尼亚冰原(Patagonian Icefield),它绵延超过14000平方千米,是世界上除南极洲以外最大的冰盾①(ice mantle)。它共有47条冰川,大冰川区之外另有200多个独立的小冰川。

---

① 与冰盖同为大陆冰川,其特点是冰川表面中心形状凸起形似盾。

遗产介绍

阿根廷冰川国家公园有着南极大陆和格陵兰岛以外世界上最大一片冰雪覆盖的陆地,冰川景象震撼人心。公园位于阿根廷圣克鲁斯省西南部,南美大陆安第斯山脉南段。"洛斯格拉夏雷斯"(Los Glaciares)在西班牙语中即"冰川"之意。这里气候寒冷,积雪终年不化,为大面积冰川的形成创造了十分有利的气候条件。

1937 年,阿根廷政府在这里建立了冰川国家公园;1971 年,正式限定公园范围,总面积 4459 平方千米。另外,还包括 1541 平方千米的国家自然保护区。该片区域共有 47 条冰川,其中 13 条流向大西洋。这些从巴塔哥尼亚冰原漂移过来的冰川,有 10 座分布在冰川公园内,由南向北依次名为马尔科尼、维埃德马、莫亚诺、乌普萨拉、奥内利、斯佩加西亚、马约、阿梅格西诺、莫雷诺、弗里亚斯。其中,除莫雷诺外的 9 座冰川都在消融,消融的冰水缓缓注入了大西洋。

巴塔哥尼亚冰原幅员辽阔,约占公园一半的面积,除上述著名的大冰川,还有 200 多个面积小于 3 平方千米的小冰川独立于大冰川之外。冰川活动主要集中于两个湖区,而湖区本身就是古代冰川活动的产物。在东部湖区,第四纪冰川时期形成的冰川湖星罗棋布,现有多条冰川汇集于此。极目远眺时,人们多以为冰川是纯白色,走近才发现冰晶是淡淡的蓝色,这美丽的蓝色与阿根廷国旗的颜色恰好一致,所以阿根廷人干脆用国家的名字来命名这里最大最美的湖泊——阿根廷湖。

阿根廷湖海拔 215 米,湖深 187 米,最深处 324 米,湖水异常清澈。在阿根廷湖观看冰川移动是一次视觉和听觉的双重享受。在湖的远程三条冰河汇合处,乳灰色的冰水倾泻而下,像小圆屋顶一样巨大的流冰带着雷鸣般的轰响冲入湖中。巨墙般的巨冰,如同在山谷中扩展延伸,突然,似乎静止的冰川会发出一声巨响,接下来一大块冰块就落到海上,四周雾霭升腾,蔚为壮观。世界遗产中没有几个处于运动状态,它们只是"存在"而已,但阿根廷的冰川国家公园却是一个例外。

公园内的冰川群中,最大的是乌普萨拉冰川,表面积达 595 平方千米,再加上流入湖中的部分有 1000 平方千米。据说科学家曾在这里发现了一种虫子,并命名为"冰川虫",这是目前为止人类在冰川内发现的唯一生物。乌普萨拉冰川前端伸展到阿根廷湖北端,常有澄蓝的巨大冰山流入湖中,致使湖面上漂浮着由冰川崩裂而成的大小不一、形状各异的晶莹冰块。有的冰块形成冰墙,高达 80 多米,缓缓向前移动,速度平均每天 2 至 3 米。它们在阳光下,反射、折射出耀眼的光彩,虚幻迷离,美不胜收。

莫雷诺冰川是公园内唯一还在"成长"的冰川，充满了变化和活力。它长35千米，有20层楼高，其前缘为一道宽4千米、高60多米的冰坝，矗立在湛蓝的阿根廷湖湖面上，犹如白龙汲水一般。虽然莫雷诺冰川已有20万年历史，但是在冰川界尚属"年轻"一族，巨大的"冰墙"每天都在"成长"，以30厘米左右的速度向前推进。有人说，莫雷诺的每个细节，每处景致，都令人叹为观止！冰峰千奇百怪、造型奇特，湖水深湛碧透；冰川裂开的咔嚓咔嚓声宛如冰川的窃窃私语；而每隔20分钟左右，还可以看到"冰崩"奇观，先是"啪"的一声，接下来巨大的冰块轰然坍塌，飞溅的水花，巨大的轰鸣，犹如排山倒海一般。

由于莫雷诺冰川一头在山上，一头深入湖中，随着冰川不断生长、不断前进，每隔两三年冰川就抵达了对岸，将阿根廷湖截断，使水位上升。于是，冰川与湖水开始角力，水不断的冲刷终于在冰坝的底部冲出一个洞穴，形成独特的冰川拱门（见图4-13）景观。之后水继续冲击，洞越来越大，冰坝终于崩塌，冰川后退了一步，湖水水位又恢复正常。之后，冰川又开始迈出坚忍的步伐，重新向前推进，新的轮回开始。这一景象已经持续了几十年。巨大的冰坝崩塌时，发出雷鸣般的轰响，湖面激起的波涛猛烈地向湖岸冲击，如此惊心动魄的奇景每次可持续1—2天。1988年的大冰崩尤其著名，当时巨大的轰鸣声在数千米之外也可清晰地听到。

图4-13 阿根廷最美的冰川开始崩塌
2008年7月初，冰川已经被冲出一个大洞，形成独特的冰川拱门的景观。整座冰川拱门最终将彻底崩塌。

公园管理处提供了两条不同的冰川观赏路径。一条路径是通过巨大的吊车把游客载到高达300米的高处，此时，巨大的冰川仿佛迫在眼前，一些冰山从你身边漂浮而过。冰川的前部陡峭得令人难以置信，冰川内部因承受巨大的压力而出现了许多的断裂。远处望去，整个冰川呈现出蓝色调。第二条路径朝向冰川前进的方向，从一条绝壁上过去，公园的服务机构在这一地区设置了几条人行道，以便可以领略到不同部分的壮美景观。人行道的更大好处在于，它使游人可以观测到冰川底部的风景，还可以尽可能地靠近冰川的正面。不幸的是这些年来，有几个游客因崩塌的冰体和它们产生的巨大气浪致死，现在国家公园内专门修建了观望台和栈道，确保游人在安全的距离内观赏。

卡拉法特小镇是所有参观冰川美景游客的落脚点。从阿根廷首都布宜诺斯艾利斯乘飞机3个小时，就到了卡拉法特镇。从镇上汽车站可以乘每天两趟的班车进入国家公园，直接来到莫雷诺冰川身边，其他冰川则需乘价格昂贵的船，没有陆路可达。

第5章 生物类世界遗产

> 一个人是被我们称为所谓"宇宙"的一部分,受时空限制的一部分。他会觉得他的思想与感受和世界其他部分是割裂的,这是他的意识的一种错觉。这种错觉是我们的牢笼,将我们的欲求和情感限制在少数一些和我们亲近的人当中。我们必须将自己从这个牢笼中解放出来,拓宽我们的胸怀,去拥抱所有生灵和整个世界的美,这是我们的使命。
>
> ——爱因斯坦

如果说爱因斯坦的这段话多少还有些深奥,中央电视台著名主持人崔永元的一条微博留言则再明白不过地道出了生物的价值。他说:"今天偶遇动物保护专家吕植,她辛酸地告诉我们又有几种动物灭绝了。想想真可怕,如果有一天地球上没有动物了,我们只能天天和人打交道,太无趣了。"再探究,等待我们的是一个更令人毛骨悚然的事实,当所有动物都不存在了,人还能生存吗?在北京麋鹿苑内有一座"世界灭绝动物墓地",在那里排列着近300年来已经灭绝的各种鸟类和兽类的名单。每一块墓碑都代表一种已经灭绝的动物,上面记载着灭绝的年代和灭绝的地方。世界灭绝动物公墓还有一块特殊的"墓碑",上面刻的动物的名字是人类!人类捕杀野生动物,破坏它们的栖息地,盲目引进外来物种破坏生态平衡……在这些因素的共同绞杀下,越来越多的物种走向灭绝。终有一天,当其他的"生命多米诺骨牌"纷纷倒下时,人类也将迎来自己的末日!

著名物理学家史蒂芬·霍金2010年在接受美国著名知识分子视频共享网站BigThink访谈时,再曝惊人言论,称地球将在200年内毁灭,而人类要想继续存活只有一条路:移民外星球。他说:"人类已经步入越来越危险的时期,我们已经历了多次事关生死的事件。由于人类基因中携带的'自私、贪婪'的遗传密码,人类对于地球的掠夺日盛,资源正在一点点耗尽,人类不能把所有的鸡蛋都放在一个篮子里,所以,不能将赌注放在一个星球上。"

但倘若地球的末日来得没有那么急,或许我们还有另一条生路,那就是尝试改变人类"自私、贪婪"的基因,学会对地球上所有生命怀有一份崇敬之心。

生物类世界遗产地,作为珍稀动植物的家园,承载着动植物最动人的记录,无疑为人类的这种改变提供了最充分的依据。

第一节 生物类世界遗产的旅游价值

1. 观赏价值

生物的色彩、形态、发声、习性、运动等特征能够直观地引起人们的美感,其中色彩与形态尤为引人注目。有人盛赞山茶开花时的美景:"树头万朵齐吞火,残雪烧红半边天",将色彩的浓艳之美渲染到极致。闻名天下的黄山松,有的舒臂迎客,有的飞身探海,有的虬曲如龙,有的携手连理,将姿态之美展现到极致。风卷松涛、落木萧萧,是植物带给人们的天籁之音。动物一样具有极高的观赏价值,长颈鹿的优雅,大象的庄重,天鹅的脱俗,猴子的古怪精灵,让人们感叹造物的神奇;而"两个黄鹂鸣翠柳"、"两岸猿声啼不住",是动物带给人们的听觉之美。

印度的花谷国家公园是一个名副其实的"花中之谷",绚烂夺目,常年有数百种不同的美丽花朵盛开,植物学家、登山旅人和文学爱好者认为它是一个漫长而美好的印度神话。当地人,都熟知它的存在,并认为它是仙女居住的地方。它"温柔"的景观,高山的草甸和美丽的鲜花无不令人屏息。

位于墨西哥米却肯州锡塔夸罗市山区森林的黑脉金斑蝶生态保护区是帝王蝶最大的乐园。每当秋季来临,数以百万甚或数以千万计的蝴蝶从北美的广大区域返回该地,聚集在这一森林保护区的小块林地上,它们的数量如此之多,以至于树枝都被这些蝴蝶的重量压弯了,整棵树木都被点缀成了橘黄色,奇异之美总会吸引很多观蝶爱好者。

2. 科考与科普价值

生物界具有纷繁芜杂的形态与现象,在这些现象背后蕴藏着丰富的科学知识,如植物分类、植被的地域分异规律、动物的种群结构、动物的迁徙等,一直都是科学家们考察研究的重要对象。

随着生态意识的普及和觉醒,越来越多的普通旅游者开始对动植物及其所在的生态系统发生强烈兴趣。事实上,动植物观察早已成为生态旅游活动的核心内容之一。许多旅游者希望看到具有吸引力的特殊动植物,如在美国大沼泽地国家公园邂逅濒临绝种的动物;在印尼的热带雨林,拜访可能绝种的苏门答腊犀牛;在澳大利亚的塔斯马尼亚荒原,与狡猾而羞涩的塔斯马尼亚虎[①](见图

[①] 1936年,塔斯马尼亚虎被宣布灭绝。1995年,一个森林巡逻员说他肯定看见了这种奇特动物,很多科学家也始终相信,塔斯马尼亚虎一定仍然存在于森林的某个角落。

5-1)奇遇等。在世界范围内,已有很多提供探险旅游与生态旅游产品的公司,其推出的旅游线路包括非洲湿地的观鸟之旅、喜马拉雅山的植物观赏旅行等。

图5-1 澳大利亚的塔斯马尼亚荒原(1980)

这些公园和保护区地处受冰河作用严重影响的地区,到处都是峭壁峡谷,占地总面积超过100万公顷,是世界上仅有的几个大规模的温带雨林之一。在石灰石洞穴中发现的遗迹可以证明早在两万多年前就曾有人类在这里居住过。

在塞内加尔的朱贾国家鸟类保护区(见图5-2),一望无际的绿色丛林随风摇曳,远远眺望,好似波浪翻滚,鸟鸣之声此起彼伏,仿佛就是这片神奇之地的背景音乐。乐声响起,一群群五颜六色不知名的鸟儿,时而飞进芦苇丛,时而飞向灌木林,时而掠过水面,时而飞向草地,呈现出一派原始自然的动态之美。

图5-2 塞内加尔朱贾国家鸟类保护区(1981)

朱贾国家鸟类保护区是一块占地面积约为16 000公顷的湿地,位处塞内加尔河三角洲地区。保护区内有一大型湖泊,湖泊四周分布着大大小小的溪流、池塘和水潭。这里生态环境不很稳定,但充满着生机。保护区里栖息着150多万种鸟类,有白鹈鹕、紫苍鹭、非洲篦鹭、大白鹭、鸬鹚等等。

3. 优化环境的价值

广袤的地球之上,森林像一个巨大的吞吐机,每年吞噬全球排放的大量的二氧化碳,又制造出氧气,亚马逊热带雨林由此被誉为"地球之肺"。如果亚马逊的森林被砍伐殆尽,地球上维持人类生存的氧气将减少1/3。森林又像一个巨大的抽水机,从土壤中吸取水分,再通过蒸腾作用,把水分散发到空气中。据统计,亚马逊热带雨林贮蓄的淡水占地表淡水总量的23%。此外,森林还是巨大的基因库,地球上约1000万个物种中,有200~400万种都生存于热带、亚热带森林中。在亚马逊河流域仅 0.08 平方千米左右的取样地块上,就可以得到 4.2 万个昆虫种类,而每平方千米的亚马逊热带雨林就有 1200 多种的不同植物。

但由于偷猎、非法采伐等问题的威胁,许多热带雨林正岌岌可危。2011 年 6 月 22 日在法国巴黎举行的第 35 届世界遗产大会决定,将印度尼西亚苏门答腊热带雨林列入《濒危名录》。IUCN 的蒂姆·班德曼表示:"这一做法旨在动员国际社会伸出帮助之手,保护地球上这个面临严重威胁的非凡之地。国际社会的努力是确保地球上的著名自然遗产拥有美好未来,确保人类和动植物继续享受它们提供的服务的关键。"

4. 医疗保健价值

植物能够塑造对人体健康有益的绿色空间,在其中最具代表性的是森林。随着人们对森林越来越深入的了解,有人将其比喻为大地的空调器、天然的制氧机、二氧化碳的调剂者、有毒气体的吸附器、空气的吸尘器、噪声的消减器和人类的美容师,对其所具有的医疗保健价值给予了充分的肯定。

1979 年列入《名录》的比亚沃韦扎森林位于波兰东部边境,大致均匀分布在波兰和白俄罗斯之间。这里是欧洲最后一片低地森林,由常青树和阔叶林组成,是一些稀有动物的栖息地,其中包括狼、猞猁、水獭等珍稀哺乳动物。该遗产地保护了大自然最有价值的部分。每年约有 10 万游客前来比亚沃韦扎森林,其中大多数住在森林中心地带的小村庄,让整个身心接受森林浴的洗礼。

第二节 生物类世界遗产

✍ 植物类——以巴西亚马逊河中心综合保护区为例

植物类世界遗产地包括森林和草原两大类别。森林是世界上最大、最复杂的生态系统。由于生长环境差别很大,不同自然地带的森林有着不同的外观和特征。它们像一座座绿色宫殿,吸引着人们前往观赏、休闲。"天苍苍,野茫茫,风吹草低见牛羊",无垠的蓝天和接天的绿草,总能带给人一种辽阔高远、苍凉悲壮之美。对于久居都市的旅游者来说,这里壮美的自然景观和多彩的草原文化,无疑是另一个天堂。

"荒野"也即原生自然,在美国自然主义思想家那里,却是一个带有美国特性的概念。爱默生于 1836 年发表了《自然》,提出自然不仅是人类想象力的源泉而且还反映人类精神的观点。梭罗正是受其超验主义思想影响,拿着一把斧头在康科德以南的瓦尔登湖畔搭起森林小屋,独自在那儿生活了 26 个月,带回一本深刻影响人类对自然思考的书——《瓦尔登湖》。

西方有一种疗愈疲惫心灵的方法被称作"荒野治疗"。疗程中,学员所接触的任何事物丝毫与文明沾不上边,除了工作人员紧急用的无线电外,就连手表都不戴,当然也不会有打火机,学员们完全置身于荒野。旅途中,背着自己的背包,你会踢到石头、会遇到下雨也或许会因此跌倒,当时的你会愤怒地咒骂着这不顺心的一切,但这一切不会因你骂得比较用力或比较大声而有所改变,然后你得重新面对这样的窘境,从中对世俗生命中的挫败有新的体悟。

在加拿大电影《最后一周》(one week)中,罹患癌症的男主人公本·泰勒发出了这样的追问:

如果生命只剩下最后一天、一周、或一个月,你要做些什么?

在生命最后的时光,他选择了上路,背弃他以往的循规蹈矩,买一辆拉风的摩托车,一路向西,奔向自然而狂放的西部。旅途过程中,他开始思考自己的人生与理想,并寻找生命的意义。但是不是只有到生命的最后阶段,我们才会忏悔这一生的错过?错过的不只是风景,还有那个真实的自己。草木无言,但却足以给生命以启迪,让我们寻找到内心的声音与真实的自我。因此,不只是因为我们担心水土保持不佳,怕大自然反扑才保护荒野。荒野,更是人类心灵最重要的健康根源,保护荒野,其实便在保护全人类的心灵健全。

名称:亚马逊河中心综合保护区(Central Amazon Conservation Complex)
所在地:巴西亚马逊州
入选标准:(ix) (x)
列入时间:2000
UNESCO 链接:http://whc.unesco.org/en/list/998

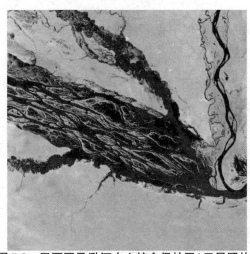

图 5-3　巴西亚马逊河中心综合保护区(卫星照片)

UNESCO 评价

亚马逊河中心保护区占地超过 600 万公顷,是亚马逊盆地中最大的保护区,同时也是地球上生物多样性最丰富的地区之一。保护区内还有平原湿地生态系统、洪泛森林生态系统,以及湖泊和河流的重要范例,多种水生动物不断进化,这里成为世界上最大的发电鱼类种群的栖息地。保护区为许多珍稀濒危动物提供保护,例如巨骨舌鱼(giant arapaima fish)、亚马逊海牛、黑凯门鳄(black caiman)和两种淡水豚类。

遗产价值

(ix) 平原湿地(varzea)、洪泛森林、湖泊、河流及岛屿共同构成这一地区的自然和生物环境,并展现出陆地与淡水生态系统持续演进的过程。河道、湖泊和各种地貌景观组合在一起,不断变化、发展。平原湿地的水道中漂浮着一团团这一生态系统的典型植被,其中包括许多当地的特有种类。阿娜维阿纳斯(Anavilhanas)保护中心则拥有巴西亚马逊流域第二大的内河群岛。

(x) 扩展后的遗产地使雅乌国家公园(Jaú National Park)原本对亚马逊河中心地区的生物多样性、栖息地和濒危物种的良好保护得到了进一步的提高。该地区是世界特有鸟区之一,被世界野生动物基金会列为 200 个优先生态保护区之一,它也是一个植物多样性中心。扩展后的雅乌国家公园包罗了平原湿地、洪泛森林、湖泊和河流的重要范本,增强了亚马逊河中心区水生生物多样性之代表性。此外,也进一步保护了受到威胁的重要物种,包括巨大的巨骨舌鱼、亚马逊海牛、黑凯门鳄和白鳍豚的两个物种。

遗产介绍

"我喜欢像动物一样的幸福。沐浴着阳光晨露、躲过了暴雨寒风时那种简单的幸福、与自己的食物链的上下层周旋时那充实的幸福、与自己的人生另一半依偎在一起度过劫难时那甜蜜的幸福"(月亮,2011)。这是一个从亚马逊热带雨林归来的游者的感慨,在那个惊喜与惊恐交错的地带,幸福是如此简单和真实。

到 2000 年为止,亚马逊地区有 3 个重要区域被列入《名录》,它们分别是:秘鲁的玛努国家公园,位于安第斯山西坡,面积 150 万公顷;玻利维亚的挪尔·肯普夫墨卡多国家公园,地处山地森林向草原过渡带,面积 150 万多公顷;巴西亚马逊河中部的雅乌国家公园,面积 220 万公顷。2003 年 7 月,世界遗产委员会批准通过了巴西的一项提议,将该国的马美拉(Mamiraua)和阿马那(Amana)等相互毗连的保护区也并入雅乌国家公园,公园面积扩大了300 万公顷。现在,这个总面积多达 520 万公顷的国家公园被称作亚马逊河中心综合保护区,成为世界上最大的热带雨林保护区,其面积甚至比瑞士的国土面积还大。

亚马逊河中心综合保护区位于巴西亚马逊州首府玛瑙斯市西北部大约200千米处,在联合国评出的最受欢迎的十个自然景观类世界遗产中位列第九,有着神秘而令人惊异的美丽。达尔文在记述他第一次涉足这片热带森林的印象时,这样写道:"要表达涌上心头的那份感动,所有的语言都显得过于贫乏。"

亚马逊说是河,却有海的气质。它发源于秘鲁中部的科迪勒拉山脉,河面宽广,支流众多。它了无边际,又百转千回,浩浩荡荡,又气势磅礴。它全长6751千米,在世界河流中仅次于尼罗河位居第二。亚马逊每秒钟把116000立方米的河水注入大西洋,比尼罗河多60倍,占全球入海河水总流量的五分之一。亚马逊河上游由黑河和索里芒斯河组成。黑河在雨季里,水位有时上升10多米,广阔无边的原始森林随即被大水淹没。原始森林的落叶所产生的各种有机物直接溶解在河流中,把河水染成了浓咖啡色。可是,进入旱季后,大树的根部又会重新露出地表。亚马逊河的另一支流索里芒斯河河水则略显黄色,二者在玛瑙斯附近交汇。从玛瑙斯开始,因比重、流速不同,两种河水在交汇处长达数十千米的河面上黑黄两色的河水齐头并进,泾渭分明,互不相犯,成为一大景观。

如此强悍的大河,加之赤道附近充足的热量,使亚马逊流域成为生命的伊甸园。浩瀚无际的原始森林中,流淌着不可计数的亚马逊支流,河道两旁是常年浸泡在水中的各种高大林木,树龄多在几十年以上,常见的藤蔓一端缠绕着高大的树木,向树顶延伸争取获得更多的阳光,另一端又从树干上垂落下来,宛若幕帘。热带雨林的土层则是这一生态系统中的重要组成部分。从土层剖面结构看,当大量的雨水落到亚马逊热带雨林的地面上时,雨水首先流过厚厚的枯枝落叶层,携带着那里的腐殖质等有机养分向根须层渗透,大量养分在同样厚实的这一层被树木根须吸收并通过树干输送给枝叶,保证树木的茁壮成长,同时剩余的营养水分被腐殖质土层逐渐吸收,渐渐地使土地变得疏松肥沃,同时,枯枝落叶层和根须层吸纳大量的养分和水分,保证土层不被雨水冲刷流走。这种土层结构非常科学,非常适宜森林树木的生长和养分保存,良好的生态循环系统使热带雨林得以长久旺盛地存在。

亚马逊河流域的树木种类繁多,植物的生长期接连不断,没有固定的落叶季节。人们在这里看到的永远是一片葱绿,根本感觉不到季节的交替。在这片绿色的大海里,踩在脚下的是卷柏、羊齿、附生凤梨等地面植被;同身高不相上下的是草本植物、灌木和矮小的乔木;越过头顶的是喜阴凉的棕榈、可可树等乔木,它们的树身和枝丫间还附生着盛开五颜六色花卉的植物;再往上则是比较高大的乔木和各种喜欢阳光的攀援附生植物。在万绿丛中,还有许多种"巨人树",例如巴西果、乳木等,高达70~80米,犹如挺立在大地上的高大卫士,忠实地守护着四周绿色的宝藏。

亚马逊河流域是地球上生命形态最丰富的地区之一。据调查,此地约有植物55000多种;动物种类也很丰富,仅鱼类就有1600多种。因此,玛雅人说,"神是伟大的,而一片森林更伟大",可见,亚马逊深处的雨林是何等地让人动心!不过,欣赏这份"伟大",你需要足够的勇气!进入亚马逊河林区,人烟稀少,到处都突兀着奇形怪状的树根,高处藤葛攀援纠缠。有的地方是无边无际的原始荒原,一丛丛灌木林,几尺高的杂草,天空中不见飞鸟,草丛中不见走兽,静得可怕。有的地方则是野兽飞鸟出没,发出各种怪叫声,使人毛骨悚然,心悸不已。人要是一旦误入其中,那将是险象环生,后果不堪设想。当然,最恐怖的是亚马逊河中令人"谈鱼色变"的食人鱼。凡航行到食人鱼活动区域,按照入河前的规定,水手们都停止了室外作业,游客无特殊情况也不得到甲板上散步。食人鱼身长仅20至40厘米,但它牙齿锋利,嗅觉灵敏,非常嗜血,一旦有人或动物被一条食人鱼咬出血,成百上千条食人鱼就会扑过来抢食。据说它们袭击牛、马需要15分钟,吃人仅需5分钟就仅剩下一堆白骨,听后让人不寒而栗。

【延伸阅读5】

亚马逊的食人鱼

在亚马逊丛林的河流中,一旦人受了伤,水里有了血腥味,食人鱼马上就成群集结过来,顷刻间就可把一个人啃成白骨。它们大张着嘴,牙齿雪白尖利,像两排细而密的锯齿;背脊青灰,杂有黑色斑点;腹部血红,诡异地一直连到加长的下颌。

但这就是亚马逊的魅力,你永远不知道下一分钟会发生什么。空气里到处弥漫着生命的味道,有着无与伦比的美丽和切入骨髓的震撼,有着如入天堂的幻境,也有着直坠噩梦的心悸,在淋漓的大自然的洗礼中,人比以往任何时候都更真切地感受到自我生命的存在与价值。《国家地理》上说,"到达这里的人们是把这里当做了他们在地球上的最后一个目的地"。因为亚马逊有太多的险境,九死一生;也因为你一旦走过,不知道哪里还能有这般撩拨你心弦的秘境!

🖊 动物类——以四川大熊猫栖息地为例

动物的体态、色彩、姿势、发声等特征都能引起人们的美感,而它们的生活习性也一样具有极大的吸引力。每年,有大量的生态旅游爱好者或爬山、或涉水、或深入草原腹地、或潜入大洋深处,去追踪千姿百态的野生动物、鸟类和鱼类,欣赏它们的野性之美,观察它们的一举一动。不能去远方时,把一些小动物带回家,也常能给我们带来许多欢愉的时光。

如果说自然时不时会创作点艺术作品,那动物算是绝佳的即兴艺术家了。美国《国家地理》杂志摄影师罗伯特·哈斯在墨西哥湾的尤卡坦半岛拍摄下了迁徙中的火烈鸟方队(见图5-4)。恰巧,迁徙群所呈现的图案就好像一只巨大的火烈鸟。细想,少了这些可爱的动物,生活少了多少美丽的装点。

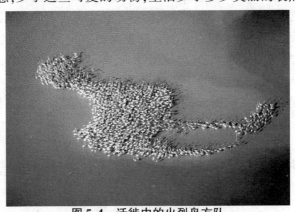

图5-4 迁徙中的火烈鸟方队

科学家研究发现,人和伴侣动物之间充满着独特的深情和友善。正是在这种友爱中,人类因对小动物的关爱而使自己的身心得到健康。在美国波士顿精神病监狱,有一个紧张型强迫综合症患者,正好是他病情发作之前,监狱工作人员在他的牢房里添置了一缸金鱼。随后的一次发作中,在短短的半个小时里,他就把房间里所有的东西都砸了个粉碎,被制服了以后,人们才发现这缸金鱼被他藏在了一个很安全的地方,一点儿也没有受到影响。还有一位从不开口说话的美国十岁男孩在有了自己的狗巴迪以后,终于开口叫了妈妈,并安然接受了母亲激动的拥抱而不再像从前那样躲开。在他的爱犬眼中,他和别的男孩没什么两样,是世界上最棒的小伙子,而康复后的他最常说的一句话也是:"我的巴迪是世界上最好的狗!"在我们给予动物以关爱的时候,从它们那里,我们也获得了一种无歧视的关爱,这种关爱给我们以成长的力量。

名称:四川大熊猫栖息地(Sichuan Giant Panda Sanctuaries)
所在地:中国四川省
入选标准:(x)
列入时间:2006
UNESCO 链接:http://whc.unesco.org/en/list/1213

图 5-5　四川大熊猫栖息地

UNESCO 评价

四川大熊猫栖息地面积 924500 平方千米,目前全世界 30% 以上的濒危野生大熊猫都生活在那里,包括邛崃山和夹金山的七个自然保护区和九个景区,是全球最大、最完整的大熊猫栖息地,为第三纪原始热带森林遗迹,也是最重要的圈养大熊猫繁殖地。这里也是小熊猫、雪豹及云豹等全球严重濒危动物的栖息地。栖息地还是世界上除热带雨林以外植物种类最丰富的地区之一,生长着属于 1000 多个属种的 5000 到 6000 种植物。

遗产价值

大熊猫栖息地由四川省境内的 7 处自然保护区和 9 处风景名胜区组成(见图 5-6),地跨成都市所辖都江堰市、崇州市、邛崃市、大邑县,雅安市所辖芦山县、天全县、宝兴县,阿坝藏族羌族自治州所辖汶川县、小金县、理县,甘孜藏族自治州所辖康定县等 12 个县或县级市。

(x) 全世界 30% 以上的大熊猫都在这里,构成了世界上最大最重要的毗邻的大熊猫栖息地。它也是繁育大熊猫种群的最重要的大熊猫资源库。四川大熊猫栖息地还是所有温带区域(实际上是除热带雨林以外)中植物最丰富的地方。更显其重要的是,它被保护国际组织选定为世界 25 个生物多样性热点之一,被世界自然基金会确定为全球 200 个生态区之一。其显著价值还表现在,它具有广阔的面积,保护了大量地形、地质特征和动植物物种。大熊猫栖息地

图 5-6　四川大熊猫栖息地世界遗产保护区划示意图

具有独特的生物多样性保护价值,并能体现生态系统的管理系统如何能在国家和省级保护区之间协调运作(张虎,邓崇祝等,2007)。

遗产介绍

100多年前的1869年,阿尔芒·戴维神父在宝兴县邓池沟发现了"最不可思议的动物"——大熊猫。他制作了大熊猫模式标本,从而把大熊猫介绍给了世界。面对苍山翠竹,阿尔芒·戴维喟叹:"难道这里是上帝遗忘的后花园?"2005年10月,另一个戴维——戴维·谢泊尔走进夹金山。他是受UNESCO和世界遗产委员会的委托,前来实地考察评估"四川大熊猫栖息地"申报世界自然遗产项目。途中,他感叹:"我今天看到了大熊猫'白杨',我抚摸着'白杨'时想,如果大熊猫能说话的话,它肯定会说这三句话,一是保护我吧,保护我们的栖息地吧;二是感谢关心大熊猫并辛勤工作的人类朋友;三是非常高兴生活在美丽的宝兴,我们世世代代在这里繁衍生息已几百万年了。"

大熊猫,学名猫熊(Ailyropoda melanoleucus),中国特有珍稀动物。1870年,巴黎自然博物馆馆长米勒·爱德华兹对戴维所送来的黑白熊标本进行研究后,认为它只是外貌与熊相似,骨骼和牙齿与小熊猫和浣熊相近,于是,将它定名为大熊猫。其实,大熊猫早已走进中国人的视线,阿尔芒·戴维也不是发现大熊猫的第一人。早在唐代,武则天就曾把大熊猫作为国礼,送到日本。我国古代曾把大熊猫叫做貔貅、貘、貊、驺虞、食铁兽等,这在《尔雅》、《山海经》、《诗经》中均有记载。如《山海经》卷五记载:"汉嘉严道县(今雅安荥经县),南有九折坡出貊貊(大熊猫),似熊而黑白驳,亦食铜铁也。"就是说,在雅安栖息的大熊猫,早在两千多年前就有记载,只是没有给它一个响亮的名字。

大熊猫已在地球生存繁衍了60万年,是一种古老而顽强的动物。与它同一时期的动物如剑齿虎等,早已灭绝并成为化石。熊猫的经历却与众不同。在逃过了第四纪冰川等多次劫难之后,它仍通过改变食谱、向高山深谷地带迁移等方式顽强地存留下来,成为自然演化的漫长见证和地球物种的独特标本与"活化石"。

大熊猫雍容典雅,征服了无数眼球,但几十年前,关于中国究竟有多少野生大熊猫,动物学家却语焉不详。后来,针对大熊猫的大规模野外调查进行了三次。1974年,时为西华师范大学副教授的胡锦矗作为调查队长来到卧龙,奉命进行全国第一次野外大熊猫数量调查。由于野生大熊猫种群分布比较分散,栖息地面积又相对较大,即使是研究者也很难在野外直接观察到大熊猫。胡锦矗在考察之后决定从粪便着手。不同熊猫的粪便,受制于竹节长短、粗细、咀嚼程度而各不相同,通过比较,胡锦矗就能知道大熊猫的年纪、种群数量;他熟知每个种群中大熊猫的活动范围、规律、成长史以及发情期。胡锦矗归纳的这套方法后来被命名为胡氏方法,他本人则坐上了中国大熊猫研究领域里的第一把交椅。1977年,调查队凭借胡氏方法得出结论:全国第一次野外调查结果是现存大熊猫2400多只。十多年后的1988年,全国开展第二次野外大熊猫调查,最后的结果却让所有的人都捏了一把汗。野生大熊猫仅存1100余只。与十年前相比,减少达一半以上。1999年,全国开始了第三次,也是距今最近的一次野生大熊猫调查。结果显示共有1596只,与上一次调查结果相比,数字有所上升,但仍然令人喜忧参半。喜的是,经过一些抢救措施大熊猫的数量有所上升;忧的是,大熊猫近亲繁殖,物种衰退,以及人为原因导致的环境割裂,仍是大熊猫生存的桎梏。

人工圈养是保护大熊猫的重要举措,但保护一个物种的同时,如何保护其在大自然中的野性,保护熊猫社会的可持续发展,却并不容易。"祥祥"的悲剧让人们反思,在大熊猫的野化过程中,也许融入熊猫社会比其他任何训练都更为重要,却也更加困难。

【延伸阅读6】

圈养之悲与"祥祥"之死

2006年,经三年野化训练,大熊猫祥祥告别了生活5年的卧龙研究中心,开始野外生存。当年底,无线电定位监测数据显示异常。不久,研究人员在竹林中找到祥祥,发现其背部、后肢掌部等多处受伤,推断祥祥是在和野生大熊猫争夺领地时发生了打斗。医好后祥祥又被放出去,还是"旧习"不改,依然去抢人家的地盘,最后掉下悬崖摔死了。

历经劫难,大熊猫顽强地存活下来。然而,自有人类活动以来,大熊猫就不断受到干扰,至今已徘徊在绝灭的边缘。有科学家认为,如今,作为濒危动物中最突出也最脆弱的代表,熊猫还能在这个地球上生存多久,已成了人类能否继续与自然共存的重要标尺。换句话说,对熊猫的关注和保护,已成为促使人类自我反省的警钟和明镜。这里,有着崇山峻岭,有着无比丰富的植被,是中国乃至世界自然景观最有吸引力的地方,所以保护大熊猫的栖息地,也是在保护该区域的其他动物,保护水源,保护人类赖以生存的家园。

生物进化类——以厄瓜多尔加拉帕戈斯群岛为例

生物进化是指一切生命形态发生、发展的演变过程。在漫长的岁月里,地球上的生命从肉眼看不见的单细胞生物进化成今天的高等植物、动物甚至人类,这期间经历了一次又一次奇迹般的重大突破。在一些远离大陆的岛屿,这些进化过程的痕迹被清晰地保留下来。厄瓜多尔的加拉帕戈斯群岛有进化论"诞生地"之美誉。1835年,26岁的英国博物学家查尔斯·达尔文来到这里,被岛上奇异的物种现象深深吸引,为其科学巨著《物种起源》收集了有力证据。2011年6月,UNESCO世界遗产委员会将日本的小笠原群岛列入自然遗产名录,该岛被称为东洋的科隆群岛,由三组共30多座岛屿组成,覆盖面积7393公顷。岛屿自然景观丰富多样,是一种属于极危物种的蝙蝠——小笠原大蝙蝠以及195种濒危鸟类等大量动物栖息的家园。在这些岛屿上已发现并记录了441种当地特有的植物类群,在其周边水域中生活着种类繁多的鱼类、鲸目动物和珊瑚。

名称:加拉帕戈斯群岛(Galápagos Islands)
所在地:厄瓜多尔加拉帕戈斯省
入选标准:(vii) (viii) (ix) (x)
列入时间:1978(2001 扩展)
UNESCO 链接:http://whc.unesco.org/en/list/1

图 5-7　厄瓜多尔的加拉帕戈斯群岛(加岛信天翁)

UNESCO 评价

群岛地处离南美大陆 1000 千米的太平洋上,由 19 个火山岛以及周围的海域组成,被人称作独一无二的"活的生物进化博物馆和陈列室"。加拉帕戈斯群岛处于三大洋流的交汇处,是海洋生物的"大熔炉"。持续的地震和火山活动反映了群岛的形成过程。这些过程,加上群岛与世隔绝的地理位置,促使群岛内进化出许多奇异的动物物种,例如陆生鬣蜥、巨龟和多种类型的雀类。1835 年查尔斯·达尔文参观了这片岛屿后,从中得到感悟,进而提出了著名的进化论。

遗产价值

(vii) 绝妙的自然现象或自然美以及美学重要性。加拉帕戈斯海洋保护区(GMR:Galapagos Marine Reserve)拥有水下野生动植物组成的奇特景观,从珊瑚到鲨鱼,从企鹅到水生哺乳动物,物种丰富。世界上没有任何地方能提供和如此众多、与人类如此亲近的水生生物一起潜水的体验。水下地貌类型的多样性强化了该地的价值,使人获得一种地球其他地方无法发现的独一无二的潜水体验。无可厚非,GMR 已被评为世界最佳潜水地之一。

(viii) 地球的历史和地质特征。群岛的地质状况不仅清晰地显现在海平面以上,且同样的地质进程,一直延展到海底。三个主要构造板块——太平洋/纳斯卡/科科斯(Pacific/Nazca/Cocos)的碰撞是这座群岛存在的基础和重要的地质特点。该遗产地展示了西部年轻火山区和东部古老区域的演化。在这里的海洋环境中,一些不易被研究的地质和地貌进程也在发生,包括熔岩流、水下气流、小地震运动、侵蚀等。

(ix)生态进程。群岛位于三个主要东太平洋洋流的汇合处,这样的融合成就了大部分的进化结果。加拉帕戈斯群岛的海洋环境就像一个物种的"熔炉",生物地理学家将其认定为一个独特的生物地理区。群岛大部分生物(如海鸟、海洋鬣蜥、海狮)对海洋的直接依赖为陆地与海洋世界不可分割的联系提供了充分的证据。

(x)生物多样性和濒危物种。拥有数量巨大的各种各样的鱼、海龟、无脊椎动物、水生哺乳动物和海鸟。GMR是野生生物在东太平洋地区的主要据点,特别是这里有着高比率的地方特有海洋生物,它们中很多是国际上濒危的物种。

遗产介绍

苍茫天地之间有一个时间停止的去处,生命在这里仍然循着很多年前的慢节奏演进着,因此被视作史前世界的避难所。在这个与世隔绝的王国里,怪物一样的巨蜥拖着恐龙般的身躯在陆地上和海水里爬来爬去;奇异多姿的鸟雀遮天蔽日;巨龟驮着数百斤重负漠然于人间岁月;鲨鱼和花脸蟹舞动着海水;叫不出名字的昆虫与鱼类各自在奇特的植被深处存身。这就是加拉帕戈斯群岛!太平洋心脏一个被遗弃的世界,海洋中的生命之舟。西班牙人来到这里时,发现了大量罕见的巨龟,于是为其取名"加拉帕戈斯",意即"龟岛"。

加拉帕戈斯群岛属于厄瓜多尔,位于东太平洋,东距南美大陆海岸大约1000千米。群岛由大大小小19个岛屿及无数的岩礁组成,其中5座岛屿上生活有人类,人口数量总计只有15000人。这些位于赤道上的岛屿是远古时代由海底火山喷发出来的岩浆堆积而成,至今已有几百万年的历史。

达尔文曾经这样形容加拉帕戈斯群岛:"这是一处与众不同独自进化的地方,当第一次看见这个星球上的新物种时,人们会发现什么是'神秘中的神秘'。"1835年,26岁的达尔文以博物学家的身份随"小猎犬"号(H. M. S Beagle)考察船到达加拉帕戈斯群岛,随后5个星期的考察对后来的科学发展起到了决定性的作用。达尔文在岛上发现了许多奇特的物种,如象龟、海鬣蜥、陆鬣蜥、海狮、海豹等,最吸引达尔文的是当地成群结队的雀科鸣鸟。这些鸟都是偶然从南美洲飞抵这里的古老品系的后代。它们在整个岛上找到了许多适于栖息的生态环境,并进化成在体形大小、鸟喙形状、羽毛颜色、声音、饮食和行为等方面各有不同的14个品种。不同品种的鸟,其嘴部的差异性就是这种适应性传播的最好证明。有些鸟具有典型的食籽喙,另一些以仙人掌植物为食的鸟长有一种长而尖的嘴,还有一些以昆虫为主食的鸟拥有一个小乳头状的鸟喙。啄木鸟雀不仅长有一个专门的喙,而且还形成一种复杂的行为模式,包括用仙人掌刺去捕获裂缝中的幼虫。现在这些鸟已被统称为达尔文地雀(Darwin's finches)。

物种分化的关键是地区隔离。加拉帕戈斯群岛上几乎一直没有人类活动,而且这些岛屿与较大的陆地之间隔着遥远的海洋,因此,整个加拉帕戈斯群岛成为形态分化和生物进化的大实验场。最初来到这里的物种可以分散到群岛中各个独立的小岛上去定居,适应不尽相同的环境,这无疑就为生物的形态分化和进化创造了必要的条件。1859 年,在离开加拉帕戈斯群岛 24 年后,达尔文发表了《物种起源》一书,在书中,达尔文宣布了一种关于生物演化的新观念,这本书永远改变了世界。而达尔文坚信,荒岛加拉帕戈斯是他所有思想的源泉。

加拉帕戈斯群岛地处赤道暖流和南极寒流交汇的地方,受寒暖气流交汇的影响,岛上呈现出热带动物和寒带动物共存的奇特景象。这里有世界上唯一生活在热带地区的企鹅,它们的远祖乘着寒流,从遥远的南极来到加拉帕戈斯群岛。这里生活着原本只以陆地植物为食的海鬣蜥,地球上,只有在加拉帕戈斯群岛上才有这种潜入海中捕食的水陆两栖的海鬣蜥。而那些原本低矮的仙人掌为了保护自己的花和果实不被陆地鬣蜥吃掉,在这里也长成了 10 多米高的巨型仙人掌。由于没有猛兽猛禽,爬行类动物几乎没有天敌,这里因此成为爬行类动物的王国,世界上最古老的动物之一——加拉帕戈斯巨龟在这里生存了几百万年。生活在群岛上的动物最迷人之处在于,由于几千年来岛上生物没有受到过来自食肉动物的威胁,因此这里的鸟类和其他动物都不怕人,比如摇摆信天翁会大摇大摆地从人群中穿过,它们那种旁若无人的憨态着实逗人。

由于群岛长期与世隔绝,岛上 800 多种植物中,约 300 种是群岛特产,58 种鸟类中 28 种举世无双,24 种爬行动物全部是独一无二的物种。由国际查尔斯·达尔文基金管理的达尔文研究站位于圣克鲁兹岛(Santa Cruz Island)上的阿尤拉港,这个研究站在人工孵育巨龟和陆鬣蜥方面做得非常成功。

厄瓜多尔的首都基多城和瓜亚寇市是由南美大陆前往加拉帕戈斯群岛的跳板,外国旅游者通常都先抵达这两座城市,接洽当地旅行社,寻找加入前往加拉帕戈斯的旅行团。厄瓜多尔旅游部长自豪地承诺,今天游客眼中的景象与当年达尔文首次登岛时看到的几乎一样,这得益于当地人在保护方面不懈的努力!所有来这里的观光者,不论逗留时间长短,都必须由国家公园管理处核准的导游陪同游览。游览时游客不准接触动物,只能待在游览道路上。公园管理处特地建立了 60 处选定的景点,这些景点之外的区域则不对游客开放,以确保加拉帕戈斯永远是动植物的天堂。

第6章　气象气候与天象类世界遗产

> 大自然不仅是人类生命的摇篮,更是人类心灵的启蒙者和精神导师。大自然是我们伟大的导师,只有亲近大自然,洞察大自然的无穷奥妙,才能成为一个有智慧的人。来共同爱惜维护大自然之美,不要任意破坏美好的环境。没有一位成功且具有良好品行的人,不是大自然这位导师的受益者。让我们世世代代以自然为导师,孕育在大自然生生不息的传承中,充实我们的生命及心灵。世界上有两件东西能够深深地震撼人们的心灵,一件是我们心中崇高的道德准则,另一件是我们头顶上灿烂的星空。
>
> ——康德

地表上空的大气中常发生云、雨、雪、雾、雷、电等现象,这些现象及其形成过程称为气象。一个地区的短时间的气象的具体表现为天气,变化的天气会孕育出丰富的气象景观。多年常见的和特有的天气状况的综合就是气候。气象气候旅游资源包括因天气变化形成的各种气象景观,及不同气候条件下形成的各类旅游胜地。天象是指天文现象,如日月星辰等天体在宇宙间的分布和运行现象。

如果说生命在于真实,真实则源于自然。中国传统文化中特别追求"天人合一"的境界,不仅强调人来自自然,而且强调人与自然的契合,认为人只有在大自然的怀抱中,才能达到日常生活所难以企及的生命的深邃与幽远。因此,大自然不仅是人类生命的摇篮,更是人类心灵的启蒙者和精神导师。

唐岱在《绘事微言》中言道:"夫山有体势……山之体,石为骨,林木为衣,草为毛发,水为血脉,云烟为神采,岚霭为气象……"可见,气象乃景观之精神,云海、日出、佛光等变化莫测的奇景,皆是大自然的杰出之作,也多是抚慰人类心灵的良方。

提到中国山水画,确是人的心性不断复归自然的绝佳印证。"师造化、得心源"是山水画所追求的理想高度。中国山水画不去追求自然景物的形似,而是借自然物象抒写由笔墨趣味传达出的心灵境界。比如,深沉典雅的风韵、消散疏放的气象,表现的往往是画家一种逍遥的心境与散淡的情绪。

汤垕《画论》中说:"山水之为物,禀造化之秀。阴阳晦明,晴雨寒暑,朝昏昼夜,随行改步,有无穷之趣。"不同的气候气象景观,能够赋予同一景观以迥然不同的意趣。山岳的风云日月奇景,往往被纳入千百年来文人墨客所归纳的"绝"景体系中,例如泰山岱顶的四大奇观——旭日东升、晚霞夕照、黄河金带、云海玉盘,其中三景都与气象有关。

第一节　气象气候类世界遗产的旅游价值

1. 增强景观的动态美

由于气象要素的多变,其景观也是瞬息万变的。例如,受山地地形的影响,一方面气流在运行的过程中时而下沉,时而上升,使云雾飘忽不定;另一方面,地形的热力作用造成逆温分布的日夜变化和局地环流的形成,因而风向多变。瞬息万变的山中天气,飘忽的云雾,时明时暗的霞光,使山林画面不停幻变,静止的山林变成了一幅幅流动的风景画,富有生机。

变幻莫测的云雾是造就动感舞台的最神奇、多变的要素。云随风而动,形态各异,聚散不一,轻而为烟,重而为雾,浮而为霭,聚而为山岚之气,风吹云动,飘游无踪。有人说黄山云海妙在似海非海,非海似海。其洁白云雾的飘荡,使黄山呈现出静中寓动的美感,正是在这种动静结合之中,造化出变幻莫测、气象万千的人间仙境。

此外,寒暑交替形成了四时的律动节奏,让人感受到大自然的生生不息。"一山有四季,十里不同天",山地气候的垂直变化使静止的山林变成了一幅幅流动的风景画,富有生机。鲁文佐里山国家公园位于乌干达西部,面积10万公顷,包括非洲的第三高峰(玛格丽塔峰,高5109米)。该地区的冰川、瀑布和湖泊使它成为非洲最美丽的山区之一。鲁文佐里山有"月亮山"之美誉,沿此山上行,生态环境变化幅度巨大:山脚下覆盖着茂密的草地;海拔1200—1500米的草地让位于高大的森林;海拔2400米左右的雨林消失在竹林中;3000多米以上是亚高山沼泽地带;再往高处,超过4270米,是由湖泊、冰斗湖、冰瀑和独特的植物群组成的高山带;山顶则终年积雪,一望无际的冰川在赤道阳光的照耀下闪闪发光。

2. 强化景观的色彩美

由于季相的变化,使得四季之色各臻其妙。所谓"春翡、夏翠、秋金、冬银",正是季节的交替造就了大自然迥然不同的彩衣。老舍所描写的济南的山,就无比诗意地展现了四季赋予的色彩美。

这是秋山：

> 山腰中的颜色是永远在那儿变动，特别是在秋天，那阳光能够忽然清凉一会儿，忽然又温暖一会儿，这个变动并不激烈，可是山上的颜色觉得出这个变化，而立刻随着变换。忽然黄色更真了一些，忽然又暗了一些，忽然像有层看不见的薄雾在那儿流动，忽然像有股细风替"自然"调合着彩色，轻轻的抹上一层各色俱全而全是淡美的色道儿……正像诗一样的温柔……（《济南的秋天》）

这是冬山：

> 最妙的是下点小雪呀。看吧，山上的矮松越发的青黑，树尖上顶着一髻儿白花，像些小日本看护妇。山尖全白了，给蓝天镶上一道银边。山坡上有的地方雪厚点，有的地方草色还露着，这样，一道儿白，一道儿暗黄，给山们穿上一件带水纹的花衣；看着看着，这件花衣好像被风儿吹动，叫你希望看见一点更美的山的肌肤。等到快日落的时候，微黄的阳光斜射在山腰上，那点薄雪好像忽然害了羞，微微露出点粉色。（《济南的冬天》）

九寨沟的四季也各有各的绝美：春来阳光明媚，冰雪消融，嫩芽点绿，瀑布飞流；夏季绿荫围湖，莺歌燕舞，湖面碧绿，湖水湛蓝；秋至绚丽多姿，红叶铺山，彩林满目；冬天雪裹山峦，银装素裹，瀑湖冰清玉洁！所有这一切，都深居于远离尘世的高山深处，滤尽喧嚣，看罢繁华，只有亲身经历这些画面，才会令人邂逅那种美妙的怦然心动！

即使一日之中，阴阳明晦的更替也让景物的色彩拥有更丰富的层次。晴时万物明艳，色彩的饱和度更高；阴时诸景净素，色彩更为柔和。清晨或黄昏时分，霞光的浸润塑造出最绮丽动人的风景，而当入夜之后，纷繁的色彩悄悄隐退，银色的月光下一切成为暗黑的剪影，还原为简单清朗的黑白世界，另有一番意趣。

3. 审美联想的多重性

与其他旅游资源不同，气象风景不具有形体的确定性与稳定性，旅游者主要靠观赏、触觉来感知其神奇的变幻景象。正是这种缥缈而又富于变幻的景象特征，使不同的旅游者对同一气象风景可能产生不同的感知印象和美感。例如，对同一蜃景或佛光（见图6-1），不同的旅游者根据自己的旅游心理需求，可建立多种审美意象，产生多种不同的审美联想，进行多角度、多层次、多方位的创意欣赏。

图6-1　四川峨眉山佛光

当游客站在峨眉山金顶背向太阳而立，而前下方又弥漫着云雾时，有时会在前下方的天幕上，看到一个外红内紫的彩色光环，中间显现出观者的身影，且人动影随，人去环空。这就是四川峨眉山神奇的"佛光"现象。

第二节　气象气候与天象类世界遗产

气象类——以安徽黄山风景名胜区为例

奇妙瑰丽的气象景观在众多风景区的风景体系中占据着重要地位，旅游者踏访名山大川时都渴望能观赏到云海、日出、佛光等著名的气象风景。

云雾："云以山为体，山以云为衣。"高山山体的阴阳坡气温差别较大，水分蒸发的速度不同，容易形成山间云雾缭绕的景象。

旭日与夕阳：日出、日落过程中，太阳高度角小，太阳光线穿过的大气层相对较厚，可见光中的蓝紫光大都被空气分子散射贻尽，而红橙光则大放光彩，使旭日和夕阳景色格外壮观。

月色：无论是皓皓如镜的满月，还是弯弯如钩的弦月，自古到今，头顶的月亮总是能启发人们无穷的审美想象，激起人无尽的情思。

霞景：日出或日落时云层受到日光的斜射和散射，就会出现红、橙、黄等斑斓的色彩，形成绚烂的霞景。霞景因瞬息万变，五彩迸发，对游人有极大的吸引力。

佛光：又称宝光，多发生于云雾较多的山地，是由光线的折射和衍射作用产生的。一般在太阳高度角较大的午后至傍晚（13：00—17：00）多见。这种特殊的自然现象极似护持佛祖周身的五彩光环，所以被称作"佛光"。

蜃景：也称海市蜃楼，我国宋代《梦溪笔谈》中已有记载。蜃景是"大气透镜"作用的结果。蜃景一般出现在中高纬度地区的海面、沙漠、草原、江湖等地势开阔的地方。

彩虹景：是球状水珠反射阳光形成的太阳光的散射光谱现象，其形状不一，常为带状、柱状、圆形、弧形、辐射形等；其色彩美丽，红、橙、黄、绿、蓝、靛、紫七色斑斓;其种类多样,有云虹、雨虹、湖虹、海虹、雾虹、森林虹等。

极光:在地球南北两极附近地区的高空,夜空常会出现绚烂美丽的光辉,有时如彩带,有时如火焰,有时如彩弧或射线,有时如一张五光十色的巨大帷幕;它忽暗忽明,发出红、蓝、绿、紫、白等瑰丽的光芒,这种在高纬地区高空出现的彩色光像就是极光。

名称:黄山(Mount Huangshan)
所在地:中国安徽省
入选标准:(ii)(vii)(x)
列入时间:1990
UNESCO 链接:http://whc.unesco.org/en/list/547

图 6-2　安徽黄山风景名胜区

UNESCO 评价

黄山被誉为"震旦国中第一奇山"。在中国历史上的鼎盛时期,通过文学和艺术的形式(例如 16 世纪中叶的"山"、"水"风格)受到广泛的赞誉。今天,黄山以其壮丽的景色——生长在花岗岩石上的奇松和浮现在云海中的怪石而著称,对于从四面八方来到这个风景胜地的游客、诗人、画家和摄影家而言,黄山具有永恒的魅力。

遗产价值[①]

(ii)黄山文化源远流长,底蕴丰厚,自古以来就名扬四海、广受赞誉,人文积淀丰厚。她既是古老的徽州文化的历史见证,又具有独有的风格与特点。

(vii)黄山以其壮丽的景色——生长在花岗岩石上的奇松和浮现在云海中的怪石而著称,展现了独特的自然美景和文化与自然元素的完美结合。

---

①　在黄山入选世界遗产标准基础上结合黄山网站自然遗产、文化遗产概况总结,黄山为文化与自然双重遗产。

(x)黄山地处亚热带季风温湿气候区,为众多珍稀及濒临灭绝物种提供了理想栖息地,具有很高的生物价值、科研价值。

遗产介绍

"五岳归来不看山,黄山归来不看岳"。阳光、云雾和山峰在这里巧妙地融为一体,展现出令人叹为观止的景观,素有"人间仙境"、"中国第一名山"之美称。无数的中国古诗与水墨描绘了黄山的美景。从盛唐到晚清的 1200 年间,仅就赞美黄山的诗词来说,可查到的就有两万多首;而"黄山图"(见图 6-3)则一直是中国绘画领域中的永恒主题。在画中,在诗里,山与人,山景与心境合一,抒写出一代又一代文人墨客的精神追求。同时,名句佳作又成就了黄山无可匹敌的艺术之美!

图 6-3　石涛(1630—1724)黄山图

石涛为清初四僧之一,山水画大家。半世云游,饱览名山大川,是以所画山水笔法恣肆,离奇苍古而又能细秀妥帖著称。这幅作品绘于清康熙三十三年(1694 年),正值其创作鼎盛之时。下款诗句"漫将一砚梨花雨,泼湿黄山几段云",更是勾勒出天、地、人和谐对话的境界。

黄山之卓尔不凡还在于其集大美于一身,"虽无华山之危,而有其磅礴;无岱山之拙,而有其庄严;无衡山之卑,而有其抗直;无匡庐之粗暴,而有其雄伟"。攀爬在黄山,每每峰回路转,秋景含烟,白云升处有人家;景致或清幽透亮,拥翠流丹,山色美不胜收。难怪,明代大旅行家徐霞客也不由得赞叹,"登黄山天下无山"!

黄山,因山石黝黑,原名"黟山"(黟,黑也)。传说中华民族的始祖轩辕黄帝曾在此修炼升仙。唐天宝六年(公元 747 年)6 月 16 日改名"黄山",这一天还被唐玄宗钦定为黄山的生日。黄山位于安徽省南部,横跨在太平(今黄山区)、歙县、黟县和休宁四县之间。南北约 40 千米、东西宽约 30 千米,面积约 1200 平方千米,其中精华部分为 154 平方千米,号称"五百里黄山"。

黄山原处在古扬子海下,经历了漫长的造山运动和地壳抬升,以及冰川的洗礼和自然风化作用,才形成其特有的峰林结构。黄山号称有"三十六大峰,三十六小峰",主峰莲花峰海拔高达 1864 米,与平旷的光明顶、险峻的天都峰一起,雄居在景区中心,周围还有 77 座千米以上的山峰,群峰叠翠,有机地组合成一幅有节奏、有旋律、波澜壮阔、气势磅礴的立体画面。黄山山体主要由燕山期花岗岩构成,垂直节理发育,侵蚀切割强烈,断裂和裂隙纵横交错,长期受水溶蚀,形成瑰丽多姿的花岗岩洞穴与孔道,使之重岭峡谷,关口处处。黄山前山岩体节理稀疏,岩石多球状风化,山体浑厚壮观;后山岩体节理密集,多是垂直状风化,山体峻峭,形成了"前山雄伟,后山秀丽"的地貌特征。

历来僧道都愿意择名山胜地修炼,故黄山有着源远流长的宗教文化。道教在黄山建立较早的道观有浮丘观、九龙观等。宋末道士张尹甫在黄山修炼,创建松谷道场。明代佛教在黄山的影响日盛,共建大小寺庙60余座,相当于以前所建造寺庙的总和。其中,慈光寺、祥符寺、翠微寺、云谷寺号称黄山"四大丛林"。与此同时,还开山修路,初步形成南路温泉至天海、北路松谷庵至天海、东路苦竹溪至北海和西路钓桥庵至温泉的四条登山路线和简易盘道,使以四大丛林为中心的景区建设,初具规模。

黄山处处是景,尤以奇松、怪石、云海、温泉最为著名,有黄山四绝之称。

奇松:所谓"无石不松,无松不奇",松是黄山最特别的景观。百年以上的黄山松数以万计,多生长于岩石缝隙中,盘根错节,傲然挺拔,显示出极顽强的生命力,已命名的多达近百株,玉女峰下的迎客松更成为黄山的象征。黄山松大多生长在海拔800米以上的高山峭壁,在坚硬的花岗岩岩体上,松树的根却能执著地深入石缝中吸收水分,同时分泌酸液侵蚀石壁,使之产生裂缝,根再乘机深入裂缝,汲取水分与矿物质。

怪石:千变万化的怪石得益于黄山易于风化的花岗岩岩体以及大自然之手千百万年来的细心雕琢。险峰林立的黄山,巧石怪岩俯拾皆是,犹如神工天成,形象生动,构成一幅幅绝妙的天然图画,其中有名可数的有120多处,著名的有"松鼠跳天都"、"猴子望太平"等。人们的命名为怪石赋予了生命,怪石的多姿与灵动则激发了人们的想象力,丰富了黄山的自然之美。

云海:"传神写照,尽在阿睹(云海)之中",文人墨客多喜欢通过云海去表现黄山的精神面貌,正如通过眼睛可以揭示人类的内心世界一样,云海素有"黄山之眼"的美誉。因山大峰高,谷深林密和雨水充沛等自然条件,"自古黄山云成海",一年之中有云雾的天气在黄山达200多天,一年四季均有云海可观,特别是阴天雨后,经常看见烟雾自谷底升起。按云海形成的区域划分,有北海、西海、东海、天海、南海,故黄山又称"黄海"。

云海之中,山与人若即若离,使黄山颇添了几分灵性。风平浪静时,云海一铺万顷,波平如镜,映出山影如画,远处天高海阔,峰头似扁舟轻摇,近处仿佛触手可及,不禁令人想掬起一捧云来感受它的温柔质感。忽而,风起云涌,波涛滚滚,奔涌如潮,浩浩荡荡,更有飞流直泻,白浪排空,惊涛拍岸,似千军万马席卷群峰,使人不知身在何处。待到微风轻拂,四方云慢,涓涓细流从群峰之间穿隙而过;云海渐散,一线阳光洒金绘彩。重回山巅,游者的心中多了几分喜悦,像刚刚与大山拥抱过一般。

温泉:古称"灵泉"、"汤泉"、"朱砂泉",由紫云峰下喷涌而出,与桃花峰隔溪相望,传说轩辕黄帝就是在此沐浴七七四十九日羽化升天的。温泉中含有多种对人体有益的微量元素。水质纯正,温度适宜,可饮可浴。唐代诗人贾岛曾发出"遐哉哲人逝,此水真吾师"的感慨。

黄山不仅景致迷人,也是"华东动植物宝库"。由于山顶、山腰和山脚分处寒带、温带和亚热带,随海拔高度的垂直分布,各个气候带的动植物均可生长。黄山共有1500多种植物,其中树木占三分之一。而动物则有500多种,其中鸟类有170多种,脊椎动物占300多种。

气候类——以坦桑尼亚的乞力马扎罗国家公园为例

高山气候具有气压和气温较低,风速较大,太阳辐射充足,空气负离子多、透明度好、污染程度轻等特点,这些特点可使人体呼吸加深,肺活量增大,新陈代谢加快,血液成分得到改善,对心肺系统具有明显的疗养作用。海滨气候温和,阳光充足,大气中含有氯、镁、钠等离子的气溶胶,大气污染物较少,可长期开展空气疗法、海水浴和日光浴,对贫血、哮喘、喉炎、鼻炎、神经衰弱等病患具有良好的疗效。

"当你的人生中感到烦恼和忧愁的时候,就到森林来,敞开胸怀,遥望树林,你能从每一棵树、每一朵花、每棵草、每个生灵里看到上帝无所不在,你就会得到安慰和力量。"这是电影《茜茜公主》中一段经典的台词。纯洁善良的茜茜一生深深地爱着德国南部的巴伐利亚山区。而闻名于世的黑森林也正是扎根于此,成为德国人最崇尚的健康休闲胜地。

黑森林附近有1993年被列入世界文化遗产的莫尔布龙修道院,它是阿尔卑斯山脉以北地区最完整和保存最好的中世纪修道院。巴登—巴登是位于黑森林西麓奥斯河谷的历史名城。"巴登—巴登"在德语里是"温泉温泉"的意思,自罗马时期这里即为著名的温泉疗养区。"10分钟后你会忘记时间,20分钟后你会忘记世界。"马克·吐温的一句话,精辟地概括了在这里享受温泉浴的感受。随着温泉水缓缓地渗透肌肤,忘却了室外的天寒地冻,罗马式壁画和雕刻艺术也深入到身体里的每个细胞,旅途的疲惫一点一滴地消逝,这绝对是一次由外至内、从肉体到精神的全方位洗礼。

名称:乞力马扎罗国家公园(Kilimanjaro National Park)
所在地:坦桑尼亚乞力马扎罗区
入选标准:(vii)
列入时间:1987
UNESCO 链接:http://whc.unesco.org/en/list/403

图 6-4　坦桑尼亚的乞力马扎罗国家公园

UNESCO 评价

乞力马扎罗山是非洲的制高点,它是一个火山丘,有 5895 米高,矗立在周围的草原之上,它那终年积雪的山顶在大草原上若隐若现。乞力马扎罗山四周都是山林,那里生活着众多的哺乳动物,其中一些还属于濒于灭绝的种类。

遗产价值

乞力马扎罗国家公园占地约 75575 公顷,包括世界上最大的独立火山体以及非洲最高的山峰,它比周边平原高出 4877 米,直达海拔 5895 米的山巅。山顶白雪皑皑,乞力马扎罗高耸屹立在平原环抱的草原之上,带给人一种最具震撼力的自然景象。

(vii) 乞力马扎罗山是世界上最大的火山群之一,主要有三个火山顶:基博(Kibo)、马文齐(Mawensi)和希拉(Shira)。它也是非洲最高的山脉,拥有终年积雪的山顶和冰川。从山的最低处到最高顶,这里分布着五个主要的植被带:低坡带(主要在南坡)、高山林地带、高山草甸带、高寒荒原带和山顶。包括高山林地带在内的整座乞力马扎罗山物种非常丰富,尤其是哺乳动物,其中很多都是濒危物种。因为这种特征的组合,尤其是它的海拔、山形和积雪覆盖的山顶景观以及独立耸立在平原之上的特点,使乞力马扎罗山成为绝妙的自然现象的突出范例。

遗产介绍

"它像整个世界那样宽广无垠,在阳光中显得那么高耸、宏大,而且白得令人不可置信,那是乞力马扎罗山方形的山巅。"——选自《乞力马扎罗的雪》

《乞力马扎罗的雪》似乎比乞力马扎罗山本身来得更著名些,它是海明威最为得意的短篇小说之一,小说主人公被困乞力马扎罗山,在一步步走向死亡的过程中实现了心灵的救赎并最终找到灵魂的归宿。小说开头直接把读者带到山巅:

"乞力马扎罗是一座海拔一万九千七百一十英尺的长年积雪的高山,据说它是非洲最高的一座山。西高峰叫马塞人的"鄂阿奇—鄂阿伊",即上帝的庙殿。在西高峰的近旁,有一具已经风干冻僵的豹子的尸体。豹子到这样高寒的地方来寻找什么,没有人作过解释。"

豹子的意象作为哈里精神的象征,在一开头就预示着这里将是他的最终归属地。但小说通篇洋溢的却是哈里在自然怀抱中感受到的惬意:

"他静静地躺了一会儿,接着越过那片灼热而炫目的平原,眺望灌木丛的边缘。在黄色的平原上,有几只野羊显得又小又白,在远处,他看见一群斑马,映衬着葱绿的灌木丛,显得白花花的。这是一个舒适宜人的营地,大树遮荫,背倚山岭,有清洌的水。附近有一个几乎已经干涸的水穴,每当清晨时分,沙松鸡就在那儿飞翔。"

置身在这样的环境里,尽管哈里已濒临死亡,但在他身上看不到一丝消极绝望的态度。可以说,是这雪山、森林,以及野生动物带给他面对死神的勇气。相比之前他在物质生活中得到的浅层满足感,这里的一切似乎才能真正抚慰他的心灵(怀蒙,2011)。在最后,哈里在幻觉里飞向理想的归所:

"在前方,极目所见,他看到,像整个世界那样宽广无垠,在阳光中显得那么高耸宏大而且白得令人不可置信,那是乞力马扎罗山的方形的山巅,于是他明白,那儿就是他现在要飞去的地方。"

当物质的满足无以填补哈里空虚的心灵时,大自然,乞力马扎罗山,给了他最后的慰藉。这也再次印证,保护自然环境,实质上也是在呵护人类的精神家园。

在斯瓦希里语中,乞力马扎罗山意为"闪闪发光的山"。位于坦桑尼亚东北,距赤道仅300多千米的这座大山,山脚虽是碧树繁花,山顶却是银白世界。山麓的气温有时高达59℃,而峰顶的气温又常在零下34℃,故有"赤道雪峰"之称。乞力马扎罗山有两个主峰,一个叫基博、另一个叫马文齐,两峰之间由一个十多千米长的马鞍形的山脊相连。基博峰上面的乌呼鲁峰(Uhuru),海拔5895米,为非洲第一高峰。远远望去,乞力马扎罗山在辽阔的东非大草原上拔地而起,高耸入云,气势磅礴,如同一位威武雄壮的勇士,难怪海明威这位硬汉作家会选它作为小说的背景。乞力马扎罗山是一座休眠火山,基博峰顶有一个直径2400米、深200米的火山口,口内四壁是晶莹无瑕的巨大冰层,底部耸立着巨大的冰柱,冰封雪盖,宛如巨大的玉盆。乞力马扎罗山高高的山顶白雪皑皑,山腰云雾缭绕,充满着神奇莫测的气氛。黄昏时分,山顶的云雾偶尔散去,银白晶莹的峰顶在金色的夕阳余辉照耀之下,露出娇艳的容颜,显得绚丽无比,摄人心魄。

在过去几个世纪里,乞力马扎罗山一直披着神秘而迷人的"面纱"——没有人相信在赤道附近居然有这样一座覆盖着白雪的大山。1848年,一位名叫雷布曼的德国传教士来到东非,偶然发现赤道雪峰的奇景,回国后写了一篇游记,发表在一家刊物上,详细介绍了自己的所见所闻,但无人相信他。直到13年后,又一批传教士的到来,才使雷布曼最终摆脱了所谓宣传异端的指责。乞力马扎罗山从此正式进入人们的视野!

在烈日炎炎的赤道,为什么会有冰雪覆盖的山峰呢?其一,地球表面的热量来自于地面逆辐射,而不是直接从太阳获得。通常,每升高100米,温度就会下降$0.5℃\sim0.6℃$。其二,乞力马扎罗山太高了。一般,赤道附近,海拔5000米以上的山地,就会产生飘雪结冰现象,而基博峰将近6000米。

随山地高度增加,气温降低,降水与空气湿度在一定高度以下则逐渐递增。受水热条件制约,植被、土壤等也发生相应变化,这样就会自下而上形成大体与等高线相平行的垂直气候带。气候带状分布特征,取决于山地的地理纬度及海拔高度。一般在低纬度高山表现得最为明显,其基带是热带,随山体升高,依次可出现亚热带、温带和寒带。笼统地讲,乞力马扎罗分成四层,最下面一层是森林(见图6-5),中间的腰部有高山草甸,再上面是高寒荒原,而顶部,超过了雪线以上的地方则是积雪冰川带。有人形象地比喻,远远地看,乞力马扎罗就像一位拖着长长的曳地的绿裙,系了一条细细的腰带,身着紧身淡黄衬衫,头上俏皮地戴了顶白色小帽的青春少女。

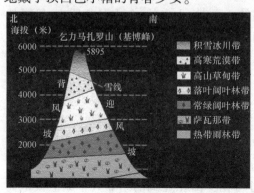

图6-5 乞力马扎罗山的气候垂直带谱

南坡由下而上分别为热带雨林带、萨瓦那带、常绿阔叶林带、落叶阔叶林带、高山草甸带、高寒荒漠带、积雪冰川带。北坡温度较低,则从萨瓦那带开始向上发展。

乞力马扎罗山1800—2800米这段为高山林地(常绿阔叶林带和落叶阔叶林带),是整座乞力马扎罗山降雨最多的区间,年降雨量为2000毫米,是山下的几倍。这都是森林的功效。这里树木纵横交错,遮天蔽日,高耸的参天大树,枯死的枝干,密密麻麻的藤蔓植物,路边娇艳绽放的野花,还有各种薛类、菌类植物,彻底占领了这块地盘。

高山林地在2800米左右戛然而止,只剩下少数矮树,渐渐地,矮树也消失了,只留下灌丛和花海。有那么一个时刻,云层散开,阳光下,乞力马扎罗终于揭开了神秘面纱,露出伟岸的身影和每时每刻都在融化的万古冰川,带给人一种语言难以企及的震撼。

到海拔4000米以上,植被越来越稀少,大小不一的石块映入眼帘,偶见小片的绿洲,叫不上名的植物抱团生长着,彰显着生命的力量。再往上,渐行渐寒冷,几乎看不到任何植被,只剩下火山灰。在近乎绝望的坚持后,赤道的积雪、万古的冰川、"一览众山小"的豪迈、把自己逼到最后边境的深刻感悟无不是对攀登者最大的犒赏!

通往乞力马扎罗山巅有三条比较容易的道路(不需要专业的登山设备),每年会有大约1.5万人试图由此征服乞力马扎罗山,但只有大约40%的人能成功登顶。从其他路线攀登会更加困难,尤其是从冰川一侧攀登,必须是专业登山人员才敢尝试。

天象类——以新西兰的特卡波镇星空自然保护区为例[①]

当人们伤心悲痛的时候,抬头望望深邃的天空,他们就会觉得很安详,很欣慰,感觉自己忘记了一切,融化在那一片深色之中,和整个自然融为一体了。

古往今来,许多伟人和智者多有过仰望星空的思考。康德说,世界上有两件东西能够深深地震撼人们的心灵,一件是我们心中崇高的道德准则,另一件是我们头顶上灿烂的星空。托尔斯泰说,我要飞得更高,因为那里可以听到上帝的声音。在中国,仰望星空被赋予了较多理想化色彩。后羿射日、嫦娥奔月、雷公电母、牛郎织女,中国神话故事早就有了对星空的向往和探索。《西游记》中的天庭诸神,《水浒传》中的星宿排位,苏轼词中的"千里共婵娟",以及可追溯至河姆渡文化时期的"双鸟朝阳"象牙蝶形器——人们仰望星空,产生了太多的联想。

---

① 正在申报中,世界遗产潜力点。

科学价值

麦肯奇(Mackenzie)地区的天空具有很高的科学价值,该地区年均晴朗天数、大气的稳定性和透明度都很高,再加上当地人的细心呵护,具有独一无二的纯净的暗黑夜空。

约翰山天文台被认为是新西兰最好的天文台,它由新西兰坎特伯雷大学物理与天文学系管理,具有国际公认观测南半球夜空的最佳位置,天文台所在山峰的纬度位置独一无二,使得观测者可以全年365天连续观测。

遗产介绍

图6-6　新西兰的特卡波镇的星空自然保护区(约翰山天文台)

特卡波湖位于新西兰南岛的南阿尔卑斯山东麓,以其蓝绿色的湖水而著名,被人们誉称为"美少女"。特卡波湖的蓝绿色归功于其水中的"岩石粉"。这些岩石粉使水变得像牛奶一样,白天反射照下来的阳光,奇异的色彩,让人们驻足流连。可是,千里迢迢来到这里的游客却大多为了另一个目的地——湖边的特卡波小镇,更准确地讲,是小镇夜晚浩淼的星空!

特卡波的星空是如此华美!隐匿在黑暗中的小镇,完全被硕大的星空所笼罩;满天星斗清晰可辨,静谧而璀璨,在导游的指引下,大家抬头、屏息、仰望,找寻着久违的北斗七星、浩瀚的银河、属于自己的星座以及只有在南半球才能观测到的南十字星,偶尔还能见到流星划过天际,令人仿佛置身于童话世界一般。星空之下,人显得是如此渺小,而宇宙却前所未有地浩大,包容了内心所有的烦恼与忧愁,留下的只是诗意的心境。

特卡波镇是一个只有320人的小镇,但它却是天空的宠儿,因为只有在特卡波,人们才可以清晰地看到天空中的南十字星和银河的景象。320位特卡波居民远见卓识,为了保护头顶上这片美丽的星空,从上世纪 80 年代开始,他们自发减少灯光照明,严格按照科学计算安装灯具。2005 年,小镇向 UNESCO 世界遗产委员会提出申请,要求将南岛麦肯奇地区、特卡波湖和奥拉基库克山地区划为"星空自然保护区",希望借此让全世界都意识到拥有明澈星空对于人类是多么重要!

申请世界遗产的举动最早可追溯到 2001 年,当时位于特卡波湖附近的约翰山天文台受到人造光的污染。如果任由人造光污染发展下去,随着特卡波湖周边旅游城镇的发展,到 2011 年,住宅和街道发出的人造光将有可能迫使该天文台关闭。随着此类光污染问题在全世界愈演愈烈,环保主义者于是提出了建立"天空公园"的设想,以便更好地保护本地区珍贵的夜空资源。

后来,麦肯奇地区议会制定了相关的特别条例,以控制人造光的使用,遏制本地区的光污染。在这里,所有的人造光必须向下照,且应限制光线的漫反射。当地资源管理计划建议使用低压纳光灯,或者可过滤紫外线的照明灯。特卡波湖资源管理行动计划还规定,从日落到晚上 11 点,限制泛光照明。这些规定的实施对特卡波镇保护璀璨星空,对向 UNESCO 申报来说绝对都是好事。但要真正把世界遗产地从"地上"搬到"天空",却并非易事,至今,特卡波镇的星空还在申报的路上。可全世界越来越多的国家和地区已做出响应,如"2009 国际天文年香港联盟",连同香港地球之友一起提出了《抢救黑夜》宣言,宣言称"我们意识到香港的黑夜环境正被光害蚕食,持续急速恶化,人类正面临在文化、科学及自然资源上不可预见的损失;明白黑夜也一直在启迪人类文明的发展、科学进程中担当着重要角色"。

地与天公司(Earth & Sky)在约翰山天文台专享游客接待权,它也是申请星光世界遗产的主要发起者之一。该公司总裁格雷姆·默里说,星空旅游是一项令人兴奋的新兴活动,正在引起全世界的密切关注。"最近在日本进行的一次调查显示,72% 的人将观星列为其游览新西兰的主要原因",默里先生说。

"每年,特卡波湖地区都要接待超过 150 万的国内外游客。人们往往被这里壮观的景象所震撼。哈!抬起头,向上看!纯净无污染的暗黑天空围绕着我们,是我们最大的财富之一——看起来理所当然,却往往容易失去。"

所以,唯有珍惜。只因真实,只因美好,只因纯粹!

【旅行的意义之二】

旅行的艺术

图 6-7 阿兰·德·波顿(Alain de Botton)

对旅行的期待撩拨着每个人的神经。但对旅行的艺术,了如指掌的却很稀少。阿兰·德·波顿是当今欧洲炙手可热的一位学者型作家,被誉为连扫帚的传记也写得出来的才子作家,在文学、艺术、哲学、评论中自由进退,他的《旅行的艺术》即便是"文化苦旅"的老手余秋雨也读得满心喜悦。

德·波顿认为,旅行以及对旅行的研究可以加深人们对幸福的体验,而这种幸福,就是古希腊哲学家所说的"由理性支配的积极生活所带来的幸福"。所谓"理性支配",强调的是对人生本质的叩问;"积极生活",则是一种主动的人生态度,即使在乌云满天之时。而旅行的魅力正在于不断提醒着我们对上述问题的思考。德·波顿说:

"旅行能催人思索。很少地方比在行进中的飞机、轮船和火车上更容易让人倾听到内心的声音。"

旅行之美从来都不可能依赖某个地方本身的物质条件,细节之美是我们暂时忘却尘世的纷繁和日复一日的唯一办法。飞机起飞的过程很难在一般的旅行者心中留下些什么,但在德·波顿那里:

"飞机的起飞为我们的心灵带来愉悦,因为飞机迅疾的上升是实现人生转机的最佳象征……云朵带来的是一种安静。在我们的下面,是我们恐惧和悲伤之所,那里有我们的敌人和同仁,而现在,他们都在地面上,微不足道,也无足轻重。"

如果说旅行有一种区别于日常生活的意义,那么它的意义或者说它的艺术就在于通过旅行你能找回被自己忽略的"当下"的细节,而且这些东西比起日常生活更有一种永恒的意义。这种意义中包含了我们对已知环境的热诚,对未知的向往,而且还包括在与周遭事物的相处中找到的真正的人生乐趣。

资料来源:阿兰·德·波顿,2004;百度百科—"旅行的艺术"。

第三编
世界文化遗产

　　德国大文豪歌德乍见法国斯特拉斯堡大教堂,忍不住发出"建筑是凝固的音乐"的赞叹。弗兰克·劳埃德·莱特,美国人,被公认为现代最伟大的建筑师之一。据说莱特在世时收学徒,规定两项必备资格:第一,盖一栋自己的房子;第二,能弹奏至少一种乐器。将音乐带入建筑,是莱特重要的设计理念,其著名作品——落水山庄就是二者结合的典范。他描述这个山庄是"在山溪旁的一个峭壁的延伸,生存空间靠着几层平台而凌空在溪水之上——一位珍爱着这个地方的人就在这平台上,他沉浸于瀑布的响声,享受着生活的乐趣"。想象一下吧!在瀑布上有这么一座房子,坐着就能对视丛林,低头可以看见流水,闭上眼睛还能听到森林的呼吸,何等惬意啊!"好"的建筑,无时无刻不在提醒着我们关于生活的美丽。

　　莱特传记的作者成寒就说:"我不是学建筑的,但莱特开启了我认识建筑世界的一扇窗,也从此丰富了我旅行的内容;旅行,除了风景,建筑其实也占了一大部分。老实说,你可以不读诗,也可以不看表演或不欣赏名画,但你不可能看不到建筑。"

　　建筑是历史真实的记录者。时间的魔术师把我们与曾经鲜活的古代文明分开,然而并不完全分开,而是经由建筑,哪怕是被时间洗礼后的断壁残垣,留下千丝万缕的联系。建筑代代传诵着昔日文明的辉煌神秘与令人惊叹之美。沧桑的雅典卫城依然神采非凡,特洛伊遗迹上英雄们的争吵与拼杀如在昨日,雄伟的金字塔中的机关与咒语至今还令科学家百思不得其解,安第斯山深处的马丘比丘依旧把它的秘密深藏于云雾之端……

建筑是构成"场所"的要素①,受20世纪存在主义哲学大师马丁·海德格尔的启发,挪威著名城市建筑学家诺伯格·舒尔茨在1979年提出了"场所精神"的概念,并将场所精神与建筑紧密联系在一起。他在《场所精神——迈向建筑现象学》一书中,提倡任何场所都是有精神的,而建筑师的职责就是守护和延续这种精神。据舒尔茨考证,早在古罗马时代便有了"场所精神"这样的说法。古罗马人认为,所有独立的本体,包括人与场所,都有其"守护神灵"陪伴其一生,同时也决定其特性和本质。舒尔茨指出:"在罗马,阶梯并不是用来创造不同存在领域的距离;反而表达了地面本身的一种明晰性。伟大的罗马阶梯让我们更接近大地,增强我们对场所的归属感。"

人的基本需求在于体验其生活情境(场所)是富有意义的,文化遗存的功能则在于"保存"并一代代传达这种意义。于是,我们发现,熟知传统的文人总会更加深刻感受到传统文化的感召力,古村落、古园林、寺庙、宫殿等等,置身其中,给我们以归属、安全和意义,让我们流连忘返。文化苦旅中的余秋雨就感叹:"我站在古人一定站过的那些方位上……大地默默无言,只要来一二个有悟性的文人一站立,它封存久远的文化内涵也就能哗的一声奔泻而出……结果,就在这看似平常的伫立瞬间,人、历史、自然浑然地交融在一起了。"

---

① 建筑现象学认为,场所是由建筑、环境以及在其中人的行为共同构成的。

第7章 乡村类世界遗产

> 乡村,一直是许许多多的人真正意义上的心灵的故乡,一直是一些又一些一代又一代的人灵魂和情感的皈依;一直是一个与温柔、真诚、淳朴等所有透着朴实味的词语相融的具体指代;一直是生命与自然最切实的汇聚之所;一直是一切以大地为中心而枝繁叶茂的事物的坚实载体,甚至是这个物欲横流所统治的世界剩下的最后的也是唯一的美丽。
>
> ——钱穆

乡村是一个在空间上呈面状分布、较为连续的区域。在其广大的范围内,包含着多种多样的景观,如古朴的村落、成片的农田、原生态的自然山水、绚丽多彩的民风民俗等。乡村又是一个文化的、心理的和哲学的概念,包括人类的故乡情结和乡土意识。乡村,寄予着城市人无限的牵挂。那些田园风光的画片,那些朴实人物的故事,那些诚挚缠绵的乡情,常常会成为一种恋恋不舍的思念,甚至成为一种精神的家园,时隐时现地诱惑着我们,支撑着我们,以至于日渐回归着我们的魂灵。

所谓"乡村旅游",即以农业文化景观、农业生态环境、农事生产活动以及传统的民族习俗为资源,融观赏、考察、学习、参与、娱乐、购物、度假于一体的旅游活动。

田园风味是乡村旅游的中心和独特的卖点。早在19世纪,乡村就因其悠闲、安宁的生活方式受到城市人的青睐。1863年,托马斯·库克组织了到瑞士乡村的第一个包价旅游团。而真正意义上大众化的乡村旅游则起源于20世纪60年代的西班牙。当时,加泰罗尼西亚村落中荒芜的贵族古城堡被改造成简单的农舍,而规模较大的农庄和农场则被列入旅游参观的范围,接待那些乐意到乡村观光的游客,乡村旅游由此开始。

第一节 乡村类世界遗产的旅游价值

不论生在何处,为什么我们的内心都有一份"乡村情结"?这样的探寻从未中断过。孟繁华先生在《梦幻与宿命》一书中写道:"乡村作为人类诞生的摇篮,便成为人类共同拥有的童年记忆。当人们成群结队地拥向文明的象征——大城市之后,人们的情感与乡村仍然有着不能拆散的精神联系,乡村成了人类永恒的精神故乡,一个遥远而又亲近的梦,这就是人类的乡村情结。"这也是乡村旅游的价值所在。

1. 养息精力之所

早在1948年,中国的城市化进程还非常落后之时,钱穆先生在《湖上闲思录》一书中就专门用一章"乡村与城市"来探讨乡村与城市的关系。作为文化大师,钱穆先生首先是从精神层面论述了城市对乡村的需要。在他看来,乡村是代表自然、孤独与安定,而城市则代表着文化、大群与活动。从人类历史与人的本性而言,自然必将走向文化,孤独总想投入大群,而安定中总要有活动,所以,乡村的衰落与城市的发展是不可避免的。

但钱穆先生接着说,尽管如此,"自然、孤独与安定,如木之根,水之源。文化、大群与活动,如木之枝,水之流"。乡村走向城市,是"来奋斗,来创造。他能忍耐,能应付。他的生活是紧张的,进取的,同时也是消散精力的";而城里人走向乡村,"只觉得轻松解放。要休息,要遗忘。他的生活是退婴的,逃避的。他暂时感到在那里不再需要智慧,不再需要意志与气魄,不再需要紧张、奋斗与忍耐"。所以,在城里待久了,人们想到乡村去,"是来养息精力的。在他那孤独与安定中,重与大自然亲近,他将渐渐恢复他的心力体力,好回头再入城市"。因此,尽管乡村只是城里人的"驿站",但却是城里人的"根"与"源"。

2. 代表着人的彻底自由

著名经济学家、公共选择理论代表性人物之一的詹姆斯·布坎南,在其《财产与自由》一书中从"向往自由"角度解释了乡村社会的魅力。他论述道,乡村代表着农业社会,而因为农业社会中人们靠自给自足生活,因而几乎具备完全的独立性,也是人类历史上生活最自由的阶段。而在市场经济条件下,"参加交换必然造成对他人行为的依赖。即便不存在强制,个人的福利必然受制于他人行为造成的变化"。就比如我们在市场可以买到蔬果,却无法决定它们有多少的农药残留,于是"家庭菜园"在城市发展起来。而在越来越拥堵的城市之中,那种上下班路上欲进不能、欲退无路的尴尬也足以让我们对城市的"不自由"有深刻的体悟。

不自由的状态使人们怀恋乡村,向往"伊甸园式"自在的生活。这个世界似乎因为有了乡村才让我们知道自由之快乐的味道。于是,有了陶渊明的《桃花源记》,有了叶芝的《湖心岛茵尼斯弗利岛》等。而每次听到已故美国乡村歌手约翰·丹佛的《乡村路,带我回家》(Country Road Take Me Home),都让人有种想奔向田野的冲动。在我们心中的乡村,没有了钢筋水泥的束缚,没有了工作上班的烦恼,只有彻底的自由和放松!

3. 呵护空间

呵护空间则是指类似于家的那种让人放松和愉快的空间,如街角别致的小店、咖啡馆等等,这些空间因为和使用者之间的情感联系而富有意义,是更加扎根于"本真"的地点,因而被著名的人本主义地理学者段义孚认为是"好"的地点。乡村因其"本真"而充满这样的呵护空间,让旅者获得更多真实的生活体验。这一段乡村旅游者的记述就描述了自己回归乡村的欣喜。

"在这个被我称为乡村宾馆的地方,我住了两个晚上,没有宽带,不能上网,所以我听到了早晨小鸟的歌唱,看到稻田里起伏的波浪,在竹叶上晶莹的水珠里,品味着池中小鱼的悠闲……"

于是,英国著名作家简·奥斯丁也愿意将美妙的爱情置于乡村:

"绿草如茵的平原,枝繁叶茂的参天大树,蜿蜒流淌的清泉,古拙威严的城堡、雕像,时隐时现的丛林绿篱,用花草精心装饰的乡间小屋……阴霾的清晨,达西先生走出自己美丽的庄园,跨过起伏的山丘,在清晨的薄雾中走向伊丽莎白的家,对她说:我爱你!"——《傲慢与偏见》

返璞归真的乡村之旅,因了这份"本真",让我们的身心获得了真正的放松,因而朴实的乡村在内心竟另有一种"奢华"之感!

第二节 乡村类世界遗产

✍ 中国古村落类——以安徽古村落之西递、宏村为例

"故乡的歌是一支清远的笛,总在有月亮的晚上响起。故乡的面貌却是一种模糊的怅惘,仿佛雾里的挥手别离。别离后,乡愁是一棵没有年轮的树,永不老去!"一首席慕容的《乡愁》,写尽游子对故土的眷恋。可以说,乡恋是人类共同而永恒的情感。远离故乡的漂泊者,即使在耄耋之年,也希望能叶落归根。中国这个一直保持着稳定农业社会结构的国家,返乡情结尤为厚重,以至于头顶的月亮,感觉上也是故乡的更明亮些。

乡村旅行始终浸润在这样浓浓的乡恋之中。去到一些古村落,着迷于那些原始的耕作方式,留恋于那些沉淀在建筑和生活方式里的农耕文明,那是因为我们渴望找到与大自然、与祖先能够链接的神经元;我们需要膜拜祖先与神灵,因为从那里可以获得更多通往现实的能量。

然而如今,扎根于中华大地每一个宗庙祠堂之上,每一片乡野土地之中的

强烈的宗族观念正在被撼动。上世纪战争的破坏、西方文化的渗透,再加上如今经济快速发展带来的冲击,许多传统元素正日趋淡薄。因此,著名的规划设计师俞孔坚感叹:"祖坟,村头的风水树、风水林、风水池塘,一条小溪,一块界碑,一条栈道,一座龙王庙,都是一家、一族、一村人的精神寄托和认同,它们尽管不像官方的、皇家的历史遗产那样宏伟壮丽,也没有得到政府的保护,但这些乡土的、民间的遗产景观,与他们祖先和先贤的灵魂一起,恰恰是构成中华民族草根信仰的基础。草根信仰是一个国家一个民族稳定的基础,是和谐社会的根基。"

对于人类的内心而言,乡村无疑是一个充满意义的地方,而席卷全球的城市化又总会推动着人们去都市寻求发展。在社会的快速推进中,如何留住乡村的个性,留住那些与我们祖先相依的活动、媒介与场所,是一个值得思考的问题。

名称:皖南古村落——西递和宏村(Ancient Villages in Southern Anhui-Xidi and Hongcun)

所在地:中国安徽省黄山市黟县

入选标准:(ii)(iv)(v)

列入时间:2000

UNESCO 链接:http://whc.unesco.org/en/list/1002

图7-1　皖南古村落之宏村月沼

UNESCO 评价

西递、宏村这两个传统的古村落在很大程度上仍然保持着在上个世纪已经消失或改变了的乡村面貌。其街道规划、古建筑和装饰,以及供水系统完备的民居都是非常独特的文化遗存。

遗产价值

（iii）西递和宏村两个古村落，其街道规划、建筑风格、装饰，以及房屋与复杂的水利设施之结合，都相当独特且被保留下来，说明了人们在封建时代且贸易兴盛的一种生活形态。

（ix）皖南的两个古村落，在其建筑和街道中，反映了中国历史长久以来的社会经济结构。

（v）西递、宏村这两个传统的古村落，将上个世纪已消失或转变的非城市居住形态保留得相当完好。

遗产介绍

在安徽黄山南麓的黟县，有两处黑瓦白墙的古民居组成的村落——西递、宏村，虽历经数百年风雨，依然保存完好，置身其中能真切感受到古朴幽静、祥和安宁的村居氛围。黟县虽隐没于群山之中，却历史悠久，在秦始皇时就已设县，距今有两千余年历史。晋末以来，南北朝、五代十国乃至宋末元初，中原地区战乱频发，群山逶迤、峰岭叠翠、河流纵横、水源丰沛的黟县遂成了理想的避祸之所。目前，黟县境内，保存相当完好的明清民居达3700余座，实属罕见。

西递和宏村是徽派民居中最具有代表性的两座，它们以世外桃源般的田园风光、保存完好的村落形态、工艺精湛的建筑和丰富多彩的文化内涵而闻名天下。西递距黟县县城8千米，保存有完整的古民居122幢，被誉为"桃花源里人家"、"中国明清民居博物馆"。宏村位于黟县县城东北10千米处，现存明清时期古建筑137幢，由于这里地势较高，因此常常被云雾笼罩，被誉为"中国画里的乡村"。

黟县古民居，普遍具有下列特点（胡允恒，2004a：102—117）：

第一，各村都是同姓同族聚居。逃避战乱而来，为互援自保，必定要聚族而居。

西递始建于北宋皇祐年间（公元11世纪初），村因溪水得名，曰"西川"，后更名"西递"，距今有近千年历史，是一个以宗族血缘为纽带的胡姓人家聚居地。据考证，西递始祖胡昌翼是唐朝末代皇帝昭宗之子，因梁王朱温政变，隐姓埋名，逃难到古徽州婺源。后五世祖胡士良发现西递"溪水不之东而之西"，故而视为大吉大利的风水宝地，于宋末举家迁居于此。

宏村最初叫做"弘村"，后为避乾隆帝"弘历"之讳而更名为"宏村"，是汪氏家族的聚居地。据史书记载，800年前的南宋时期，雷岗山一带还是一片"幽谷茂林，蹊径茅塞"之地。这期间有位名叫汪彦济的人因战乱，带领全家沿溪而上，来到雷岗山下，买下戴氏产权，盖起十三间房屋为宅，这就是宏村的开始。

第二,各村落和住宅的选址、格局及设置,都十分重视五行八卦观念的实践。传统的风水观重视人与自然的关系,将"天人合一"的理念运用在村落布局上。

按照胡士良的规划,西递历经数百年,一直按照船的形状来布局村落。村子东西长、南北狭、两头尖、中间粗,高处俯瞰,鳞次栉比的古民居建筑群体恰似船形。据说,胡士良认为,西递坐落在一条狭长的山谷间,村落只有设计成船形,两边起伏的山峦方能视为涌其前行的波涛,而这波涛将把西递推向一个更为广阔的世界。

宏村自古被称为"牛形村"。全村以耸峙高昂的雷岗山为"牛头",苍郁青翠的古树为"牛角",村里高低错落的房舍为"牛身",碧波荡漾的塘湖为"牛肚",穿堂绕屋、九曲十弯的人工水渠为"牛肠",曾建在村边的四座木桥为"牛腿"。四环青山黛峰,稻田相连,整个村落就像一头牛静卧在青山绿水之中,好不惬意。

第三,住宅不逾礼制,注重防御自保。

徽州男子自小离家经商做工,家里只剩下防御能力较弱的女性,一旦遇到窃贼常束手无措,这时高墙就成了天然的屏障;高高翘起的马头墙的另一项功能是防火,因其高于房顶,且是砖石所制,一旦邻家失火可防止蔓延到自家,保护里面木制的房屋。各宅院之间由于不肯借用邻人的院墙,往往形成狭窄幽深的小巷。

第四,院落之内多设庭院,显示出主人的素养和雅趣。

徽州商人一般饱读诗书,人文素养颇高,因此住家也特别雅致。除了屋内挂满字画,文化气息浓厚之外,他们对庭院的布置也十分讲究。院落无论大小,都栽种了花木,摆放了盆栽,再凿上一方水池,就让满园生机勃勃,为生活增添了许多意趣。

第五,院落内布局讲究。

徽州古民居,多为三间、四合等格局的砖木结构楼房,平面有口、凹、H、日等几种类型。两层多进,各进皆开天井,充分发挥通风、透光、排水作用。人们坐在室内,可以晨沐朝霞、夜观星斗。经过天井的"二次折光",比较柔和,给人以静谧之感。雨水通过天井四周的水枧流入阴沟,俗称"四水归堂",意为"肥水不外流",体现了徽商聚财的思想。民居楼上极为开阔,俗称"跑马楼"。天井周沿,还设有雕刻精美的栏杆和"美人靠"。一些大的家族,随着子孙繁衍,房子就一进一进地套建,形成"三十六个天井,七十二个槛窗"的豪门深宅,颇有"庭院深深深几许"之感。

古民居、古祠堂、古牌坊并称徽派民居建筑"三绝"。

宏村的承志堂有"民间故宫"之誉,建于清末咸丰五年(1855),是大盐商汪定贵的住宅。它是村中最大的建筑群,占地约2100平方米,内部有房屋60余间,围绕着九个天井分别布置。正厅和后厅均为三间回廊式建筑,两侧是家塾厅和鱼塘厅,后院是一座花园。院落内还设有供吸食鸦片烟的"吞云轩"和供打麻将的"排山阁"等。"承志堂"的最大特色体现在它拥有大量的木雕艺术珍品,木柱和额枋间均有雕刻,造型富丽,工艺精湛,题材有"渔樵耕读"、"三国演义戏文"、"百子闹元宵"、"郭子仪拜寿"、"唐肃宗宴客图"等,较为集中地体现了中国古代木雕技艺以及蕴涵的丰厚的历史文化。

敬爱堂是西递现存最大的胡氏祠堂,整个建筑宏伟肃穆。祠堂门楼飞檐翘角,中设祭祀大厅,上下庭间开设大型天井,左右分设东西两庑,配以高昂的大理石柱。后为楼阁建筑,楼下作为先人父母的享堂,楼上供奉列祖列宗神位。"敬爱"表示兄弟、族人之间要互敬互爱。敬爱堂里门上枋悬挂一个"孝"字(见图7-2),据说是南宋理学家朱熹的墨迹。

图7-2　敬爱堂的"孝"字

相传为南宋理学家朱熹手书。这个"孝"字将字、义、形、情巧妙地融为一体,上半部右边横、竖、撇笔画连接,如同一个半身人形,呈弓身抬头、双手作揖敬奉之状,左边却像是猿的脸形,意喻不孝不敬之人,如同尚未进化的猴子,以此来警示后人。

皖南古村落中的牌坊有两类:一类是代表政治地位的,如西递胡文光牌坊——明代万历年间为官清廉、政绩显著的胡文光,被皇帝赐与牌坊一座;另一类是代表家族对正统礼教的虔诚,如烈女坊、孝子坊等。进入西递村,首先映入眼目的就是"胡文光牌坊",它已成为西递的招牌。牌坊高13米,宽10米,只见飞檐斗拱、峥嵘巍峨,上书"荆藩首相"四个大字,全部用黟县青色大理石雕刻而成,其石雕艺术及建筑规模皆为徽州之冠。

✍ 外国古村落类——以日本岐阜县白川乡与富山县五屹山历史村落为例

"简直是天堂啊!西弗吉尼亚,兰岭山,谢纳多阿河。那里的生命年代久远,比树木古老,比群山年轻,像和风一样慢慢生长。乡村路,带我回家,到我生长的地方——西弗吉尼亚,山峦妈妈,乡村路,带我回家……"——《乡村路,带我回家》

寻着明快的歌声,我们会重返记忆中那片纯净的理想,金黄的麦田、深远的蓝天、一条隐没于山脉中的乡村路,在那儿,约翰·丹佛会带我们的灵魂回家。在《乡村路,带我回家》的歌声中,始终流淌的并不只是乡村或民谣歌手共有的质朴,更多的是快乐。这首歌一改他人怀乡的虚拟忧伤,而变成对乡村的赞美,对回家的呼唤。

或是因为林语堂的那句话,"世界大同的理想生活,就是住在英国的乡村",或是因为"美国文学之父"华盛顿·欧文遍游英国之后写下的那本畅销书《英国乡村》,一直以来,英国被很多旅游爱好者认为有着世界上最美的乡村。

英国乡村的美丽得益于英国人的细心呵护。20 世纪 20 年代于英国是个剧变的时代,不仅个人,城市和国家也都被卷入高速发展而趋于喧嚣浮躁的旋涡中,渐渐失去个性。也正是在逐渐失去之时,人们开始思考英国乡村的存在意义。于是人们开始回到乡间,寻找英国的文化身份。当时的首相斯坦利·鲍德温爵士就曾说过:"对我来说,英格兰就是乡村,乡村才是英格兰。"在此背景之下,1926 年 10 月,英国乡村保护协会(CPRE:The Campaign to Protect Rural England)作为英国最早的环保组织之一宣告成立。CPRE 承认现代化的发展趋势不可逆转,同时他们也坚信,通过精心的计划,能够保持英国乡村令人心旷神怡的环境不受伤害,并使其与现代化融为一体。如今,除一些重要的工业中心、大都市之外,整个英国还保持着一派田园风光,一如百年前众多画家诗人所吟咏描画的模样。

在我们的近邻日本那里,乡村也得到了较好的保护。多数日本乡村都设有自己的博物馆;几乎每个村子都有几座或十几座古老的民居被政府认定为保护单位,政府给予民居主人以资助,以便为民居进行修缮保护;村里那些在工艺技术上或表演艺术上有"绝技"、"绝艺"、"绝活儿"的老艺人则被认定为"人间国宝"。日本千叶大学的乡村文化专家宫崎清教授说:"乡村的水田,除了提供我们粮食之外,也是我们不可或缺的蓄水池,更是一道独特的风景。我们现在开始重新思考这样的乡村文化,也重新发现乡村文化之美,并且重视这种不同生活的意义及价值。"

名称:白川乡和五屹山历史村落(Historic Villages of Shirakawa-go and Gokayama)
所在地:日本岐阜和富山县
入选标准:(iv)(v)
列入时间:1995
UNESCO 链接:http://whc.unesco.org/en/list/734

图 7-3　日本的白川乡和五屹山历史村落

UNESCO 评价

白川乡和五屹山村落,地处山区,长期以来与外界隔绝。这些村落的居民以种桑养蚕为生,当地的农舍很有特色,在日本是独一无二的,它们比一般农舍略大,为两层结构,屋顶坡面很陡,用茅草覆盖。尽管经历了严重的经济动荡,荻町、相仓和菅沼这些村落依旧体现了当地人那种与自然生活环境和社会经济环境完美适应的传统生活方式。

遗产价值

白川乡和五屹山历史村落是完全适应当地自然环境、社会和经济状况的人类传统居住区的杰出范例。它已成功应对了在过去半个世纪里日本经济的深刻变化,依靠政府机构和居民自身的共同努力才保证了自身历史文化传统的存续。

遗产介绍

低垂的紫水晶色的夜幕下,皑皑白雪笼罩着大地和人家,错落的A字型小屋的窗棂中,透射出闪闪灯光,静谧中散发着温馨与恬静,行走其间,仿佛踏入童话般的美好世界。这就是深山中的白川乡和五屹山的合掌型村落,散布在岐阜县与富山县之交,至今已有几百年历史,被喻为"冬日的童话村"。

上百栋A字型房屋,屋顶如两手合掌成60度造型,故得名"合掌屋"。合掌屋的由来可追溯到13世纪的源平之役,战败的平氏家族为了躲避源氏家族的追杀,逃入深山,用芦苇草和木材搭建起简单的房舍。目前保存下来的建筑物大约是江户时代中后期兴建。1940年左右,德国建筑家布鲁诺·托德在他的著作《日本美的再发现》一书中,将合掌屋赞誉成最合理、最具天人合一理念且合乎日本逻辑的平民建筑,合掌屋从此声名大噪。

合掌屋通常有四五层楼高,全部由手工搭建,不需一根钉。在多雪的山区,为防止厚重的积雪压坏房屋,故采取角度较大的屋顶模式,利用力学原理使降雪大部分滑落地面。合掌屋屋龄全部在100至200年之间,其中最古老的一座有400多年的历史。合掌屋内部常有三四层的阁楼,以木梯相通,有点像云贵地区的棚屋和吊脚楼,但相反的是,这里一二层住人,三楼以上为仓库和昔日养蚕放蚕架的地方,这样底层热量的蒸发,就能够帮助催发蚕宝宝快快成长。一楼空间十分宽敞,正中有一座四方形火塘,火塘上方悬吊着一大块隔板,以防止木炭燃烧时产生的火星随着热空气往上飘至屋顶引起火灾。隔板用桐木板拼组而成,一是桐木材质轻可减少横梁负重,二是桐木耐火性好,不用涂任何防火涂料。隆冬时节,这里是全家人围炉团聚和待客品茗的所在;屋内经多年的烟熏火燎,所有的柱子和器物都散发着沉暗黝黑的光泽,诉说着岁月走过的痕迹。

由于日本多地震,合掌屋的联结部巧妙地采用柔性构造,分散了冲击力,耐震抗风。另外,合掌屋的朝向还考虑了风向和日照等因素,顺风而建,冬暖夏凉,体现了当地先人的智慧。屋顶所铺的茅草,厚达七八十厘米,阳光的热力及寒风的冷气都不容易透进来,整栋屋子冬暖夏凉,住起来相当舒适。麻烦的是,屋顶茅草大约30年就要更换一次,更换时一栋民舍要使用20辆汽车的茅草,需200人集体作业才能完成。不过,看似麻烦的事情恰好使老房子的修复技术得以延续,同时村民们也不断体味到互助的快乐。民间合作之外,中央政府也有专门的基金会统筹经费与技术。

对于茅草和木头组合而成的合掌屋,消防是第一要事,因此村里拥有众多交错纵横的川沟渠道。村里还有专门机构负责防灾和安保工作,实行严格的"严禁烟火"管制措施,并在防火设备方面投注不少心力。如白川乡共有59台喷水枪,以及34台露天消防栓、28台室内消防栓。有趣的是,当地消防栓不是装在地面,而是高坐水泥台上,据说这样可使其冬季不被积雪掩盖,以便随时发挥功用。每年旱季到来之前,一般是10月最后一个星期日,当地居民和消防队要一起进行防火演习。此时,红叶环绕村落,一百多栋大小不一的尖顶房屋被喷水后形成的薄薄水雾所笼罩,其壮观场景令人惊叹,也成为吸引八方游客的一个亮点。

据日本国家旅游局推荐,眺望由59栋房屋组成的"白川乡荻町村落"全景,最好登上"荻町城迹展望台"。这里地势较高,可一眼望到融新绿、红叶、雪景为一体的合掌村落全景。在荻町村落中,"和田家"和"长濑家"的房屋是向一般游客开放,在那里游客可以了解村民以前的生活方式。在"五屹山",可到"相仓村落"和"菅沼村落"一游。"相仓村落"是背对群山而建的24栋民居;"菅沼村落"的9栋古民居中有2栋是江户时期建造的房屋,此外,还有3栋被列入日本重要文化遗产的房屋也非常值得一看,它们是:可详细介绍五屹山历史的"村上家";后世改造较少,保存原始合掌结构的"羽马家";合掌结构规模最大、屋内全部用光叶毛榉材料的"岩濑家"。

合掌屋居民目前主要靠制作和纸、出租民宿、贩卖观光纪念品为生。对于他们而言,虽然生活各方面比不上平地其他地方富裕和便利,但每天面对着清幽美丽的山水,坚守着祖先留下来的传统,应该也是一种幸福与骄傲。

第8章 城市类世界遗产

> 出生在一座著名的城市里,这是一个人幸福的首要的条件。
> ——古希腊剧作家欧里庇得斯
> 如果你够幸运,年轻的时候在巴黎待过,那么巴黎将永远跟着你,因为巴黎是一席流动的筵席。
> ——海明威

城市凝聚了文化与文明的力量,保存了社会遗产。一座古城区,不仅是传统文化的发源地,也是文化的载体。著名的文学大师果戈理曾说过:"当传说和歌曲已经缄默的时候,建筑还在说话。"那些散落在老城里的古建筑和斑驳陆离的街道向人们述说着城市的过去,链接着后人与祖先的情感。

为更好地借鉴和传播各遗产城市在文化遗产保护和管理方面的先进经验,1993年9月8日在摩洛哥的非斯成立了世界遗产城市联盟(OWHC:Organization of World Heritage Cities)。该联盟总部设在加拿大的魁北克市,是 UNESCO 的下属的一个非盈利性、非政府的国际组织。所谓"世界遗产城市"是指城市类型的世界遗产,其性质类似于中国的"国家历史文化名城",可以说是世界级的历史文化名城。目前,已经有238座城市作为成员被列入该组织《名录》,我国有五座古城位列其中,它们是:

中国苏州:拥有世界文化遗产苏州古典园林、人类口述和非物质遗产代表作昆曲、古琴艺术(虞山派)、宋锦、缂丝、苏州端午习俗、苏州香山帮传统建筑营造技艺。

中国承德:拥有世界文化遗产承德避暑山庄和外八庙。

中国丽江:拥有世界文化遗产丽江古城。

中国澳门:拥有世界文化遗产澳门历史城区。

中国平遥:拥有世界文化遗产平遥古城。

根据世界遗产委员会确立的标准,世界遗产城市主要有4种类型:

第1类:城市是特定历史阶段的文化产物,能够完整地被保护起来,其遗存未被后来的历史发展所影响和破坏。整个城市以及那里同样需要保护的周边环境,都作为保护对象列入了《名录》。比如巴西的欧鲁普雷图历史城区、德国的汉萨同盟城市吕贝克和也门的希巴姆老城等。

第2类:城市是沿着一个典型特点不断发展并得到保护的,某些时段可能会出现自然环境方面的特殊情况,但其后的阶段依然延续着历史的一贯风格。范例如秘鲁的库斯科古城、瑞士的伯尔尼古城。

第3类:"历史中心",与前两类不同,它是指古代城市所覆盖的区域,同时这些区域被现代城市建筑所包围,共同构成一个既古老又年轻的大城市。历史中心必须依照历史学的尺度,最大限度地并严格地划出所应保护的遗产范围,而且要确保其相邻环境的有计划有目的的管理。这类遗产以意大利的罗马历史中心、突尼斯的麦地那(即突尼斯市的阿拉伯人聚居区)和叙利亚的大马士革古城为范例。

第4类:城市里的一些部分或孤立的单元,尽管是残存物,但足以证明历史城市的整体特色,能够诠释历史城市曾经的辉煌。这类遗产以埃及开罗的伊斯兰区和挪威卑尔根的布吕根区为范例(刘红缨,2007)。

第一节 城市类世界遗产的旅游价值

1. 独特的文化底蕴

毫不夸张地说,文化是城市的生命。如果说城市是一本打开的书,那么城市为什么可读?为什么引人入胜?最强有力的理由就是它有个性,有魅力。有着自己特殊的文化品格和精神气质的城市肯定是最让人喜欢的城市,也是最让人难忘的城市。

英国社会学家迈克·费瑟斯通在《消费文化与后现代主义》一书中指出:"城市总是有自己的文化,它们创造了别具一格的文化产品、人文景观、建筑及独特的生活方式。"作为人类的生存空间,不同的城市由不同的地理位置、周边环境、街道建筑、历史传统和人文氛围构成。因此,不同城市中的人,就有不同的活法,即生活方式;也有不同的个性,即文化性格。

意大利的维罗纳城(见图8-1)就能够充分诠释世界遗产城市独特的文化意蕴。维罗纳城以古罗马时代的竞技场为地标,保持了城市固有的风格;作为罗密欧和朱丽叶的故乡,又承载了莎翁戏剧文化的内涵。至今,维罗纳的城市规制依然完好,现代的生活情态与传统的文化框架相得益彰,并彼此融汇。

图 8-1　意大利的维罗纳城(2000)

维罗纳古城建于公元前 1 世纪,公元 13、14 世纪在斯卡利哲家族的统治下尤为繁荣,15 世纪到 18 世纪是威尼斯共和国的一部分。城内至今保存有罗马帝国时代、中世纪以及文艺复兴时期的许多文化古迹,同时它也是历史上一座重要的军事要塞。

与维罗纳城所彰显的对历史的尊重不同,20 世纪才建成的巴西利亚则洋溢着极强的创新精神。巴西利亚是 1965 年在巴西中部平地上规划兴建的首都,城市规划专家卢西奥·科斯塔和奥斯卡·尼迈尔是该城市的设计师,城市平面形状是一架有后掠翼的喷气式飞机,各功能区布局合理,从居民区和行政区的布置到建筑物自身的对称,巴西利亚也常被比喻为"鸟"的形状,表现出追求和谐的设计思想,堪称为城市规划史上的里程碑,其中政府建筑显示出惊人的想象力。

2. 自由发展的舞台

美国著名城市规划设计师刘易斯·芒福德认为人类进步阶梯上的两大创造一是文字,另一个就是城市。他认为人类正是凭借了城市这个阶梯,一步步提高自己、丰富自己、贮存自己的文化创造,而所有这些正是城市最重要的功能和目的。他形象地将城市比喻为"社会活动的剧场",而其他所有的东西,包括艺术、政治、教育、商业,都是为了让这个"社会戏剧更具有影响,精心设计的舞台能够尽可能地突出演员们的表演和演出效果"。

如今中国的年轻人,即使作"蚁族",也愿意留在"北上广"(北京、上海、广州),重要原因之一即是,在这些"剧场"(大城市)中有"自由发展的舞台"。城市寻梦,历来如此。20 世纪 20 年代的巴黎也是很多文学青年的梦。1920 年代上半叶,海明威以驻欧记者身份旅居巴黎,《流动的盛宴》这本书记录的正是作者这段生活。其扉页上的题献——"如果你够幸运,年轻的时候在巴黎待过,那么巴黎将永远跟着你,因为巴黎是一席流动的筵席"——已经成为巴黎的"文化名片",被广为传诵。在这部半纪实半虚构的作品中,20 年代巴黎文人圈的风俗画卷徐徐展开,那些当时在世界文坛、艺坛上呼风唤雨的人物都被寥寥数笔勾勒出生动的素描像,与这座城市永远融为一体。

很多人,曾经在巴黎的"舞台"上走过。有人说,在塞纳河左岸,你随便走进一家咖啡馆,一不留神就会坐在海明威坐过的椅子上、萨特写作的灯下,或靠在毕加索发过呆的窗口旁。而海明威青年时代经常出没的地方——莎士比亚书店,也曾经是萧伯纳、庞德、斯泰因、菲茨杰拉德、乔伊斯等文人在上世纪 20 年代经常进出的场所。

3. 总有一些让人温暖的场所

"如果你厌倦了伦敦,你就厌倦了生活"(英国著名文学家、批评家萨缪尔·约翰逊),对于城市我们总是不乏溢美之词。大自然中常有暴风骤雨,总有一些难以逾越的沟壑,总有一些残酷的时刻;而人造的城市却可以把美的因素采撷回来,置于一地,置于一时,让我们沐浴在一种酣畅淋漓的美感中。

"参天的古树,竹篱笆围起来的铺着碎石的庭院,可躺可坐的椅子,要一杯咖啡,或者一杯茶,随你……"这看似世外桃源的地方,其实是北京的一个名叫"单向街"的民间图书馆。

每年一度的维也纳新年音乐会是世界最引人注目的年度音乐盛会。经典曲目的深情演绎,被漂亮的鲜花装点得亲切又不失庄重的金色大厅,音乐的气势,指挥家的投入,乐手的认真,舞蹈演员优美的舞姿,无不令人震撼。

位于比利时王国首都布鲁塞尔的大广场(见图 8-2)始建于 12 世纪,是欧洲最美的广场之一。在这里你可以感受到浓郁而浪漫的生活气息,各种酒吧、巧克力店、餐馆点缀在广场四周;同时这里也有许多名人停留过的地方,让你发怀古之幽思。法国作家维克多·雨果曾居住在市政厅对面餐厅二楼现在有红色玻璃的房间,他赞美这里是"世界上最美丽的广场"。天鹅咖啡馆是当年马克思和恩格斯曾经流连过的地方,著名的《共产党宣言》就在这里写成。

图 8-2　比利时的布鲁塞尔大广场(1998)

布鲁塞尔大广场是一处卓越的公共和私人建筑混合建筑群,大部分建筑建于 17 世纪晚期。这些建筑生动诠释了那一时期布鲁赛尔这一重要政治、商业中心的社会和文化生活水准。

到了意大利的佛罗伦萨,你又可以沐浴在艺术之美中。作为文艺复兴的象征,佛罗伦萨在 15 世纪和 16 世纪的梅迪奇时代达到它在经济和文化上的顶峰。600年来佛罗伦萨的艺术活动异常活跃,这首先可以从它建于13世纪的菲奥里的圣玛利亚教堂中看出,当然也包括圣十字教堂、乌菲齐宫、皮蒂宫,以及乔托、布鲁内莱斯基和米开朗基罗等大师的杰作。

4. 总有一些让人兴奋的事件

《孟子》曰:"独乐乐,与人乐乐,孰乐?"曰:"不若与人。"曰:"与少乐乐,与众乐乐,孰乐?"曰:"不若与众。"城市,作为人类文明的汇聚之所,也是将"众乐乐"发挥到极致的地方。在历史悠久的城市,总有一些传统的节事,让人们在特定的时间为特定的事情聚集在一起,生活因此而变得更加丰富多彩。

与往日桨声灯影里安静的威尼斯不同,2月的威尼斯远远就能听到人们哒哒的脚步声和愉悦的笑声。肤色不同、语言各异的人们此时都脚步匆匆,奔向同一个目的地——世界著名的威尼斯圣·马可广场,一年一度的"水城"狂欢节正在那里达到高潮。威尼斯狂欢节是当今世界上历史最久规模最大的狂欢节之一,最大的特点就是它多姿多彩的面具和华丽的服饰。

科尔多瓦(见图8-3)老城区,早就被列入世界文化遗产,弯弯曲曲的小路,让人很容易在这里迷失自己。而每年5月上旬的庭院节,许多游客都会慕名而来,迷失在弯弯曲曲的美丽中。庭院节是科尔多瓦人最喜欢的节日之一,人们用十字形饰物装饰广场和街道,举行各种聚会和斗牛表演。最重要的是进行庭院比赛,无论居民还是社会机构,只要拥有一座庭院的都会参加,敞开平日关闭的大门,展示自己的得意之作。

图8-3 西班牙的科尔多瓦历史中心(1984)

公元8世纪,摩尔人占领了西班牙,于是科尔多瓦进入了它的鼎盛时期,在这段全盛时期中,城中建起了约300座清真寺、数不清的宫殿和公共建筑,可与君士坦丁堡、大马士革和巴格达的辉煌繁荣相媲美。公元13世纪,西班牙国王费尔南德三世时期,科尔多瓦大清真寺被改建成大教堂,一些新的防御性建筑也修建起来,特别著名的有基督教国王城堡和卡拉奥拉高塔要塞。

波尔多,念在嘴里便唇齿氤氲酒香的地名。作为整个城市被 UNESCO 列入《名录》的法国名城,波尔多沿袭了两个多世纪的古典建筑和新古典主义建筑群,足够让访客跨越时空的隔阂,身陷中世纪的风情。古老的葡萄园,幽静的城堡,梧桐交织下的石子路,即便是穿着便装,也不由自主地从心底举止优雅起来。每年6月底,波尔多都会举办葡萄酒节(偶数年)或河流节(奇数年)。葡萄节到来的时候,欧洲乃至世界上很多热爱葡萄酒、美食以及节庆活动的人们就会聚会在小城,其间还有新颖独特的葡萄园观光、品酒、演出等活动。

第二节 城市类世界遗产

中国城市类——以云南丽江古城为例

在中国快速的经济发展中,古城镇正面临着前所未有的挑战。挖掘机的轰鸣使城市形态与城市形象处在急剧的变迁和动荡中,自然景观被破坏,传统文脉被割裂,延续的机理被肢解,有机的秩序被打乱,从小生活在城里的人们感到一种痛彻心扉的失落。有人说,"每个人都有一座属于自己的城市,无论走得多远,只有那里才是灵魂的归属",但"整旧如新"的老城、"乔装打扮"的新城,哪里才是我们精神最终的依托?

林语堂先生曾以诗意的笔调在《迷人的北平》中写道:"北平是清净的。这是一所适于住家的城市,在那里每一所房屋有一个院子,每一个院子里有一个金鱼缸和一棵石榴树,那里的蔬果是新鲜的,要生梨有生梨,要柿子有柿子。这是一个理想的城市,那里有空旷的地方使每个人得到新鲜的空气,那里虽是城市却调和着乡村的清净,街道、胡同、运河,这样适当的配合着。"然而今天,我们已很难找到林语堂先生心中迷人的北平意象了,因为北京这座梁思成眼中"世界都市规划的无比杰作"被现代和后现代主义建筑"强暴"得差不多了。

同样,这种困扰和危机现象也出现在昆明。张楷模在《狗说狗讲》一书中这样描绘着昆明的变化:"故乡昆明如今已面目全非,有如熟悉的长者一个个与世长辞,那昨日的老街道正一条条消隐死灭。时过境迁、情随景移,老昆明人迷失在新昆明城中徘徊唏嘘。……我这一辈人正好碰到了老昆明荡然消失,新昆明突然拔起的场景转换时期,在情感上的一时难以接受,多少有点像第三幕话剧就该退场的人物,到了布景已全然换过的第五幕,却还呆在舞台上犯傻。"

如何在发展中守住一份历史,守住我们与祖先的那份链接,让我们的子孙仍旧可以从古街古道、古风古韵中获得更多通往现实的能量,是一个值得城市规划者与管理者深思的问题。

名称:丽江古城(Old Town of Lijiang)
所在地:中国云南省
入选标准:(ii)(iv)(v)
列入时间:1997
UNESCO 链接:http://whc.unesco.org/en/list/811

图8-4　云南丽江古城

UNESCO 评价

　　古城丽江,把经济和战略重地与崎岖的地势巧妙地融合在一起,真实、完美地保存和再现了古朴的风貌。古城的建筑历经数个世纪的洗礼,融汇了各个民族的文化特色而声名远扬。丽江还拥有古老的供水系统,这一系统纵横交错、精巧独特,至今仍在有效地发挥着作用。

遗产价值

　　丽江古城,完全适应了不平地形这一关键的商业和战略地点,保留了历史风貌的高质量和真实性。值得注意的是,其建筑融合多种文化元素,聚集了许多个世纪。丽江还拥有一个古老的供水系统,具有相当的复杂性和独创性,直到今天仍然还在有效地运作着。

　　委员会决定根据标准(ii)、(iv)以及(v),将丽江古城录入世界文化遗产名录。丽江是一个特殊的古镇,在一个引人注目的景观中,它代表了不同文化传统和谐融合后产生的优秀品质的城市景观。

遗产介绍

　　在东巴经典《创世纪》里,有这样的记录:在湖水泛滥、洪水滔天的洪荒年代,其他人全都死了,只剩下一个男子,叫"措则勒若"。为了繁衍人类,他娶天上的女人为妻,和她生下三个孩子,老大是藏族,老二是纳西族,老三是白族。但是开天者为盘,盘为藏族神;辟地者是惮,惮为白族神。所以天为开天的藏人所有,地为辟地的白人所辖,唯独纳西人没有天,也没有地。纳西人用这个故事警示后人,要活下去,就要靠自己的力量去开辟新的天地。

但在异乡人看来,这个故事或许另有隐喻:丽江是一个介于现实生活和神圣天国的中间驿站。来这儿的人很少体会神圣的庄严和崇高,但她确实能让人忘却尘世的喧嚣。所以,直到临终,丽江成了美国人约瑟夫·洛克在地球上唯一能唤起他思念之情的地方——在那里,他度过了生命中的27年。而丽江,这个高原上的阳光小城,也经由洛克带给了全世界。

丽江古城又名大研镇,地处云贵高原高山拥揽的盆地之中,海拔2400余米,全城面积3.8平方千米,外部环境十分优越,其上有玉龙雪山、黑龙潭,下有虎跳崖,旁有三江并流的奇景,与束河古镇、白沙古镇连成一条景观轴线,是纳西族的聚居之地,藏、白、汉、纳西等多民族文化的融合之所。由于地处滇、川、藏交通要道,各种文化多在这里融汇。公元680年丽江被藏族征服,开始吸收藏文化;794年被南诏征服,开始受中原汉文化影响;1253年被忽必烈征服,正式归入元,从此纳西木氏土司开始长达470年的自治,有系统地记载的纳西历史由此开始;1276年元朝建立云南行省;1382年丽江府正式成立,官府就位于今天的丽江古城。

"北有故宫,南有木府"。五六百年前的木府,堪称纳西族的"紫禁城"。木府是丽江木氏土司衙门的俗称,木氏土司家族历经元、明、清三个朝代,鼎盛时期木府占地一百多亩,有近百座建筑,是八百年大研古城的心脏所在。其总体建筑风格为"仿紫禁城而建",同时融入了纳西族、白族、藏族的建筑特色。当年徐霞客初见木府,就大为赞叹,称"宫室之丽,拟于王者"。辉煌壮丽之外,木府的建筑还秉承了汉文化中"天人合一"的设计理念。其中,议事厅前方及两侧的长廊共72个,暗指孔夫子门下的七十二贤人。楼台、门窗、梁柱所采用的雕花、木刻与彩绘,均汲取了明代皇宫建筑的精髓和江南园林建筑玲珑剔透的风格。与故宫不同,木府整体布局为坐西向东,相传依据的是《易经》的五行分布,"木在东而且临水,木进水则旺"。周围的四座山峰则暗指"左青龙、右白虎"。

丽江可以说是中国唯一没有城墙的古城,这源于老爷姓"木"的缘故,筑城势必如木字加框而成"困"字。于是,小城就这样特立独行地开敞着,人们可以从四面八方通过街道、小巷、田野甚至山上的羊肠小道进入城中。这样的设计也与丽江文化的开放性和包容性颇为相符。丽江在吸收其他民族精华的同时,也逐渐成就了纳西人自己的文化,如"三坊一照壁,四合五天井,走马转角楼"式的民宅,如"披星戴月"的传统民族服饰(见图8-5)。

图 8-5　纳西族妇女的传统服饰——"披星戴月"披肩

这种披肩一般用整块纯黑色羊皮制成，剪裁为上方下圆，上部缝着 6 厘米宽的黑边，下面再钉上一字横排的七个彩绣的圆形布盘，圆心各垂两根白色的羊皮飘带，代表北斗七星，俗称"披星戴月"。在古老的东巴经《迎东格神》中就有这样的描写："天地动，生两兄妹，结缘成一家，牧养白绵羊，用羊毛作衣衫披毡，用羊毛作帽子腰带……"

丽江虽不像威尼斯那样建在水上，却被人工的水系充分滋润着，亭亭玉立。原始的河流只一条，就是穿城而过的中河，从中河又人工开发出西河和东河，从三条主河道漫溢出无数的小渠、小溪，像血管一般滋养着古城的千家万户。过去，居民甚至可以直接饮用河里的水，有人家就建在暗河上，弯腰就可以舀水到厨房的大锅里，脱下鞋就可以把脚泡在流水间。在月亮好的夜晚，整个城内的水系都被月光照亮，条条水流就像古诗中所说的玉带，可以看见几十个月亮漂缀在这带子上。让人觉得，这是一座如此与大自然肌肤相亲的城市。

水系之上，修建有桥梁 354 座，其密度高达每平方千米 93 座，丽江也由此得了"桥城"的雅号。桥梁的形制多种多样，有廊桥（风雨桥）、石拱桥、石板桥、木板桥等，较著名的有锁翠桥、大石桥、万千桥、南门桥、马鞍桥、仁寿桥，均修建于明清时期。其中以位于四方街以东 100 米的大石桥最具特色。

丽江街道依山势而建，顺水流而设，以红色角砾岩（五花石）铺就，雨季不泥泞、旱季不飞灰，石上花纹图案自然雅致，质感细腻，与整个城市环境相得益彰。星罗棋布的街巷，据说是当年木老爷按其印玺形状而建。四方街是古城的心脏，说"街"，其实是一个梯形的小广场，大约只有半个足球场那么大，过年过节会有纳西人拉成一圈在那里跳舞，几百年来四方街见证着人们的亲睦和谐。不过如今大多时候，四方街，包括由此辐射出的八条道路都完全被商业的氛围湮没了，成为这个城市躁动不安的佐证。

要说丽江最具魅力之处，却不在小桥、不在水系、不在街道，而全在人家。在阳光雕刻的生活里，过日子是丽江人的重头戏。"烤太阳，吃茶，打麻将"是丽江人最感兴趣的三件事。享受丽江的太阳,片刻间会被太阳烤得酥酥麻麻,太阳的香味会在全身散发,仿佛皮肤经历了一次新的置换,这在其他地方是无法感受的。在这个城市,时间变得无比缓慢,钟表显得多余,人生像戏剧那样富于诗意。随处可见温良恭谦的老人、像蜜蜂一样忙碌的妇女、手抱卷轴的儒者、在桥上提鸟笼悠然而过的行人。在宣科先生的古乐演奏会上,台上满座的白发苍苍、高古儒雅的老者,握着古代传下来的乐器,奏的是唐代元音、道家仙乐,但经介绍,才知道他们本是裁缝、鞋匠、屠夫、马锅头……人们不仅可以在这个城市居住、生活,也可以欣赏它、感悟它,诗意地栖居其中(于坚,2001)。

但近些年,丽江的旅游"热"了,烦恼也多了。早在2000年,云南本土作家于坚就感叹,"这个城市的日常生活正在以前所未有的速度消亡……旧日的手工作坊后继乏人;许多宅院人去楼空,只有老人在看守,年轻人向往'日日新'的生活,远走他乡。兜售伪民俗的商贩乘虚而入,已经蚕食了城邦的许多店铺,很可能有一日,这个城市只剩下一种工艺,就是大批地生产那种不伦不类的旅游工艺品"(于坚,2001)。如今十年又逝,当年的哀叹几近兑现,也许只有丽江固有的"慢"节奏,才能找回那份过去的记忆——城市的灵魂。

✎ 外国城市类——以意大利威尼斯及其泻湖为例

在西方,很早就注意到保护历史建筑与历史遗存的重要性,这也是世界遗产城市中的历史中心欧洲较多的原因之一。罗马,堪称古城保护的经典。可以说,罗马文明的光焰在历史的天幕中之所以如此炽烈,如此辉煌,很大程度上要归功于长期以来罗马人从未停止过的对城市历史文化遗产的保护。

早在罗马帝国时期,皇帝利奥一世胡约里安曾下过一道保护古罗马城的命令:"任何人都不得毁损或者破坏任何建筑物——我们祖先所建造的神庙和纪念建筑物——这些建筑物是给公众使用,或者是为了给公众娱乐才建造的。"1462年,教皇庇护二世下令,任何人不能随便破坏古建筑遗址,否则将被判处监禁或不许入教,由此开始了意大利有系统的城市文化古迹保护的历程。

如今的意大利政府认为,文化遗产关系到民族特色,是国家魅力和竞争力的重要体现,因此颁布了严格的法律来规范历史文化遗产的保护。罗马的《古城保护法》规定,古城历史建筑物的外部结构属于政府,任何房屋开发商和商店经营者、居民所购买的只是房子内部的使用权,个人并不拥有对建筑进行整体改造的权力,房子的维修按国家制定的法律进行,不允许擅自改变其结构、形式和色彩。

在经济发展中,罗马始终坚持把现代交通限制在古城之外,古城区没有高架、高速道路,主要发展地铁,使城市的建设、城市的发展尽量远离历史文物古迹。新城的建筑形式则严格借鉴了古城的风格,运用经过提纯的古罗马建筑元素,延续了古建筑的宏大气势,但更为简洁。正是这些富有远见的保护措施,才使得古罗马城虽穿越千年,但始终得以较为完整地保护。

上述保护理念与经验对中国今天的古城保护工作仍具有很大的借鉴意义。

名称:威尼斯及其潟湖(Venice and its Lagoon)

所在地:意大利威尼斯省

入选标准:(ⅰ)(ⅱ)(ⅲ)(ⅳ)(ⅴ)(ⅵ)

列入时间:1987

UNESCO 链接:http://whc.unesco.org/en/list/394

图 8-6　意大利威尼斯及其潟湖(叹息桥)

UNESCO 评价

威尼斯始建于 5 世纪,由 118 个小岛构成,10 世纪时成为当时最主要的海上力量。整个威尼斯城就是一幅非凡的建筑杰作,即便是城中最不起眼的建筑也可能是出自诸如焦尔焦内(Giorgione)、提香(Titian)、丁托列托(Tintoreto)、韦罗内塞(Veronese)等世界大师之手。

遗产价值

(ⅰ) 威尼斯独一无二的艺术成就。这个城市由 118 个小岛组成,看起来就像漂浮在潟湖的水面上一样,汇成了一道让人难以忘怀的风景。这里无与伦比的美激发了像卡纳莱托(Canaletto)、瓜尔迪(Guardi)、泰纳(Turner)等众多艺术家的灵感。该城市无时无刻不在展现着这种美。威尼斯潟湖汇集了世界建筑史上的经典之作,从托切罗(Torcello)大教堂到圣玛丽教堂,所有穿过世纪非凡黄金时代的绝美,都在这些卓越的标志性建筑中得以体现。

(ⅱ) 威尼斯对建筑和杰出艺术发展的影响相当巨大。它首先影响到威尼斯共和国沿达尔马提亚海岸分布的所有交易市场和车站,之后到小亚细亚和埃及、爱奥尼亚海的岛屿、埃维厄岛、伯罗奔尼撒半岛、克里特岛、塞浦路斯,这些地方的建筑遗迹多数受到了威尼斯范式的启发。但当这个海上帝国第一次尝到失败的滋味时,1756年,威尼斯建起了一座风格独特的学院①。感谢那些艺术家,贝利尼(Bellini)和焦尔焦内,还有提香、丁托列托、韦罗内塞和提也波洛(Tiepolo),他们对于空间、光和颜色的表现所带来的巨大改变,在欧洲绘画和装饰史上留下了关键一笔。

(iii) 作为不同寻常的、依旧富有生命力的考古遗址,威尼斯展现着自己的美丽。这个海上"女皇"联系着东方和西方、伊斯兰教和基督教;时光消逝,凭借数以千计的不朽建筑和遗迹,她依旧风采迷人。

(iv) 威尼斯一系列无可比拟的建筑群展示了它曾经的辉煌岁月。中世纪的威尼斯建筑是其典型代表,它们的杰出价值在于展现了"城市建设一定要适应地方特色"的完整范式。

(v) 在地中海地区,威尼斯泻湖是因某些不可逆转的变化正变得脆弱的半湖(semi-lake)居住区的突出例证。

(vi) 威尼斯与世界历史有着直接而明确的联系。马可波罗(1254—1324)就是从威尼斯出发寻找到了中国、安南(Annam)、北圻(Tonkin,现越南北部,中国南部)、苏门答腊岛、印度和波斯。他在圣罗伦索教堂的墓地让人想起在阿拉伯人之后、葡萄牙人之前的威尼斯商人在探索发现世界的历史过程中所起到的作用。

遗产介绍

有人说,"即使威尼斯研磨出毒药,人们也会像享受莎士比亚悲剧一般勇敢地喝下"。因为它实在令人难以抗拒,尤其在月夜。一弯月牙遥挂天空,街边的店铺透出温暖的橘色光影,远远的钟楼在灯光下闪着白色的光。水路上撑着尖细"贡多拉"的船夫们轻巧地弯过一个又一个小巷,偶尔传来嘹亮悠远的歌声。海面上点缀着五彩的灯光,随着水波摇曳着,整个城市仿佛都飘摇在这酽酽的梦影里。

威尼斯位于亚得里亚海滨的泻湖之上,西北角有一条4千米长的长堤与大陆相通,它不但是意大利的重要港口,也是一座文化艺术古城。始建于公元5世纪,由118个小岛、177条大小运河、401座桥梁勾连而成,堪称人类历史上最非凡的城市建筑杰作。14—15世纪为威尼斯全盛时期,成为意大利最强大和最富有的海上"共和国"、地中海贸易中心之一。16世纪始,随着哥伦布发现美洲大陆,威尼斯逐渐衰落,1797年,威尼斯屈从于拿破仑的统治,有着一千多年历史的威尼斯共和国从此灭亡。1849年反奥地利的独立战争取得胜利。直到

---

① 威尼斯美术学院,前身是"威尼斯画家及雕刻家学院",收藏威尼斯画派的名画。

1866 年威尼斯地区和意大利才实现统一,从此成为意大利的一个地区。

威尼斯是一个采用独特方式建造起来的城市。所有房屋都建造在木桩之上,这些木桩用桐油反复浸泡、涂刷过,加之长久淹没在水里,因而不会腐烂,且越变越硬,愈久弥坚。木桩一个挨一个,深深扎在海底,成为地基,木桩上铺木板,木板上就可以盖房子了。所以有人说,威尼斯城之上是石头,之下则是茂密的森林。

因桥多,威尼斯有"世界桥梁博物馆"的美誉。这些桥千姿百态,风格各异,有的似飞虹,有的似游龙,许多桥都有典故与来历。要说最有名的,当数里亚托桥,莎士比亚的名剧《威尼斯商人》就是以这里为背景。它全部用白色大理石筑成,是威尼斯的象征。大桥长 48 米,宽 22 米,离水面 7 米高,桥两头用 1200 根插入水中的木桩支撑,桥上中部建有厅阁,横跨在大运河上。里亚托桥建于 1180 年,原先是一座木桥,后改为吊桥。在 1444 年的一次庆典中,因不堪重负而折断。1580—1592 年,改建为石桥。桥顶有一浮亭,两侧是 20 多个首饰商店和卖纪念品的小摊,是威尼斯最重要的商业区之一,曾作为欧洲的商业中心达 300 年之久。还有一座必游之桥——连结着总督府和旁边的地牢的叹息桥。叹息桥造型属早期巴洛克式风格,桥呈房屋状,上部穹隆覆盖,封闭得很严实,只有向运河一侧有两个小窗。它建于 1600 年,因死囚被押赴刑场时经过这里常常会发出叹息声而得名。电影《情定日落桥》就是在这里取景的。

圣马可广场又称威尼斯中心广场,一直是威尼斯的政治、宗教和传统节日的公共活动中心。曾经有资料称最能展现共和国太平景象的地方莫过于圣马可广场,它是特别为威尼斯总督府和教堂塑造景观而建。广场东西长 170 多米,东边宽 80 米,西边宽 55 米,总面积约 1 万平方米,呈梯形。它们造型的优美和谐,石雕的生动逼真,可以说是古罗马建筑中少有的杰作。广场南、北、西三面被宏伟壮丽的宫殿建筑环绕。东面耸立着高 98.6 米的圣马可钟楼和融东西方建筑艺术为一体的圣马可教堂,里面供奉着圣马可的遗体,是威尼斯辉煌的象征。1797 年拿破仑进占威尼斯后,赞叹圣马可广场是"欧洲最美的客厅"和"世界上最美的广场",并下令把广场边的行政官邸大楼改成了自己的行宫,还建造了连接两栋大楼的翼楼作为他的舞厅,命名为"拿破仑翼大楼"。现在,圣马可广场是威尼斯一年一度的嘉年华的主要场所。

船是威尼斯市内唯一的交通工具,像公交车一样,也有固定的线路和船站,或者你也可以像坐出租车一样坐出租船。威尼斯特有的古老的游览船叫"贡多拉"(见图 8-7),"贡多拉"船身狭长,首尾翘起,最适宜在狭窄的水巷中行驶。艄公身着黑白相间的传统服装,头戴有红色帽箍的草帽,他们用单桨划船,操作非常熟练。

图8-7 威尼斯传统交通工具：贡多拉

"贡多拉"制作严格而又讲究：长11米，宽近1米半，以栎木板为材料，用黑漆涂抹7遍始成。坐满六人，加船夫一人。乘着"贡多拉"，在古老的手风琴和其他乐器的悠扬音乐声中穿行于古色古香的水城之中，欣赏着"街道"两旁古旧的建筑，仿佛时间倒转，回到了过去。

　　威尼斯的特产是玻璃和面具，这两样事物的语意正好相反：玻璃代表透明和开放，面具则意味着遮蔽和隐藏。威尼斯的面具文化在欧洲文明中独具一格，是极少数将面具融入日常生活的城市。18世纪之前，威尼斯法律允许市民在一年中的大部分时间里戴着面具工作和生活。诗人拜伦曾说："忘不了威尼斯曾有的风采：欢愉最盛的乐土，人们最畅的酣饮，意大利至尊的化装舞会。"赫赫有名的威尼斯狂欢节是全世界四大狂欢节之一，其最大特点即是面具与华丽的服饰。届时，作为游客的你，也可以成为"面具先生"、"面具小姐"。一个人戴上面具，失去了身份，却获得了自由，可以从紧张的生活中稍事放纵，这是很多人喜欢狂欢节的理由。

　　12世纪，随着贸易的发展，威尼斯成为世界玻璃制造业中心。当时的政府为了垄断玻璃制造技术，把玻璃艺人集中在与威尼斯隔海相望的穆拉诺（Murano）岛上。15—16世纪是威尼斯玻璃生产的鼎盛时期，产品几乎独占欧洲市场。现在，色彩斑斓、美轮美奂的玻璃工艺品依旧是游客的最爱。作为国宝，威尼斯的玻璃制造业行规十分严格，如给所有掌握这门技术的大师颁发证书并编号登记在册，而每一件大师作品上都要有签名为证。

　　夜晚的威尼斯如果可以用"惊艳"去形容，白日的威尼斯则显得"古旧"，但如果你有机会在这里待上一年，你则会对这座城市的维修水平赞叹不已。与一般城市不同，维修是这个古老水城永恒的主题。倘徉在水上，泛舟狭窄的水巷，你会看到500年以上的水门、水闸以及不断维修的桥体。自《威尼斯宪章》到《巴拉宪章》①，西方社会在努力找寻保留传统的方式。意大利作为拥有丰厚文

---

① 全称《澳大利亚国际古迹遗址委员会文化重要性地方保护宪章》，1979年通过，宪章认为保护的目的即在维持"地方"的文化重要性，具有文化重要性的"地方"，既是历史记录，也是国家认同和经验的有形表现。

化遗产的国家,在这方面做出了诸多的尝试。当我们看到威尼斯的"破旧",其实也看到了一个真实存在的文化岛屿。那满城掉了墙皮的古屋,窄小的街道,嘈杂的市场与各式各样的行人无一不彰显着这座城市古老的历史。旧有格局的存在所反映的是一个地方人与自然之间长期形成的基本关系。一旦这种关系遭到破坏,那么生活形态、地方感的破坏就在所难免了。所以靓丽的水城、水上明珠,许多地方都可以建成,但有着厚重历史的威尼斯却只有一个。

第9章 历史遗址类世界遗产

历史者,记载以往社会之现象,以垂示将来。吾人读历史而得古人之知识,据以为基本,而益加研究,此人类知识之所以进步也。吾人读历史而知古人之行为,辨其是非,究其成败,法是与成者,而戒其非与败者,此人类道德与事业所以进步也,是历史之益也。

——蔡元培

如英国教育家史蒂芬·斯宾得所说,历史是一艘船,承载着记忆驶往未来。遗址则是这艘船上珍惜的宝贝,是记载历史的"活化石"。看庞贝(见图9-1)承载了多么丰富的记忆:

图9-1 意大利的庞贝、赫库兰尼姆和托雷安农齐亚塔考古区(1997)

公元79年8月24日维苏威火山的爆发,吞没了两个繁盛的罗马城市:庞贝和赫库兰尼姆以及那个地区的许多富家别墅。从18世纪中叶始,被掩埋的一切都逐渐挖掘出来并向公众公开开放。庞贝商业城的广阔,与规模不大却保存完好的赫库兰尼姆假日胜地相得益彰,而托雷安农齐亚塔的奥普隆蒂斯别墅的壮丽壁画,呈现给我们一幅早期罗马帝国富裕的市民生活方式的生动画面。

公元79年8月24日,庞贝城的封存日。参与发掘庞贝城的历史学家瓦尼奥说:"那是多么令人惊骇的景象啊!……不少人家面包仍在烤炉上,狗还拴在门边的链子上……墙上还贴着选举标语,涂写着爱情的词句……"

"尽情享受生活吧,明天是捉摸不定的。"——这是庞贝城出土的一只银制饮杯上刻着的话。这只银杯在存放葡萄酒的房间内,酒杯旁是一具女性的遗骸。

还有人死在绘有植物花叶的壁画下。一千多年后,人们挖出他的遗骨时,发现那幅壁画上刻有一句铭文:"没有任何东西可以永恒。"

如今,那些街道、房间、花园、器皿……残旧、斑驳,却充满故事与历史沉淀下来的美感。沉浸其中,仿佛与庞贝人尽情挥霍过的时光重新相遇。只是,喧闹的人声已散,只留下一座空城让人凭吊、回味。

古城曾经的繁华与今日的空落,庞贝人对生活的思考与游览庞贝者内心的感怀交织在一起,历史由此变得更加清晰,我们对生命的认识也更加深刻。

遗址还是人类文化多样性的载体。对不同遗址的尊重意味着对不同民族、种族文化的尊重与肯定。2001年11月2日,UNESCO在巴黎总部通过了《世界文化多样性宣言》(Universal Declaration on Cultural Diversity)。宣言的第1条阐述如下:

"人类的共同遗产文化在不同的时代和不同的地方具有各种不同的表现形式。这种多样性的具体表现是构成人类的各群体和各社会的特性所具有的独特性和多样化。文化多样性是交流、革新和创作的源泉,对人类来讲就像生物多样性对维持生物平衡那样必不可少。从这个意义上讲,文化多样性是人类的共同遗产,应当从当代人和子孙后代的利益考虑予以承认和肯定。"

每一次的遗址旅游都是了解异国、异地文化的重要机会,而恰如教科文组织总干事松浦晃一郎所言:"文化间的对话是和平的最佳保证。"他认为文化间的对话彻底否定了各文化和文明间的冲突不可避免的观点。

历史遗址都是些有故事的地方,断壁残垣记忆着时间深处清晰的脚印,连接着一段段引人回首的往事。对于遗址,中国古代士人的审美情怀常常在于其悲凉、萧瑟,并由此感叹历史的更替,文明的兴衰。如箕子过殷墟,"感宫室毁坏,生禾黍",因此"伤之";杜甫见"国破山河在,城春草木深"之败象,虽遇花鸟,但感时伤别,则花也溅泪,鸟亦惊心。于现代人而言,探寻古老的遗存,则另有一种情愫,于是残缺也自有残缺的美丽。在葡萄牙的辛特拉山文化景观区,摩尔城遗迹有着荒凉之美,虽然逶迤起伏的城墙现在长满了青苔,但却占据着整个山头,规模之大与年代之久让人联想到历史变幻与风云人物。在敦煌和嘉峪关,黄沙大漠也不能掩埋这里曾经的繁荣与沧桑,它们见证的汉唐帝国的兴起,其故事可能被无数种语言演绎成了不同的版本,但无论如何,那种苍凉与雄浑都引人入胜。

一般意义上的历史遗址,是指人类历史时期所形成和利用的,现在已经废弃、或掩埋于地下、或残缺不全的人类活动痕迹和遗物,排除了保存完整的、或仍在使用的、或得以发展的人类历史产物,如古代建筑、古代园林、古陵墓以及与现代社会文化联系密切的历史城市、宗教文化、文学艺术、社会风俗等。

而凡属历史遗存,且现今仍有旅游开发利用价值的资源,不论它是残缺不全的还是保存完整的;不论它是属于宗教寺观、古代建筑还是属于民宅、古典园林;也不论它是古代遗迹还是近代史迹,都属于历史古迹旅游资源。可见,历史古迹是包含历史遗址的一个更大的范畴,它几乎涵盖了《世界遗产公约》中所界定的三类"文化遗产",即文物、建筑群和遗址,如下"旅游价值"的讨论围绕"历史古迹类世界遗产"(或叫"文化遗产")展开。

第一节 历史古迹类世界遗产的旅游价值

1. 历史和文化的载体

历史古迹形成于不同时代,真实记录了人类社会发展历程中的种种痕迹,既是历史的见证,又是社会文化发展过程的反映。余秋雨说:"我站在古人一定站过的方位上,用与祖辈差不多的黑眼睛打量着很少会有变化的自然景观……而中国文化的步履却落在这山重水复、苍苍茫茫的大地上。"正是有了这样一种"吞吐千年"的文化引力,人们"发现自己特别想去的地方,总是古代文化和文人留下较深脚印的所在",这是一种区别于自然的千百年来积淀的人文山水。无论是感叹于阳关古老而苍凉的特质,还是缠绵于因传说而情丝千缕的西子湖,或是顶礼膜拜于浓郁书香之气的天一阁,关于历史的点点滴滴,总让游人留连,让旅者感怀,这正是历史古迹旅游资源作为历史和文化载体的魅力所在。

中国历代封建王朝提倡"厚葬以明孝",每临皇帝死去,不惜用大量的财力、人力为其建造巨大陵墓。这些陵墓是中国封建时代对灵魂信仰的集中体现,凝聚着一个时期的政治思想、道德观念和审美趣味;同时,这种动用国家力量建造的陵墓,也反映了当时的经济状况、科学技术水平和营造工艺水平,是中国丧葬艺术的最高表现形式和建筑典范。明清时代是中国陵寝建设史上的一个辉煌时期(见图9-2)。明朝的开国皇帝朱元璋对陵寝制度作了重大改革。他将地上的封土堆由以前的覆斗式方形改为圆形或长圆形,又取消寝宫,并扩大了祭殿建筑。清代沿袭明代制度,更加注重陵园与周围山川形貌的结合,注重按所葬人辈分排列顺序,还形成了帝、后、妃陵寝的配套序列,在祭祀制度上也更加完善、合理。盛京三陵则将满族文化有机地融入陵寝建设中。

图9-2 中国明清皇陵(明显陵、清东陵、清西陵—2000)(明十三陵、明孝陵—2003)

明清皇家陵寝依照风水理论,精心选址,将数量众多的建筑物巧妙地安置于地下。它是人类改变自然的产物,体现了传统的建筑和装饰思想,阐释了封建中国持续五百余年的世界观与权力观(图为明十三陵神道入口)。

2. 令人陶醉的艺术之美

历史古迹与各种各样的艺术样式有着千丝万缕的联系。西方有所谓"建筑是凝固的音乐"之说。梁思成曾比喻说,中国古建筑一柱一窗的连续重复,好似四分之二拍子的乐曲,一柱二窗的立面节奏,则似四分之三的华尔兹。而对于中国园林,他则认为"就是一幅幅立体的中国山水画"。不仅园林的营造中渗透着葱郁的画理,天花彩绘、雕梁画栋以及壁画等,更是直接进入了中国宫室之中。我国著名园林学家陈从周也曾指出:"园之佳者如诗之绝句、词之小令,皆以少胜多,有不尽之意,寥寥几句,弦外之音犹绕梁间。"中国的高台、佛塔之类建筑,又好比诗之排律,有一种奔涌而起的磅礴气势。

在布达佩斯(见图9-3),建筑艺术之美无所不在,大街小巷处处可见惊喜。不用说叫得出名字的皇宫、教堂、博物馆与火车站,寻常的拱廊商场、咖啡屋、银行,甚至民宅院落也都流露出不凡的大家风范气质。艺术的光芒,交响乐般回荡在整个城市,使人不难想象当年奥匈帝国的风光盛况。由此可见,历史古迹所带给人的是一种集合了各种艺术门类的综合之美,是令人陶醉的;当触动了内心的感怀,让旅游者有所遐想的时候,它又是耐人寻味的。

图9-3 匈牙利布达佩斯的多瑙河两岸、布达城堡区和安德拉什大街(2002)

该地区保留有诸如阿昆库姆罗马城和哥特式布达城堡等遗迹,这些遗迹受到好几个时期建筑风格的影响,是世界上城市景观中的杰出典范之一,而且显示了匈牙利都城在历史上各伟大时期的风貌。

3. 古代科学技术的展示

历史古迹大多蕴涵着很高的科学价值。2500多年前战国时期的水利专家李冰领导修建了举世闻名的水利工程——都江堰。他科学地将分洪、泄洪排沙、灌溉三项工程合为一体,立下了"川西第一奇功"。清同治年间,德国地貌学家、地质学家李希霍芬来都江堰考察时,以行家的眼光,盛赞都江堰灌溉方法之完美无与伦比。祈年殿是天坛(见图9-4)建筑组群中体量最大的建筑,平面呈圆形,直径按柱中心计为24.5米,高为38米,其间各种技术与手法的运用充分显示了中国古代建筑师们在大跨度圆形建筑上的成功创造。对科学技术的深入探索也体现在建筑所呈现的节奏和韵律之美中。祈年殿耸立于3层圆形白石台基之上,如果把每层台基上的栏杆小柱作连线,会发现它们都向着殿的正中心,台基与殿身由此完美地结合成一个整体。又如果把屋顶和3个屋檐连接起来,一条优美的抛物形曲线便呈现于眼前,这条曲线正是祈年殿形象之所以富于韵律之美的奥秘。

图9-4 北京皇家祭坛——天坛(1998)

天坛,建于15世纪上半叶,坐落在皇家园林当中,四周古松环抱,是保存完好的坛庙建筑群。无论在整体布局还是单一建筑上,都反映出天地之间(即人神之间)的关系,而这一关系在中国古代宇宙观中占据着核心位置。同时,这些建筑还体现出帝王在这一关系中所起的独特作用。

4. 切合寻幽探古的时尚

现在是历史的一种延续,留存至今的古迹多是过往年代中最精华的部分,从中可使人深谙生命的真谛,可让人寻求到一种超越时空的源自内心的共鸣,这正是现代人喜欢寻幽探古的内在原因。携爱人徘徊在西子湖畔(见图9-5),一路是许仙与白娘子相会的断桥,是独自在南屏的晚钟声里凄美的雷峰塔,是梁祝十八里相送的缠绵,化蝶相随的执著……情侣们尽可沐浴在这份历史的缠绵与执著中,说些只属于两个人的情话。"若把西湖比西子,浓妆淡抹总相宜"。西湖的历史也可以从不同的角度去品味,约几个情投意合的好友,泛舟湖上,一路笙歌,耳边仿佛响起柳永的"羌管弄晴,菱歌泛夜,嬉嬉钓叟莲娃……",虽然晚来了近千年,一舟雅士唱和对饮的场景仍是历历在目。从现代的快节奏与高楼的挤压中抽身,任自己驻足在某一令人心仪的历史时空,这何尝不是一份滋养心灵的鸡汤。

图9-5 中国杭州西湖文化景观(2011)

"杭州西湖文化景观"是文化景观的一个杰出典范,它极为清晰地展现了中国景观的美学思想,对中国乃至世界的园林设计影响深远,时至今日,其核心要素仍然能够激发人们"寄情山水"的情怀。

第二节 历史遗址类世界遗产

《世界遗产公约》中将遗址定义为"从历史、审美、人种学或人类学角度看具有突出的普遍价值的人类工程或自然与人联合的工程以及考古发掘所在地"。岁月流转,许多人类的创造失去了踪迹,久而久之,这些失落的文明变成民间的传说。若是没有考古学家和狂热的历史探寻者深入研究和发掘,这些消失的文明将永远沉睡在人类的脚下! 每一处历史遗址,每一个失落的古城,都有一个故事。从繁华热闹到遭遇天然灾害如火山喷发、狂风暴沙,或战火侵袭,将凄美、呼号、辉煌、悲怆、浪漫、情仇、神话共冶一炉,交织成人类文明史上一段段触动人心的记忆!

✍ **可能的史前遗址类——以英国的"巨石阵"、埃夫伯里及周围的巨石遗迹为例**

人类所发现的许多文明遗迹时间跨度非常古远。考古证据表明,从久远的远古时代开始,在我们这个地球上就一直存在着人类,并发展出高度发达的文明。如在三叶虫化石上发现的6亿年至2.5亿年前的穿着鞋的人类脚印,在今天的非洲加蓬共和国发现的20亿年前的大型链式核反应堆,在现今南非发现的28亿年前的金属球,及多次不同时期的石器等等,很难想象它们属于同一人类文明时期。因此,部分科学家提出了多次史前文明的理论,认为地球上曾经有过多次史前人类及文明。

生物考古学家认为,地球诞生至今的45亿年历史中,地球生物经历了5次大灭绝,生生死死,周而复始,最后一次大灭绝发生在6500万年之前。有人据此推断,20亿年前地球上存在过高级文明生物,但不幸毁灭于一场核大战或巨大的自然灾变。亿万年的沧海桑田几乎抹去了一切文明痕迹,仅留下极少遗物,成了现代人类的不解之谜。

埃及的"金字塔"、英国的"巨石阵"、以玻利维亚的"太阳门"为代表的蒂瓦纳科遗址是最具传奇色彩的几处可能的史前遗址类世界遗产,它们大多被考证建造于距今数千年前,甚至更悠远的年代;但其建筑之辉煌、技术之精湛甚至现代的人类技术都无法企及。谈及史前文明,部分科学家认为这仅是一种附会,是不能令人信服的。但另有一些人坚持自己的看法,认为我们的地球早已存在50多亿年了,而人类文明仅仅有5000多年历史有些"说不过去"。谜,现在仍未解开!

"金字塔"和"巨石阵"下文将详述,现在简单介绍一下蒂瓦纳科遗址。

从残存的废墟石块中可以看出,"太阳门"所在的蒂瓦纳科(见图9-6)曾是一座相当坚固的大方城,四面有着高不可攀的城墙,每座城门都用一整块重达几十吨甚至数百吨的大石雕凿而成。考古学家还在巨石的缝隙中发现了一些小金属钉,其作用是固定石头,据推测,这些金属钉是把金属熔化后再倒入凿出来的石头模子中制成。最引人注目的是该城西北角整块岩石凿成的一座巨石拱门——太阳门,号称"世界考古最伟大发现之一"。世代居住在南美大陆的印第安人自古以来就崇拜光辉灿烂的太阳,每年春分之时,第一缕太阳光会准确地穿过太阳门,以示对太阳的眷顾。更为神奇的是,这里可能叠加了5座古城。玻利维亚考古学家卡洛斯·蓬斯·桑切斯认为,蒂瓦纳科城经历了5个历史时期,从公元前200年到公元1200年,历时近1400年。可惜的是,5层古城遗址中发现的资料并不多,所以,蒂瓦纳科仍是谜一样的城市。

图9-6 玻利维亚的蒂瓦纳科文化的精神和政治中心(2000)

蒂瓦纳科城是古拉丁美洲印第安王国的首都,当时这一强大的帝国统治了南安第斯山脉及之外的广阔地区。公元500年至900年间,蒂瓦纳科城达到了鼎盛时期。这一地区的文明与美洲其他地方的古拉丁美洲帝国文明有所不同,其历史遗迹证明了这一文明在文化和政治上的重要性。

名称：巨石阵、埃夫伯里及周围的巨石遗迹（Stonehenge, Avebury and Associated Sites）
所在地：英国威尔特郡
入选标准：(i)(ii)(iii)
列入时间：1986(2008)
UNESCO 链接：http://whc.unesco.org/en/list/373

图 9-7　英国的"巨石阵"

UNESCO 评价

位于威尔特郡的"巨石阵"、埃夫伯里是世界上最负盛名的巨石林，它们由巨石围成圆圈，其排列方式对天文学的重要意义仍在探索之中。这个圣地和周围的新石器时代遗址为研究史前时代提供了至关重要的证据。

遗产价值

(i) 该世界遗产地展示了史前极具创造性和技术性的杰出成就。

(ii) 该世界遗产地为我们提供了一个 2000 多年前，从新石器时代早期至青铜时代的历史遗址演变、人类不断使用并且塑造景观的突出例证。这些古迹和景观已经对建筑师、艺术家、历史学家和考古学家产生了不可磨灭的影响，并且对未来研究仍保有极大潜力。

(iii) 巨石阵、埃夫伯里及周围的巨石遗迹为我们洞悉新石器时代和青铜时代英国的丧葬和庆祝仪式提供了一个特殊的视角。遗址及其周边环境一起形成了一处无与伦比的景观。

遗产介绍

在距英国首都伦敦 120 多千米、一望无际的索尔兹伯里（Salisbury）平原上，矗立着庞大的巨石阵。30 多块巨石，以每块重达数十吨的巨型体量，组成巨大的圆圈，傲视穹庐，执著地屹立了四千多年，坚守着亘古不变的秘密。它是宗教祭坛？是外星人的杰作？是古代天文观象台？没有人知道！这就是历史，有时，它真实得可以伸手触摸；有时，它却留下广阔的空白，任凭人类驰骋丰富的想象力。

巨石文化是古代先民的一种信仰观念，在新石器时代最为发达，那时，人们用巨大的石头建造庙宇、祭坛或者坟墓，认为石可通神，石可通天。由于年代久远，留下的遗迹很少。欧洲在 6000 多年前就进入了巨石时代，现在能看到的遗迹中，以马耳他的巨石庙宇、爱尔兰博因河谷的巨型石墓和英格兰的巨石阵最为重要，它们以其静谧的壮伟唤起人类自古至今的赞叹，彰显了神秘、力量和持久。

巨石阵又称索尔兹伯里石环，位于英格兰威尔特郡，约建于公元前 3000—前 1000 年，属新石器时代末期至青铜时代。巨石阵的主体由几十块巨大石柱组成，这些石柱排成几个同心圆，其外围是直径约 90 米的环形土沟与土岗，内侧紧挨着的是 56 个圆形坑，由于这些坑是由 17 世纪英国考古学家约翰·奥布里发现的，因此又叫奥布里"坑"。巨石阵最壮观的部分是直径约 30 米的砂岩圈，它由 30 根巨大的竖长扁平粗石柱组成（有的石柱现已丢失），石柱最高达 9 米，重达 50 吨，一般的也有 30 吨左右。石柱上面曾架着每块 7 吨重的条形砂岩横梁（现有 5 对石柱上的横梁保持完好），石柱与横梁之间用先进的木工凹凸球形榫接技术相连（石柱为凸球形，横梁为凹球形）。在圆周之内有 5 组马蹄形的三石牌坊，每组都有一对耸立的柱形石，重量不下 45 吨，在其顶上放置一块很大的横梁与石柱榫式连接固定。石柱与横梁都为砂岩，据考证，开采加工于"巨石阵"以北 30 千米的马兰博郡。"巨石阵"圆周还有很多较小的石块，因其色为蓝得名"蓝石"，它们采自 385 千米外威尔士西南方的普雷西尼（Preseli）山。最值一提的是中心有一块已被加工好，足有 5 米之长，被称为"祭坛石"的石块，不知何故，该石现在已被垂直地埋藏在地表以下。本来在圆周内还有一个较小的由 60 块小型的蓝石紧密围成的圆周，把五组马蹄形三石牌坊围在中央，可惜这个蓝石圆周受的破坏更大，只剩下两块了。据估算，以当时的生产力水平，建造巨石阵需要至少 3000 万小时的人工，相当于 1 万名工匠工作整整 1 年。

【延伸阅读7】

巨石阵的发现

公元 1130 年，英国的一位神父在一次外出时，偶然发现了巨石阵，从此这座由巨大的石头构成的奇特古迹，开始引起人们的注意。早在 20 世纪 50 年代，考古工作者就推断，巨石阵至少已有几千年以上的历史。几个世纪以来，没有人知道巨石阵的真正用途，也没有人知道是谁建造了巨石阵，而古老的传说和人们的种种推测，让巨石阵一直笼罩着一种神秘的氛围。

考古学家经过多年考证，现已初步绘制出巨石阵完整状态的想象图。他们认为，巨石阵的建造是一项历时千年的伟大工程，这一工程的建造开始于新石器时代后期，分三个阶段进行。第一阶段可追溯至公元前2800年左右的新石器时代晚期。不过当时并没有巨石，只是建造了一个能容纳数百人的圆形土堤，在土堤内挖出了56个圆形坑，据考证，坑内当时很可能埋入了木桩，而木桩的作用是用来测量季节变化的。公元前2000年，铜器时代初期，人们对巨石阵的进口进行了改造，当时铺设了壕沟和两道500米长的人行道，以及被称作"斯泰申石碑"的四座石柱，竖立在了巨石阵内侧，在这个阶段，似乎曾决定在中央竖起两圈蓝砂岩石柱，大约竖起四分之三圈石柱之后，可能由于计划改变，这项工程突然停止，于是石柱被搬走，坑被填平。大约在公元前1000年，巨石阵进入了建筑的第三个阶段，人们运来了100多块巨大的砂岩，并且建成了由30多个石柱组成的砂岩圈，在砂岩圈里侧布置了5组石牌坊。在第三阶段中期，在这5组石牌坊的里侧布置了许多蓝砂岩石柱，它们残存到了今天。

巨石阵最令人费解的是56个奥布里"坑"遗迹，这些洞是挖好后又立刻填平，并且确定洞中未曾有石柱竖立过。为何当初要挖56个，而不是整数数目？牛津大学的亚历山大·汤姆教授在综合英国境内其他环状石遗迹的研究后发现，这些洞的排列与金字塔的构造有相同之处，它们都运用了"黄金分割比"。汤姆以英国环保局所绘制的标准地图为准，将第4、20和36号洞相连，竟然出现了一个顶端指向南方的图形。

巨石阵的东北侧有一条通道，在通道的中轴线上竖立着一块完整的砂岩巨石，被称为"踵石"。早在1771年有人观察到夏至日的第一缕阳光正投射在踵石上。另外，巨石阵中还有两块石头的连线指向冬至日落的方向。由此人们猜测，巨石阵很可能是远古人类为观测天象而制造的，可以算是天文台最早的雏形了。

巨石阵以北30千米的埃夫伯里村，坐落着该遗产地的另一处遗址——埃夫伯里石圈，它有着早于巨石阵五百年左右的历史，是欧洲最大规模的石圈。外周长有1.3千米，由100根青石柱组成，每根重约50吨，大圈内有两个相切的小圆圈。当年有四条大道通向圆环，其中一条保存至今。2003年，考古学家在距离巨石阵大约5英里处挖出一青铜器时代早期弓箭手的坟墓。研究发现，这个人大约生活于公元前2300年，巨石阵正是在此前后形成。坟墓中的陪葬品多达100件，包括金耳环、铜刀子和很多陶器，考古学家推断这个人可能是当时巨石阵附近地区的一位显赫人物，一些考古学家甚至猜测他参与主持建造了巨石阵。

然而，所有这一切都只是推测。许多人相信，巨石阵似乎是远古祖先故意留给现代人的一个巨大谜题。也许只有那些屹立千年的石头才知道真正的答案，并以其独特的方式向人们默默地诉说着远古文明的精彩传奇。

古人类活动遗址类——以南非古人类化石遗址为例

也有人将古人类活动遗址称为"史前遗址",是指从人类形成到有文字记载历史以前的人类活动的痕迹,大约有近300万年的进化史。由于历史久远,它只留下古人类化石、原始聚落遗址,以及原始人使用的生产工具和生活用品等。

古人类活动遗址真实地记录下远古时代人类文化发展的典范,它们以各自不同寻常的方式让人们得以了解人类祖先的社会、经济和精神生活状况。葡萄牙与西班牙交界的科阿峡谷史前岩石艺术遗址是一处集中体现旧石器时代晚期(公元前22000年至前10000年)岩刻艺术的遗址,是反映人类早期艺术创作的突出例证,其规模之大世所罕见。西班牙的席尔加·维德岩石艺术考古区现也补充到这一遗产中。考古区内包括645件岩刻艺术作品,全部雕刻在因河流侵蚀冲刷形成的陡峭岩石上。作品主要是对动物形象的描绘,但其中也可以找到几何图案与概括抽象图案。席尔加·维德与科阿峡谷的史前岩石艺术遗址代表着伊比利亚半岛旧石器时代露天石刻艺术所达到的最高水平。

坐落在亚热带气候带的墨西哥的瓦哈卡州中央谷地的亚古尔与米特拉史前洞穴中发现的考古证据与岩刻艺术,则见证了史前人类从游牧式的打猎采集者向定居农业人口的转变进程。在吉拉纳蒂兹洞穴中发现的一万年前的葫芦种子,被认为是美洲大陆上最早进行植物栽培的证据,而同一洞穴发现的玉米穗残粒则被看做是最早的人工栽培玉米的证据。亚古尔与米特拉洞穴的文化景观展现了人与自然之间的纽带,这一纽带不仅导致了北美洲人工种植的产生,并且推动了中美洲文明的发展。

名称:斯泰克方丹、斯瓦特科兰斯、科罗姆德拉伊和维罗恩斯的化石遗址(Fossil Hominid Sites of Sterkfontein,Swartkrans,Kromdraai,and Environs)

所在地:南非豪登省、林波波省与西北省

入选标准:(ⅲ)(ⅵ)

列入时间:1999(2005)

UNESCO 链接:http://whc.unesco.org/en/list/915

图9-8 南非古人类化石遗址(罗百氏傍人)

UNESCO 评价

这个化石地区重要之处在于它定义了人类的起源和进化。在此地区找到的化石，可协助辨认许多其他原始人类标本，特别是傍人（Paranthropus），其存在时间将可回溯至450万年至250万年前，证明火是在180万年至100万年前即开始使用。

遗产价值

（iii）提名的系列遗址为一些可以追溯到350多万年前的最重要的南方古猿标本提供了特殊的见证，因而通过生命演化过程阐明了人类的起源和进化。

（vi）提名的系列遗址位于独特的自然环境中，这里为获取和保存人类和动物的遗骸创造了一个合适的环境，为获准进入的科学家开启了一扇通往过去的窗口。因此，这一遗址与人类历史上最古老的时期相联系，构成了一个具有普遍意义和相当潜力的科学数据的庞大储备。

遗产介绍

英国作家汤玛斯·布朗曾经写过，"我们每个人的身体里都蕴藏着非洲的原始与神秘"，"人类发源于非洲"，这是受到古人类学界广泛认可的理论，而支持这一理论的证据大多来自于南非约翰内斯堡西北部50千米处的"人类的摇篮"（Cradle of Humankind，以下简称"摇篮"）。"摇篮"占地180平方千米，区域内分布着复杂的石灰岩洞穴系统，其中包括大名鼎鼎的斯泰克方丹岩洞群（Sterkfontein Caves）。

"摇篮"自1935年发现以来，不断有意义重大的古人类化石出土，1999年入选世界文化遗产，当时登录名即为"人类的摇篮"，后于2005年扩展并改为现名。"摇篮"中出土的化石不但数量巨大，而且年代非常古老，部分化石甚至可追溯到350万年前。仅仅是斯泰克方丹片区出土的化石就占了全世界已发现的古人类化石的三分之一。

"摇篮"是系列考古遗址的总称，共有12处，其中7处发现有古人类化石。此外，还发现了大量古人类制作使用的石器、用火遗迹、屠宰或食用动物肉食时在动物骨骼表面留下的切割或砍砸痕迹等。该地区一直保持着其天然形态，几乎没有进行任何开发，因此被认为是保护得最好的世界遗址之一。"摇篮"遗址出土有3件举世闻名的人类先祖化石，它们是：1997年出土、距今约330万年的南方古猿"小脚"化石，它被称为是目前世界上最古老的人类先祖骨架；1947年出土的"普莱斯夫人"（Mrs. Ples）头骨化石，其生存年代可以追溯到215万年之前，它是首例完整的成年南方古猿非洲种头骨化石；1924年出土的"汤恩（Taung）幼儿"南方古猿头骨化石，距今约200万年。其中"小脚"和"普莱斯夫人"化石都发现于斯泰克方丹岩洞（GAPP architects, etc. 2009）。

2005年12月7日,在时任南非总统的塔博·姆贝基力推下,一个新的游客中心——玛罗彭(Maropeng)博物馆建立,它是"摇篮"遗址的史料中心和展示中心。"玛罗彭"为当地塞茨瓦纳语,意为"返回起源地"。展馆的标识是一对醒目的脚印,其背景是以非洲版图为主的地球,取意人类祖先从"摇篮"发源走向世界。展览馆最高处距地面20米,最宽处达35米,总体呈泪珠形,以地下建筑为主。其入口处设计为古墓形状,出口处则是现代风格建筑。展览馆运用现代科技和声光电等综合手段,调动起人体多种感官,使游客可切身感受人类诞生、进化和发展的历史。

斯泰克方丹岩洞是一个发育于白云岩中的喀斯特溶洞,分地上和地下两部分。岩洞地上部分为原洞穴顶部塌落后被侵蚀而成,地下部分有暗河和支洞。古人类学家和考古学家推测,人类先祖最早出现于此,后迁徙至世界各地。斯泰克方丹岩洞迄今已发掘出600余件人科化石、9000余件石器和丰富的动物化石,有能够确定人类起源和进化的重要线索。在此发现的化石确定了早期原始人类的一些标本,尤其是距今450万年至250万年前的南方古猿标本,以及180万年至100万年前人类使用火的证据。其中,"小脚"化石为20世纪末古人类学最重要的发现之一,在全世界引起轰动。

1994年,南非古人类学家罗恩·克拉克教授在整理从斯泰克方丹洞穴出土的动物化石时,发现一件化石很像人类脚踝部的距骨。他随即仔细检查其余化石,结果发现了4件可以连在一起的与人类相似的左侧足骨。在以后的3年里,他又陆续在金山大学标本室没有归类的碎骨中,发现3块可以与前4块相拼接的化石,还有一块胫骨——于是一只脚出现了!特别是那块胫骨,使他相信还有其他骨骼存在。因此他让两位助手拿胫骨到洞里去,大海捞针般地搜索,居然在一片坚硬的"角砾岩"中找到了胫骨的对接处,沿着这一线索继续扩大发掘范围,竟发现了一副完整的骨架。据推测,这只名叫"小脚"的南方古猿是失足掉进一个深达10—20米的山洞后被饿死的,他的尸骨因此得以完整保存330万年。从"小脚"已被发现的手脚骨骼判断,这只南方古猿已初步具备了现代人类特征。他有着不同于猿的手臂和手掌,手臂要短,更接近于现代人类;手掌短、拇指长,其他指头像人类一样短,因此可以半握拳。"小脚"可直立行走,夜晚或紧急情况下也会爬到树上。他的头与身体的比例要比猿大些,这表明他比古猿类要更智慧,但仍没有智人聪明。

"普莱斯夫人"于1947年4月18日被考古学家罗伯特·布鲁姆和他的助手约翰·罗宾逊发现。这一发现在当时世界考古界引起极大反响,她证明了南方古猿就是人类的远亲。布鲁姆依据这具头盖骨化石牙床上的犬齿洞大小认定这是一具成年妇女的头盖骨,因此取名"普莱斯夫人"。然而2007年时任南非自然博物馆馆长的弗朗西斯·萨克瑞在对这具头盖骨化石的犬齿根部进行CT扫描后提出，这具头盖骨应该属于一个少年男性，因此应被称为"普莱斯先生"。性别上虽有不同的判断，但无可争议的是，这具头盖骨化石的发现表明南方古猿已具备了人类的某些特征。

"汤恩幼儿"由南非人类学家雷蒙·达特在1924年发现，当时他在近金伯利的汤恩发现了一些骨头及头颅骨碎片。这具头颅骨有点像猿，但也有人类特征，达特认定它是猿与人之间的物种，并命名为非洲南方古猿。但当时学界并没有接受达特的说法，直到布鲁姆发现"普莱斯夫人"后，将其与"汤恩幼儿"比较，发现缺乏面部突出部分，与较近代的人亚科相似。这两具化石后来都被编为非洲南方古猿，有力支持了达特当年的说法。"汤恩幼儿"的眼窝、牙齿及枕骨大孔和"北京人"有相似之处，显示它有人类的面貌。据说，"汤恩幼儿"头颅骨化石本来是在悬崖上，开采石灰岩时被炸出来，所幸被岩石包裹着。达特用他太太织毛衣的金属针，从岩石中一点一点地把它挑出来，清洗之后，发现头颅骨上有伤痕。那么，"汤恩幼儿"的头颅骨为什么会落在悬崖之上呢？2006年，在一次科学研讨会上，克拉克教授揭开了这个200多万年的悬案谜底。他发现头颅骨化石的眼窝的底部有一个小洞和几条锯齿状的裂缝，头骨的顶部也有凹陷下去的地方，推测这是被飞雕尖嘴啄过的痕迹，说明"汤恩幼儿"是被飞雕叼上悬崖的。

从"小脚"、"普莱斯夫人"到"汤恩幼儿"，古人类学家让我们越来越清晰地认识到"我们从哪里来？""我们是谁？""我们怎样从洪荒走到现代？"这给予了我们超越时空的宏大视角，洞察到"我们往哪里去？""我们该如何走向远方？"

? **历史文化遗址类——以中国长城、希腊雅典卫城为例**

历史文化遗址，泛指人类社会有文字记载以来的历史遗址。在中国始于商代，至今已有近4000年历史。该类遗址遗存数量大，类型多，是遗址类旅游资源和世界遗产的主体。像印度的阿旃陀石窟始建于公元前2世纪至公元前1世纪，其绘画和雕塑是佛教艺术的经典之作，具有相当重要的艺术影响力；希腊的奥林匹亚遗址建于公元前2世纪，是希腊古典时代的宗教祭祀和体育竞技中心，也是世界现存最古老的运动场旧址；埃塞俄比亚的阿克苏姆古城遗迹可追溯到公元1—13世纪之间，当时的王国是东罗马帝国和波斯帝国之间最强大的国家；洪都拉斯的科潘玛雅古迹遗址在1570年于草莽丛林中被发现，它有着宏大的建筑，丰富的象形文字，是极少数起源于热带丛林的文明的例证。这里保存了玛雅文化中最长的铭刻，多达2500字，号称"象形文字的梯道"（见图9-9）。

图 9-9　洪都拉斯的科潘玛雅古迹遗址（1980）

科潘遗址于 1570 年被迭戈·加西亚·德帕拉西奥发现,是玛雅文明最重要的地点之一,一直到 19 世纪才被挖掘出来。废弃的城堡和壮丽的公共大广场体现了它 10 世纪初期被遗弃前的三个主要发展阶段。

名称：长城（The Great Wall）

所在地： 中国由渤海之山海关伸展到甘肃省之嘉峪关,横跨辽宁、河北、北京、内蒙古、山西、陕西、宁夏、甘肃等 8 个省、直辖市、自治区

入选标准：（ⅰ）（ⅱ）（ⅲ）（ⅳ）（ⅵ）

列入时间： 1987

UNESCO 链接： http://whc.unesco.org/en/list/438

图 9-10　中国长城

UNESCO 评价

公元前约 220 年,秦始皇下令将早期修建的分散的防御工事连接成一个完整的防御系统,用以抵抗来自北方的侵略。长城的修建一直持续到明代（1368—1644）,终于建成为世界上最大的军事设施。长城在建筑学上的价值,足以与其在历史和战略上的重要性相媲美。

遗产价值

（ⅰ）明长城是一个无与伦比的杰作,不仅因为它是表征古代帝王"雄心勃勃"的符号,而且其建筑风格几近完美。长城是从月球上唯一能看到的地球上

的人类建筑。绵延的城墙延展在广袤的大地上,堪称建筑融入景观的完美范例。

（ii）春秋时期,中国沿北部边疆建筑防御工事,加强了建筑范式和空间布局中布防的比重。长城的建造导致了人口迁移的发生,从而强化了中国文化的传播。

（iii）长城是中国古代文明的杰出例证。在甘肃省保存下来的夯土墙可以追溯到西汉,明朝则发展为受到普遍赞誉的砖石城墙。

（iv）这一复杂而饱经沧桑的文化遗产是突出而独特的军事建筑例证。2000年来,该建筑群服务于单一的战略目的,但其建筑历史说明了它在防御技术和适应变化的政治环境方面的不断演进。

（vi）长城在中国历史上具有不可比拟的象征意义。其目的是保卫中国免受外来侵略,同时保护中华文化不受外夷风俗的影响。由于建筑长城带来的苦痛,"长城"成为中国文学中的重要主题,多次出现在诸如陈琳的《饮马长城窟行》(约公元200年)、杜甫的诗歌作品、明清时期的通俗小说中。

遗产介绍

长城,好似一条东方的巨龙,翻越巍巍群山,穿过茫茫草原,跨过浩瀚的"沙海",奔入苍茫的大海,其气势之雄浑,工程之艰巨,历史之悠久,世所罕见。有人曾做过粗略统计,如果用修筑长城的砖石土方来修筑一道高5米厚1米的大墙,或是铺筑一条宽5米厚30厘米的马路,那么这道墙可环绕地球十几周,这条马路可环绕地球三四十周。长城,几乎是地球上规模最大的人造建筑物,为之震撼的西方世界早在中古时期就将其列入七大奇迹①。

长城也是世界上修建时间最长、工程量最大的一项古代防御工程。自公元前7世纪开始,延续修筑了两千多年,分布于中国北部和中部的广大土地上,若把各个时代修筑的长城连接起来,大约在五万千米以上,故被称之为"上下两千多年,纵横十万余里"。历史上,长城长度超过5000千米的有三个朝代:一是秦;二是汉,全长1万多千米;三是明,全长6350多千米。

秦始皇修筑万里长城时总结出"因地形,用险制塞"的经验,2000多年来这一原则一直得以遵循,成为军事布防上的重要依据。长城多建于高山峻岭或平原险阻之处,根据地形和防御功能的需要而修建,在平原或要隘之处多修筑得十分高大坚固,而在高山险要处则较为低矮狭窄,以节约人力和费用,甚至一些最为陡峻无法修筑的地方便采取了"山险墙"和"劈山墙"的办法。长城的建筑

---

① 世界中古七大奇迹指:意大利罗马大斗兽场、利比亚沙漠边缘的亚历山大地下陵墓、中国万里长城、英国巨石阵、中国南京大报恩寺琉璃宝塔、意大利比萨斜塔、土耳其圣索菲亚大教堂。

材料和结构则依据"就地取材、因材施用"的原则,因地制宜地创造建筑方法:如黄土地区的夯土结构,华北平原的砖石混合结构,在沙漠中还利用红柳枝条、芦苇与砂粒层层铺筑的方式,称得上是"巧夺天工"的妙笔。

  长城城墙是整个防御工程中的主体部分,在北京居庸关、八达岭和河北、山西、甘肃等地,城墙一般高约七八米,底部厚约六七米,墙顶宽约四五米。墙顶之上,内侧设宇墙,高一米余,以防巡逻士兵跌落;外侧设垛口墙,高两米左右,垛口墙上部设有望口,下部有射洞和擂石孔,以观看敌情和射击、滚放擂石之用。有的重要城墙顶上,还建有层层障墙,以抵抗万一登上城墙的敌人。通常,间距十里左右会有一烽火台,又叫墩台,遇敌情,白天燃烟,夜间放明火,以示警报。据说,在长城一端点燃烽火,只要一昼夜即可把信息传到另一端,这在通信手段十分落后的时代,很具独创性。明中期,抗倭名将戚继光调任蓟镇总兵,对长城的防御工事作了重大改进,在城墙顶上设置了敌楼或敌台,以供巡逻士兵住宿和储存武器粮草,使长城的防御功能极大加强。

  罗哲文先生总结,长城的功过与作用,两千多年来虽众说纷纭,但主要集中在两方面:主张修长城者,认为它是安定边疆,保卫国家安全和人民生命财产之必需,代表人物有汉文帝、隋炀帝、唐太宗、杜甫等;主张长城无用劳民伤财者有刘安、贯休、康熙、乾隆等等。孙中山先生的评价最为客观,他除对工程之宏大给予称赞之外,认为长城主要为当时国防之必需,有功后世,但统治者暴政是错误的。他说:"中国最有名之陆地工程者,万里长城也。……工程之大,古无其匹,为世界独一之奇观。……秦始皇虽以一世之雄,并吞六国,统一中原……为一劳永逸计,莫善于设长城以御之。始皇虽无道,而长城之有功于后世,实与大禹之治水等。"事实证明,特别是在危难时刻,正是"长城"这一中华文明的代表性符号,调动起中国人无限的爱国情怀,使整个民族走出了最黑暗的日子,取得抗日战争的胜利。

  万里长城以名关险隘、形势险要著称于世。除典型的汉长城玉门关外,著名地理学家顾祖禹在《读史方舆纪要》中,以山海关、居庸关为"重险",以嘉峪关为"中外巨防",此几处皆长城的精华所在。

  保存较好的汉长城遗址集中在甘肃与新疆交界处,在这里,恶劣的天气阻挡了人类的侵袭,而长城坚实的结构又使其挨过了岁月的洗礼。玉门关是现存汉长城的最西端,建于公元前 100 年前后,由于缺少砖石材料,这里的长城材料基本上用黄土夹以芦苇和柳条夯制而成。土夯的城墙与沙漠、戈壁的色调搭配和谐,融为一体。如今零星伫立的几座烽火台在广袤无垠的荒漠中展示出一种纪念碑式的历史永恒感,充满了岁月沧桑之美,让人真切体验到"大漠孤烟直,长河落日圆"的悲凉壮丽。

嘉峪关是明长城最西端，位于长达1000千米的河西走廊最狭窄处，南北宽仅15千米。在此地区，来者只有两种选择：要么强攻固若金汤的长城防御体系；要么绕道以避实就虚，然而地处瓶颈要塞的嘉峪关周围几乎无道可绕。嘉峪关雄踞高原要津，关城庞大，内径有1000米，北面有所谓"暗壁"，南面是城墙，三座城楼耸立其上，每座城楼都是三层飞檐——这一切，都在向来自远方的入侵者显示着一个国家的强盛。登上城楼，西望茫茫戈壁，悲凉慷慨之情油然而生，正可谓"一片孤城万仞山"。在这荒凉而又奇异的西北景象映衬下，嘉峪关虽"一片"关城而愈见沉雄，虽孤立戈壁而愈显千军万马的雄壮之势。

山海关是明长城东部第一座雄关，南起渤海之滨的老龙头，北上层峦叠嶂、巍峨挺拔的燕山余脉角山峰。历史上，山海关是东北游牧民族进入华北的必经之路，所谓"两京锁钥无双地，万里长城第一关"，自古为兵家必争之地。山海关关城为四方形，周长4.7千米，在关城不远又设南北翼城，为屯兵之所。关城东门外设许多城堡，墩台为前哨。"天下第一关"（即山海关东门）城楼仡立于高大的城台之上，始建于公元1381年，为一座三间、两层、歇山顶建筑。从山海关东门往南，长城伸展八里，直入海中，被称之为老龙头。在老龙头近处有一濒海城堡叫宁海城，原来在城上有观海亭，后改建为澄海楼，在此登高远望，倚山望海，苍黄而浑厚的景观使人心头激荡着一种历史一脉相承的凝重之感。

居庸关位于北京昌平县，如"蜀之有剑门"，为首都西北的门户和屏障。关城建于一条长达18.5千米的深谷中，谷曰关沟，两旁山峦重叠，树木葱郁，景色优美，在八百年前的金代，被称为"居庸叠翠"，列为燕京八景之一。南口为居庸关关沟的入口，北口即是现在的八达岭关城，称得上是居庸关的前哨。八达岭长城是明长城中保存最好的一段，海拔高达1015米，地势险要，城关坚固。明《长安夜话》说："路从此分，四通八达，故名八达岭，是关山最高者"，可见八达岭的战略地位。为加强防御，明代对八达岭长城进行了长达八十余年的修建，并将戚继光调来北方，指挥长城防务，使八达岭长城成为城关相联、墩堡相望、重城护卫、烽火报警的严密防御体系。如今登上八达岭残长城（见图9-11），极目远望，山峦起伏，雄沉刚劲的北方山势，尽收眼底。同时，古人不畏艰险、勇于创造、坚忍顽强的精神也感染着今天的游者，使长城这一民族符号所承载的文化源远流长。

图 9-11　八达岭残长城

八达岭残长城位于八达岭长城景区西南 5 千米处，这里崇山峻岭、深沟险隘。由于保存原始，虽然残缺，雄峰犹存，断壁残垣，未加修饰，定位在一个"残"字上，倒颇有苍凉之美。

长城万里，保护难度之大可以想见。修之不及，则使其湮没于历史；修之过度，则失去真实与沧桑之感。

名称：雅典卫城（Acropolis，Athens）
所在地：希腊阿提卡省及地区
入选标准：(ⅰ)(ⅱ)(ⅲ)(ⅳ)(ⅵ)
列入时间：1987
UNESCO 链接：http://whc.unesco.org/en/list/404

图 9-12　希腊雅典卫城

UNESCO 评价

雅典卫城包括希腊古典艺术最伟大的四大杰作——帕特农神庙(Parthenon)、山门(Propylaea)、厄瑞克修姆庙(Erechtheion)和雅典娜胜利女神庙(Athena Nike),它们诠释了古希腊繁荣、兴盛的文明、神话和宗教,可被视为世界遗产理念的象征。

遗产价值

(i) 雅典卫城是建筑适于自然环境的绝佳体现。这一宏伟之作完美平衡了若干大型建筑,创造了具有独特美的不朽景观。它由建于公元前5世纪的一个完整杰作系列构成:菲迪亚斯、伊克底努和卡里克里特设计的帕特农神庙(前447—前432);穆内西克利设计的山门(前437—前432);穆内西克利和卡里克里特设计的雅典娜神庙(前448—前407)和前406年竣工的厄瑞克修姆神庙。

(ii) 雅典卫城的建筑作为典范,不仅对那个时代地中海地区的希腊—罗马古建筑有非凡的影响,在当代建筑中影响犹存。在全世界,新古典主义建筑无不受到帕特农神庙和雅典山门的启迪。

(iii) 从神话到制度化的崇拜,雅典卫城有赖于其精确而多样的建筑样式而成为古希腊宗教独一无二的见证者。6世纪初的雅典卫城,有着大量因神话和信仰而建造的神庙、神坛和雕塑,它们反映了非常多样的崇拜,这使我们看到了雅典宗教的丰富性和复杂性。

(iv) 雅典卫城展现了希腊超过一千年的文明进程。从公元前15世纪国王们的皇家宫殿和最早的防御城墙,到公元161年希律王阿提克斯建造的剧场,一系列独一无二的公共建筑被建造起来,并且在地中海建筑最密集的场所之一得以保存。

(vi) 卫城直接而明确地同历史长河中从未被遗忘的事件和思想联系在一起。其遗迹仍然是柏拉图和亚里士多德的教学、德摩斯梯尼的演说和圣保罗的讲道的生动证据。这些遗址是人类文化遗产中最宝贵的记忆。

遗产介绍

雅典卫城坐落在雅典城西南一座海拔150米的石灰岩山冈上,既是古希腊人保卫城市的要塞,又是他们祭天供神之所。历经几千年的风风雨雨,虽已残缺不全,但巍然屹立,仍然显示出宏大的气势和无尽的神韵,承载着古希腊文明的价值和理想,成为希腊人心中的圣地。

卫城,希腊语为"阿克罗波利斯",意为"高丘上的城邦",高居于阿提卡平原的峭壁之上,距今已有3000年的历史。公元前13世纪,人们在卫城周围修筑了坚固的护城墙,山顶空间则为当时统治者的官邸所占据;公元前8

世纪,卫城成为古希腊人的圣殿,供奉着这个城市的保护神——雅典娜女神。公元前 5 世纪,是卫城发展最重要的历史时期,当时,希腊人打败了波斯人,雅典政治家伯里克利提出了一个伟大的构想,即利用所有人力物力实现一项雄心勃勃的建造计划,建设的主要目的是:第一,赞美雅典,纪念反侵略战争的伟大胜利和炫耀它的霸主地位;第二,把卫城建设成为全希腊的最重要的圣地、宗教和文化中心,吸引各地的人前来,以繁荣雅典;第三,给各行各业的工匠以就业的机会,建设中限定使用奴隶的数量不得超过工人总数的25%;第四,感谢守护神雅典娜保佑雅典在坚苦卓绝的反波斯入侵战争中赢得辉煌胜利。

建造计划得到了百姓的积极响应,4 座富丽堂皇、美轮美奂的建筑在卫城上先后拔地而起。它们是:帕特农神庙、山门、雅典娜胜利女神庙和厄瑞克修姆神庙。这些建筑全部采用白色大理石建成,构思巧妙,整个布局是非对称性的,没有轴线,呈自然状态与风景一起嵌入和谐的画框里。几千年来,这些完美无瑕的柱廊、栩栩如生的雕塑如交响乐一样回荡在西方,被奉为"经典建筑"。18 世纪德国艺术史学家文克尔曼就说:"希腊艺术杰作的普遍优点在于高贵的单纯和静穆的伟大。"

帕特农神庙位于雅典卫城上首右侧,相传是诸神从奥林匹斯山游曳到雅典的聚会地,主要为供奉雅典娜女神而建,庙内原存放着一尊金碧辉煌、用黄金和象牙镶嵌而成的雅典娜塑像。神庙由伊克底努和卡里克里特设计,雕刻则由菲迪亚斯和他的弟子创作。神庙建造时期(前447—前432)正值雅典城邦民主政治的鼎盛时期。在帕特农神庙长 70 米,宽 30 米的空间里,48 根环列圆柱构成的柱廊直挺向天,每根柱子高 10 米,直径 2 米,内殿后上方则形成一个独立的矩形大厅。岁月虽然令许多石柱倒塌,但那简约庄严的美却依然鲜活:多立克式的圆柱、大理石的凹槽质感冰凉高贵,列柱逐渐细小,到达顶端时无任何装饰的弧形柱更显得优美均衡。早在古希腊时代,帕特农神庙就以其建筑风格的协调统一、雕工精细、完美的艺术性以及大量气势恢弘的雕饰而享有很高声誉。

为卫城修建一个巨大入口的想法,最早由著名建筑师穆内西克利提出。山门虽没有雕饰的刻意渲染,却因其协调一致以及与卫城整个环境融为一体而广受赞誉。原本的山门是一座 5 开间的柱廊建筑,各开间有隔墙分开,正面向西,前后柱廊各有 6 根多立克柱支撑,柱上顶着山形墙,墙上装饰有涂着金色、蓝色颜料的浮雕。1640 年,山门因遭雷击严重破坏,如今仅剩数根半截的巨大柱体(胡允恒,黄英,2004:46—61)。

雅典娜胜利女神庙坐落于卫城山门右侧,由卡里克里特设计。在希腊艺术中,胜利女神总是和雅典娜一起出现,因此有"雅典娜胜利女神"之称。这是一个爱奥尼(Ionic)柱式的小型神庙,东面是入口,横饰带浮雕描述的是希腊众神的会议场景;其余三面筑有围墙,浮雕描述的皆是战争场景。1687年,土耳其人将其拆毁,并把所有的构件都用来修筑卫城西端的堡垒。1835年考古学家在这里仔细收集起大理石建材碎片,首次运用原始建筑技术和现代材料,将其照原样修复,使今人得以窥其原貌。

厄瑞克修姆神庙位于帕特农神庙之北,神殿的命名,沿用了传说中雅典国王厄瑞克修姆之名。建于公元前421—前406年,神庙供奉雅典娜女神和海神波塞冬。神庙结构复杂,造型优雅,有四个完全不同的立面,工艺精湛,是阿提卡地区发展成熟的爱奥尼式建筑的杰出代表。整座建筑最具特色的地方是神庙南侧的柱廊——由6尊身着古希腊服饰、头顶缦形花雕浅篮的少女雕像作柱体(见图9-13),堪称希腊建筑中最富创意的石雕艺术,为其后的"人像柱"开了先河。为保护古希腊遗迹,目前位于厄瑞克修姆神庙的6根少女像柱皆为复制品,原作已移至卫城博物馆。

图9-13 厄瑞克修姆神庙的少女像柱

少女身姿挺拔婀娜,长袍自然垂落,下半部分袍裙的深褶线条与圆柱的凹槽相呼应,丰满的躯体融为坚定稳固的柱体,为神庙平添了动感与活力。

一处著名的遗址必得有一处出色的博物馆,才能让历史更趋完整,所承载的故事更趋完美。2009年6月20日,距离卫城山脚不到400米之远的新卫城博物馆正式对外开放。新博物馆由世界建筑大师伯纳德·屈米与雅典当地的建筑师助理哈利斯·弗提阿迪斯合作设计,建筑面积2万平米,历经5年时间竣工。新卫城博物馆在选址时意外发现公元前5世纪的雅典遗迹。为了保护原来的古迹,该博物馆以超过100根水泥柱作为基底支柱,悬于原来的考古遗迹之上,并选择钢化玻璃作为地板材料。当观众步入博物馆时,那些从公元前遗留下来的商店、作坊、浴室、庭院和小路将一一呈现在他们脚下。建筑分为三层:一层展示雅典卫城及其周围的考古发现;二层是休息服务区;三层为帕特农神庙馆。三层的石雕是该博物馆的焦点所在,因为现在馆内展出的大部分是标明为复制品的展品,石雕的原件则仍在伦敦大英博物馆。那些被大英博物馆视作最珍贵藏品的埃尔金大理石在19世纪早期,由贵族埃尔金勋爵以偷天之术从雅典运到伦敦。希腊希望借助新博物馆的建成,敦促伦敦归还埃尔金大理石。

第10章 古代陵墓类世界遗产

"记住你即将死去"是我一生中遇到的最重要箴言。它帮我指明了生命中重要的选择。因为几乎所有的事情，包括所有的荣誉、所有的骄傲、所有对难堪和失败的恐惧，这些在死亡面前都会消失。我看到的是留下的真正重要的东西。你有时候会思考你将会失去某些东西，"记住你即将死去"是我知道的避免这些想法的最好办法。你已经"赤身裸体"了，你没有理由不去跟随自己内心的声音。

——史蒂夫·乔布斯

在远古，人们对许多自然现象均无法解释，其中尤其困惑于生与死。墓葬作为一种文化心理现象，根源于人的生物本能，即对生的留恋与对死的恐惧。一处陵墓就是一种文化，解说着不同地区人们对生与死，对现世与来世的解读。古代世界不同地区和不同的民族，其灵魂崇拜的内容各不相同，对死后灵魂的归宿也有着不同的解释，这直接决定了各地区埋葬形式以及陵墓建筑的不同风格。

中国古代文献中对"墓"的解释与"没"字相同，即埋在地下就没有了。"入土为安、落叶归根"是中国人追求的一种情感境界，因此，在传统中国，人们更多地采用的是土葬的形式。人去世之后，后代或者亲属为其寻找一个风水宝地，然后将其安葬在此，掩埋之后往往堆成一个坟头，并在旁边树立墓碑，以此方便后代祭拜。秦始皇陵、明清皇陵也大体遵循这样的墓葬形式，只是建筑更加宏伟，陪葬之物更加丰厚。

古埃及人则相信灵魂再生，人死后，灵魂会在一种不同于凡间的伟大天地中继续居住生存。但有一点十分关键：要获准在那里定居，必须先由冥神奥西里斯审判。死者要懂得一套秘密礼仪，而且要带去与其生前地位相称的一切：住宅、饮食、仆从、奴隶和下属。更重要的是遗体不得有丝毫损毁。因此，古埃及人着力发展了制作木乃伊（干尸）的技术，并修建能够容纳死者所需一切的坟墓——金字塔。

穆斯林一般实行土葬,并且,这种土葬方式十分彻底。不用棺材,坟底也不铺木板、石板、水泥等非土物质,只用白布裹身。克番(丧衣)一般男三件女五件,并各有其不同的尺寸要求。伊斯兰教认为,人是由真主用泥土创造的,实行彻底的土葬,可以使人与泥土化为一体,最终回归本源。当一个穆斯林无常(咽气)后,其遗体必须在三天之内被埋葬,以表示对亡者的尊重,体现亡人入土为安的意义(马倩妮,2009)。

第一节 古代陵墓类世界遗产的旅游价值:思考生命与死亡的意义

1. 没有死亡,生命的意义何在?

2006年法国导演克里斯蒂安·沃克曼拍摄了一部名为"复兴"(Renaissance)的电影。故事将时间设定在未来的2054年,内容涉及生物技术,科学家因为研究早衰症而发现了长生不老的秘密,一些人认为这个发现会毁掉人类社会因此想毁掉它,另一些人则抱着对长生不老的痴迷想法把这个发现用于商业用途,故事就在这个框架下展开。长生不老,是惊喜还是毁灭。影片呈现了一个深刻的问题:没有死亡,生命的意义何在?

泰戈尔说:"生命只是荷叶上的露珠而已。"惟其短暂,才更显美丽。这绝非悲观之论,而是从另一个角度警示着我们要热爱生活、敬畏生命。每个人都是历史的匆匆过客,生命的历程只是一次通往死亡的旅行。感觉到死的蛰伏能让人更好地品味生的从容,没有对死亡做过认真思考的人,对生也不会有真正透彻的理解。

民营企业家冯仑在其博文中说,"死亡是人生的朋友,也是人生的导师,因为站在终点回望通向终点的道路,会有很多感悟。我有时候去八宝山,去火化场,看到死亡,会思考很多事情,比如人生的真谛、规律和感悟。不知死,焉知生? 只有在死的问题上有充分的思考,人生的终极道路才能在生的过程中更精彩地展开"。

2. 死亡是一件有意义的事情

生命的世代交替,是最普遍的规律之一。美国国父之一杰斐逊当年给亚当斯的信中写道:"当我们活过了自己的这一代的年岁,就不应当去侵占另一代的岁月了。"荷马说:"人类当如叶子一般,当一代兴盛时,另一代就自然衰退了。"生物学家穆莱克说得更详尽,他在父亲去世的时候与父亲谈论死亡,他说:"死亡不是一个没有意义的事件。死亡不是在对抗生命,而是在为生命和自然选择服务。"

《禁止死亡》一书的作者贝尔特朗认为人的死亡实际上是生命的中断,是生命的完成，人死了以后就回归于大自然，成了宇宙的一部分。他说："生命的艺术正如一种音乐，这是一种中断的艺术。这种艺术使时间的完成在时间上中断，并以这种方式使人听到生命，生命的音乐就是这样形成的。"

费明在《关于死的思考》一文中说，"尽管死亡的成因不同、影响不一，但其意义却相当一致：让活着的人们物质生活、精神生活和灵魂生活有所改善，让这个世界变得更好"。他在文中讲了一个故事，值得人深思：

"几个月前俄勒冈州出了起车祸，20岁的小姐妹在时速125千米的当口儿换毛衣，结果失控翻车，她俩活了下来，坐在后面的两个男孩没那么幸运。几十米的路上撒着碎酒瓶、大麻、枪械、可卡因、避孕套。这辆车翻到对面，撞上迎面开来的汽车，那车的司机在最后一刻打了方向盘，结果自己被撞死，怀孕的妻子活下来。司机是个颇负盛名的游戏写手，跟妻子感情极好。那个幸存的妻子脸上挂着块块淤血就上电视了，她讲述了夫妻的恩爱，生活的幸福，丈夫的男子气概，她情愿用她所有的一切换取丈夫性命，说到这儿泣不成声。主播见状，说了两句就打算收场。那妻子突然忍住了哭声，说我还有话：她强忍着泪水说：生命是那样脆弱，幸福是那样容易被忽略，人们啊，珍惜你所有的一切，抱抱你身边的亲人吧。在网吧看电视的粉丝们泪流满面、素昧平生的人们拥抱在一起。妻子说破了死亡的另一个意义：人们有太多习以为常、不当回事儿的、不懂得的幸福就在身边，珍惜你所有的一切吧。"

3. 学习很好地死去就是学会如何很好地生活

托尔斯泰的小说《伊凡·伊里奇之死》揭示出死亡对生命的启迪。伊凡·伊里奇是一个品行卑劣的地主，在痛苦中面临死亡，但是在生命结束之前，他突然意识到他的死亡之所以是如此糟糕正是因为他一直生活得如此糟糕。他的这种洞见给他的生命带来巨大的变化，在他最后的日子里，他活得平静而又富有意义，这是他从未体验过的状态。

虽然肉体的死亡可以摧毁我们，但是对于死亡的观念可能会拯救我们。在那些面临死亡的病人当中，我们尤其能感受到这种显著和积极的个人变化，据可查资料，许多癌症病人感到他们变得更有智慧了，他们重新安排了人生价值的优先顺序，开始减小生活中细枝末节的小事的分量，他们惋惜道："但是多么可惜，我们一直等到现在，直到我们的体内充满癌细胞的时候，才学会了如何生活。"

这是多么有价值的感叹！趁着我们还健康，还活力四射，思考死亡，会让我们愈发懂得如何过好今天的生活。

4. 墓地，对已逝者的人文关怀

优秀的墓地设计不仅有建筑之美，更让人体味到一种人文关怀，因而具有独特的吸引力。斯科斯累格加登公墓(见图10-1)位于瑞典首都斯德哥尔摩南部,设计风格体现了从浪漫民族主义到实用主义的发展。1915年,瑞典面向全球征集新墓地的设计方案,年轻的设计师阿斯普隆德和莱韦伦茨的作品胜出。斯科斯累格加登公墓格调"清澈、简朴",位于地势起伏的森林之中,自然景观与建筑物和谐地融为一体,树丛中排列的一块块墓碑,创造出一种"绝妙的造型美",对全球的墓地设计都有重要影响。

图10-1 瑞典的斯科斯累格加登公墓(1994)

这块位于斯德哥尔摩的公墓建于1917—1920年。设计师用砂砾铺地,地上种满了松树。这里的设计把植物、建筑特色及地形的不规则性相结合,使景观与墓地功能相融合。它对世界上许多国家的墓地设计都产生了深刻影响。

米歇尔·拉贡指出:"陵墓是死者的第二个家,陵园是城市的理想翻版。"追溯至古埃及时代,法老和贵族们在建造巨大陵墓的同时,在陵墓周围建造墓园,设有水池,周围成排地种植树木,这也许就是西方最早的墓园,并对以后欧洲墓园的规划设计有深远影响。在西方基督教发展历史的大部分时间里,墓地总与教堂紧密联系在一起,教堂建筑在墓地中处于中心位置,这从根本上体现了基督教徒对复活的信念,墓地围绕教堂的布置也使对于死者的祷告活动更便于开展。

新圣女修道院(见图10-2)是瓦西里三世在1524年为纪念俄罗斯古城斯莫林斯克摆脱立陶宛统治而建。18世纪初以前,该修道院一直享受皇家庇护,因此它的富丽堂皇非同一般。修道院内辟有一片墓地,作为教会上层人物、贵族、名人的葬身之地。作家果戈里、契诃夫、《钢铁是怎样炼成的》的作者奥斯特洛夫斯基、画家伊萨克·列维坦、电影演员舒克申、著名政治家(如赫鲁晓夫、米高扬、葛罗米柯)、军事家、艺术家和科学家都葬在这里。几乎每一墓碑都是一件雕塑艺术品,表现了死者的身份和特点,如赫鲁晓夫的墓碑由黑白各三块大理石互相交叉构成,中间是石雕头像;女英雄卓娅的墓碑形象感人至深,她双手被紧缚在背后,衣衫破碎,挺着裸露的胸膛,双腿微曲,头高高地向后昂起;曾身为中共领导人的王明的墓地也在这里,一尊半身雕像,身穿中山装,两眼直视前方。

图 10-2 俄罗斯的新圣女修道院(2004)

新圣女修道院坐落于莫斯科西南,建于 16 至 17 世纪。该修道院与俄罗斯的政治、文化和宗教历史直接相关,同莫斯科的克里姆林宫紧密相连,供沙皇家族及贵族的妇女使用。沙皇家族的成员和后代也被埋在修道院的墓场。该修道院的内部装饰华丽,收集了重要的绘画艺术品,是俄罗斯最高建筑成就的典范。

第二节　古代陵墓类世界遗产

中国陵墓类——以陕西秦始皇陵及兵马俑坑为例

名称:秦始皇陵及兵马俑坑(Mausoleum of the First Qin Emperor)
所在地:中国陕西省
入选标准:(ⅰ)(ⅲ)(ⅳ)(ⅵ)
列入时间:1987
UNESCO 链接:http://whc.unesco.org/en/list/441

图 10-3　陕西秦始皇陵及兵马俑坑

UNESCO 评价

毫无疑问,如果不是 1974 年被发现,这座考古遗址中的成千上万件陶俑将依旧沉睡于地下。第一位统一中国的皇帝秦始皇,殁于公元前 210 年,葬于陵墓的中心,在他周围围绕着那些著名的陶俑。结构复杂的秦始皇陵是仿照其生前的都城——咸阳的格局而设计建造的。小陶俑形态各异,连同他们的战马、战车和武器,成为现实主义的完美杰作,同时也具有极高的历史价值。

遗产价值

(i) 由于其高超的技艺水平,兵马俑以及随葬青铜车是汉朝之前中国雕塑史上的重要作品。

(iii) 兵马俑构成的军团作为最独特的证据,见证了战国时期(前475—前221)以及短暂的秦始皇统治时期(前221—前210)的中国军事组织。那些在原地被发现的矛、剑、斧、戟、弓、箭等提供了明显而直接的证据。其一系列高度写实的雕塑没有忽视任何一个细节——从士兵的制服,手臂,甚至到马匹的缰绳,因此其文献价值巨大。此外,从雕像中透露出的有关陶工和青铜制造者的工艺和技术信息也不可估量。

(iv) 秦始皇陵是中国保存下来的最大陵墓。它仿照秦始皇生前都城——咸阳的格局而设计,王宫在封闭的城墙中,又有外墙包围。秦朝的首都(也就是现在的西安,也曾是汉、隋、唐等历代之都城)是中国的缩影,秦始皇不仅统一中国而且保护其都城不受来自任何方向敌人的侵略(这支部队面向坟墓以外,看守着死去的帝国)。

(vi) 秦始皇陵与一个具有普遍意义的历史事件相关:中国历史上第一个统一的中央集权制国家在公元前221年建立。

遗产介绍

1974年3月29日,在秦始皇陵坟丘东侧,当地农民打井无意中挖出一个陶制武士头。8月,考古人员开始试掘打井区域(现在一号坑位置)。这才发现里面的陶俑浩浩荡荡,场面令人震撼。埋藏2000多年的秦始皇军阵就此面世,整个世界都为之激动。这支"复活"的威武之师,无论在数量上,质量上,还是在考古发现上,都是世所罕见。因此,很快被冠以"世界第八奇迹"的美名。

秦陵是历史上第一个统一中国的皇帝嬴政(前259—前210)的陵墓,位于陕西省西安市临潼区的骊山北麓。秦始皇陵建于公元前246年—前208年,历时39年,是中国历史上第一个规模庞大、设计完善、结构奇特、内涵丰富的帝王陵寝,仿照其生前都城——咸阳的格局而设计建造。陵园布局(见图10-4)核心是地宫,其他城垣、建筑、陪葬墓、陪葬坑等皆围绕着它,如众星捧月一般。秦陵地宫相当于秦始皇生前的"宫城",位于巨大的封土堆之下,据载秦陵封土时高50丈,即115米,现存76米,周长1250米。秦陵地宫是秦汉时期规模最大的地宫,其规模相当于5个国际足球场,东西长260米,南北长160米。考古钻探证实,幽深而宏大的地宫为竖穴式,司马迁说"穿三泉",《汉旧仪》则言"已深已极",说明深度挖至不能再挖的地步。据《史记·秦始皇本纪》记载,地宫内"以水银为百川江河大海"。其间深意,不单是营造恢弘的自然景观,在地宫中弥漫的汞气体还可使入葬的尸体和随葬品保持长久不腐烂。且汞为剧毒物质,大量吸入会导致死亡,因此也有毒死盗墓者之效。

图10-4　秦始皇陵布局

整个陵园坐西向东,以封土为中心分为4层,即以地宫为核心,其他依次为内城、外城和外城以外,主次分明。秦始皇陵园就像是一座设计规整、建筑宏伟的都城,占地面积达56.25平方千米。如此大的"都城"建制,使一些外国元首观后不断戏称这比他们的国土还要大。

兵马俑坑是秦始皇陵的陪葬坑,也是他的地下军队,是一个皇帝威严的象征,位于秦陵东侧1500米处。先后兴建的一、二、三号兵马俑坑遗址大厅坐西向东呈品字形排列,总面积为三千多平方米,出土有如真人真马大小的陶俑8000余件,陶马约500匹,木制战车130多辆,各种青铜器4万余件,组成了一个庞大的地下军团。其中三号坑是统帅三军的指挥部,面积仅500余平方米,内有武士俑68个;一号坑为步兵和战车组成的主体部队,规模最大,约15000平方米,有俑马6000余;二号坑为步兵、骑兵和车兵穿插组成的混合部队,面积为一号坑的一半,兵种全,有俑马千余。

步入一号展厅,几千个凝固的兵马俑浩浩荡荡,组成了一个活生生的、气势磅礴的军阵,给人以强烈的震撼和威严感。排列在军阵最前面的是三排弩兵,他们是整个军阵的前锋;军阵最后也有三排弩兵,至今还埋在地下,是军阵的后卫。而且这三排弩兵排成横队,有一排面朝后,以防止敌人从背后袭击。在军阵右翼,有两列士兵,一列朝前,另一列面墙而立;左翼也有一列士兵面目向外,虎视眈眈。这些面壁的士兵正是整个军团两翼的护卫队。在前锋、后卫、两翼之四面围绕下,中间是庞大军阵的主体:10道夯土隔梁隔开11条坑道,每条坑道都挺立着4路纵队;前面是12名轻装步兵俑,随后是载有3名甲士的驷马战车,车后又有10名披甲步兵。整座军阵完全按照秦军的建制、配置和阵容布局,"长兵在前,短兵在后",威严浩荡,两千多年前金戈铁马横扫六国的场面仿若重现。

二号坑位于一号坑东端北侧20米处,是秦俑坑的精华,平面为曲尺形,分成弩兵阵、车兵阵、车兵、步兵、骑兵混合阵及骑兵阵四个既相对独立,又彼此密切联系的单元。东端为弩兵阵,四边围廊内有172名立射武士,中间4条坑道内有 160 名跪射武士；曲尺形南半部为战车方阵，8 条坑道内并排着 8 列战车，每乘车后有 2 至 4 名车士；中部 3 条坑道是车、步、骑的混合军阵，内排 3 列战车，每列 6 乘，车后排列有步兵和骑兵；北部为骑兵阵，共有 3 条坑道，每条坑道内有 2 乘战车，其后为 8 队骑兵，每队 4 列（胡允恒，黄英，2004：78—93）。如此缜密的设计，秦军当年兵力配置之讲究可见一斑。二号坑兵俑大多是彩绘的，但由于目前的技术达不到完全保真的水平，所以还没敢真正开发二号坑。二号坑旁边的玻璃展柜里展出的兵马俑绝对都是"俑中精品"，很有代表性，神态、姿势、做工无不美妙绝伦。

三号坑位于二号坑的西北侧 25 米处，呈"凸"字形状，坑内陶俑以夹道式排列，东西长 17 米左右，南北宽 21.4 米，陶俑之外，有战车 1 辆，陶马 4 匹，是秦军阵指挥中心。三号俑坑东边有一斜坡形门道，直通正面车马房，左右两侧各有一南北向长廊，西边连接南北厢房，坑中的士兵是担任警卫的卫兵，可惜破损厉害，不少兵俑都没有头，残缺不全。

兵马俑的最大特点，是打破了陶俑一贯的单调制式，通体风格浑厚、健美、洗练，各个陶俑脸型、发型、体态、神情都有差异，构成一个丰富多彩的世界，似乎能令人感受到他们不同的地位和经历。专家推测，那些梳椎髻、穿便装的弩兵，是爵位最低的公士；身穿铠甲、梳着发辫或戴圆帽的步兵应该是二级爵，称为上造。公士和上造为秦军主体，在兵马俑坑中占绝大多数。所有的御手，无一例外都戴板状的牛皮帽子，铠甲也比普通战士的精致。参照史书记载，御手的爵位至少在三级以上，他们很可能就是秦军中最基层的军官，御手的权力是主管一辆战车。能掌管一个纵队的都尉（爵位大致在七、八级）双手按剑、气势威严，帽子的形状也十分独特。都尉的铠甲是所有陶俑中最精致的，甲片细小而规整，前胸和后背都有花结，这种花结的作用很容易使人联想到现代军官的肩章。

从秦陵地下宝库还挖掘出一些极为珍贵的青铜器，最为精彩的是堪称秦青铜器之冠的两乘大型彩绘铜车马，其金银饰件做工精湛，充分反映了秦时青铜器铸造的水准。1980 年 12 月在秦陵西侧 20 米处发掘出土，按照发现的顺序，被编为一号和二号铜车马。两乘车都是四马单辕，呈前后纵向排列，前面的一号车应为古代的"高车"，二号车叫"安车"。二号车是供秦始皇灵魂出游时乘坐，分为前御室和后乘室，赶车的人坐在前御室，主人坐在后乘室，两室之间隔以车墙。后乘室前面及左右两侧有三个车窗，后面留门，门窗都可以灵活启闭，窗上的小孔可以调节空气，从中外望。车上有椭圆形伞状车盖。此车通体施以白色为底色的彩绘，配有 1500 余件金银构件和饰物，显得华丽富贵。一号车上配备有弓弩、箭头、盾牌，驾车者带有官帽，这说明此车是用来保护后面二号车安全的。

兵马俑堪称黄土塑就的秦之史诗,见证着2000多年华夏大地血脉相连的历史。凝望着这些秦俑,总会有一种似曾相识的感觉。它们不再是陪葬品,而是一个个活生生的人,神态眉宇间透露着几多今人与之相似的特质与情怀。或许,岁月抹掉了关于他们的所有记忆,但抹不掉的是今人"根"的感觉,是穿越千年的亲近感。

✍ 外国陵墓类——以埃及孟菲斯及其墓地金字塔群为例

名称:孟菲斯及其墓地金字塔群(Memphis and its Necropolis-the Pyramid Fields from Giza to Dahshur)

所在地:埃及吉萨省

入选标准:(i)(iii)(vi)

列入时间:1979

UNESCO 链接:http://whc.unesco.org/en/list/86

图10-5　埃及孟菲斯及其墓地金字塔群

UNESCO 评价

古埃及王国首都有着令人叹为观止的墓地古迹。据记载,统一上下埃及、揭开古埃及三十一王朝序幕之法老美尼斯建都于孟菲斯,其后它繁荣近2000年。从现存的宏伟遗迹中,仍可感受当年盛况。这些雄伟遗迹包含了巨大石雕、神庙、方型石墓及金字塔群,其中位于吉萨的三座金字塔:胡夫(Khufu)、哈夫拉(Khafre)及孟卡夫拉(Menkaure)金字塔,则象征着古埃及金字塔建筑之巅峰。在古代,此遗址更被视为世界七大奇迹之一。

遗产价值

(i)埃及金字塔一直享有广泛的赞誉,即使在古代,它们也在"世界奇迹"之列。金字塔群被藏有大量金银财宝和无价艺术作品的墓地和神殿所环绕,着实堪称独一无二的艺术和人类创造精神的杰作。

(ii)孟菲斯集聚了大量非常古老和奇特的历史遗迹。左塞尔(Zoser)是孟菲斯时期第一个完全用石灰石建造的阶梯式金字塔,也是已知最古老的使用由整齐切割的石块营建的建筑结构。在吉萨,胡夫金字塔群周围,发掘出一艘保存完好的至今最古老的船只之一——太阳船。萨卡拉古老的墓地可以追溯到法老文明的形成时期。

(vi) 这些古迹特殊的历史、艺术、社会学吸引力见证了这个星球上最灿烂的文明之一,无需任何解说。

遗产介绍

有一句著名的阿拉伯谚语:"万物终消逝,金字塔永存。"作为世界七大奇迹之首,金字塔是埃及的象征,更是人类创造力的明证。该处遗产位于埃及尼罗河三角洲南端,首都开罗西南约 10 千米处的尼罗河西岸。相传,孟菲斯城最早建于公元前 3100 年前后的埃及第一王朝时期。第三王朝(约前 2686—前 2613)时,第一位国王左塞尔为了加强对下埃及的控制,迁都孟菲斯城,使其成为古埃及的政治、宗教和军事中心。

金字塔的建造与古埃及人的信念密不可分,他们把冥世看做是尘世生活的延续,甚至认为"人生只不过是一个短暂的居留,而死后才是永久的享受"。因而古埃及人活着的时候就诚心备至、充满信心地为死后做准备。到第三王朝的时候,古埃及人产生了国王死后会成为神,他的灵魂也会升天的观念,而金字塔恰好能成为这"升天"的阶梯。于是,开启埃及金字塔形陵墓建筑之先河的第一座石结构"阶梯形金字塔"就此诞生。时任宰相兼祭司的伊姆荷太普受命为左塞尔王在孟菲斯城附近的法老墓地萨卡拉建造一座别具一格的陵墓,墓由六层平台叠成,平台越往上越小,外观呈金字塔形。在古埃及神话中,太阳神的标志是太阳光芒,而金字塔象征的正是照耀天边的太阳光芒。左赛尔金字塔建筑群的入口在围墙东南角,从这里进入一个狭长的、黑暗的甬道,走出甬道,就是院子,明亮的天空和金字塔同时呈现在眼前。这一建筑处理的用意在于造成从现世到冥界的假象。而死后皇帝仍然在冥界统治着。光线的明暗和空间的开阖的强烈对比,同时震撼着人们的心,着力渲染了皇帝的"神性"。

金字塔群主要散布在尼罗河下游沿岸吉萨和萨卡拉一带,大大小小有上百座之多,其中第四王朝的 3 座金字塔最为有名。位于北端的是胡夫金字塔,是第二代法老的陵墓;西南方是哈夫拉金字塔,为第四代法老的陵墓;再向西南是孟卡夫拉金字塔,是第五代法老的陵墓。18 世纪时,考古工作者开始发掘孟菲斯城及法老陵墓。19 世纪发现了吉萨的三座大金字塔。20 世纪 20 年代,考古工作者从沙土下发掘出长 57 米、高 20 米的狮身人面像。1954 年,在胡夫金字塔南边发掘出长 43.5 米的太阳船。在此前后,还发掘了萨卡拉的左塞尔王梯形金字塔及代赫舒尔的金字塔等。

胡夫大金字塔作为人类历史上最伟大最古老的建筑物之一,因其建筑技术上的高超、定位技术的精确,一直以来使世人惊叹不已。其塔高147米,相当于现在的40层楼高;底座每边长246米,占地约6公顷,里面容得下5座梵蒂冈圣彼得大教堂。整座金字塔由230万块巨石砌成,每块重约2.5吨,有的甚至重达15吨。与惊人的规模相比,更令人惊叹的是其精准无比的测量和高超的建筑技术。其底座是个正方形,四边正好对准了正东、正西、正南和正北,偏差极微。而200多万块石头,每块都接合得严丝合缝,连一张纸也塞不进去。

   金字塔外形壮观,塔内也别有洞天。金字塔内壁上刻着象形文字铭文。古埃及象形文字是一种图形符号,这些图形或表示发音,或表示字义,它们组合在一起便形成有意义的文字。铭文内容丰富,有历史纪要、神话片段、巫术语言,此外,陵墓内壁上还有反映战争、狩猎等场面的浮雕等。

   世界上最不可思议的微笑,人们都认为是达·芬奇画笔下的蒙娜丽莎的微笑,而比之更为古老、神秘的笑应是狮身人面像——斯芬克斯的笑,这个笑打开了人类最早、最宏伟的文明。据说,当年哈夫拉为自己建造金字塔时,发现了大批当年他父亲建造大金字塔后废弃不用的石材,于是便用来建了这座长达57米的石像。在古埃及,法老的权威和力量常用狮子来代表,因而狮身人面像这种人与动物结合的产物就成了法老超人权力的象征。狮身人面像曾深埋在沙土里很长一段时间。当人们发现对金字塔记录甚详的希罗多德完全没有提到狮身人面像时,起初是怀疑希罗多德记录不实,后来才知道狮身人面像曾几度为流沙吞没(见图10-6),根本不为人所知。如今历经沧桑,穿越千年,虽然胡子、鼻子都不见了,雕像却依然伫立在金字塔前,冷眼看透世间一切。

图10-6　半湮于沙土中的狮身人面像

   1839年,一位英国画家罗伯茨(David Roberts)造访吉萨,在亲身经历沙漠风暴后,画下了半湮于沙土中的狮身人面像。狮身人面像坐落在吉萨大金字塔近旁,面部是古埃及第四王朝法老哈夫拉的脸形,像高21米,长57米,耳朵就有2米长。但如此巨物,却屡遭风沙侵袭,几度埋于沙土而不见天日。

与狮身人面像相似,整个孟菲斯及金字塔群都在遭受自然与人类的侵袭。曾经,人们前往吉萨时会通过绿油油的田地,而现在,由于开罗的扩张,只能穿过一条喧嚣的街道,避开公车、货车、出租车甚至拉驴车等,才能到达吉萨。更令人遗憾的是,沿路排列的现代化钢筋水泥正让远处吉萨金字塔的影子变得模糊。从1989年底开始,埃及政府在UNESCO帮助下开始修复狮身人面像,以及附近的几个小金字塔和贵族陵墓,还有一座倒塌的石雕像。1998年初修复完工,以此庆祝它(狮身人面像)4600岁生日(公元前2602年建造)。

第11章 古代建筑类世界遗产

> 建筑是"石头的史书",人类没有任何一种重要的思想不被建筑艺术写在石头上……人类的全部思想,在这本大书和它的纪念碑上都有其光辉的一页。
>
> ——法国著名作家雨果
>
> 最好的建筑是这样的,我们深处在其中,却不知道自然在哪里终了,艺术在哪里开始。
>
> ——林语堂

公元前2世纪,著名的讽刺诗人、旅行家安蒂伯特尔编制了上古世界七大奇迹名单[①],以集中而突出的形式表现了人类文明的创造。但由于地震、人为破坏等原因,这七大奇迹,除金字塔依然屹立外,其余均已毁坏。因此后来又有人编制了中古七大奇迹名单。1999年,由瑞士探险家韦伯成立的基金会开始启动评选新"世界七大奇迹"的活动。最终,中国长城、约旦佩特拉古城、巴西基督像、秘鲁马丘比丘印加遗址、墨西哥奇琴伊察库库尔坎金字塔、意大利古罗马斗兽场、印度泰姬陵当选。无论是留传数千年的两个古代"世界七大奇迹",还是如今的新"世界七大奇迹",它们几乎都是建筑。不朽的建筑,如土耳其的圣索菲亚大教堂、巴黎的埃菲尔铁塔、印度泰姬陵、北京的故宫,它们都如镶嵌于地球之上的颗颗明珠,闪耀着人类文明的光辉,吸引着无数游人前往参观、游览。

西方传统观念长期将建筑归于艺术一类,现代主义建筑观称建筑是技术,是人类"居住的机器";在中国古代,建筑历来被看做一种"匠技"。罗哲文认为,所谓建筑,是以居住为基本目的,以技术为基本要素,同时兼具艺术因子的一种特殊的文化。或者说建筑是一种在大地上不能移动的文化现象,如中国建筑,就是一种自古东方所特有的文化现象。建筑集中反映了所处历史时期的科

---

① 上古世界七大奇迹包括埃及的金字塔、巴比伦的"空中花园"、土耳其的月亮神阿泰密斯女神庙、地中海罗得岛的太阳神铜像、亚历山大灯塔、希腊奥林匹克的宙斯神像、土耳其国王摩索拉斯陵墓。

学技术和艺术文化发展水平,是当时物质文明和精神文明的标志,具有鲜明的地域性、民族性、时代性和艺术性等特点,具有较高的旅游价值。

第一节 古代建筑类世界遗产的旅游价值

1. 建筑承载着历史与文明

圣城特奥蒂瓦坎(见图11-1)的太阳和月亮金字塔无声地记载着逝去的玛雅文明;不提及克里姆林宫,无从谈论俄罗斯的历史;自由女神像永远表达着美国人民争取民主、向往自由的崇高理想。有人说,建筑是世界的编年史;当歌曲和传说都已沉寂,已无任何东西能使人们回想起一去不返的古代民族时,只有建筑还在"石书"的篇页上记载着人类的历史。

图11-1　墨西哥的特奥蒂瓦坎(1987)

圣城特奥蒂瓦坎("众神诞生之地")位于墨西哥城东北部50千米处,该城建于公元1世纪至7世纪,其建筑物按照几何图形和象征意义布局,以建筑物(特别是羽蛇神庙、月亮金字塔和太阳金字塔)的庞大气势而闻名于世。作为中美洲最重要的文化中心之一,特奥蒂瓦坎的文化影响力和艺术影响力遍及整个地区,在某些方面甚至超越了地域界限。

好的建筑应与自然环境和历史文化和谐统一。著名华裔建筑设计师贝聿铭提及快速发展中的中国建筑时,称当务之急是"探索一种建筑形式,它是我们有限的物理之所能及的,同时又是尊重自己文化的"。圣米歇尔山(见图11-2)即是建筑适于环境的杰出范例,从布列塔尼海岸望去,圣米歇尔山如同一个童话世界;周围是碧水白沙,教堂钟楼尖顶上舒展着巨翼的天使,圣米歇尔的金像像一个明亮的光点与日争辉。近看岛的顶部用花岗岩建成的修道院,平静、安详、浑厚的格调,带给人一种与众不同的神圣感,令一切浮躁烟消云散;登高望远,透过高大的城墙,又豁然开朗,海湾全景一览无余。

图11-2　法国的圣米歇尔山及其海湾(1979)

诺曼底与布列塔尼之间有一片广袤的沙滩,沙滩中央有个岩石小岛,涨潮时常受潮水冲击。岛上矗立着被誉为"西方奇迹"的一座哥特式本笃会修道院,专为纪念天使长圣米歇尔而建,修道院周围则是一个村落。这座修道院建于11至16世纪之间,是非凡的技术和艺术杰作,完美地适应了周围独特的自然环境。

2. 建筑是一个城市的记忆

20世纪的世界级建筑大师沙里宁有过一句名言:"让我看看你的城市,我就能说出这个城市的居民追求的是什么。"如果把建筑视为一个容器,那它装载的,不只是日常的功用。建筑的颜色与材质,反映着人们的审美与偏好;建筑的外形与风格,传达着居者的生活追求;建筑的结构与功能,反映着人们的生活习惯,乃至生活的观念……从物质世界到精神世界,一个城市的一切,都能从中找到答案。建筑是城市记忆的重要符号,它传承着城市的历史和文化,更承载着一个城市的哲学与生活之道。看看城市的建筑,就能感受到这个城市居民在文化上追求的是什么,就能看到这座城市发展的历史,就能听到建筑为我们讲述的这座城市曾经发生和正在发生的所有故事。

在第28届世界遗产大会在苏州召开之际,张配慨叹"北京,这个我最热爱的城市,它其实不应该有6个世界遗产,而应只有一个——这就是整个北京城本身!"美国著名城市规划师恩·贝康在他的一本书中这样盛赞北京城:"在地球表面上人类最伟大的个体工程,可能就是北京城了,这是世界上最伟大的首都格局,泱泱大国气韵,一点也不输当今在文化和皇都气象上占尽风光的巴黎、罗马、伦敦、君士坦丁堡、圣彼得堡……整个北京城本身就是一个巨大的博物馆。"

现在我们仍能回想起当时北京城的样子:

"宏伟的九城犹在,宽阔的护城河环绕着高大城墙,巍峨的紫禁城红墙黄瓦,精美壮观的牌楼雕梁画柱,上千条胡同纵横交错,皇家园林、王府、寺庙、祭坛、会馆、茶楼、戏园子、四合院遍布京城各处,还有琉璃厂、数不清的北京小吃和各具特色的庙会,蓝天下白鸽展翅翱翔,悠扬的哨音划过古老城市的天空……"(张配,2004)

可如今这些景象多已成为回忆,经济的发展拆毁了建筑,也吞噬了一个城市的许多记忆。当年力荐保护北京城墙的建筑学家梁思成痛心地说:"一个东方老国的城市,在建筑上,如果完全失掉自己的艺术特性,在文化表现及观瞻方面都是大可痛心的。"

3. 建筑是传播美的媒介

有人说,"建筑"的生命就是它的美。建筑之美,直指人的心灵,能够唤起我们对生活的热情与感动。这是悉尼歌剧院(见图11-3)给游者的震撼:

"当第一眼看到这座建筑时,它的美丽会令人感到震撼。悉尼歌剧院是澳大利亚的象征,它白色的外表,建在海港上的贝壳般的雕塑体,像飘浮在空中散开的花瓣,多年来一直令人们叹为观止。建筑造型新颖奇特、雄伟瑰丽,外形犹如一组扬帆出海的船队,也像一枚枚屹立在海滩上的洁白大贝壳,与周围海上景色浑然一体,富有诗意。"

图11-3　澳大利亚的悉尼歌剧院(2007)

落成于1973年的悉尼歌剧院是20世纪的伟大建筑工程之一,无论是在建筑形式上还是在结构设计上,都是各种艺术创新的结晶。在迷人海景映衬下,一组壮丽的城市雕塑巍然屹立,顶端呈半岛状,翘首直指悉尼港。这座建筑给建筑业带来了深远的影响。

有些建筑,其设计本身就充满了神秘的美感,如埃塞俄比亚的拉利贝拉岩石教堂(见图11-4)。传说12世纪埃塞俄比亚第七代国王拉利贝拉梦中得神谕:"在埃塞俄比亚造一座新的耶路撒冷城,并要求用一整块岩石建造教堂。"于是拉利贝拉按照神谕在埃塞俄比亚北部海拔2600米的岩石高原上,动用两万人工,花了24年的时间凿出了11座岩石教堂。因为每一个柱子,每一级台阶,以至于每一个窗户格都是掏空岩石而成型的,其建筑形式,其内部装饰,其应用布局,处处独具匠心。那些在天然的赭红色火山岩上精雕细琢出来的石柱形走廊,镂空透雕的门窗和文饰、雕像,浮雕和祭坛,没有用任何灰浆或者黏合剂,其精妙绝伦,其线条分明,几乎让人找不出合适的词语来表达心中的那份震撼。

图11-4 埃塞俄比亚的拉利贝拉岩石教堂(1978)

这是13世纪"新耶路撒冷"的中世纪的原始窑洞教堂,坐落于埃塞俄比亚中心地带的山区,附近是环形住宅构成的传统村落。拉利贝拉岩石教堂是埃塞俄比亚基督徒眼中的圣地,至今仍有虔诚的信徒前去朝圣。

4. 建筑可以塑造人

英国首相邱吉尔曾说,"人要塑造建筑,建筑也要塑造人"!所以建筑与人之间的关系其实是非常密切的,好的建筑可以激发环境的潜能,特别是土地的生命力,强化每个人的归属感与认同感。

布达拉宫(见11-5)是藏民心中圣洁的殿堂,每年都有众多的信徒前来朝佛。有的人为了朝佛,甚至从家里出发,一叩三拜,往往历时两三年步行前往。在西藏偏远的公路上和拉萨的闹市,都能见到众多磕头朝觐的藏民,他们两手合掌高举过头,自顶、到额、至胸,拱揖三次,再匍伏在地,双手直伸,平放在地上,划地为号。然后,再起立如前所做。在旁人眼中,这或许是苦行,但在信徒的心里却是乐事,这是建筑的力量,更是建筑所承载的文化的力量。

图11-5 中国的拉萨布达拉宫历史建筑群(1994)

布达拉宫自公元7世纪起就成为达赖喇嘛的冬宫,象征着藏传佛教及其在历代行政统治中的中心作用。布达拉宫,坐落在拉萨河谷中心海拔3700米的红色山峰之上,由白宫和红宫及其附属建筑组成。加之大昭寺、罗布林卡,这三处遗址的建筑精美绝伦,设计新颖独特,加上丰富多样的装饰以及与自然美景的和谐统一,更增添了其在历史和宗教上的重要价值。

第二节　古代建筑类世界遗产

❧ 中国古代建筑类——以明清故宫为例

　　名称：明清故宫（北京和沈阳故宫）（Imperial Palaces of the Ming and Qing Dynasties in Beijing and Shenyang）
　　所在地：中国北京、沈阳
　　入选标准：(i)(ii)(iii)(iv)
　　列入时间：1987（2004）
　　UNESCO 链接：http://whc.unesco.org/en/list/439

图 11-6　中国明清故宫

UNESCO 评价
　　紫禁城是中国五个多世纪以来的最高权力中心，它以园林景观和容纳了家具及工艺品的 9000 多个房间的庞大建筑群，成为明清时代中国文明无价的历史见证。
　　沈阳清朝故宫建于 1625—1626 年至 1783 年间，共有 114 座建筑，其中包括一个极为珍贵的藏书馆。沈阳故宫是统治中国的最后一个朝代在将权力扩大到全国中心、迁都北京之前，朝代建立的见证，后来成为北京故宫的附属皇宫建筑。这座雄伟的建筑为清朝历史以及满族和中国北方其他部族的文化传统提供了重要的历史见证。

遗产价值
　　(i) 明清故宫是中国皇家宫殿建筑发展的杰出代表。
　　(ii) 明清故宫，特别是沈阳故宫，展现了传统建筑和中国宫殿建筑在 17、18 世纪重要的交互影响。
　　(iii) 明清故宫真实地保存了当时的景观、建筑、家具和艺术品，是明清时期中华文明的杰出例证，同时也为延续几个世纪的满族生活传统及萨满教习俗保存了一份特殊证据。

（iv）明清故宫是中国最富丽堂皇的宫殿建筑群的杰出范例。反映了清代以及元明时代宏伟的皇家机构以及满族传统,是中国17、18世纪建筑艺术发展的实物例证。

遗产介绍

故宫,不是北京独有。北京故宫1987年列入《名录》,沈阳故宫2004年作为其扩展项目也位列其中,目前合称明清故宫。在台北还有一个故宫。不过,"紫禁城"这三个字只属于北京故宫。它蕴涵着更为深厚的政治与文化意义,成为一个很容易牵动中国人心灵的符号①。

北京故宫,旧称紫禁城,明、清两代的皇宫,是当今世界上现存规模最大、建筑最雄伟、保存最完整的古代宫殿和木结构建筑群。紫禁城始建于明永乐四年(1406年),明永乐十八年(1420年)基本建成,前后历时14年。后虽经明、清两代多次重修和扩建,但仍保持了初建时的格局,迄今已有590多年的历史。先后曾有24位皇帝相继在故宫登基,执掌朝政。1924年,冯玉祥发动"北京政变",驱逐清帝溥仪。1925年10月10日(中华民国国庆日),故宫博物院正式成立并对外开放。

紫禁城由高达10米的城墙环绕,南北长961米,东西宽753米,占地72万多平方米,四周为宽52米、长3800米的护城河环绕。共有宫殿8700多间,全部为木结构、黄琉璃瓦顶、青白石底座,饰以金碧辉煌的彩画。这些宫殿是沿着一条南北向中轴线排列,并向两旁展开,南北取直,左右对称。这条中轴线不仅贯穿在紫禁城内,而且南达永定门,北到鼓楼、钟楼,贯穿了整个城市,气魄宏伟,规划严整,极为壮观。建筑学家们认为故宫的设计与建筑,实在是一个无与伦比的杰作,它的平面布局,立体效果,以及形式上的雄伟、堂皇、庄严、和谐,都可以说世上罕见。

大多数人认为紫禁城是明代杰出匠师蒯祥设计,也有学者提出真正的设计者是名不见经传的蔡信。不论是谁,紫禁城的设计充分体现出中国文化中"天人合一"的理念。紫禁城的"紫"是指紫微星垣。我国古代天文学家将天上的星宿分为三垣、二十八宿和其他星座。三垣指太微垣、紫微垣和天市垣。紫微垣是中垣,它在北斗星的东北方,古人认为那是天帝居住的地方。封建帝王以天帝之子自居,他办理朝政与日常居住的地方也就成了天下的中心。又因皇宫是等级森严的封建社会中最高级别的"禁区",便有紫禁城的"禁"字来强调皇宫的无比尊严。太微垣南有三颗星被人视为三座门,即端门、左掖门、右掖门;与此相应,紫禁城前面设立端门、午门,东西两侧设立左、右掖门。午门和太和门

---

① 本节主要介绍北京故宫,即"紫禁城"。

之间,有金水河蜿蜒穿过,象征天宫中的银河。皇帝及皇后分别居住在乾清宫与坤宁宫,"乾"、"坤"二字就意味着天地的意思。其东西两侧的日精门与月华门,则象征着日月争辉。

故宫有四门:南为午门、北为神武门、东为东华门、西为西华门,其中,以南边的午门为正门。午门的功用汪曾祺在《午门忆旧》中说得再恰当不过了,"没有午门,进天安门、端门,直接看到三大殿,就太敞了,好像一件衣裳没有领子。有午门当中一隔,后面是什么,都瞧不见,这才显得宫里神秘庄严,深不可测"。进了午门之后迎面便是太和门广场,比起三面高墙耸峙的午门广场,让人顿有豁然开朗的舒阔之感,好比皇权威严之后的浩荡皇恩。

图 11-7　角楼

故宫的四隅,各有一座用来防御的角楼。与雄伟华丽的宫殿相比,角楼如静静躲在一角的沉默者。其实,故宫角楼的建筑构造为世所罕见:其外观层层叠叠,精巧细致,朱墙黄瓦,精雕细琢。相传角楼为明朱棣年间工匠按蝈蝈笼的造型布局设计建造,共 9 梁 18 柱 72 条脊。角楼高 18.2 米,基座宽 17.7 米,坐落在 9 米高的城墙上。

从太和门沿中轴线向北前进就来到了三大殿——太和殿、中和殿和保和殿,这里是"外朝"的所在。太和殿俗称金銮殿,矗立在 8 米高的三层汉白玉台基上,是紫禁城内规模最大、最高的殿宇,它的建筑面积 2381 平方米。宫殿的长宽比例也被精心设计成九比五,代表着帝王的九五之尊,拥有至高无上的权力和地位。明清两朝的重要典礼,如皇帝登基、大婚、册封、命将、出征等都在这里举行。然而,这个紫禁城的核心宫殿里却没有过多的装饰,皇帝的宝座是唯一的主角,目光所及之处,皇权的威严辐射到每一个角落。中和殿位于太和殿后方,是深阔各 28 米的方形殿堂,为单檐四角宝顶式建筑。此殿是在太和殿举行典礼前皇帝休息或演习礼仪之处。凡遇皇帝亲祭,如祭天坛、地坛,皇帝于前一日在中和殿阅视祝文,祭先农坛举行亲耕仪式前还要在此查验种子和农具。外朝最北面为保和殿,面阔 9 间,进深 5 间,建筑面积 1240 平方米,重檐歇山顶。每年除夕,皇帝都会在此宴请少数民族的王公、大臣,后来这里也成为科举制度中最高级别的考试——殿试的考场。殿试与其他考试最大的区别就在于考场的监考官由皇帝本人亲自担任。

过了保和殿继续前行,穿过乾清门,就进入了内廷部分。乾清宫在清代康熙帝以前是皇帝的寝宫和日常活动的地方。自雍正皇帝移住养心殿后,这里成为处理日常政务和举行筵宴的重要场所。坤宁宫东暖阁是皇帝大婚时的洞房。康熙皇帝的时候规定皇后住在坤宁宫,因为坤宁宫地处东西六宫之间,皇后又有统摄六宫之责,所以皇后号称"位居中宫"。乾清宫、坤宁宫之间的宫殿是交泰殿,清朝皇帝使用的二十五方宝玺曾收藏于此。当朝皇帝的嫔妃则住在后三宫两旁象征十二星辰的东西六宫。在东西六宫后面各有四合院的五所建筑,东六宫后的叫乾东五所,西六宫后的叫乾西五所。这两组建筑是众多的皇子居住的地方,象征天上的众星,一齐来拱卫围绕着象征天地的乾清宫、坤宁宫。

走下后三宫的高台,穿过坤宁门就是御花园了。中国的风水文化讲究人居之处要有山有水、有树有花,紫禁城的花园一处一景、别有洞天。园内有十数座形制各异的亭台楼阁,以及海参石、太平花、连理树等奇石异树,华丽尊贵的皇家气派和玲珑纤巧的私家园林风韵相结合,为庄重的宫廷建筑群注入了灵动的艺术气氛。

走出神武门,横穿马路,即可进入景山公园。景山对紫禁城呈环抱之势,山上制高点万春亭,也恰是全北京的几何中心。一路对故宫细致观察之后,由此回望、俯瞰,更可领略紫禁城的抑扬、跌宕之韵律美。如恰逢夕阳西下,则更别有风韵。

✍ 外国古代建筑类——以俄罗斯克里姆林宫及红场为例

名称:莫斯科克里姆林宫与红场(Kremlin and Red Square, Moscow)
所在地:俄罗斯联邦莫斯科市
入选标准:(i)(ii)(iv)(vi)
列入时间:1990
UNESCO 链接:http://whc.unesco.org/en/list/545

图 11-8　俄罗斯克里姆林宫及红场

UNESCO 评价

由俄罗斯和外国建筑师在 14 世纪至 17 世纪共同修建的克里姆林宫,为沙皇的住宅和宗教中心;13 世纪以来,俄罗斯所有最重要的历史和政治事件都与此地密不可分。坐落在红场防御城墙下的圣瓦西里大教堂,是最漂亮的俄罗斯东正教建筑之一。

遗产价值

(i) 克里姆林宫内包括了具有独特的建筑艺术和造型艺术的建筑经典。

(ii) 在许多时期,克里姆林宫对促进俄罗斯建筑艺术的发展产生了决定性的影响;这一点在意大利文艺复兴时期表现尤为突出。克里姆林宫通过其空间布局、建筑主体及其附属建筑为沙皇时代的俄罗斯文化提供了独特的见证。

(iv) 克里姆林宫的三角形外墙上的 5 道城门、29 座加固之塔仍能使人回想起 1156 年左右多戈洛基(Yuri Dolgoruki)在莫斯科河和涅格林纳河交汇的小山丘上建造的木制围栅。其位置和演化体现了克里姆林宫发展的连续性。

(vi) 从 13 世纪到圣彼得堡的建立,莫斯科克里姆林宫与俄罗斯历史上所发生的所有重大事件直接而实在地联系在一起。

遗产介绍

莫斯科克里姆林宫这一世界闻名的建筑群,享有"世界第八奇景"的美誉。如果说,"建筑是历史的活化石",那么耸立近千年的克里姆林宫就是俄罗斯跌宕起伏的历史的最好见证。从出生到死亡,克里姆林宫伴随着历代沙皇的一生,他们要在圣母升天大教堂中接受洗礼和举行加冕礼,在报喜教堂里举行婚礼,死后则安眠于天使长大教堂,时时刻刻为神庇护。他们在这里创造着历史,历史也留下了他们的印迹。

"克里姆林宫",意为内城或堡垒,俄罗斯的很多城市都有自己的克里姆林宫,只有莫斯科的这个最为出名,为俄国历代帝王的宫殿。它静立在涅格林纳河与莫斯科河交汇的波罗维茨山上,南临莫斯科河,东接红场,西北边则是亚历山大德罗夫花园,从高空看去,宛若一个巨大的三角形。克里姆林宫始建于 1156 年,原是一个木结构的城堡,后经不断改建,才成为今天我们看到的红色宫墙的克里姆林宫。宫墙高 5 到 19 米不等,厚 3.5 至 6.5 米,全长两千多米,围合的面积有 27.5 万平方米,散布着 19 座形状各异的塔楼。其中 5 座最高的塔楼顶尖上,1937 年各安装了一颗直径 6 米的红水晶五角星,内装有电灯,红五星下有轴承,风一吹,红五星随风而动,夜色中,高耸的斯巴达克塔楼与雍容的圣瓦西里大教堂比邻而居,交相辉映,不分昼夜永远照耀着莫斯科。

红场是莫斯科最古老的广场,位于克里姆林宫东墙的一侧。虽经多次改建和修建,但仍保持原样,路面还是当年的石块路,发出青色的光泽,显得整洁而古朴。红场面积很大,长695米,宽130米,总面积约9万平方米。有人说,步入红场等于步入了俄罗斯精神家园的大门。在红场与克里姆林宫流连,能捕捉到的,不单有沙皇时代的奢华狂放,还有前苏联岁月的红色激情以及俄罗斯如今渴望复兴的豪迈壮志。红场与克里姆林宫并非同时建造,15世纪90年代的一场大火后这里变成了"火烧场",空旷寂寥。直到17世纪中叶这里才有了"红场"之说,古俄罗斯语意即"美丽的广场"。列宁陵墓位于红场克里姆林宫宫墙正中的前面,陵墓一半在地下,一半在地上,色调肃穆、凝重。

大克里姆林宫是昔日沙皇的第一宅邸。克里姆林宫墙内,朝向莫斯科河有三列高窗的漂亮建筑物就是大克里姆林宫,1839—1849年在旧宫原址上建造,由古老的安德烈夫斯基大厅和阿列克山德洛夫斯基大厅联结而成。大克里姆林宫外观为仿古典俄罗斯式,厅室全部建筑式样多样,配合协调,装潢华丽。宫殿的正中是饰有各种花纹图案的阁楼,上有高出主建筑物的紫铜圆顶,达13米,并立有旗杆,节假日则升国旗。大克里姆林宫内部呈长方形,楼上有露台环绕的总面积达2万平方米的700个厅室。从前,第一层除了处理政务的处所以外,全是沙皇私人宫室,白色宽阔的楼梯通往二层各厅,这里有格奥尔基耶夫大厅、弗拉基米尔大厅和叶卡捷琳娜大厅,从前还有安德烈耶夫大厅,曾是沙皇接见使臣的地方。格奥尔基耶夫大厅是大克里姆林宫中最为著名的殿厅,是俄罗斯工匠巧夺天工的建筑杰作。大厅呈椭圆形,圆顶上挂着6个镀金两枝形吊灯。每个吊灯重1300千克,圆顶和四周墙上绘有公元15—19世纪俄罗斯军队赢得胜利的各场战役的巨型壁画。大厅正面有18根圆柱,柱顶均塑有象征胜利的雕像。如今,格奥尔基耶夫大厅是政府举行欢迎仪式的地点。

克里姆林宫的教堂建筑也很有特色。宫内有一个教堂广场,广场四周围绕着四座教堂:十二门徒大教堂、圣母升天大教堂、报喜教堂及天使长大教堂。但最美的教堂要数位于红场上的有"用石头描绘的童话"之称的圣瓦西里大教堂。它是伊凡四世时所建,由九座参差不齐的高塔组成,中间最高的方形塔高达17米。虽然这九座塔彼此的式样色彩均不相同,但却十分和谐。更难得的是,它与克里姆林宫的大小宫殿、教堂搭配出一种特别的情调,为整个克里姆林宫增色不少。

从远处遥望克里姆林宫,人们不难发现有一座建筑高高地矗立在建筑群体中,有鹤立鸡群之感。这个高大建筑就是教堂广场上的伊凡大帝钟楼。它高81米,是古时的信号台和了望台。钟楼的左侧有重达40吨的炮王,右侧是著名的钟王。这两个庞然大物虽然从未使用过,但却显示出了俄罗斯工匠高超的铸造技术。钟王高5.87米,直径5.9米,重约200吨,于1735年11月20日铸成,号称世界第一大钟。钟壁上铸有精美的塑像和图饰,如沙皇阿列克谢与皇后安娜的像,还有五幅神像。但它铸成后敲第一下时就出现了裂痕,《美国百科全书》称它为"世界上从未敲响的钟"。炮王造于 1586 年,重 40 吨,炮口的直径达 0.92 米,可容下三人同时爬进。炮前陈列有四个堆在一起的炮弹,每个重为两吨。炮架上也有精美的浮雕,其中有沙皇费多尔像。

  对于大多数人来讲,参观克里姆林宫的亮点并不在于其宏伟和神秘,而在于其兵器馆,更准确地讲,是珍宝馆。兵器馆是俄罗斯最古老的博物馆之一。它以克里姆林宫内一个制作兵器的作坊的名字命名,作为国宝库的历史始于 16 世纪。这里收藏着大量金银器皿、珠宝首饰、圣像制品、昂贵的裘皮大衣、作战和阅兵用的武器装备等。许多外国使节向莫斯科敬献的珍贵礼品,包括贵重面料、金银珠宝、马具兵器等也收藏在此。当然,最主要的收藏品还是来自于克里姆林宫内诸多作坊创作的众多流芳百世的艺术珍品。

  克里姆林宫大礼堂是苏联时期的"杰作",处在呈三角形的克里姆林宫建筑群的中心位置,1961 年 10 月投入使用,总建筑面积 60 万平方米,有 6000 个舒适的坐席,是俄罗斯举行重要会议、节日庆典和颁奖授勋的地方,也是普通民众欣赏芭蕾舞、聆听音乐会和观看时装表演的场所。这座白色乌拉尔大理石和玻璃结构的恢弘建筑,凝聚了现代建筑的特点和俄罗斯传统建筑风格。

第 12 章　古典园林类世界遗产

> 园林的起源来自于人类对天国仙境的向往与企盼，而其发展则来自于人天性中所固有的对美的追求与探索。
>
> ——唐剑鸣
>
> 园林设计要有诗人的情感和画家的眼光。
>
> ——英国园林师布朗

园林是人化的环境，是人与自然亲近的一个空间景域。路秉杰认为，当中国古人在自然环境中划出一块土地，并在其间建造房屋、种植花木或蓄养禽兽等时，那么，这个包括地形、花木、房屋、禽兽等因素，以居住、生活为目的的空间就叫做园林。在我国，"园林"称谓始于西晋。孟兆祯院士认为"园"指建筑、水池、山石和树木的综合体，"林"指成片林地。明代计成的《园治》中，有园林的称呼，也有林园的称呼。文字记载表明，中国最早的园林形式是距今 3000 多年前殷周时期的囿。周文王建灵囿，"方七十里，其间草木茂盛，鸟兽繁衍"。最初的囿，就是把自然景色优美的地方圈起来，放养禽兽，供帝王狩猎，故也叫游囿。

西方园林的早期类型主要应是圣林（sacred garden）、园圃（farm gardem）和乐园（paradise garden）。圣林最早出现于公元前 27 世纪以前的埃及，乐园是波斯的园林类型，它为西方园林的起源提供了元素。它们与古希腊的园林一起汇聚在罗马，融合成西方古典园林的要素，形成特殊的园林类型。

第一节　古典园林类世界遗产的旅游价值

1. 找寻理想的家园

从文化人类学角度看，园林具有人类的同一性。世界上各民族，虽然空间距离遥远，文化背景迥异，园林形式千姿百态，但造园的目的却是一致的，这就是补偿现实生活境域的某些不足，满足人类自身心理和生理需要。在这一点上,中西园林艺术的同一性很明显。规则式也好,自然式也罢,对中西方园林各自的主人来说,均反映了他们的人生态度、生活情趣和审美理想,都是一个理想的家园。人们对花园、对理想家园的这种渴望与人类文明一样古老,它是如此根深蒂固,以至于如今的园林旅游者仍以此作为自己的重要体验。

　　欧洲文明最早、最典型的人类居住环境是伊甸园。《圣经》里对伊甸园的描述是园内流水潺潺、遍植奇花异树。这种园林的进一步发展,就是巴洛克艺术,长长的轴线、对称的花坛、水池,巨大的居住城堡。捷克的克罗麦里兹花园和城堡(见图 12-1)堪称欧洲的巴洛克式王族宅邸及其配套花园的一个保存得完好无缺的稀世典范。克罗麦里兹花园和城堡原为文艺复兴时期的大城堡,建在前主教奥洛穆茨居住的地方。该建筑是根据两位维也纳建筑师的设计于 1686—1698 年建立的。1752 年,一场大火几乎将城堡化为灰烬。在特罗耶、埃吉克和汉密尔顿纳主教的推动下,该建筑得以重建为巴洛克式结构。大城堡的围墙外,建有两个美丽的巴洛克风格花园,花园中部,还建有一个八角形的中央大厅,并有油画和雕刻品的点缀。花园的尽头是一个有着成行雕像的柱廊。整个区域,洋溢着一种浪漫与古典的氛围,古花坛、自然迷宫、灌木树丛的装饰小道和古喷泉的路径纵横交错,使人有一种步入美妙童话世界的错觉。

图 12-1　捷克的克罗麦里兹花园和城堡(1998)

　　克罗麦里兹坐落在横贯摩拉瓦河的一处浅滩上,位于占据了摩拉维亚中心位置的赫日比山山脚下。克罗麦里兹的花园和城堡是一处保存完好的欧洲巴洛克式的王族宅邸及花园的稀世典范。

每一个中国人的心里都有一处桃花源。桃源情结来自陶渊明的《桃花源记》。文中,作者为我们描绘了一个人间天堂般的理想世界,这里有"土地平旷,屋舍俨然,有良田美池桑竹之属。阡陌交通,鸡犬相闻"的美好生活环境,也有"相命肆农耕,日入从所憩。桑竹垂余荫,菽稷随时艺。春蚕收长丝,秋熟靡王税"的平淡质朴的生活方式。作为一个"理想的家园",作为精神的栖息之所,桃花源世世代代吸引着文人学士,一有机会,就希望在自家的园林中圆"桃源之梦"。在这里,尽管他们已不再像桃源中人那样有着躬耕陇亩的生活体验,但桃源的单纯和谐和人伦情调却被保留在他们的园林生活中,于是杜甫以"桃源自可寻"来比况他的浣花草堂。苏州的园林也到处可见桃花源的情结。拙政园借用西晋文人潘岳《闲居赋》中文字取园名,"筑室种树,逍遥自得……灌园鬻蔬,以供朝夕之膳……此亦拙者之为政也",暗喻自己把浇园种菜作为自己(拙者)的"政"事。古时两人耕种称为"耦","耦"、"偶"相通,寓有夫妇归田隐居之意,苏州耦园之名也由此而得。

2. 一种赏心悦目的快感:诗意与理性之美

园林作为人类创造的充满大自然情趣的生活游憩空间,除具有实用功能外,还具有更深一层的审美功能,即通过园林欣赏陶冶情操,获得"一种赏心悦目的快感"。造园之道源于文化的追求。东方大陆封闭安和的自然境况孕育了天人合一的思想,而欧洲文明发源地凯里特岛的孤立与贫瘠,造成了西方人传统观念上向自然索取的天性。因此,"虽由人作,宛自天开"是中国造园者追求的最高境界;而西方造园艺术把强迫自然接受匀称的法则作为基本信条,提出"完整、和谐、鲜明"三要素。故总体而言,西方造园虽不乏诗意,但理性之美尤为突出;中国造园虽也重形式,但根本的追求却是意境之美。

在中国古人心中,园林设计不仅是叠梁架屋、栽树种花,而是运用智慧和情感,通过风景来体现个人的感受。在中国,由于文人、画家直接参与造园,使园林深受绘画、诗词的影响,而诗和画都十分注重意境的追求,从而导致中国造园带有浓厚的感情色彩。西方古典园林的代表——法国园林(见图12-2),则将古典主义原则及巴洛克设计的动感、开放与延伸的特点灌注于园林艺术之中,由纵横交错的轴线系统控制,有明确的中心、次中心及向四处发散的放射性路径,整个园林突出地表现出人工秩序的规整美。与中国造园者在城市之中竭力营造"自然"不同,法国古典主义园林虽人工气息极浓,但开阔的花园往往置于野趣横生的广阔自然之中,因此以另外的形式演绎出一种人与自然的结合之美。

图 12-2　法国的枫丹白露宫和花园(1981)

　　枫丹白露宫位于法兰西岛地区广阔的森林中心。从 12 世纪起用作法国国王狩猎的行宫。16 世纪时弗朗索瓦一世想造就一个"新罗马城",把此宫重又改建,扩大,装饰一新。面貌一新的宫殿被巨大开阔的庭院所环绕,富有意大利建筑的韵味,把文艺复兴时期的风格和法国传统艺术完美和谐地融合在一起。

第二节　古典园林类世界遗产

✍中国古典园林类——以江苏苏州古典园林为例

　　中国古典园林有"皇家"与"私家"之分。皇家园林作为供帝王享乐的场所,地点大都坐落于王城里或附近的地方。造园时一般以主体建筑作为构图中心统率全园,建筑常居于支配地位,尺度较大,较为庄重,色彩富丽堂皇。建筑多采取"大分散、小集中"成群成组的布局方式,南北向轴对称较多,随意布置的较少。承德避暑山庄和颐和园均为此类园林的典型代表。

　　私家园林是属于除皇帝以外的王公、贵族、地主、富商以及士大夫等所私有,分布以江南为多,尤其苏州、扬州、无锡一带更为集中。北方地区如北京的恭王府花园、山东曲阜孔府的后花园等。私家园林所表现的风格为朴素、淡雅、精致而又亲切,追求的是一种山林野趣和朴实的自然美。由于私家园林多处市井之地,布局常取内向式,即在一定的范围内围合,一般以厅堂为园中主体建筑,景物紧凑多变,用墙、垣、漏窗、走廊等划分空间,大小空间主次分明、疏密相间、相互对比,构成有节奏的变化。私家园林一般来说空间有限,规模要比皇家园林小得多,又不能将自然山水圈入其中,因而形成了小中见大、掘地为池、叠石为山,创造优美的自然山水意境,造园手法丰富多样的特性。

名称：苏州古典园林（Classical Gardens of Suzhou）
所在地：中国江苏省
入选标准：(ⅰ)(ⅱ)(ⅲ)(ⅳ)(ⅴ)
列入时间：1997(2000)
UNESCO 链接：http://whc.unesco.org/en/list/813

图 12-3　苏州古典园林（拙政园之"与谁同坐轩"）

UNESCO 评价

没有任何地方比历史名城苏州的九大园林更能体现中国古典园林设计"咫尺之内再造乾坤"的理想。苏州园林被公认是实现这一设计思想的杰作。这些建造于 11 至 19 世纪的园林，以其精雕细琢的设计，折射出中国文化取法自然而又超越自然的深邃意境。

遗产价值

1997 年世界遗产委员会决定此遗产符合标准(ⅰ)(ⅱ)(ⅲ)(ⅳ)(ⅴ)。就此而论，苏州的四座古典园林拙政园、留园、网师园和环秀山庄为中国园林设计景观的杰作；其在艺术、自然及概念上的结合，创造出一个美丽和谐的整体。

2000 年，沧浪亭、狮子林、耦园、艺圃和退思园作为苏州古典园林的扩展项目也被列为世界文化遗产。遍布苏州古城内外的古典园林，代表了宋、元、明、清不同的时代风格，并因其历史渊源不同、规模大小不同而各呈特点；更因园主的个性、人生历程的差异而形成审美观念的不同，他们主持或授意建造的园林，在构思、取材、布局和文化内涵等方面均各具特色。不同历史时期的许多名人，如官员、艺术家、诗人、哲学家都曾造访于此。苏州园林的造园风格也影响到中国其他许多地方的园林设计。

遗产介绍

苏州古典园林的历史可上溯至公元前 6 世纪春秋时吴王的园囿，私家园林最早见于记载的是东晋(4世纪)的辟疆园。明清时期,苏州成为中国最繁华的地区之一,造之风极盛,私家园林遍布古城内外。16—18世纪的全盛时期,苏州有园林200余处,现在保存尚好的有数十处,并因此使苏州素有"人间天堂"的美誉。沧浪亭、狮子林、拙政园和留园因代表着宋元明清四个时代的风格,被称为苏州"四大名园"。

苏州古典园林是充满自然意趣的"城市山林",它"虽由人作,宛自天开"。在这个浓缩的"自然山水"的艺术空间里,园内四季晨昏变化和春秋草木枯荣,使人们可以"不出城郭而获山林之怡,身居闹市而有林泉之乐"。苏州古典园林也是文化意蕴深厚的"文人写意山水园"。古代的造园者皆能诗善画,造园时多以画为本,以诗为题,通过叠山理水、栽花种树,创造出具有诗情画意的景观,被称为是"无声的诗,立体的画"。

游苏州园林,"慢"是第一要旨,游园不品,如牛嚼牡丹。陈从周说,"中国园林妙在含蓄,一山一石耐人寻味"。苏州园林里的建筑皆有名号,有的反映了造园者的抱负、心境和人生态度,有的则概括出风景的精华。如拙政园的"与谁同坐轩",临水寂寂,令人想起苏轼之"闲倚胡床,庾公楼外峰千朵。与谁同坐。明月清风我"。留园的濠濮亭,据学者解释,出自《庄子·秋水》,内里有庄子所言"子非我,安知我之不知鱼之乐?",园主以此暗喻自己远离官场,是有自己的价值取向。而网师园的"风到月来亭",陈从周感慨"临池西向,有粉墙若屏,正撷此景精华,风月为我所有矣"。

1. 拙政园

始建于明正德四年(公元1905年),为御史王献臣解官回乡后在元代大弘寺旧址上拓建而成,取"拙者为政"之意,名拙政园。拙政园占地5.2万平方米,规模为苏州现存古典园林之冠,是典型的宅园合一、前宅后园格局,包括东、中、西园及住宅四个部分。主要景点有:远香堂、香洲、荷风四面亭、见山楼、与谁同坐轩、倒影楼、十八曼陀罗花馆和卅六鸳鸯馆等,还有园内唯一一座廊桥——小飞虹。1992年园南部住宅区辟为苏州园林博物馆,是我国第一座园林专题博物馆,展示了苏州古典园林2000余年的发展历史。

2. 留园

于明万历二十一年(公元1593年)太仆寺少卿徐泰时罢官归乡时建。清光绪二年(公元1876年)谐"长留天地间"之意始称留园。全园占地约2.33万平方米,大致分为中、南、西、北四部分,中部的山水是精华所在。以碧池为中心,周围有明瑟楼、涵碧山房、可亭;东部的五峰仙馆,不仅为目前苏州园林中最大的厅堂,更被誉为江南厅堂典范之作。北面冠云峰玲珑剔透,集太湖石"漏、皱、瘦、透"的特点,为"江南园林峰石之冠"。留园建筑艺术精湛,其突出的空间处理,居苏州诸园之冠。

【延伸阅读8】

开放的留园

除了家居部分外人不得进入外,花园部分是定期向公众免费开放的,这是清代留园的主人盛康定下的规矩。盛康希望他的留园能"长留天地间",临死前,还留下遗嘱,留园作为祖产,子孙只能增益,不得变卖。而要真正能"长留天地间",只能"得之于民、施之于民"。盛康懂得这个道理,他在世时,也做了不少善事。

3. 网师园

建于南宋淳熙初年(公元1174年),始称"渔隐";后几经沧桑变幻,至乾隆年间定名"网师园"。总体布局为东宅西园,占地仅5400平方米,是苏州最小的园林。清水池角有世界最小石拱桥——引静桥。网师园中的殿春簃庭院,古朴爽洁,屋宇、亭廊、泉石、花木布置别具匠心,具有典型明朝风格。殿春簃是我国古典园林出口首例——美国纽约大都会博物馆"明轩"的蓝本。网师园以水为中心,景物玲珑精致,曲折幽深,小中见大,为"苏州园林之小园极例"。

4. 环秀山庄

建造历史最早可追溯至东晋司徒王珣和司徒王珉所建景德寺,后屡有兴废,至嘉庆时孙均邀请叠山名家戈裕良堆叠假山一座,此园开始名闻天下。道光二十九年(1847)始名"环秀山庄",又称"颐园"。其占地2180平方米,景观一反苏州园林多以水为中心的传统格局,而以山为格局。其中湖石假山,为戈氏唯一保存至今的湖石叠山真迹,不仅在苏州湖石假山中被推为第一,更被认为是我国园林现存叠石假山之"神品"。

5. 沧浪亭

苏州最古老的一所园林,始建于北宋庆历年间(公元1041—1048年),当时诗人苏舜钦遭贬至苏,购地造园,南宋(公元12世纪初)曾为名将韩世忠的住宅。沧浪亭造园艺术与众不同,未进园门便设一池绿水绕于园外。园内以山石为主景,迎面一座土山,沧浪石亭便坐落其上。山下凿有水池,山水之间以一条曲折的复廊相连。假山东南部的明道堂是园林的主建筑,此外还有五百名贤祠、看山楼、翠玲珑馆、仰止亭和御碑亭等建筑与之相呼应。

6. 狮子林

公元至正二年(1342),高僧惟则的弟子集资建造,园内怪石有状如狮子者,又因惟则之师中峰在天目山狮子岩得法,故名。清康熙、乾隆都曾数次来游,并分别在圆明园、承德避暑山庄中仿建。狮子林以大型湖石假山群著称,被誉为"假山王国",假山气势磅礴,洞壑幽深,分上、中、下三层,共有9条石径,21个洞口。"人道我居城市里,我疑身在万山中",正是其真实写照。世界建筑大师贝聿铭赞其为"天然画本"。

外国古典园林类——以法国凡尔赛宫及其园林为例

古希腊于公元前5世纪逐渐学仿波斯的造园艺术,后来发展成为四周为住宅围绕,中央为绿地,布局规则方正的柱廊园。随后希腊的园林为古罗马人所继承,他们将其发展为大规模的山庄园林,不仅继承了以建筑为主体的规则式轴线布局,而且出现了整形修剪的树木与绿篱。文艺复兴时期,欧洲的园林出现新的飞跃。以往的蔬菜园及城堡里的小块绿地变成了大规模的别墅庄园。园内一切都突出表现人工安排,布局规划方整端正,充分显示出人类征服自然的成就与豪情壮志。到法国的路易十四称霸欧洲的时代,随着1661年凡尔赛宫的开始兴建,这种几何式的欧洲古典园林达到了它辉煌的高峰。在这一时期乃至随后的数百年内,欧洲大陆上从维也纳到柏林,从彼得堡到枫丹白露,到处都可见到这些闪现着王家与皇室荣耀的灿烂光辉的园林,巴洛克和洛可可艺术在其中得到了尽情的展现。

名称:凡尔赛宫及其庭园(Palace and Park of Versailles)

所在地:法国巴黎—法兰西岛大区,伊夫林省

入选标准:(i)(ii)(vi)

列入时间:1979(2007)

UNESCO 链接:http://whc.unesco.org/en/list/83

图12-4 法国凡尔赛宫及其园林

UNESCO 评价

凡尔赛宫是路易十四至路易十六时期法国国王的居所。经过数代建筑师、雕刻家、装饰家、园林建筑师的不断改造润色，一个多世纪以来，凡尔赛宫一直是欧洲王室官邸的典范。

遗产价值

（i）凡尔赛宫及其园林共同构成了一种独特的艺术表现形式，不仅因其规模，更因其品质和独创性。

（ii）17世纪末及至整个18世纪，在以法国为中心的欧洲，凡尔赛宫产生了相当大的影响。维恩在建造汉普顿宫的时候融入了很多凡尔赛宫的元素；施吕特在为柏林皇家宫殿做外形设计时也同样借鉴了凡尔赛宫的创意。凡尔赛宫式的建筑在各地如雨后春笋般涌现，由设计师自己或者其效仿者设计的花园在全世界不计其数。

（vi）在一个半世纪的历史中，凡尔赛宫是法国宫廷生活的最佳见证，在这里路易十四过了一段纸醉金迷的日子。1789年10月6日，也是在凡尔赛宫，巴黎人民推翻了路易十六及其王后玛丽·安托瓦内特的统治，并将他们送上了断头台。

遗产介绍

有人说，无论在它建成之前或以后，世界上任何宫苑都不能与之相比拟。它有700个房间，容有1200个座位的剧场，1400个喷泉，由总长达180英里的引水渠道和导管供水，还有培植3000株柑橘和石榴树的暖室。整个宫苑占地800公顷，动用了36000人，花费了28年才得以完成。

这就是神话般的凡尔赛宫！位于巴黎西南18千米处。最初，它只是一座为路易十三建造的简朴的狩猎行宫。但是，1661年路易十四选中此处来建造我们今日看到的这座宫苑，1689年终得完工。1682年路易十四把宫廷和法国政府迁到此处。随后，国王们就一直在这里承继王位，并且都各自重新装饰了城堡。1789年法国大革命爆发，凡尔赛宫的辉煌猝然终结。尽管逃亡路上的路易十六还在责成他的国防部长"拯救可怜的凡尔赛宫"，但终成枉然。迟至1953年，让凡尔赛宫恢复昔日光辉的工作才艰难开启。如今，整座宫苑聘有600名专家和匠人，仍在不停地忙碌。

凡尔赛宫是巴洛克式建筑的经典之作，宫前有三条放射状的马车大道，大道在宫殿前方半圆形的"御林军广场"汇合。三条放射形大道在观感上使凡尔赛宫宛如整个巴黎乃至整个法国的集中点。体现了当时法国的中央集权和绝对君权观。铁栅般的宫门上镶着金色的太阳王徽记，宫门内又有一块广场，名为"法国荣光广场"，用以纪念路易十四及路易十五为法国创造的光荣年代。这两个广场都是路易十四当年检阅御林军的地方，广场之后就是皇宫主体了。皇宫建筑面积11公顷,以东西为轴,南北对称,宫殿本身是用淡黄色大理石所砌成的四层楼建筑。正面观之,建筑物呈一倒"凹"字形,右侧建筑俗称国王翼楼,一楼主要是守卫室及国王情妇居所,二楼是国王正殿和偏殿。左半边俗称王后翼楼,二楼主要是王后寝宫及起居室,一楼则是太子、太子妃住的地方。连接左右翼楼的(二楼)就是闻名遐迩的镜厅。在"凹"字形的左右二排顶端又各平行伸展出一个外翼,北翼主要为王室宅邸,南翼为贵族寓所,凡尔赛宫整体十分宏伟、壮丽。

  进入宫殿,其内部陈设则更富于艺术魅力。500多个大小厅室无不金碧辉煌,大理石镶砌,玉阶巨柱,以雕刻、挂毯和巨幅油画装饰,陈设有世界各地的稀世珍宝,其中就包括中国古代的精美瓷器,豪华非凡,令人目不暇接。中部的镜厅是凡尔赛宫最辉煌的所在,它建于1678年,长73米,宽10米,高12.3米。厅堂一侧是17个大拱窗,而相对的另一侧墙上则镶着17面与窗同大的镜子,镜子上还各有一个雕像。天花板上有巨大的油画,并垂吊着千片水晶古典吊灯。厅内四周都以金丝壁纸装潢,当阳光透过窗户射进来时,经过17面镜墙的反射,一地金黄,满室生辉,美轮美奂至极。而当夜幕低垂时,乐音扬起,人们站在厅堂中央摆动身躯,17面有角度的镜子所反映出的人影也随之翩然起舞,有如天上仙境般。镜厅在最原始的设计上只是个用以连接战厅与和平厅的走廊而已,但是因为设计得太美了,只做走廊非常可惜,就将它拿来当成宴会厅、舞池了,不过它最常用做的还是皇帝与大臣们共商国事之地。

  整座凡尔赛宫苑,宫殿只占一小部分,其他大部分都是御苑庭园,面积达100公顷,差不多是世界上最大的宫廷园林,其奢华几可与凡尔赛宫相媲美。园林由伟大的造园师勒诺特(见图12-5)设计。他投注30年心血,将原本荒芜的凡尔赛荒野变为无与伦比的宏丽宫苑。园中道路、树木、水池、亭台、花圃、喷泉等均呈几何图形,有统一的主轴、次轴、对景,构筑整齐划一,透溢出浓厚的人工修凿的痕迹,亦体现出路易十四对君主政权和秩序的追求和规范。

图12-5 造园师安德列·勒诺特
(André Le Nôtre,1613—1700)

  凡尔赛宫花园的设计者,法式园林的创始者。出生于皇家园艺世家,以其家学渊源和习画时期的艺术经验,掌握了均衡对称的造园艺术,以类似棋盘式的造型架构,打造出花木外貌简约工整、具有整体感的法式园林。

喷泉与雕塑是凡尔赛花园的灵魂,据说在路易十四时代里有1400多座晶莹壮丽的喷泉,如今虽只剩300多座,却仍是其他任何庭园无以企及的。每当泉喷水舞时,伴随着古典的交响曲,水花四溅,飞舞跃动,充满气势与魅力,整个凡尔赛园林就像一座诗情画意的水花大剧场,煞是迷人。

园林的中轴线上有两座著名的水池:拉多娜池和阿波罗池。据说,水池的设计和雕塑者是从神话故事《变形》中得到灵感。传说拉多娜是太阳神阿波罗和月神迪安娜之母,因被朱庇特之妻诅咒,在精疲力竭的漂泊途中停留于里西的池塘边,但农人们不仅不让她饮水解渴,还把水污染了。拉多娜一气之下把他们变成了青蛙。1670年建造的拉多娜像站在一块岩石上,面对宫殿,周围是六只变成青蛙的里西农人。1687—1689年间作了重新设计:水池里,一座五层同心圆叠罗汉似地托起扶儿携女的拉多娜像,里西农人变成的青蛙匍匐脚下,洒在人们身上的水传说会使亵渎神灵的人变形,有的变成野兽,有的变成昆虫。从拉多娜喷泉通往古树林围着的宽广的绿色草坪是中心林荫路。像是对拉多娜喷泉的回应,在草坪深处是一个有阿波罗雕像的水池,他正驾一辆由四匹骏马牵引的战车破水而出,冲向升起的太阳,向着他的母亲的方向飞驰而去。巨大的压力使马车中心主水柱猛的喷上25米高,而侧面15米高的水柱则交织出百合花的图案——这是法国王室的象征。恢弘的阿波罗喷泉是对上帝的颂扬,但对凡尔赛来说,无疑是对以"太阳王"自居的路易十四的颂扬。

在御苑的另一端僻静处,还有两座规模小得多的离宫:大翠安侬宫和小翠安侬宫。大翠安侬宫是路易十四时代建造的,静谧舒适,据说路易十四每周有两个晚上在这里度过;小翠安侬宫则常作为路易十六的王后玛丽的避居之地。皇后农庄顾名思义,是玛丽王后因好奇想体验农庄生活,不惜花下巨资仿乡间景物房舍修建的。这些离宫别苑虽不如凡尔赛正宫豪华气派,但环境清幽自然、宁静优美,别有一番情趣。

第13章 宗教文化类世界遗产

> 我从这条路上学到的东西就是要拼尽全力争取,争取那些对你的人生有意义的东西,争取做那些你想要做的事情,哪怕放弃世俗所谓的平静,你的内心会得到快乐。
>
> ——《朝圣》的作者保罗·科埃略
>
> 我认为这次朝圣之旅是我这辈子享受到的最美妙、最意想不到的人生体验之一。
>
> ——圣地亚哥古道的朝圣者

宗教是人类历史上一种古老而又深邃的社会文化现象。从某种意义上说,它几乎包含了人类社会得以维系的全部因素。宗教与旅游有着天然的不解之缘,历史上宗教信徒是最早的旅行者之一,而近代旅游业开端的标志——1841年托马斯·库克包租火车的团体旅游,是为了组织人们参加富有宗教意义的禁酒大会,其实质也是一次宗教旅游活动。宗教旅游结合了信仰、文化、艺术与游憩,具有启迪智慧、平衡心理、重塑价值、修心养性的意义。

宗教旅游是以愉悦身心为目的、以宗教场所为主要游览对象的旅游活动。朝圣是宗教旅游的主要动机之一,自古以来世界三大宗教(佛教、基督教和伊斯兰教)的信徒都有朝圣的历史传统。凡宗教创始者的诞生地、墓葬地及其遗迹遗物甚至传说"显圣"地以及各教派的中心,都可成为教徒们的朝拜圣地。如耶路撒冷,由于基督徒认为是救世主耶稣的诞生地,犹太人认为是大卫王的故乡、第一座犹太教圣殿所在地,穆斯林认为"安拉的使者"穆罕默德曾在此"登霄"升天,故成为基督教、犹太教和伊斯兰教的共同圣地,吸引了大批的海外朝圣者。

第一节 宗教类世界遗产的旅游价值

1. 身心的愉悦与灵魂的洗礼

宗教是人类社会特有的现象,几乎自人类诞生之日起,便成为人类精神文化生活的重要组成部分。宗教,被认为是人类表达"终极关怀"的最高形式,反映了人类对永恒(永生)的企盼与对善良、仁慈、博爱的渴望。

众所周知,人不仅寻求物质的满足,也需要精神的愉悦感,而现实中的缺憾,在任何社会都无法避免。人生中的种种不幸与压抑,往往需要通过某种途径来求得慰藉,朝圣便正有如此功效。对于朝圣者而言,其根本动机就是想借助宗教的方式,在自己生活的关键时刻或心灵困惑之际,去寻求某种心理冲突的解决方法,从而获得一种精神上的"超然"与"新生",获得灵魂的洗礼与心理上的慰藉。

朝圣之旅古已有之,早在公元前 8 世纪,古埃及场面隆重的布巴斯提斯"阿尔铁米司祭"庆典就吸引了尼罗河沿岸各国的朝圣者顺流而至。而 14 世纪英国诗人乔叟笔下的《坎特伯雷故事》,则是以 29 位香客从伦敦去坎特伯雷朝圣的旅途为背景,众香客的朝圣历程也象征着当时人们寻找失去的心灵家园的精神之旅。

法国到西班牙的冈斯特拉的圣地亚哥朝圣之路是最早被关注并入选的文化线路类世界遗产,后来,法国圣地亚哥—德孔波斯特拉朝圣之路、日本纪伊山脉的圣地和朝圣之路也分别于 1998 年、2004 年入选。保罗·科埃略是拉丁美洲最具影响力的世界级畅销书作家,而促使他走上这条道路的正是一次朝圣之旅。1986 年,保罗从法国步行到了西班牙的圣地亚哥,几乎走了两个月,这彻底改变了他的生活,也就是从那一刻起,他决定忘掉过去那个成功的商人,开始做自己真正想做的事——成为一名作家。之后有了他以此次经历为背景写就的处女作《朝圣》。现在,他的作品已被译成 54 种语言,畅销世界 140 多个国家与地区。

【延伸阅读9】

冈斯特拉的圣地亚哥朝圣之路(1993)

1987 年,欧洲议会宣布将冈斯特拉的圣地亚哥之路列为第一批欧洲文化之路。该遗址穿越法国和西班牙边境,从古至今一直是朝圣者们通往冈斯特拉的圣地亚哥的必经之路。沿路共有约 1800 座建筑,无论是宗教建筑还是世俗建筑,都有重大的历史意义。这条路对于中世纪时期促进伊比利亚半岛和欧洲其他地区的文化交流起到十分重要的作用,同时它也见证了基督教信仰在全欧洲社会各阶层人士心中的重要地位。

2. 美不胜收的文化艺术盛宴

如果把宗教旅游者分为专业和大众两类的话,那么专业朝圣旅游者主要获得的是精神层次上的需求,即宗教价值。大众观光旅游者主要获得宗教文化艺术的观光体验经历,即社会历史文化价值和景观审美价值。

不少艺术家说,西方建筑就是以教堂、寺庙为主体串起来的艺术史。各种宗教在其发展和演变过程中为人们留下了大量丰富多彩、独具魅力的宗教名胜古迹,这些均成为了最具旅游价值的人文旅游资源。有统计表明,我国第一批公布的180处全国重点文物保护单位,宗教名胜即占80处,第一、二批84个国家级风景名胜区中,涉及宗教的有54个,占63%;而在UNESCO颁布的《名录》中,宗教名胜竟占了90%。可见,宗教名胜古迹是世界珍贵的历史文化遗产中极为重要的组成部分。

许许多多的宗教圣地都堪称艺术的宝库。莫高窟、大足石刻、云冈石窟、龙门石窟,以其瑰丽多姿、风格各异的壁画、石刻,表现出佛教在不同时期的艺术魅力。放眼世界,梵蒂冈内米开朗基罗和拉斐尔的旷世巨作,婆罗浮屠长达三千米的佛教故事浮雕,达·芬奇留在圣母感恩教堂的无以伦比的代表作《最后的晚餐》……一代代信徒呕心沥血的奉献,留下的无不是人类文化艺术最巅峰的杰作。

莫高窟(见图13-1)又名"千佛洞",位于中国西部甘肃省敦煌市东南25千米处鸣沙山的崖壁上。莫高窟最初开凿于前秦建元二年(公元366年),至元代(公元1271—1368年)基本结束,其间经过连续近千年的不断开凿,使莫高窟成为集各时期建筑、石刻、壁画、彩塑艺术为一体,世界上规模最庞大、内容最丰富、历史最悠久的佛教艺术宝库。

图13-1 甘肃敦煌莫高窟壁画(1987)

莫高窟地处丝绸之路的一个战略要点。它不仅是东西方贸易的中转站,同时也是宗教、文化和知识的交汇处。莫高窟的492个小石窟和洞穴庙宇,以其雕像和壁画闻名于世,展示了延续千年的佛教艺术(图为61窟壁画"五台山图")。

第二节 宗教文化类世界遗产

佛教类——以柬埔寨吴哥窟为例

佛教,是古印度的悉达多·乔达摩(佛教信徒尊称其释迦牟尼)在大约公元前6世纪创立的一种宗教,在世界上,尤其是东亚和南亚地区有过广泛的影响。

古佛经中记载的世界五大佛教圣地,分别是:释迦牟尼的诞生地——尼泊尔兰毗尼园(1997),释迦牟尼的悟道之处——印度菩提伽耶(2002),释迦牟尼第一次讲说佛法之处——印度鹿野苑,释迦牟尼涅槃之地——印度拘尸那迦,以及中国佛教名山之首的五台山(2009),其中三处已入选世界文化遗产。释迦牟尼佛祖于公元前623年诞生于兰毗尼一座著名的花园,后来该处就成为朝圣之地。印度的阿育王也是朝拜者之一,并在此建立了一个他的纪念碑。这里现在已逐渐成为佛教徒的朝圣中心,以考古遗迹和佛祖诞生地为主要特色。菩提伽耶的摩诃菩提寺是与佛祖生前生活紧密联系的四大圣地之一,尤其值得一提的是这里是佛祖得道的地方。寺庙最早是阿育王于公元前3世纪建造的,现存的寺庙历史可以追溯到公元5—6世纪。菩提伽耶的摩诃菩提寺是笈多王朝后期以来印度现存最早的全部为砖石结构的佛教寺庙之一。五台山位于山西省忻州市,保存有东亚乃至世界现存最庞大的佛教古建筑群,享有"佛国"盛誉,五台山由五座台顶组成,珠联璧合地将自然地貌和佛教文化融为一体,典型地将对佛的崇信凝结在对自然山体的崇拜之中,完美体现了中国"天人合一"的哲学思想。

入选世界文化遗产的著名佛教建筑除下文提到的吴哥遗址外,还包括日本的法隆寺、印度的桑吉佛教建筑、印度尼西亚的婆罗浮屠寺庙群等。在日本奈良县的法隆寺地区,约有48座佛教建筑,其中有一些建于公元7世纪末至8世纪初,是世界上现存最古老的木结构建筑。法隆寺是圣德太子于飞鸟时代建造的木造寺庙,现在是日本佛教圣德宗的本山,受到中国六朝很大的影响,其建筑样式是所谓"飞鸟样式"的代表。此外,圣德太子也在此地区兴建了许多寺庙。这些木造建筑物记录了日本接受佛教的历史,以及佛教由中国传入的过程。

名称:吴哥遗址(Angkor)
所在地:柬埔寨暹粒省
入选标准:(i)(ii)(iii)(iv)
列入时间:1992
UNESCO 链接:http://whc.unesco.org/en/list/668

图 13-2　柬埔寨吴哥窟

UNESCO 评价

吴哥窟是东南亚最重要的考古学遗址之一。吴哥窟遗址公园占地面积达 400 多平方千米,包括森林地区,有 9 至 15 世纪高棉王国各个时期首都的辉煌遗迹,其中包括了著名的吴哥窟(Angkor Wat),以及坐落在吴哥王城(Angkor Thom)以无数雕塑饰品而著称的巴戎寺。联合国教科文组织已经对这一遗址及其周边制订了一项覆盖范围广泛的保护计划。

遗产价值

(i) 整个吴哥遗址全面代表了 9—14 世纪的高棉艺术,包括大量无可争辩的艺术杰作(如吴哥窟、巴戎寺、女王宫)。

(ii) 高棉艺术在吴哥的发展对东南亚大部分地区产生了深刻的影响,并在其艺术独特的演进中起到了根本性作用。

(iii) 9—14 世纪的高棉王国占据了东南亚大部分地区,在该区域政治、文化发展中起决定性作用。所有这一文明遗存皆是以砖石构建的丰富的文化遗产。

(iv) 高棉建筑主要从印度次大陆发展而来,随着其自身特征的形成,独立的演进,加之从周边文化传统中获得的灵感,很快形成了高棉建筑与其他建筑的鲜明差异。最终成就了东方建筑艺术的一种新艺术视野。

遗产介绍

时间倒转回 1860 年,让我们重温法国生物学家穆奥意外发现吴哥的惊喜与兴奋:再往前走,发现四处是散落的石柱、断裂的门梁,还见到几座倾倒的佛塔……继续前行约 1 小时,吴哥窟有如层层山峦的尖塔,动人心魄地掩映在红色云霞中。穆奥不觉惊叹:"此地庙宇之宏伟,远胜古希腊、罗马遗留给我们的一切,走出森森吴哥庙宇,重返人间,刹那间犹如从灿烂的文明堕入蛮荒。"就这样,在热带丛林中沉睡了 400 多年,几近湮没的吴哥文明重新绽放光芒。

吴哥古迹位于柬埔寨暹粒市北 6 千米外的莽莽丛林中,包括吴哥城(大吴哥)、吴哥窟(小吴哥)和周边 100 多座寺庙。"Angkor"(吴哥)一词源于梵语的"Nagara",意为"首都之城"。公元 802 年起的 600 年间,这里是东南亚高棉王国的都城,高棉人(柬埔寨人口最多的民族)的精神和宗教中心,先后有 25 位国王统治着中南半岛南端及越南和孟加拉湾之间的大片土地,其势力范围远超今天柬埔寨的领土。鼎盛时,吴哥全城估计有人口数十万,是世界上数一数二的大城。12 世纪中叶,国王苏耶跋摩二世(Suryavarman II)希望在平地兴建一座规模宏伟的石窟寺庙,作为吴哥王朝的国都和国寺。因此举全国之力,花了大约 35 年终将吴哥窟建造而成。其华丽精美令人瞠目结舌,但也因此损耗国力,国势渐衰。1431 年暹罗(今泰国)军队攻占并洗劫了吴哥,王室被迫弃城东移,从此古老的城池渐渐被寂静幽暗的丛林所掩埋。

1907年，暹罗将暹粒等省归还柬埔寨。1908年起，法国远东学院开始对包括吴哥窟在内的大批吴哥古迹进行为期数十年的精心细致的清理和修复工程。20世纪30年代，开始用分析重建术①复原吴哥窟。这项工作到60年代曾因柬埔寨政局动荡而停顿，于90年代重新展开。1993年，教科文组织在东京举行了保护吴哥窟遗址政府间国际会议，通过了《东京宣言》，建立了保护遗址的国际协调委员会。截止到2004年，国际社会捐款5000多万美元，用于恢复吴哥窟遗址的各项建筑和扫除周围的地雷。

吴哥城是9—15世纪吴哥王朝的都城，阇耶跋摩七世（1180—1219，Jayavarman VII）在位时进行了大规模扩建。城呈正方形，边长约3千米，有城墙和护城河保护，城墙高8米，护城河宽100多米。整个城市有5道城门，除东西南北方向各开有城门外，东门的北面还开了一座胜利之门，城门是塔形结构，每个塔身上皆有面向四方的四面佛像，以慈悲的眼神检阅进入城内的每一个人；城墙外的护城河上架有桥梁，连接城里城外，每座桥都采用印度教的神话故事，两边各有27尊2.5米高的跪坐石雕半身像排成一列，一边象征神灵，一边象征恶魔，双方无时无刻不在进行着激烈的角力。

元贞二年（1296）元成宗曾派遣周达观出使真腊（即吴哥），逗留达一年之久，返国后周达观以游记形式撰写了《真腊风土记》，文中记录了当时吴哥城宫殿的恢弘及国王因陀罗跋摩三世（Indravarman III）生活的奢华，提供了"富贵真腊"不可多得的一手注解。19世纪，这本书被翻译到西方后，热带丛林里有个古老王国的传说令许多冒险家心驰神往，穆奥正是其中的一位。经过战乱、劫掠与天灾，如今宫殿已毁，只剩一座象台供人凭吊。遥想当年，这里是举行各种典礼以及盛大的斗象活动的场所，据说胜出的冠军大象可荣任国王的坐骑，那是何等荣华、何等热闹的场面，如今都已成云烟。

吴哥城正中耸立着一座佛教庙宇巴戎寺，堪称王城最动人心弦的建筑。相传为阇耶跋摩七世于12世纪末13世纪初所建，起初供奉印度教主神毗湿奴，13世纪后期，由于阇耶跋摩七世改宗佛教，而变成佛教寺庙。巴戎寺仿佛教观念中的宇宙中心——须弥山而建，设计蕴涵了深刻的宗教意义：三层石砌基座，一层比一层陡耸，如山峦起伏的49座石塔簇拥着中央40米高的涂金圆锥形宝塔。每座石塔顶部的四面，各雕有高3米的佛像，分别代表慈、悲、喜、舍（见图13-3）。这种独特的高棉建筑风格被称为"巴扬风格"，佛像安详而神秘的微笑被冠以"高棉的微笑"之称。在近200个巨大的佛像笑面俯视之下，穿行于塔

---

① 分析重建法要求必须用遗址的原来材料，按原来的古代的建造方法复原遗址，只有在原物无存的情况下才允许适当使用代替物。

间,一切的阴暗之举似乎都无以遁形,不仅具有宗教意义,也彰显着王威的无所不在。巴戎寺回廊的浮雕也十分精致,从征战场面到市民生活应有尽有。生动的刻画,仿佛将八九百年前的场景又带回眼前。

图13-3 高棉的微笑

吴哥城里的巴戎寺中,有49座巨大的四面佛雕像。佛像为典型高棉人面容,轩昂的眉宇、中稳的鼻梁、热情的厚唇、慈祥的气质,个个面带笑容,被后人尊称为"高棉的微笑",据说是建造巴戎寺的国王阇耶跋摩七世的面容。

距吴哥城3.3千米的吴哥窟是世界上最大的寺庙(占地2.6平方千米),也是吴哥古迹中保存得最好的建筑,代表了高棉古典建筑艺术的高峰。吴哥窟全部用每块重达8吨的石块砌起,没有使用灰浆或者其他黏合剂,工匠们仅仅靠石块的重量和形状的吻合就将它们叠合起来,据说用了几乎和埃及胡夫金字塔一样多的巨石,是遗迹中最壮观的神庙,因此"吴哥窟"也被作为整个吴哥古迹群的总称,并被设计在柬埔寨国旗上。

吴哥窟原名"毗湿奴的神殿",是印度教寺院,故大门向西开,喻示着西方是极乐世界。后柬埔寨改奉佛教为国教,吴哥窟也成了佛教寺庙,如今的浮雕与设计中,两种教派的影响都有迹可寻。寺庙周边环绕一道总长5.4千米的宽阔的护城河,象征环绕须弥山的七重海。寺庙内部的台基、回廊、蹬道、宝塔构成吴哥窟错综复杂的建筑群,其布局规模宏大,比例匀称,设计简单庄严,细部装饰瑰丽精致。

祭坛由三层长方形的回廊环绕的须弥台组成,一层比一层高耸。第一层的须弥座由砂岩石垒成,高出地面约3米;须弥座之上,有高3米许的回廊。回廊的二重檐拱顶覆盖陶瓦,保护着回廊壁上的浮雕不受日晒雨淋。长约800米的"浮雕回廊"描绘了印度两部著名梵文史诗《罗摩衍那》《摩诃婆罗多》中的故事和一些吴哥王朝的历史。这一层是吴哥窟最值得观看和感受的地方,走在漫长的回廊中,凉风阵阵,加上开阔的视野与伸手即得的浅浮雕,在这里漫步实在是让人难忘的经历。在印度教寺庙里,第一层建筑往往代表着人间,更多包含人与神交汇的情景,因此这里设有4座容量很大的蓄水池,当时被用作国王祭祀神灵之前沐浴净心的场所。在祭坛顶部矗立着按五点梅花式排列的五座宝塔,每座宝塔都呈荷花蓓蕾的形状,其中四个宝塔较小,排四隅,代表四大部洲,为凡人居所;中央一个大宝塔巍然矗立,高达 65 米,代表神仙居住的须弥山,塔内供奉着伟大的毗湿奴神。这位印度教主神的形象与传统不同,据说其面貌乃是根据苏耶跋摩二世的相貌塑造的。回廊在吴哥窟发展到顶峰,三层台基各有回廊,如同乐曲旋律的重复,步步高,步步增强,最终归结到主体中心宝塔。在这里漫步,随时随地都可以看到人们对神祇无微不至的崇拜,任何角落都充斥着精美的浮雕和具有象征性的设计,所有一切都让人联想到建造它的人们艰苦卓绝的付出与一丝不苟的精神。

如果说,在吴哥窟,你被信仰的超然伟大所震撼。那么,在《古墓丽影》外景地塔布陇寺还有一种力量让你折服,这就是自然。吴哥文明隐没的数百年里,自然之手,按照自己的方式在时间的荒野中不断雕琢和修饰着它。生长旺盛的热带雨林用自己的盘根错节把坚硬的石头慢慢割裂、撕碎、解构,然后重又生出,形成石生树、树包石的奇景。吴哥城东的塔布陇寺,就借这种石和树"不离不弃、生死与共"的离奇景致,为我们构建了一个迷宫般的世界。塔布陇寺是阇耶跋摩七世建造的献给母亲的寺庙,曾是掌管着 3000 多个村子的香火鼎盛的庙宇,如今被树根紧紧抓住,此情此景,不由让人对大自然的力量心生敬畏。

✍ 基督教类——以德国科隆大教堂为例

基督教,是一种相信耶稣为神(上帝)的圣子、人类的救主弥赛亚(即基督)的一神论宗教。成为世界文化遗产的基督教圣城包括之前提到的以色列首都耶路撒冷,全球天主教教会的中心——梵蒂冈城,曾经的东正教中心、拜占庭帝国的首都君士坦丁堡(申请遗产地名为伊斯坦布尔历史区域)等。此外,2011年,巴勒斯坦开始向 UNESCO 申请将伯利恒的圣诞教堂列入《名录》。圣诞教堂位于约旦河西岸城市伯利恒,坐落于伯利恒市中心马槽广场。相传基督教创始人耶稣诞生于一个岩洞的马槽内,这个岩洞便位于圣诞教堂现址内。尽管圣诞教堂的地位和价值无人质疑,但当年它未被列入《名录》,原因是只能以国家名义向 UNESCO 提出申请,而且申请国必须是《世界遗产公约》缔约国。所以,巴勒斯坦首席谈判代表说,申遗是巴勒斯坦建国步骤中的一部分。幸运的是,经过不懈努力,2011 年 10 月开始,巴勒斯坦成为联合国组织的正式成员,顺理成章,2012 年世界遗产大会上"耶稣诞生地:伯利恒的主诞堂和朝圣线路"成功入选《名录》。但由于圣诞教堂已遭受结构性损坏,该遗产地也同时被列入《濒危名录》。

教堂是基督教遗产中最为璀璨的部分。在欧洲的每个城市,都会有教堂矗立。一个城市的成长,一定曾经伴随教堂的修建和布道;一个乡村,最高处也一定是教堂的钟楼和尖塔,当报时的钟声响起,人们的心灵也得到慰藉。从古至今,教堂的建筑风格也在不断演绎。建于380年的意大利圣保罗大教堂(遗产地名为"罗马历史中心区"),具有代表性的"巴西利卡"风格;意大利的比萨大教堂(见图13-4)是杰出的罗马式教堂的代表;坐落在今天土耳其伊斯坦布尔的圣索菲亚大教堂是典型的拜占庭式教堂;德国的科隆大教堂是中世纪欧洲哥特式建筑艺术的代表之作;最为经典的文艺复兴式教堂是坐落于梵蒂冈的圣彼得大教堂(见图13-5);著名的巴洛克式教堂有俄罗斯彼得保罗大教堂(遗产地名为"圣彼得堡历史中心及其相关古迹群")。

图13-4 意大利的比萨大教堂广场(1987)

在一片宽阔的草坪上,坐落着比萨大教堂广场。广场上有一组举世闻名的纪念建筑群:大教堂、洗礼室、钟楼(即比萨斜塔)和墓地。这四件中世纪时的建筑杰作对意大利11世纪到14世纪间的纪念建筑艺术产生了极大影响。

图13-5 梵蒂冈城(1984)

梵蒂冈城是基督教世界最神圣的地方之一,证明了过去辉煌的历史以及基督教神圣精神的发展进程。这个小国境内云集了大量艺术和建筑杰作。城中心坐落着圣彼得基督教堂,教堂正面是两条柱廊和圆形广场,有宫殿和花园环绕。这座矗立在使徒圣彼得陵墓上的长方形基督教堂,容取了布拉曼特、拉斐尔、米开朗基罗、贝尔尼尼和马德尔纳等大师的天才创造,是世界上最大的宗教建筑。

名称:科隆大教堂(Cologne Cathedral)
所在地:德国科隆市
入选标准:(ⅰ)(ⅱ)(ⅳ)
列入时间:1996（2008）
UNESCO 链接:http://whc.unesco.org/en/list/292

图 13-6　德国科隆大教堂(1900 年左右教堂旧景)

UNESCO 评价

哥特式科隆大教堂始建于 1248 年,历经几个阶段的修建,直到 1880 年才建成。在修建科隆大教堂的七个世纪中,一代代建筑师们秉承着相同的信念,做到了绝对忠实于最初的设计方案。除了其自身的重要价值和教堂内的艺术珍品以外,科隆大教堂还表现了欧洲基督教经久不衰的力量。

遗产价值

德国科隆大教堂是一种创造性的天才杰作,考虑到它所具有的突出的普遍价值,根据文化遗产标准(ⅰ)(ⅱ)和(ⅳ)将其列入《名录》。科隆大教堂建成超过六百年,为中世纪和现代欧洲强烈而持久的基督教信仰提供了有力证据。

遗产介绍

"我看见它的时候,完全可以感受到上帝的存在!"有人这样评论科隆大教堂,他说出了许多人内心的强烈感受。大教堂是科隆地标,也是久负盛名的德国建筑的纪念碑。那两个高达 157 米的尖顶楔进苍穹,让人不禁萌生亲近天空的愿望。巍峨的大教堂体现了人类梦想的高度,人一直想要建造一座通天塔,也就是传说中的巴别塔,到离上帝最近的地方,祈求神的赐福,但这种梦想似乎永远也无法企及。明知不可为而为之,耗时 600 年上下求索,科隆大教堂彰显出人类梦想的宝贵。

科隆大教堂坐落在莱茵河畔的科隆老城中心,是中世纪欧洲哥特式建筑艺术的杰出代表,与巴黎圣母院和罗马圣彼得大教堂并称为欧洲三大宗教建筑。大教堂于1248年在加洛林王朝希尔德大教堂的遗址上开始兴建,由于曾遭受火灾,特别是宗教改革引发的"30年战争"和"百年战争"的阻隔,工程时断时续,直到1880年才由德皇威廉一世宣告完工。科隆大教堂见证了信仰的力量,其设计建造历时600多年,在这漫长的历史中,国家易主,时代变迁,然而教堂的历代设计者们却一直忠实于其最初的设计理念,这使科隆大教堂保留了其原始的风格,体现出宗教的神圣、庄严与肃穆。从教堂正面的大门步入中堂,首先是那垂直的高而窄、狭而长的空间,带给人很大的震撼。这种强烈的狭长高耸的效果确实达到了人们追寻的理想境界:在一种庄严的氛围里,好像摆脱了地心的吸力,飘然欲升,直向苍穹。

科隆大教堂取法于法国北部的亚眠大教堂,整体平面呈典型的十字形结构,东西长144.55米,南北宽86.25米,面积比一个足球场还大。主体部分高135米,大门两边的两座尖塔则高达157米多。教堂的四周还有上万座小尖塔。整座建筑全部由磨光的石块砌成,整个工程共用去40万吨石材,加工后的构件总重16万吨,并且每个构件都十分精确。教堂内共有10个礼拜堂,祭坛放在最东端——指向耶路撒冷,"十"字形较长的部分是高宽的中堂及两侧的走廊,较短的部分称为袖廊,袖廊中分成三条走廊,将中堂和唱诗班的席位与高大的祭坛分开。四周还有一个回廊,它从中厅侧旁的走廊一直延伸过去,穿过袖廊,并绕过高大的祭坛。沿着大教堂的整个回廊,建了许多小祭坛,使整个唱诗坛显得更加宏伟壮丽。然而最富魅力的地方还是中央大礼拜堂,穹顶高达43.35米,跨度为15.5米,座位5700个,神职人员的座位就有104个之多,全部用极厚的木板制成。教堂的钟楼上装有5口吊钟,最重的一口叫圣彼得钟,有24吨重。每逢祈祷时,钟声洪亮,传播得很远。沿钟楼狭窄的509级台阶,可以登上双塔的塔顶,能够眺望莱茵河的美丽风光和整个科隆市容。

教堂内部装饰也颇为讲究,最著名的是那些灿烂无比的彩色玻璃窗,它们是哥特式建筑结构的典型特征,有着一种慑人心魄的美丽。巨大的拱型玻璃窗被分成四个小拱,与纤细的横棱形成轻巧的框架。其上部嵌入叶形装饰的圆孔消解了玻璃与石结构因直接过渡而形成的生硬感。蓝色的、宝石红色的、紫罗兰色和艳绿色的图案呈纵向排列。图案题材多为宗教内容,一个个《圣经》故事跃然于绚丽的玻璃之上。阳光透过它们,使整个教堂内部都浸润在变幻莫测的光辉里,呈现出浓郁的宗教氛围。可以想象,这象征上帝的光辉给当时的圣徒带来了多少关爱与荣耀。

教堂内还有大量的石刻雕塑,以精湛而多样的艺术手法,描绘出圣母玛丽亚和耶稣那些耳熟能详的故事。大教堂的修建延续了几个世纪,因此外墙上的石雕具有时代更迭、造型各异的特色。此种不统一的风格在大教堂西、南、北面的拱门上体现得尤为明显。石雕人物及场景多取自宗教题材,但也有些神怪动物雕像的戏谑之作,这在哥特式建筑中相当普遍,反映了制作者的世俗情趣。

教堂里收藏着许多珍贵的艺术品和文物。其中包括成千上万张当年大教堂的设计图纸,特别是第一位建筑师哈德的羊皮设计图纸,成为研究中世纪建筑艺术和装饰艺术的宝贵资料。还有从东方去朝拜初生耶稣的"东方三贤"的遗骨,被放在一个很大的金雕盒里,安放在主祭堂和三贤小礼堂之间。据说,为了妥善珍藏这些遗骨,大教堂特地聘请中世纪著名金匠尼古拉花费近50年时间打造了一只嵌有150颗昂贵宝石的黄金盒。三贤圣骨盒外的雕刻多描述《圣经》里的故事,圣骨盒正面下方即雕刻着三贤来朝贺耶稣在约旦河受洗的场景,上方则是耶稣再度降临世界的画面;圣骨盒侧面分别刻有《旧约》中先知和以色列诸王以及《新约》中耶稣门徒的雕像,人物表情生动,衣褶等细部都精美细腻非常。15世纪早期科隆画派画家斯蒂芬·洛赫纳所绘的《三贤来朝》是另一件镇堂之宝,1857年移入本教堂,是一座三折屏风。中间一扇是主体,描绘东方三贤携带黄金、乳香等向新生的圣子朝拜。左右两幅小图,分别画着圣女乌苏拉和圣徒盖瑞昂的故事,全画构图严谨,色彩明亮,人物描绘生动,是不可多得的绘画杰作。

科隆大教堂本身就是一部历史。在大教堂的后花园里是历代去世的主教和神父的墓地,最久远的墓地长眠着12世纪的红衣大主教。通过众多墓地的装修装饰,可看出历史的繁华与衰败,人神的高贵与卑贱。在众多神职墓地里还有一座华人张堆笃的墓地,从已经模糊不清的文字里,依稀可看出,这位华人神父上世纪初就来到科隆大教堂,并在此终了一生。

伊斯兰教类——以印度泰姬陵为例

伊斯兰教,公元7世纪由麦加人穆罕默德在阿拉伯半岛上创建。"伊斯兰"原意为"顺从"、"和平",指顺从和信仰创造宇宙的独一无二的主宰安拉及其意志,以求得两世的和平与安宁。伊斯兰教有三大圣地——麦加、麦地那和耶路撒冷。据说,公元610年穆罕默德在麦加城郊希拉山洞受到安拉的启示,开始了一生中传播伊斯兰教的活动。现在每逢朝觐季节,世界各地的穆斯林来麦加朝觐,最多曾达250万人以上。622年穆罕默德与部分穆斯林为避麦加多神教徒迫害,从麦加迁移至麦地那,逐渐建立了政教合一的政权,并以此为基础,统一了阿拉伯半岛。另据《古兰经》载,穆罕默德曾于一夜间由麦地那抵达耶路撒冷,并在一块磐石上登霄升天,亲见了安拉和以往的先知,并目睹了天堂、火狱,因此耶路撒冷为第三大圣地,也是目前唯一列入世界文化遗产名录的伊斯兰圣地。

三大圣地拥有三大圣寺。麦加大清真寺是伊斯兰教第一大圣寺,是全世界穆斯林朝圣的克尔白天房所在地,也是伊斯兰教最神圣之地。该寺有 25 个大门和 7 座高大的宣礼塔,以克尔白为中心,周围面积 75000 平方米,约可同时容纳 50 万人礼拜。先知清真寺是伊斯兰教第二大圣寺,坐落在麦地那,是在穆罕默德故居基础上建造,可容纳 25 万人同时礼拜,寺内有穆罕默德陵墓。阿克萨清真寺是伊斯兰教第三大圣寺,位于耶路撒冷圣殿山古以色列王国的圣殿遗址上。伊斯兰教规定"去阿克萨清真寺朝觐的人,安拉会赦免他的罪过"。

列入世界文化遗产的著名清真寺还包括土耳其伊斯坦布尔历史区域的苏丹艾哈迈德清真寺(又名蓝色清真寺)、土耳其迪夫里伊的清真寺、叙利亚大马士革大清真寺(遗产地名为"大马士革古城")、伊朗皇家清真寺等。而印度泰姬陵因其凄美的爱情故事而成为伊斯兰教建筑中最动人的作品之一。

名称:泰姬陵(Taj Mahal)
所在地:印度北方邦阿格拉市
入选标准:(i)
列入时间:1983
UNESCO 链接:http://whc.unesco.org/en/list/252

图 13-7　印度泰姬陵

UNESCO 评价

泰姬陵是一座由白色大理石建成的巨大陵墓清真寺,是莫卧儿皇帝沙贾汗为纪念他心爱的妃子于 1631 年至 1648 年在阿格拉修建的。泰姬陵是印度穆斯林艺术的瑰宝奇葩,是世界遗产中令世人赞叹的经典杰作之一。

遗产价值

作为一种创造性的天才杰作,泰姬陵是世界上最著名的历史遗迹之一。而毫无疑问,这部分归功于其动人的建筑背景:莫卧儿王朝的皇帝沙贾汗为延续对爱妻——死于 1631 年的蒙泰姬·玛哈尔的追忆,才有了这座伊斯兰风格的墓葬。泰姬陵,始建于 1632 年,1648 年完工;传说泰姬陵是在皇家建筑师乌斯塔德·艾哈迈德·拉合里(Ustad Ahmad Lahori)的带领下,由几千个石匠、大理石工匠、镶嵌细工师、室内装潢师组成的国际团队共同完成。

遗产介绍

亭亭玉立于印度阿格拉(曾是莫卧儿王朝的首都)市亚穆纳河畔的泰姬陵，是一曲凄美绝伦的恋歌！戴安娜王妃在与查尔斯王子的婚姻濒于崩溃时，曾专程造访泰姬陵，并为其背后的爱情故事感动得泪流满面。印度著名诗人泰戈尔形容它是"一滴永恒的爱情之泪"，其恍若仙境的梦幻色彩，被誉为"大理石之梦"。在她精美绝伦的光彩背后，上演了一代君王与王后凄美、坚贞的爱情绝唱。

泰姬陵全称泰姬·玛哈尔陵，是莫卧儿王朝第5代皇帝沙贾汗为纪念其已故皇后蒙泰姬·玛哈尔而建。与其说这是一座宏大的陵墓建筑，不如说这是沙贾汗皇帝对其爱妻的一份爱情誓言和承诺。蒙泰姬原是一位具有波斯血统的绝世美女，21岁与沙贾汗成婚后就一直形影相随，并为其生下14个子女。但在1631年，皇后39岁时却因难产而逝去，令沙贾汗伤心欲绝，以至一夜白头。沙贾汗曾在爱妻临终前许下3条诺言：为其建造全世界最美丽的陵墓，善待爱妻和自己所生的所有子女，终生不再迎娶其他女人。这看似普通而简单的3条承诺蕴涵着沙贾汗的一片挚爱。之后的工程动用了两万名工人耗费17年左右时间才得以完成，耗资巨大。

蒙泰姬生命的终结成了爱情的第二次开始，但美丽的爱情却引发了一个王朝的落败。沙贾汗原本想在亚穆纳河对岸为自己也建造一座一模一样的黑色陵墓，与爱妻相对而眠，并用半黑半白的大理石桥与泰姬陵相连。但泰姬陵完工不久，耗费掉4000万卢比的这项巨大工程引发民怨，其子趁机篡位成功，沙贾汗本人被囚禁在阿格拉堡的八角宫内。此后整整八年，沙贾汗只能透过小窗遥望泰姬陵在河中浮动的倒影。后来视力恶化，直至病死，夙愿未达。唯一的安慰是死后能够葬在蒙泰姬的身旁。

泰姬陵虽然位于印度，但却是伊斯兰文化而非传统的印度教文化的产物。莫卧儿王朝来自中亚，信奉伊斯兰教，在英国殖民印度以前，统治北印度长达300年。泰姬陵主体建筑用纯白色的大理石建成，再搭配斯里兰卡的蓝宝石、伊拉克的月长石、阿拉伯的珊瑚、波斯的紫水晶、俄国的孔雀石、中国的翡翠等，皎洁灿烂，缥缈出尘，无比惊艳。据说为了取得最好的大理石，沙贾汗甚至派人远至靠近巴基斯坦的马克拉纳等地，开采坚硬、质纯的石料，再切割、打磨成适合的尺寸，砌造起来。

整个陵园占地17万平方米，东西长580米，南北宽305米，由前庭、正门、花园、陵墓主体以及左右两座清真寺组成，除临河的北面，三面都被红色砂岩的高墙围绕。陵园南边高30米的红砂石拱门，象征着天国乐园的入口，拱门上镌刻着《古兰经》铭文："让心地纯洁的人进入天国的花园。"拱门顶部两侧各有一座八角亭，中间有两排各11个颇具伊斯兰特色的"皇冠"，有人说这是通往天堂的小入口。大门的墙体用大理石装饰,有各种宝石镶嵌成的美丽的花纹和优美的书法布于其上。

进入拱门一直到泰姬陵主体建筑,是一条长达 100 余米的十字形水道,中心为喷泉。水道将花园划分成 4 个同样大小的长方形。"4"字在伊斯兰教中有着神圣与圆满的意思。站在拱门口正好看见白玉般的泰姬陵倒影浮在水中。如果仔细观察,清澈、平静的水面上,泰姬陵的倒影恰如一幅戴着王冠的少女头像。水道两侧是红砂岩铺成的甬道,走道两旁以及周边草地种植着的柏树和果木,分别代表死亡与新生。

沿着红色的甬道一直走到尽头,便是全部用白大理石砌成的陵墓寝宫了。高 74 米的寝宫,居中建筑居于一座高 7 米、长 95 米的正方形大理石基座上。寝宫平面近似边长约 57 米的正方形,四角略加切削而呈八角形,中央的殿堂由辐射状走廊连通四角的 4 间小室。顶部为一高耸饱满的穹顶,直径 17 米,比例匀称,曲线优美,被誉为泰姬陵最高的荣耀。穹顶周围环绕着 4 座小型的圆顶凉亭,整座建筑群错落有致,和谐完美。

寝宫内分五间宫室,殿堂中央正对着上方穹隆的中心,安放着蒙泰姬皇后的白色大理石衣冠墓,西侧是沙贾汗皇帝的假棺,一扇八角形的白色大理石透雕屏风围绕着这两具石棺。屏风上缀满了灿若繁星的红绿宝石,两具彩石镶嵌的衣冠棺也好像两个琳琅满目的宝盒。另外两具真正的石棺安置在寝宫的地下墓室里。墓室中央有一块大理石纪念碑,上面用波斯文刻着"封号宫中翘楚蒙泰姬·玛哈尔之墓"。与之呼应而更为伤感的是沙贾汗刻在墓碑上的那句悼词——"噢,真主啊,请承担我们无法经受的痛苦吧!"

大理石基座的四角,各有一座高 42 米的尖塔,称作宣礼塔,这是伊斯兰建筑的典型样式,专供穆斯林教徒们每日登高诵读《古兰经》以及祈祷之用。泰姬陵两侧还各有一座红色砂岩建造的清真寺,恰似一对肤色棕红的宫女侍立在冰肌雪肤的皇后左右,让整个建筑更显均衡对称。

最不可思议的是,这座纯白的建筑会随时间、天候变换光影,给人以如梦似幻之感。清晨,泰姬陵是灿烂的金色,白日的阳光下则是耀眼的白色,斜阳夕照,泰姬陵又由灰黄、金黄,逐渐变成粉红、暗红、淡青色。据说月满之时的泰姬陵最美丽,发出幽幽的淡紫色,就好似当年美貌的皇后般神秘动人。2004 年 11 月 27 日,泰姬陵有条件地对游客开放夜游,门票高达 1500 卢比(白天为 750 卢比),成为世界上唯一一个早中晚游览票价不一样的景点。

无论构思还是布局,泰姬陵都堪称完美,它充分体现了伊斯兰建筑艺术的庄严肃穆、气势宏伟。泰姬陵又是一座伟大爱情的纪念碑,见证着一代君王旷世惊俗的爱情,也使后人在"寻求真爱"时有了一个绝美的寄思之所。

【旅行的意义之三】

朝圣路上

图13-8　保罗·科埃略(Paulo Coelho)

　　朝圣和旅游都是人类社会经济和文化发展到一定阶段的现象,是人类有异于日常生活的另一种"生活方式"。如果说"朝圣"是一种宗教意义上的精神文化之旅,"旅游"则是一种现代意义上的精神文化的"朝圣"。

　　旅游生活具有与日常生活显然不同的"非凡"与"神圣"性。大凡一群人,或一个人,受了感情和精神追求的驱使,也会经过一番准备,然后离家去寻找自己"远处的中心",使身心有所改变,在这里,走路不再只是一种本能,而变成生活的一次历练。

　　在旅游的过程中,旅游者离开自己惯常的工作与生活环境进入一个全新的、与朝圣者类似的"神圣"时空。此时,旅游者之间无所谓高低、贵贱、贫富,平等单纯地交往,共同感受朝圣者般的旅游情感体验。

　　保罗·科埃略被称为"继马尔克斯之后,拥有最多读者的拉美作家"。然而其成名之路颇为坎坷。他曾经因为执著于作家梦和极度叛逆,被父母三次送进精神病院;也曾因为出版触犯诸多禁忌的杂志,被巴西军事独裁政府送进监狱。当他的人生陷入一片黑暗时,一次探索心灵与宗教的从法国步行到西班牙圣地亚哥的朝圣之旅终于使他打开心门,找到了自己终生的精神寄托——写作。他很快以此次经历为背景写就风靡世界的处女作《朝圣》。科埃略这样总结他的经验:

　　"当朝一个目标前进时,注意看路是至关重要的。路总是教给我们最佳的到达方法,而且当我们行走在路上时,它丰富了我们的知识。在生活中当你有了一个目标时也是如此。目标实现的好与坏,取决于我们选择达到它的道路,以及我们行走这条路的方式。"

　　路在何方?遵从你内心的选择!怎样行走?保有你生命的激情!

　　资料来源:郑晴云,2008;保罗·科埃略,2003。

第四编
双重遗产、濒危遗产及其他

　　世界遗产名录中，有一类叫做文化与自然双重遗产，所谓双重，是指其在此两方面传世价值上的兼备。1987年5月，世界遗产专家卢卡斯先生奉命来泰山考察。他看了申报材料后说，"特别欣赏泰山既是自然遗产又是文化遗产，从《泰山遗产》的材料中看到了中国人的审美观，这能促使世界遗产概念的更新。一般来说，列入世界遗产清单的，不是自然的就是文化的，很少有双重价值的遗产在同一保护区内"。

　　卢卡斯先生还兴奋地为泰山题词："泰山把文化与自然独特地结合在一起，并在人与自然的概念上开阔了眼界，这是中国对世界人类的巨大贡献。"1987年年底的世界遗产大会，泰山作为文化与自然双重遗产列入《名录》。由此，泰山成为中国第一个双重遗产，并且丰富了世界遗产的类型和价值。

　　珍贵而脆弱，是每一处"世界遗产"的真正特质。世界遗产中心主任巴达兰说，世界遗产地之所以被称为世界遗产，是因为它们的生存和发展在一定程度上都面临挑战。

　　全世界第一个国家公园——黄石国家公园，一直被称为遗产保护的楷模。遗憾的是，1995年黄石公园却被列入了《濒危名录》。其"濒危"的缘由包括：公园4千米以外的私人土地探明了金属矿，主人计划开采；公园里的野牛发生哺乳式病毒；有人有意把鲑鱼放到公园的湖里，外来品种使水生态平衡受到威胁；旅游压力越来越大。有意思的是，这个被列入《濒危名录》的世界遗产，动议竟是公园的全体员工罢工向政府提出的。当时的克林顿政府为此采取了一系列措施，花6500万美金将那块4千米外的私人土地购买，并减少了公园里的床位。经过多年治理，2003年黄石公园终于在《濒危名录》上被有条件除名。

截止到2011年,在已登录的936处世界遗产中,已有35处被列入《濒危名录》。被列入《濒危名录》,即意味着"黄牌警告",如果不采取必要的保护措施,任其继续发展下去,就会被"红牌罚下"——取消世界遗产的资格。《世界遗产公约》中明确规定缔约国不得故意采取任何直接和间接损害本国和他国世界遗产的措施,假如一个缔约国不能履行它的义务,其政府不能保证在一定的期限内通过采取必要的措施有效保护该遗产的价值,并使其遗产地受到严重威胁和破坏,并最终失去了作为世界遗产的价值,该遗产项目也将可能被从《名录》中除名。不过,这项规定在公约生效后的30多年里从未运用。

然而,2007年6月29日第31届世界遗产委员会会议上做出了一项空前的决定,将位于阿曼的珍稀羚羊的栖息地——阿拉伯大羚羊保护区从《名录》中予以除名。由于阿曼方面违反《世界遗产公约》业务准则,将1994年列入《名录》的保护区面积缩减90%,世界遗产委员会认为这一举动损害了遗产的突出普遍价值。这是《世界遗产公约》自1972年开始生效以来,第一项被除名的遗产地。世界遗产委员会对于缔约国未能依据《世界遗产公约》的规定,履行遗产保护义务表示遗憾。

我国目前虽没有遗产地列入《濒危名录》,但保护形势并不乐观。世界遗产像一块金字招牌,为地方带来源源不断的旅游收入,可是当地方的申遗热情在快速膨胀时,四面八方蜂拥而至的游客却已让遗产地不堪重负。最大容量不过万人的故宫一天之内竟涌入十万余人(见图14-1);小巧玲珑的苏州园林内游人如"过江之鲫";过度膨胀的游客已严重破坏了丽江文化和生态平衡,甚至作为丽江生命之源的玉龙雪山也因游人过多而导致雪线上移。

图14-1 故宫被游客挤得水泄不通

2010年10月3日,北京故宫前拥挤的游客。10月2日,涌入故宫的游客达到122000人次,超过了故宫可容纳人数的两倍之多。

第 14 章　世界文化与自然双重遗产

　　我们国家的双重遗产是以具有科学美学价值的自然景观为基础,自然与文化融为一体,主要满足人对大自然的精神文化活动需求的地域空间综合体。就是说以自然为主,这个自然有科学美学价值的,同时融入了文化遗产,这个自然与文化要融合的,不是相加的。有别的国家的自然文化遗产是相加的,所以有时候它译成混合遗产。我们国家的特点就是自然跟文化两者融合的,因此不能叫混合遗产。

——谢凝高

　　文化与自然双重遗产(简称双重遗产),指自然和文化价值相结合,符合10条遗产评选标准中的多重标准(至少满足1项文化标准和1项自然标准)的遗产项目。双重遗产兼具多种价值,因此在《名录》中身份显得尤其特殊。目前,世界范围内文化与自然双重遗产共有28处(见表1-2)。

第一节　双重遗产的旅游价值

1. 踏访湮没在自然中的人类足迹

　　从森林古猿、西瓦古猿、东非坦桑尼亚能人到智人,一直到真正的现代人,人类的演变是一个与自然界密切相关的过程。莽莽丛林之中有很多未曾湮没的人文古迹和自然美景,它们构成了文化与自然双重遗产的重要组成部分。在这些地方,旅游者除欣赏自然美景之外,还可以根据古人留下来的文明遗址,去探寻古人类的生活和思想的原貌。

　　在澳大利亚的威兰德拉湖区,发现了4.5～6万年前人类居住的证据。这对于研究澳洲大陆人类进化史有着里程碑式的意义。通过数次放射性同位素地质年代测定,发现人类至少在3万年以前就生活在这个地区了。考古发现了一处2.6万年历史的火葬遗址,还有一处3万年前的赭石墓葬遗址。

　　在南非,夸特兰巴山脉/德拉肯斯堡山公园独特的天然美景之中,集中保存了数量最多的非洲南部撒哈拉人4000多年间的绘画。在刻画动物和人类时,这些岩画不仅品质上乘,且选材广泛,反映了现已迁离该地区的撒哈拉人的精神生活。

阿杰尔的塔西利位于阿尔及利亚的东南部,通常被认为是北撒哈拉沙漠的一部分,其环境独特,如同月球表面,极具地质学研究意义,更重要的是,这里是世界上最重要的史前岩洞艺术群之一。15000多幅绘画和雕刻作品记录了公元前6000年至公元初几个世纪撒哈拉沙漠边缘地区的气候变化、动物迁徙和人类生活进化。从绘画上描绘的该地区风土人情可以看出,它与现今的撒哈拉地区的民俗存在着很大的差异。

蒂卡尔国家公园(见图14-2)坐落在危地马拉东北部的热带丛林深处,它是迄今人们了解最多、规模最大的玛雅古城之一。然而这座古城只是在最近几十年才被发掘者揭开了面纱,整个古城的规模现在已大致清楚。发掘出的3000余座建筑,从已填平的陋室到巨大的金字塔庙宇,为考古学提供了充足证据,表明这里是平原玛雅帝国的最大首都和玛雅文明的中心,反映了哥伦布发现新大陆之前玛雅文明最高的工艺水平和文化成就。

图14-2　危地马拉的蒂卡尔国家公园(1982)

在丛林心脏地带的繁茂植被环绕下,坐落着玛雅文明的主要遗址之一。自公元前6世纪到公元10世纪,这里一直有人居住。作为一个举行仪式的场所,这里不但有华丽而庄严的庙宇和宫殿,也有公共的广场,可沿坡道进入。周围的乡村内还零散保留着一些民居的遗迹。

2. 感受不同自然环境下人类的生活方式

18世纪法国著名的思想家孟德斯鸠认为地理环境,特别是气候因素对于一个民族的性格、风俗、道德和精神面貌及其法律性质和政治制度都具有决定性的作用。他认为,"不同气候的不同需要产生了不同的生活方式;不同的生活方式产生了不同的法律"。虽然,后来有很多学者质疑这种"地理环境决定论",但不得不承认的是,自然环境确实对人们的社会生活有着重要影响。在不同的历史时期,居住在不同气候、山川、地貌等地理环境中的居民,其生活方式往往具有不同的风格、习性和特点。这样的差异对我们今天以怎样的方式面对生活仍旧有深远的影响。

横跨法国与西班牙国界的比利牛斯山脉——珀杜山,除了雄伟壮观的山脉,还有着恬静的田园风光,反映了该地区的农业生活方式,这种生活方式曾在欧洲高地非常普遍,而今却仅存于比利牛斯地区。在这里,可以通过村庄、农场、原野、高地牧场和崎岖的山路这些独特的景观,使人重新回到那久远的欧洲社会。

英国的圣基尔达岛位于苏格兰赫布里底群岛以西66千米,这片火山群岛包括4个岛屿,分别是赫塔岛、丹村岛、索厄岛和博雷岛。这里保留着人类在赫布里底群岛的极端条件下生活两千多年的证据,人类生活遗迹包括建筑结构、农田系统、小石棚(cleits)和传统的高地石屋。这些遗迹展示了当地经济易遭破坏的特征,这种经济建立在鸟类、农业和牧羊产品的基础之上,仅供维持生存。这段文明曾持续了2000多年,因为外界影响,而在上个世纪30年代戛然而止。但岛上丰富的考古遗迹无疑是人类在恶劣的自然环境下寻求生存与有品质生活的明证。如今岛上各个文明时代的痕迹对喜欢文化旅游的游客很具吸引力,此外圣基尔达岛还是鸟类的天堂,很多濒临灭绝的鸟类都把这里作为了它们的栖息地。

瑞典北部北极圈地区是萨米人或拉普人的家园(见图14-3)。据考古资料证明,5000年前就有拉普人在这里居住。拉普人在生产劳动中也创造出了属于自己的文化。他们拥有自己的语言——拉普语,有自己的民歌和民族艺术。除爱斯基摩人外,拉普人是北极地区土著居民中最为外界熟知的民族。他们以擅长驯养驯鹿闻名,他们的文化被称为"驯鹿文化",传统的拉普人随动物们过着半游牧的生活,沉浸于自己的生活方式,自给自足。

图14-3 瑞典的拉普人居住区(1996)

这里是最大的也是最后一个人们按照祖传方式进行生活的地区,这种生活以牲畜周期性的迁移为基础。每年夏天,萨米人赶着他们的驯鹿群穿越自然风景区走向大山,这些风景区至今还保存着,如今却受到汽车的威胁。我们可以从冰碛和水流路线的改变中看到历史和现今的地质作用(图为1900年一个萨米人之家)。

3. 体味人与自然的交响

白雪皑皑的高山、神秘幽深的碧水;星斗闪烁的苍穹、波澜壮阔的草原……瑰丽之景常激发起人类无限的艺术灵感与创造力。人生于自然,又在自然中留下了自己的痕迹,真正体现了"天人合一"的情怀。许多文化与自然双重遗产都是这样的人与自然的交响,它们常常带给旅游者强烈的感官和心灵冲击。

曼代奥拉(见图14-4),在希腊语中是"悬在空中的意思",曼代奥拉的修道院坐落在高耸的岩石山顶上面。大约1000多年前,这里就出现了隐遁的修士。他们靠木梯和绳索攀上了高耸入云的峰顶,居住在天然岩洞内,祈祷、赞颂和忏悔。至今在卡斯特拉奇村附近,我们还可以找到高耸平滑的悬崖壁上保留着的11世纪隐遁修士们古老残破的洞室。11世纪中叶,来此地隐遁的修士人数逐渐增加,使这里成为希腊东正教另一个重要中心。14世纪中期,著名的阿塔那西奥修士来到这里,在一座高高的岩顶上兴建了新的、最雄伟壮观的修道院,并命名为"曼代奥拉"。

图14-4　希腊的曼代奥拉修道院(1988)

从11世纪起,一些修道士就在这个几乎不可抵达的砂岩峰地区定居了下来,住在"天空之柱"上。15世纪,隐士思想大复兴,修道士们克服了超乎想象的困难,在这里修建了24座修道院。这里的16世纪壁画代表了后拜占庭绘画艺术发展的一个重要阶段(图为西蒙岩修道院)。

马里的邦贾加拉是多贡文明的中心地区之一,这里的突出地形是悬崖和沙土高原,悬崖上建有大型建筑(房屋、粮仓、圣坛、神殿和集会厅)。邦贾加拉现在仍然保留着许多悠久的传统(面纱、集会、祭祀仪式等),沿袭下来的古代习俗、庆典、艺术及民间传说包罗万象,无奇不有。尽管多贡族人直到15、16世纪才迁移到此,但有考古证据表明早在1000年前,邦贾加拉悬崖处就有人类活动。多贡族人在高地、平原乃至悬崖地区的主要谋生方式就是农耕,但是由于这里的土壤贫瘠加上降水有限,生活的艰难程度可想而知。尽管如此,多贡族人对于人类起源仍旧有着自己朴素的理解。在多贡族的神话中,主神名为阿玛,多贡族人认为是他创造了世界上第一个人。

山水与文化结缘在中国更是由来已久,因此中国的名山不一定多么高大,但一定与文化,与诗歌、绘画、碑刻、建筑等有着千丝万缕的联系,这一点在"中国的文化与自然双重遗产"中还将详述。在中国,人与自然最恢弘的交响当属乐山大佛。乐山大佛位于峨眉山东麓的栖鸾峰,始凿于唐代开元初年(公元713年),历时90年才得以完成。佛像依山临江开凿而成,是世界现存最大的一尊摩崖石像,有"山是一尊佛,佛是一座山"的称誉。大佛为弥勒倚坐像,坐东向西,面相端庄,通高71米。雕刻细致,线条流畅,身躯比例匀称,气势恢弘,体现了盛唐文化的宏大气派。

第二节　世界文化与自然双重遗产

◈ 中国的文化与自然双重遗产——以山东泰山为例

在中国,入列世界文化与自然双重遗产者均为山岳,即泰山、黄山、峨眉山(含乐山大佛风景区)和武夷山。中国人对山有着近乎宗教般的敬畏与崇拜。在中国人的精神辞典里,山,是神话演绎的地方,是鬼魅神仙出没的所在,亦是人与天地精神往来沟通的场所。自古以来,文人士大夫们皆将山水视作心灵家园,对山水寄予一种超然的精神寄托,期望在此中生慧、得道、宁静致远、养真葆华。这种特有的理念方式,造就了中国的隐逸文化,并向所有的艺术形式渗透,因此,山水诗画在中国艺术史上长期占据主流地位。

渐渐地,对山水的审美转化成中国人的一种生活情趣、一种人文潜意识、乃至一种人生态度。山水,使隐者找到精神的归宿:"少无适俗韵,性本爱丘山";使志士激发起进取的意气:"会当凌绝顶,一览众山小!"山水,可以洗涤世俗的尘垢:"振衣千仞岗,濯足万里流";可以消解政治的垒块:"且放白素青崖间,须行即骑访名山。安能摧眉折腰事权贵,使我不得开心颜!"人们在与自然的感情交流中认识了山水多样的美,而亘古不变的江山又常触发人世沧桑的浩叹。

名称:泰山(Mount Taishan)
所在地:中国山东省
入选标准:(ⅰ)(ⅱ)(ⅲ)(ⅳ)(ⅴ)(ⅵ)(ⅶ)
列入时间:1987
UNESCO 链接:http://whc.unesco.org/en/list/437

图 14-5　山东泰山

UNESCO 评价

近两千年来,庄严神圣的泰山一直是帝王朝拜的对象。山中的人文杰作与自然景观完美和谐地融合在一起。泰山一直是中国艺术家和学者的精神源泉,是古代中国文明和信仰的象征。

遗产价值

泰山的自然景色是中国乃至世界的重要文化载体之一,从新石器时代开始,人类对泰山的崇敬已经持续了三千余年。公元前219年,秦始皇登上泰山之巅举行封禅大典,从此产生了新的祭祀法典,这项活动一直持续到现代社会才结束。泰山见证了从商朝到清代的中国封建社会的历史。

(i)作为传统中国的五岳之一,东岳的景观具有独特的艺术成就;

(ii)泰山作为最受中国人崇敬的山岳,在艺术发展史上产生了两千年的多方面深远的影响;

(iii)泰山是已经消逝的中国皇家文化的独特见证,尤其是皇家文化的宗教、艺术和文学等方面;

(iv)除了整体上作为神圣山岳的独特价值,泰山上大量精美的古建筑成为中国古代建筑的典型范例;

(v)泰山的自然和文化价值作为一个整体包含了传统的人类聚居活动,这些活动在不可逆的改变的影响下变得很脆弱;

(vi)泰山与历史上很多不可磨灭的重要事件有着直接的联系:儒教的活动,中国的统一以及书法和文学艺术;

(vii)极其突出的自然和文化美景:泰山巍峨雄伟,那里的密林和古代坛庙相映成趣。

此外,泰山还是中国东部古老变质岩系最重要的例证,提供了化石丰富的寒武纪前期和中期的一个典型的剖面。从生态学角度看,生活在海拔300—800米溪潭中的已濒临灭绝的泰山独有的赤鳞鱼的保护和研究,具有重要的科学价值。

遗产介绍

没有哪一座山如泰山一般在中国人心中沉淀了如此丰富的情感。2100多年前,汉武帝登上泰山之巅,这位来自西部的皇帝环顾四周,发出了连声的惊叹,高矣、极矣、大矣、特矣、壮矣、赫矣、骇矣、惑矣。过了1700多年,明代开国皇帝朱元璋,遥望泰山,挥笔写下了这样的词句,"岱山高兮,不知其几千万仞,根盘齐鲁兮,亦不知其几百几里,影照东海兮,巍然而柱天"。我国第一部诗歌总集《诗经》赞美"泰山岩岩,鲁邦所瞻";诗仙李白感叹"天门一长啸,万里清风来";孔子、曹植、谢灵运、杜甫、欧阳修、曾巩、苏轼、宋濂、蒲松龄等也皆曾登临泰山赋诗抒怀。自古以来，中国人就崇拜泰山，有"泰山安，四海皆安"的说法。从夏、商时代开始，各朝代的皇帝登上皇位后要做的一件大事，就是朝拜泰山，来泰山会诸侯、定大位、刻石记号。千年的文化积淀使泰山成为中国人敬仰、推崇、颂扬的圣山，有"五岳之首"、"五岳独尊"的称誉，是中华民族的精神依托。

泰山古称"岱宗"、"岱岳"，位于山东省泰安、济南两市境内，绵延100多千米，东临大海，西依黄河，在华北大平原上拔地而起，以居高临下的地形，成为万里平川上的"擎天一柱"。泰山的形成经历了漫长而复杂的演变过程，历经自太古代至新生代各个地质时代的变迁。泰山运动形成了巨大的山系，燕山运动奠定了泰山的基础，喜马拉雅山运动塑造了今日泰山的总体轮廓，造就了泰山拔地通天的雄伟山姿。泰山基底岩石有24.5亿年的历史，是地球上最古老的岩层之一。主峰玉皇顶海拔1545米，四周环绕112座山峰，98座崖岭，102条溪谷，形成群峰拱岱的气势。

泰山的文化内涵因为历代帝王的封禅祭典而越发突出。古代帝王宣称自己"受命于天"，故登基之初，太平之岁，多来泰山举行封禅大典，封禅是帝王与天、地的沟通方式。所谓"封"就是在接近天的泰山最高处，用土筑成圆形祭坛祭天；所谓"禅"就是在泰山前的小山筑成方坛祭地。这种祭祀仪式起源甚早，可能源自原始的山川崇拜。据传，早在三皇五帝时代，就有封禅祭典，而真正有历史记载的，则自秦始皇开始。先秦时期有72代君主到泰山封禅；自秦汉至明清，历代皇帝到泰山封禅27次。汉武帝曾8次到泰山封禅，次数最多。清代以后，封禅大典改为祭祀，清乾隆皇帝曾11次朝拜泰山。民国之后，国家领袖祭祀泰山的活动停止，但民间百姓朝山进香却从未间断（胡允恒，邱秋娟，2005：79—93）。

皇帝的封禅活动和雄伟多姿的壮丽景色，使中国历代文化名人纷至泰山进行诗文著述，留下了数以千计的诗文刻石。如孔子的《邱陵歌》、司马迁的《封禅书》、曹植的《飞龙篇》、李白的《泰山吟》、杜甫的《望岳》等，皆成为中国的传世名篇。天贶殿的宋代壁画、灵岩寺的宋代彩塑罗汉像则是华夏艺术的稀世珍品；泰山的石刻、碑碣，真草隶篆各体俱全，颜柳欧赵各派毕至，更是集中国书法艺术之大成的露天博物馆。泰山碑刻从公元前209—1987年，汇集了中国2196年中16个朝代的1242块杰作。泰山秦刻石，记载了中国第一个皇帝秦始皇统一中国的故事，距现在已有2000多年，是中国现存最古老的刻石之一。碑文由小篆创始人秦丞相李斯撰写，原文222个字，三次失而复得只剩下九个半字了，人称国宝。泰山之巅的"纪泰山铭"是1200多年前唐玄宗李隆基的手笔。他是把祭天颂词公布于世的第一个皇帝。摩崖碑高13.3米、宽5.2米，1000个镏金大字世称"八分隶书之祖"。汉武帝也在泰山留下了巨碑，可碑上一个字也没有,这大概是寓意他功德无量,无法用文字表达吧。真可谓不着一字,尽得风流。这数以千计的石碑,使壮丽的泰山笼罩在历史、艺术、诗文充盈的浓郁的文化氛围里,成为华夏大地无与伦比的"国山"。

因为封禅这项特殊的文化活动,登泰山并不只是普通的爬山运动,而更像从人间到天府的朝圣过程。朝圣之路位于泰山南坡中路,是历代皇帝的封禅之路,古称御道。从祭地经帝王驻地的岱庙,到封天的玉皇顶,构成长达十千米的地府—人间—天堂的轴线。从泰安城西南过奈何桥(民间传说的阴阳界)至泰安火车站东南侧的嵩里山为"阴曹地府",道教及民间信仰认为泰山之神东岳大帝为掌管阴间的神仙,此处正是东岳大帝的地界;整个泰安城区市井建筑朴实、市容热闹,则为"人间";最后从城北岱宗坊开始,攀爬6000余级天梯,历经十八盘,便到岱顶的"天府"。在中国只有泰山才有这么一条从山下直通极顶的中轴线,中轴线上34段自然景观,34处人工建筑,在6811层天梯上,把天、地、人贯穿为一个完整的序列,创造了一条人类投入大自然的通天之路,通过人与自然合作的旋律,演奏出一部庄严雄浑的朝天神曲。

泰山主峰之巅,因峰顶有玉皇庙而得名。玉皇庙始建年代无考,明成化年间重修,殿内祀玉皇大帝铜像。神龛上匾额题"柴望遗风",说明远古帝王曾于此燔柴祭天,望祀山川诸神。殿前有"极顶石",标志着泰山的最高点。极顶石西北有"古登封台"碑刻,说明这里是历代帝王登封泰山时的设坛祭天之处。

泰山自然之美以雄伟著称,峰奇谷深,峥嵘峻拔,陡峭的山崖俯临宽阔的汶河谷地,使人油然而生峻极于天之感。以主峰为中心,泰山南麓自东向西有东溪、中溪和西溪,北麓有天津河、天烛峪、桃花峪,6条溪流向四处辐射,将泰山山系自然地分割为著名的幽、妙、旷、秀、丽、奥六大景区。幽区位于中路御道,也称"登天景区"。从红门起始,经中天门至南天门为止。这里是泰山中溪流域,虽处在泰山之阳正中位置,但因山谷狭窄,海拔落差较大,尤其是中天门以下路程,抬眼处大多被陡峻的山峰遮住视线,登山盘道曲折蜿蜒,故称幽区。妙区指泰山之巅旅游区。它与幽区一起组成泰山旅游的最精华所在。此处"日近云低"、"只有天在上,更无山与齐"。按道教所称,这里已是天庭,是神仙的领地。游客历经攀登的艰辛,登临到此处,就达到了泰山游程的最高境界,视界豁然开阔,高峻的山岭全被踩在了脚下。如果幸运的话,可看到旭日东升、黄河金带、云海玉盘、碧霞佛光等泰山极顶奇观。旷区指泰山西路,天外村至中天门一带。这里地处泰山之阳偏西位置,是泰山西溪流域,山谷宽豁,视野较好,光照充足,水韵充沛,远观泰山诸峰历历在目,故称旷区。奥区指泰山之阴的大片区域。广义上包括后石坞、佛爷寺、天烛峰等处。这里秀峰并列,奇松竞秀,怪石丛生,至今依然基本保持着古朴悠远的自然原貌,人工斧凿痕迹很少,游客到此往往心生奥绝于世、耳目一新的感觉。秀区指泰山西麓桃花峪一带。这里涧曲林深、潭静瀑飞、峰崖耸峙、风光秀丽。尤其暮春时节,满川桃花艳眼,红花绿树、青山碧水组成一幅优美的山水自然画卷。丽区指泰山之阳东西横贯泰山前麓的带状旅游区域。这里背依泰山,前临泰安市区,是山与城的过渡地带,环境清幽,旅游服务设施完备,交通极为便利。尤其是西起天外村、东至红门的环山路一线,诸多景点或掩映在古柏苍松之中,或建在溪水深涧之畔,人文景观与自然景色和谐映衬。

开元二十三年(735),落榜的杜甫经泰山,有感于东岳的壮丽,豪然之气大发,写下"会当凌绝顶,一览众山小"的千古绝唱。诗中所表现的开阔的胸襟、广大的视野,以及不断向上的生命境界,向后人展示出一个普通人眼中泰山"崇高"之意蕴。如今,泰山封禅不再,从地府到天堂的道路犹存,雄奇之景依旧,攀援而上,在一级级台阶的引领之下,仍能感悟到延续千年的华夏民族无以撼动的"求索"精神,登临其上,我们的生命也由此延展出更高的境界。

外国的文化与自然双重遗产——以秘鲁马丘比丘城址及古神庙为例

名称:马丘比丘城址及古神庙(Historic Sanctuary of Machu Picchu)

所在地:秘鲁

入选标准:(i)(iii)(vii)(ix)

列入时间:1983

UNESCO 链接:http://whc.unesco.org/en/list/274

图 14-6　秘鲁马丘比丘城址及古神庙

UNESCO 评价

马丘比丘古庙位于一座非常美丽的高山上,海拔 2430 米,为热带丛林所包围。该庙可能是印加帝国全盛时期最辉煌的城市建筑,那巨大的城墙、台阶、扶手都好像是在悬崖峭壁自然形成的一样。古庙矗立在安第斯山脉东边的斜坡上,环绕着亚马逊河上游的盆地,那里的动植物非常丰富。

遗产价值

(ⅰ)坐落在山脊上的马丘比丘有着独特的艺术成就,是一个无可置疑的建筑杰作;

(ⅲ)俯瞰乌鲁班巴(Urubamba)河谷的马丘比丘,依托库斯科城及其他考古学遗迹(Ollantautaybo, Runcuracay, Sayacmarca, Phuyupatarrarca, Huillay Huayna, Intipucu 等)入选《名录》,是印加文明的独特见证;

(ⅶ)一个拥有山峰、植被和水资源的绝妙区域;

(ⅸ)人类与自然环境相互关系的突出例证。

遗产介绍

"突然,眼前的景物让我目瞪口呆。一片印加的梯田像大石阶一样,整整齐齐地排列着,一直往上延伸……为什么这里会出现印加的梯田?紧张加上兴奋,让我忘掉所有疲惫,急忙向潮湿的丛林前进,我的心扑通扑通地跳着……。眼前突然出现一堵覆满青苔的石墙……。这石墙只是废墟的一部分,墙背后还有一些建筑物和破烂的房子,到处是断垣残壁、蔓藤乱草……"(胡允恒,黄英,2004:134—147)1911 年,马丘比丘被美国耶鲁大学考古学家宾厄姆意外发现,自此吸引了全世界的目光,成为印加文明中最负盛名的历史遗迹。有人说,到秘鲁不看马丘比丘,就如同到中国不登长城。马丘比丘古城内约有 140 余座建筑,城内宫殿、神庙、祭坛、广场、民宅、作坊、街道等等一应俱全……虽然只剩下残垣断壁,但当初兴盛时期壮观辉煌的风貌仍依稀可见。可惜的是,历史没有为这座精致的小城留下只言片语的注解,甚至连名字也没有,宾厄姆只好根据城对面山峰的名字"马丘比丘",命名此城。

马丘比丘位于印加人的古都库斯科西北约 80 千米处,高踞安第斯山脉中 2432 米高的维尔卡班巴(Vilcabamba)山巅,往下可俯瞰乌鲁班巴河谷。古城建在两座山峰之间,一块人工凿平的台地上。经过多年挖掘整理,考古学者已经让整座城市重见天日。马丘比丘占地 326 平方千米,由南部开垦出的农业区和北部顺山势建造的城区组成。

【延伸阅读10】

耶鲁大学归还马丘比丘文物

1912年,宾厄姆和耶鲁大学以租借之名获准将4万多件马丘比丘文物带回美国。但协议期满后耶鲁大学以秘鲁没有能力保护为由拒绝归还。

2011年,马丘比丘发现100周年。秘鲁总统向美国发出最后通牒,要求耶鲁大学归还古文物,并致函美国总统奥巴马。2011年3月耶鲁大学终于退让,归还第一批总计366件文物,并协议于2012年12月前将全部文物移交秘鲁。

城南的农业区占总面积的一半多一点,有一条沟壑将它与城市区隔开,随着地势与城市建筑融为一体,每块梯田宽度不过三米,最窄的甚至不足一米,在地势特别险峻的区域,梯田几乎是垂直分布在山体上。农业区约有100块梯田,此外还有排水渠、墙壁和其他农耕设施,彼此间由穿凿石头制成的沟渠和下水道联系,通往灌溉系统。据说,梯田的土也有讲究,根据考古的调查分七层,保土保水不说,还保肥,如此精妙的造田技术,令人不得不感叹印加帝国高度发达的农业文明。除了规整的梯田外,农业区还建有守望者之屋和看田人小屋。看田人小屋沿坡修建,房屋均以石头堆砌成墙,无论房屋外形还是砌墙用的石块都是下大上小,大体呈梯形,不但符合力学原理,加大了建筑物的稳定性,而且外观也显得轻巧。守望者之屋建于梯田顶端,东侧开有三扇上窄下宽的梯形窗,西侧则是全部敞开。由于地处高坡,视野开阔,因此这里成为俯瞰全城的最佳地点。

北部的城市区又分为西部上城区和东部下城区,上城区地势略高于下城区。上下城区之间有一座巨大的广场——神圣广场。这里地势开阔,放眼望去,古城全貌一览无余。上城区以神庙、祭坛和贵族宅邸为主,也有人称为男子区和宗教区,上城区最引人注目的是太阳神庙。它建于一巨石之上,建材都是精工细磨的花岗石,用石块砌成的庙墙与巨石浑然一体。1980年初,考古学家发现,每年的同一天,从神庙的东侧窗户射进的阳光,会与西侧墙上刻下的直线刚好形成直角,因此判断这座太阳神庙同时具有观测天象的功能。太阳神庙之一侧是一座两层楼的"公主殿",可能是太阳贞女的临时居所[①]。上城区最显眼的建筑是"英提华塔那"(Intihuatana),位于马丘比丘全城的最高点,是城内居民

---

① 按照印加习俗,每年要从王室与贵族的少女中,选出才貌双全者,住进类似女修道院的贞女宫,充当太阳神的妻子,这就是太阳贞女。

祭祀太阳的祭坛。上有一块红色花岗岩的多面体石雕圣物，称为"拴日石"。这种"拴日石"在印加其他遗址也曾见到，每年6月南半球日照渐短，冬至那天，祭司就拿着一条金链，象征性地把日神拴在这个石柱上，以确保夏天日神还会回来。

下城区的石造建筑材料和上城区相比粗糙许多，建筑也不如上城区的宏伟高大，因此下城区又有"平民区"之称，由服务区和妇人区两个小区构成。服务区建有磨房，是印加人为加工粮食而建，此外还有相配套的房舍和仓库。位于妇人区的三门厅，是整座古城最大的建筑群之一，内含16个小区。帕查妈妈神庙也位于妇人区，是印加人供奉象征丰产的大地女神——帕查妈妈神的地方。下城区的尽头有一座"研钵屋"，这座石屋的地面上有两个类似研钵的圆坑。有学者认为，这里曾是印加人用来研磨食物的加工厂。但是，后来的考证发现，印加人所用的研钵形状和这两个圆坑很不同。因此人们普遍认为，这两个圆坑在储水之后，是印加人用来观测日月星辰的"天文仪器"，研钵屋可能是设在下城区中的天文观测站内。

马丘比丘的建筑皆以石头砌成，不用灰浆黏合，完全靠精确的切割堆砌接垒而筑成，墙壁打磨得光滑如卵，美妙的接缝技巧，使墙上石块与石块之间的缝隙连匕首都无法放进去，让人很难理解印加人到底是如何把他们拼接在一起。事实上，关于马丘比丘这座建于云间的"石头之城"，还有着太多太多的问号。印加人为什么要跋山涉水，历尽千辛万苦，在几乎"不可能"的高山顶端建造一座城市？城市建于何时？有何功能？后来，他们为什么又突然放弃了这座奇迹之城？等等。

经过百年研究，学者们根据城中建筑的形式推测，马丘比丘建于15世纪中叶，是西班牙殖民者征服美洲之前印加人修建的古城。可能有两千人左右的居民，在这里住了80年左右，不知何故，突然弃城而去。城市的功用有几种推测，一种认为马丘比丘是印加王室的居所；另外一些学者根据城中出土的骸骨以女性为主，并有贵重明器陪葬，推断这里是太阳贞女的避难所。更强有力的说法认为，马丘比丘是印加帝国的一处祭祀中心。此地四周为两千多米的高山环绕，山下还有两条大河流过，是山川精气汇聚之所，非常适合祭祀诸神。而城中的几处神庙、祭坛似乎也呼应了这样的说法。但遗憾的是，所有这一切都只是猜测，历史未给马丘比丘留下任何文字记载。曾经辉煌于南美的印加文明匆匆消逝，神秘的山巅古城成为了印加人无法磨灭的天才和智慧的记载。心情沉重之外，却也令人对不同文明的更迭与历史的演进有颇多感慨。

到马丘比丘游览，库斯科是必经之地，那里有一条专门为旅游者建造的高山铁路。火车在盘山路上颠簸摇晃大约三四个小时，即可到达。很多游客认为,马丘比丘比人们口中描绘的、图片记载的更奇妙,因为它蕴藏着人与自然相互交融的唯美力量,而体味这种力量最棒的方式莫过于徒步印加古道。开放给游客徒步的这一段印加古道大约43千米,是南美洲最有名,也是最受欢迎的徒步路线之一,路上常年都有来自世界各地的游客。古道在崇山峻岭中逶迤,越过小溪,穿过森林,还会经过几处印加遗址,路上风景宜人,可以眺望远处的雪山,俯看山谷的热带雨林。当然,对于都市人而言,这也常常是四五天的"折磨",但就在你筋疲力尽之时,经过太阳门前几乎垂直的石阶,高潮突然铺展在你眼前——日出前的马丘比丘从迷雾中慢慢呈现出来。全世界仿佛只留下你和马丘比丘,那些亘古永恒的岩石展示出跨越时空的神圣力量,人被一种来自远古的气氛所包围,在那一瞬间,一路上所有的艰难将全部得到回报。

第15章 濒危世界遗产

> 多种危险正在威胁着或正在直接毁坏着世界遗产：抢劫、战争、蓄意破坏、工业污染、野蛮的城市化、矿产开发、土地投机、失控的旅游、自然灾害……这种种危险很可能毁坏已经列入世界遗产名录的世界遗产，使它们失去其特殊价值，为此世界遗产保护委员会制定和更新了一个濒危世界遗产的名单。
>
> ——世界遗产中心主任弗朗西斯科·巴达兰

世界遗产是我们的祖先与大自然留给我们的最珍贵的财富，它们一旦被破坏，就无法替代，不能再生。由于天灾人祸，目前，很多遗产面临着严重的威胁。按照1972年《世界遗产公约》，世界遗产委员会将那些受到威胁或需要救援的世界遗产项目列入《濒危名录》。设立《濒危名录》的目的在于引起缔约国政府和国际社会的关注，强调保护遗产地的突出的普遍价值。列入《濒危名录》并非一种制裁与惩罚，而是让文物保护组织提供保护，如世界遗产委员会可利用世界遗产基金对这些濒临灭绝的遗产实施救援，以恢复其价值。

根据《世界遗产公约》的相关规定，列入濒危世界遗产的条件包括：

第一，列入《濒危名录》的遗产首先应当具备世界遗产的资格。

第二，由于以下原因，面临被毁坏的危险：蜕变加剧；大规模公共或私人工程的威胁；城市化或旅游业迅速发展造成的消失危险；土地的使用变动或易主造成的破坏；未知原因造成的重大变化；缺乏管理与保护，随意摈弃；武装冲突的威胁；灾害和灾变，如火灾、地震、山崩、火山爆发、水位变动、洪水、海啸等。

第三，有关该遗产保护的国际合作已经十分必要。

第四，要有本国濒危遗产地的援助申请，这种援助必须是看来有效的，这种要求可以由世界遗产委员会任何一名成员或其秘书处——世界遗产中心提出。

如经过一系列努力措施，解除了相应的危险和威胁，经遗产委员会评估，可从《濒危名录》中除去。但如果缔约国政府不能保证在一定期限内通过采取必要措施有效保护世界遗产价值,并使遗产地最终失去了其价值,该遗产项目将会从《名录》中除名。

位于前南斯拉夫的科托尔(现属黑山,见图 15-1)是第一个列入《濒危名录》的世界遗产。科托尔是一座港口城市,城内以 12 世纪的罗马式建筑圣特里芬教堂为主,拥有 4 座罗马天主教教堂、宫殿和广场等具有欧洲古典风格的中世纪建筑。1979 年由于地震,城市建筑遭到了严重毁坏。在当年召开的第三届世界遗产委员会大会上,世界遗产委员会应当时南斯拉夫政府的请求,将科托尔自然、文化和历史保护区同时列入《名录》和《濒危名录》。在国际社会的共同努力下,2003 年,该城基本恢复原貌,并得以在《濒危名录》除名。

图 15-1 黑山的科托尔自然保护区和文化历史区(1979)

这个天然港位于黑山共和国的亚得里亚海岸,它在中世纪曾是重要的艺术和商业中心,那里有著名的石工和肖像学校。在 1979 年的一次地震中很多遗址被严重毁坏,其中包括两座罗马式教堂和城墙。之后在联合国教科文组织的帮助下,该城恢复了原貌。

截至 2012 年,经过更新的《濒危名录》中共有 30 个国家的 38 项世界遗产(包括文化遗产 21 项和自然遗产 17 项,见表 15-1,图 15-2),其中濒危遗产数最多的国家是刚果民主共和国,有 5 处;刚果的加兰巴国家公园、美国大沼泽地国家公园、马里的廷巴克图等都是第二次进入名单;中国没有世界遗产位列《濒危名录》。

表 15-1　濒危世界遗产名录

所属国家	遗产地名称	类型	濒危时间
非洲			
尼日尔	阿德尔和泰内雷自然保护区	自然遗产	1992
几内亚、科特迪瓦	宁巴山自然保护区	自然遗产	1992
刚果民主共和国	维龙加国家公园	自然遗产	1994
刚果民主共和国	加兰巴国家公园	自然遗产	1996
刚果民主共和国	卡胡兹—别加国家公园	自然遗产	1997
刚果民主共和国	俄卡皮鹿野生动物保护地	自然遗产	1997
刚果民主共和国	萨隆加国家公园	自然遗产	1999
埃塞俄比亚	塞米恩国家公园	自然遗产	1996
中非共和国	圣绅罗里斯的马诺沃贡达国家公园	自然遗产	1997
科特迪瓦	科莫埃国家公园	自然遗产	2003
坦桑尼亚	基尔瓦基斯瓦尼遗址和松戈马拉遗址	文化遗产	2004
塞内加尔	尼奥科罗—科巴国家公园	自然遗产	2007
乌干达	卡苏比的巴干达王陵	文化遗产	2010
马达加斯加	阿钦安阿纳雨林	自然遗产	2010
马里	廷巴克图的清真寺、陵墓和公墓	文化遗产	2012
马里	阿斯基亚陵	文化遗产	2012
阿拉伯地区			
耶路撒冷(由约旦提出)	耶路撒冷古城及其城墙	文化遗产	1982
也门	乍比得历史古城	文化遗产	2000
埃及	阿布米那基督教遗址	文化遗产	2001
伊拉克	亚述古城	文化遗产	2003
伊拉克	萨迈拉古城	文化遗产	2007
巴勒斯坦	耶稣诞生地:伯利恒的主诞堂和朝圣线路	文化遗产	2012
亚洲及太平洋地区			
阿富汗	查姆回教寺院尖塔和考古遗址	文化遗产	2002
阿富汗	巴米扬山谷的文化景观和考古遗址	文化遗产	2003
伊朗	巴姆及其文化景观	文化遗产	2004
格鲁吉亚	姆茨赫塔古城	文化遗产	2009
格鲁吉亚	巴格拉特大教堂及格拉特修道院	文化遗产	2010
印度尼西亚	苏门答腊的热带雨林	自然遗产	2011
欧洲及北美地区			
塞尔维亚	科索沃的中世纪古迹	文化遗产	2006
美国	大沼泽地国家公园	自然遗产	2010
英国	利物浦海上商城	文化遗产	2012

(续表)

所属国家	遗产地名称	类型	濒危时间
拉丁美洲及加勒比海地区			
秘鲁	昌昌城考古地区	文化遗产	1986
委内瑞拉	科罗城历史中心区及其港口	文化遗产	2005
智利	亨伯斯通和圣劳拉硝石采石场	文化遗产	2005
伯利兹	堡礁保护区	自然遗产	2009
哥伦比亚	洛斯卡蒂奥斯国家公园	自然遗产	2009
洪都拉斯	雷奥普拉塔诺生物圈保留地	自然遗产	2011
巴拿马	加勒比海岸的防御工事:波托韦洛—圣洛伦索	文化遗产	2012

资料来源:据 UNESCO 网站整理。

大沼泽地位于佛罗里达州南端,拥有西半球最大的红树林生态系统、北美最大的锯齿草草原以及最重要的涉禽繁殖地。由于受安德鲁飓风破坏,以及水流和水质因农业和城市发展而显著恶化,1993 年大沼泽地第一次被列入《濒危名录》。2007 年,为肯定大沼泽地国家公园在重建及恢复广泛的生态系统中所做出的努力,UNESCO 将其从《濒危名录》中删除。2010 年,鉴于大沼泽地国家公园水生生态系统仍在不断严重恶化,UNESCO 再次将其列入《濒危名录》,但与以往不同的是,这一决定是应美国主动要求而作出。世界遗产委员会对此行为表示赞许,并鼓励美国继续采取正确措施,以恢复和保护这一遗产。

各国对将本国遗产列入《濒危名录》有着不尽相同的理解。有的国家申请将遗产列入《濒危名录》,是为了将国际上的注意力吸引过来,从而获得解决问题的专业援助;也有的国家将其与本国名誉和主权联系在一起,只肯列入《名录》,不肯列入《濒危名录》。无论什么情况,使受到威胁的世界遗产的突出的普遍价值得以保持是根本目标,应当说,《濒危名录》的确立,对各缔约国政府和公众确实有警示、督促和约束作用,不应将其视为不光彩的事情。

如果濒危世界遗产遭到破坏,失去了原有的突出的普遍价值,则委员会就可能决定将其从《名录》和《濒危名录》中除名。截至 2012 年,被除名的世界遗产有两处,即阿曼的阿拉伯大羚羊保护区和德国的德累斯顿易北河谷(见表 15-2)。

表 15-2 被除名的世界遗产

所属国家	遗产地名称	类型	除名时间
阿曼	阿拉伯大羚羊保护区	自然遗产	2007
德国	德累斯顿易北河谷	文化景观	2009

第一节 濒危世界遗产破坏的主要原因

✎ 自然灾害或蜕变加剧

世界遗产,无论自然形成,还是人工创造,都有其自然的生命周期。时光流转,世界遗产在自然的风雨中会遭受不同程度的破坏,这就使其自然衰败。表15-3 归纳了破坏长城这一建筑的自然因素。

表15-3 破坏长城建筑的自然因素

类型	因素	被破坏地段	破坏程度	持续度
缓慢性风化	风蚀	山脊、戈壁平原、风口上的长城,因缺乏植物或者地形保护,易产生风蚀破坏。	不同材料效果不同	常年
	雨水浸蚀	被破坏了防水层的夯土墙体、土石夹夯墙体等。	轻量	常年
	酸雨侵蚀	酸雨会对石灰等黏合剂以及长城石刻、砖等产生破坏。	较严重	长期
	植物动物	植物在长城上生长导致防水层破坏;动物打洞、啃噬植物根茎导致防水层破坏。	轻量	长期
灾变性破坏	洪水/泥石流	经山谷、沟地、河流的长城易受到洪水、泥石流的破坏。	严重	一次性摧毁
	地震	我国北方地震多发带的长城易受破坏。	严重	数十年有一次循环
	地质沉降	因为地下水、重力等因素导致地质沉降,引发破坏。	严重	局部
	雷电	雷电导致建筑破损、引发火灾。	较严重	雨季易发

资料来源:长城小站,2006,补充。

1. 灾变性破坏

灾变性破坏指自然界中突然发生的变化,如洪水、泥石流、地震、火山喷发、海啸等自然灾害,这些灾害会直接改变一个地区的面貌,毁掉部分或全部旅游资源。灾变性破坏具有突发和破坏强度大的特点。

前文提到的第一个濒危世界遗产地科托尔,就是由于1979年的地震使城市建筑遭到了严重的毁坏;美国的大沼泽地国家公园所遭受的致命一击则来自1992年的安德鲁飓风;埃及的阿布米那遗址正备受地面沉降的煎熬,大量建筑物因此倒塌。秘鲁的昌昌考古区(见图15-2)是用土砖建造起来的,所谓土砖,即把泥土在太阳下烤干后制成的砖。因此,暴雨和洪水是这一地区最主要的威胁。

图 15-2　秘鲁的昌昌考古区(1986)

昌昌城是奇穆王国的首都，15世纪是该国的鼎盛时期，但是不久即被印加帝国吞没。这个古拉丁美洲最大城市的规划，反映了其严格的政治和社会政策，城市划分为九个"城堡"或者"宫殿"，都是独立的单位。

2. 缓慢性风化

由于寒暑变化、风吹雨淋及动植物生长原因，世界遗产在自然状况下，其形态和性质也会发生缓慢改变，这种缓慢性风化是世界遗产的另一种自然衰败现象。缓慢性风化的破坏过程往往是渐进的，但常年累月引发的损害也不容小视，并时常有蜕变加剧的情况发生。埃及的胡夫金字塔，近1000多年来风化产生的碎屑达5万立方米，即整个金字塔表层每年损耗约3毫米。我国的云冈、龙门、敦煌三大石窟无一例外地也受到类似破坏。又如秦始皇陵，原名郦山，根据三国时魏人记载，"坟高五丈"，经折算，高约为115米，而今，这座由人工用黄土堆造的山随着2000多年的风雨侵蚀，高度已降到76米。

马里的廷巴克图地处北非阿拉伯人、柏柏尔人文明和非洲黑人文明的交汇点，因此商业往来频繁，民族成分复杂，历史上是一个交通要道、文化中心，许多穆斯林学者和圣徒在此定居，许多著名书籍是从这里写就和流传，声名显赫的科兰尼克·桑科雷大学就坐落于此。廷巴克图在公元15世纪至16世纪成为了宗教文化中心，同时也是伊斯兰文化向非洲传播的中心。津加里贝尔、桑科尔和西迪·牙希亚这三座雄伟的清真寺反映了廷巴克图的黄金年代。廷巴克图的建筑虽不断被修复，但同时也饱受风沙侵蚀的威胁。因为严重的沙尘威胁，1990年的世界遗产大会上将其纳入《濒危名录》，2005年，因保护有所改善而从《濒危名录》去除。2012年，马里局势动荡，廷巴克图古城遭武装人员破坏，多座陵墓古迹损坏，第36届世界遗产大会再次将其列入《濒危名录》。

上述衰败现象都是自然力造成,人类没有办法去阻止它的产生,只能通过一些科技手段去延缓或补救这种破坏,尽可能降低它的破坏程度。如将裸露在风吹日晒下的历史文物加罩或盖房子予以保护。乐山大佛曾建有 13 层的楼阁(唐代名为大像阁,宋代为天宁阁)覆罩其上,既金碧辉煌,又保护了佛像,后毁于战火。类似的建筑可予恢复和建设。

✍ 大规模公共或私人工程的威胁

新建工程与世界遗产的整体建筑不协调,会直接破坏旅游审美氛围的原真性。中国四大名园之一的拙政园,周围盖了 6 个工厂,烟囱、水塔、高楼等建筑挡住了人们的视线,站在园内已难见到雄伟挺立的北寺塔,景区的整体环境美遭受破坏。同样的尴尬也存在于故宫的保护中,所幸第 28 届世界遗产大会通过决议,在北京故宫周边设立历史文化遗产保护区缓冲区。缓冲区内的改造工程,改变了以开发商为主大拆大改的方式,胡同、四合院原则上不得成片拆除,区内主要街巷原则上也不再继续加宽。今后缓冲区内建造新建筑时,还需要同时得到规划部门和文物部门同意才能动工。作为国家重点文化工程的国家话剧院,也为了适应缓冲区的历史风貌,协商后从原定地安门商场对面的一块地皮上撤出,另觅地址来建设。应该说,故宫缓冲区方案为如何避免市镇建设引发的世界遗产破坏提供了一个好的范本。

而德国的德累斯顿易北河谷就没有那么幸运了。2006 年,因德累斯顿政府计划在河谷上兴建一座被认为可能会破坏河谷风貌的现代桥梁,从而出现危机。世界遗产委员会将其列入《濒危名录》,并曾多次与德累斯顿市政府协商,但未能阻止建桥计划。2009 年的世界遗产大会宣布,由于建桥工程破坏了河谷的独特景观,决定将其从《名录》中去除。

✍ 城市化或旅游业迅速发展造成的消失危险

1. 市镇建设性破坏

市镇建设对世界遗产的破坏主要来自重要旅游资源的直接拆毁或占用。解放后北京城墙惨遭拆除,是至今令人痛心的一件事。1950 年梁思成和陈占祥提出保留北京的旧城、在西部建新城的方案。梁思成热切构想了一个全世界独一无二的"空中花园",即全长 39 千米的环城立体公园。根据他的构想,平均宽度约 10 米的城墙上可砌花池、栽花木,再安放一些园椅。夏季黄昏可供数十万人纳凉休憩,秋高气爽的季节登高远眺俯视全城,西北莽苍的西山,东南无际的平原,令市民胸襟开阔,还有城楼角楼可辟为陈列馆、阅览室、茶点铺等。但梁思成的规划遭到否定,因为当时认为城墙不仅是阻挡时代潮流的封建文化象征,亦成为新北京建设的实际障碍。而今想来,曾经的错误让我们痛失了"北京历史文化中心"这一世界遗产。

城镇建设的无序也正使遗址遭到破坏。历史古城乍比得在13—15世纪曾是也门的首都。但而今,40%的古城房屋被混凝土建筑代替,其他古代房屋和露天剧场也被严重毁坏,2000年的世界遗产大会将其纳入《濒危名录》。目前,UNESCO正在帮助当地有关部门发展城市保护计划,并采取战略性途径来保护这项世界文化遗产。

2. 旅游开发性破坏

谢凝高认为,旅游开发性破坏可分为超载开发性破坏和错位开发性破坏。谈到超载开发时,他以"屋"满为患来形容。1998年9月,UNESCO官员在武陵源进行例行的遗产监测时,对景区人造"天上街市"提出了严厉批评,"武陵源的自然环境像个被围困的孤岛,局限于深耕细作的农业和迅速发展的旅游业范围内,其城市化对其自然界正在产生越来越大的影响"。据不完全统计,1998年,充斥在景区内的各色违章建筑面积达37万平方米。核心景区内冒出了"宾馆城","世界最美的大峡谷"金鞭溪每天被迫接纳1500吨污水。武陵源在保护与开发的博弈中,开发可谓无限"风光",但承载的却是无以复加之重,是对未来的透支。

错位开发性破坏指在世界遗产利用过程中,相关设施建设与旅游区整体不协调,改变了旅游区所应有的且应当保留的自然、历史、文化、民族风格和气氛,进而造成对旅游资源、旅游区生态环境特别是旅游气氛的破坏。景区索道建设在我国是一种普遍性的错位开发性破坏方式。泰山先后于1983年、1993年、2000年建设三条索道。2000年8月初,国内14名专家曾联名上书国务院反对泰山扩建索道,并要求拆除中天门到岱顶的索道,但即使在这样的反对声中,泰山索道仍正式建成营运。丽江玉龙雪山也被架设3条索道,每条索道都伸入自然保护区的核心区。其中,长近3000米的玉龙雪山索道,延伸到海拔4506米的雪山上,每小时单向运送客流量达426人。这些索道的建设和运营,给保护区带来了生态灾难。大量游人的涌入,使玉龙雪山亘古的冰川遭到破坏,部分冰川开始融化;高山植被和野生花卉被游客践踏;野生动物的数量急剧减少,当年规划时还存在的珍稀动物,现在已难觅踪迹。

✍ 遗产地的土地使用发生变动或易主造成的破坏

转让经营权已成为我国许多景区管理改革过程中引入企业化经营的一种制度创新模式,取得了一定的经济、社会和生态效应,但也暴露出一些问题。

2000年年末,中国孔子国际旅游股份有限公司应运而生。作为一种创新,这次改革将"三孔"的经营管理权交给了这个新公司,而20多年来一直集文物旅游景点经营、管理、监督于一体的曲阜市文物管理委员会从此只负监督之责。但问题也接踵而至。12月中旬,该公司为了以新面貌迎接成立,对孔府、孔庙、孔林进行了全面卫生大扫除,买来升降机、水管、水桶等工具,对文物用水管从上至下直接喷冲,或以其他工具直接擦拭,致使"三孔"古建筑彩绘大面积模糊不清。其中孔庙受损最为严重。木质结构建筑渗水,造成漆层拱起,大成殿内文物几乎全部用水冲过,部分器物内有较多积水。检查人员捡到一些散落的油漆、彩绘、金箔碎片,大的直径达5厘米。由此引发了备受各方关注的"水洗三孔"事件。

在其他国家也存在着土地使用发生变动或易主造成的世界遗产地破坏。两千年来,菲律宾水稻梯田一直是大山的轮廓线,这种智慧的成果、神圣的传统一代接一代地传递下去,成就了壮观的美景,表现了人类和环境之间的和谐统一。但近年,由于当地居民陆续离开遗址区域,大约25%~30%的梯田荒芜了,部分灌溉系统也被损毁。2001年的世界遗产大会将其纳入《濒危名录》。2012年,由于菲律宾方面的有效保护性措施,这一世界遗产地得以从《濒危名录》中划去。

刚果民主共和国卡胡兹—别加国家公园有两座壮观的死活山和大片原始热带森林,公园以种类繁多、数量丰富的动物资源而著称。但后来,这个遗址因为难民的大量流入而受到很大影响:公园设备被掠夺、破坏;公园成了民兵和非法移民的隐匿所,导致了火灾,增加了偷猎行为。1997年12月6日的世界遗产大会将其纳入《濒危名录》。

❧ 未知原因造成的重大变化

由于各种局限,一些遗产地的破坏原因虽未找到,但发生的变化足够大时,也可列入《濒危名录》。如塞内加尔的朱贾国家鸟类保护区是150万只鸟类的栖息之地,鸟类中有珍稀的白塘鹅、紫苍鹭、非洲蓝鹭、白鹭和鸬鹚等。2000年因保护区内的各种珍稀鸟类都面临着威胁,虽暂时无法找出具体的原因,也被列入《濒危名录》。

❧ 缺乏管理与保护

管理性破坏是一种更深层次的破坏方式。它又可进一步细分为直接的管理性破坏和间接的管理性破坏。直接的管理性破坏是由不当的管理决策直接导致的对世界遗产的破坏,间接的管理性破坏则多是由于对游客管理失当或管理缺位而引发。

1. 直接的管理性破坏——管理者的破坏

1999年10月，拥有"最高的户外电梯、最高的双层观光电梯、载重最大速度最快的客运电梯"三项吉尼斯世界纪录，被称为"天下第一梯"的百龙观光电梯开始建设，一个钢架紧贴着悬崖峭壁一直延伸到400米高的山顶。如此的庞然大物，对当地的生态系统而言是突兀的，对游客的视觉而言无疑也是突兀的，社会各界予以高度关注，但在当地管理者的坚持下，虽几经周折，电梯仍于2002年开始正常运营。

同样的原因使武当山遇真宫蒙受了更大的灾难。武当山是中国道教名山，1994年，其规模宏大的古建筑被UNESCO列入世界文化遗产名录。遇真宫位于武当山下玄岳门西1000米处，为明代敕建的九宫之一。1996年，当地文物部门"因经费紧张"擅自将遇真宫使用权转让给一家私立武术学校。整个遇真宫由此变成了一个数百人的武校，只留下一个文物管理员。2003年1月19日晚，因武校工作人员用电不当引起遇真宫失火，又因消防设施不全，救火条件差等原因致使无法抢救，最终导致一座面积达236平方米的大殿完全被毁。

在第31届世界遗产大会上，最糟糕的命运降临到阿曼"阿拉伯大羚羊保护区"头上。世界遗产委员会委员激烈讨论后认定，由于阿曼在管理中将该遗产地面积缩减了90%，由此这一保护区已名存实亡，不再符合世界遗产标准，予以除名。阿拉伯大羚羊保护区是濒危的阿拉伯大羚羊唯一的自由生存地，曾因成功引进羚羊，成为有着独特性和多样性的沙漠生态系统的典范。1996年保护区内的阿拉伯大羚羊数量为450只，而现在其数量只有约65只。

2. 间接的管理性破坏——旅游者的破坏

超过景点容量的大规模游客接待，加之对旅游者行为的疏于管理是世界遗产地破坏的另一主因。有人估算，故宫铺地的"金砖"每年磨损达10—20 mm。故宫御花园的土地也因严重踩踏而板结，几棵古树已濒临枯死。此外，游客对景物的任意刻画、涂抹，也相当严重。位于北京郊外的八达岭长城，几乎每块砖上，只要人能触及的地方，都布满了游客用各种工具留下的痕迹。从字面上看，这些痕迹大部分来自国内的游客，时间跨度长达40年之久。

加拉帕戈斯群岛被称作独一无二的"活生生的生物进化博物馆和陈列室"。2007年因过度发展旅游业威胁岛上生态系统一度被列入《濒危名录》。近30年来，该群岛接待了全球大批游客，不断兴建宾馆、饭店，居民人数也成倍增加，逐步由昔日的自然物种天堂变为今日游客充斥的旅游目的地。好在加拉帕戈斯及时"悬崖勒马"，2010年从《濒危名录》除名。

武装冲突的威胁

战争对世界遗产的破坏最为惨重,有时一发炮弹,一颗炸弹,即可将一处著名的遗产夷为平地,化为废墟。根据1份2001年的资料统计(见表15-4),在当时的35处世界濒危遗产中,有11处直接或间接地受到武装冲突或局部战争的威胁。

表15-4 与战争有关的濒危世界遗产(截至2001年)

序号	世界遗产	濒危原因
1	阿富汗的巴米扬山谷的文化景观和考古遗址	2001年被阿富汗塔利班武装摧毁
2	阿富汗的查姆回教寺院尖塔和考古遗址	国内冲突引起非法挖掘和掠夺
3	伊拉克的亚述古城	海湾战争、美伊战争中受到威胁
4	耶路撒冷古城及其城墙	巴以冲突等导致濒危
5	刚果民主共和国的维龙加国家公园	大量战争难民涌入导致生态被破坏
6	刚果民主共和国的加兰巴国家公园	国内的动乱中基础设施被掠夺
7	刚果民主共和国的卡胡兹—别加国家公园	战争难民的涌入使其被掠夺、破坏
8	刚果民主共和国的俄卡皮鹿野生动物保护地	武装冲突导致设备遭掠夺
9	尼日尔的阿德尔和泰内雷自然保护区	受到军事冲突和国内骚乱的威胁
10	几内亚/科特迪瓦的宁巴山自然保护区	战争难民的涌入使环境受到破坏
11	阿尔巴尼亚的布特林特遗址[①]	1997年在国内的骚乱中被抢劫

资料来源:何鹃等,2004。

巴米扬大佛(见图15-3)是阿富汗巴米扬省内两尊具珍贵意义的立佛像,约于5—6世纪在巴米扬山谷的一处山崖上凿成,是希腊式佛教艺术的经典作品。2001年2月26日塔利班领导人穆罕默德·奥马尔下达灭佛令,宣称要毁掉所有佛像,包括巴米扬大佛。国际社会不断对塔利班发出警告和劝说。UNESCO总干事松浦晃一郎指出,塔利班当局为保持伊斯兰教的纯洁性而摧毁包括古代佛像在内的所有雕像的做法是行不通的,这不仅是阿富汗历史的一次倒退,而且也不可能使伊斯兰教取得进步,他们必须马上停止这种破坏文物的行为。尽管如此,塔利班还是于3月12日用炸药将大佛炸掉。结果两尊大佛的外型已几乎全毁。在塔利班政权被推翻后,国际社会正帮助重修这两尊大佛。2003年,该文化景观被登记到《名录》,同时也被列入了《濒危名录》。

---

① 由于保护工作取得了进步,该遗产地2005年从《濒危名录》中除名。

图 15-3 阿富汗巴米扬山谷的文化景观和考古遗迹(2003)

巴米扬山谷的文化景观和考古遗址向世人展示了从公元1—13世纪期间以古代巴克特里亚文化为特征的艺术和宗教发展。正是在这一发展过程中,佛教艺术的干达拉流派兼收并蓄了各种文化影响。这一地区汇集了大量的佛教寺院、庙宇,以及伊斯兰教时期的防御建筑。此遗址同时也见证了塔利班政权无情摧毁两尊立佛像的暴行。这一事件在2001年3月曾震惊世界。(右图为炸毁前的巴米扬大佛,1958年摄;左图为炸毁后的巴米扬大佛,2004年摄。)

第二节　世界遗产保护的东西方差异与经验借鉴

✍ 东西方世界遗产保护的差异

原真性和完整性是世界遗产的基本特性,也是世界遗产申报、审批、保护、管理的两个基本特征。过去,在中西文化交流过程中,不同文化背景会经常碰撞,发生"误解"。这种"误解"源于人们按照自身的文化传统、思维方式和自己所熟悉的一切去解读另外一种文化所产生的偏差。具体而言,东西方世界遗产的保护差异体现在以下几点(朱煜杰,2010;2011):

1. 西方强调世界遗产的功能属性,而东方更偏重深层次文化的含义

世界遗产有城镇、村落、名山、石窟、陵寝、园林等,这些遗产都是功能和文化结合的典范,可西方遗产保护专家往往只对遗产的功能属性了解透彻。如四川的都江堰(见图15-4)作为水利工程,西方专家一致认为其布局和运行合理,有效、巧妙地发挥了防洪、灌溉的功能,具有很高的科技价值。很多专家还利用现代水力学原理对都江堰进行检测,发现它从总体设计到量化尺度都完全符合现代水文学原理,堪称世界水利文化的鼻祖。

图 15-4　中国的青城山—都江堰(2000)

都江堰灌溉系统始建于公元前 3 世纪,至今仍控制着岷江的水流,灌溉着成都平原肥沃的农田。青城山是中国道教的发源地,因许多古庙著称(左为俯瞰都江堰图)。

但西方遗产保护专家对科技功能以外更深层的文化理解却不够透彻。同样评价都江堰,他们只看到了科技价值,却看不见中国古代水文化背景下的诸多人文价值。中国季节变化大,河流多,洪涝灾害严重,因此水利工程不仅仅是一个工程问题,它的作用和重要性甚至影响到中国的政治、经济和文化等诸多方面。诸如歌颂李冰父子降龙治水的民间传说以及由此而产生的祭水、祭神、祭人的诗、词、书画的水文学形成了都江堰独具特色的人文景观。因此都江堰不仅仅是古代的水利工程,还是中国水文化的杰出代表。

2. 不同的建筑材料导致了"原真性"的不同标准

建筑材料是国际上评定有形遗产"原真性"很重要的一个标准。《威尼斯宪章》规定"修复过程是一个高度专业性的工作,其目的旨在保存和展示古迹的美学与历史价值,并以尊重原始材料和确凿文献为依据。一旦出现臆测,必须立即予以停止。此外,即使如此,任何不可避免的添加都必须与该建筑的构成有所区别,并且必须要有现代标记"。在西方的观念中,修复设计很可能违背原设计师或工匠的精神,而且在修复过程中也抹拭了岁月在这些建筑物上所留下的印记和故事,在一定程度上割裂了历史的联系性。

上述理念很大程度上建立在欧洲以石结构为基础的建筑文化上。在欧洲,多以坚实耐用的石建筑来表达生命、宗教精神等永恒的主题。由于石头可以作为历史的见证物,不易毁损,很有可能保存着初建时的材料和信息,也就自然容易保持材料的原真性。而以中国、日本、韩国为主的东亚国家的建筑遗产多数是以木结构建筑承载的木文化,传达的是一种有机发展的永恒观:追求人与自然之间生生不息的互动与循环,以无数与人的寿命相当的土木建筑的连续来表达出东方的永恒观。然而,由于木材极易损毁,对木结构建筑的经常性修缮包括构件的更换、修补,甚至建筑的复原都比较常见。因此,东西方在"材料"的原真性问题上必然存在着不同的理解。

最极端的例子就是日本神社的代表——伊势神宫。伊势神宫每隔 20 年要把建筑焚毁再重建,叫做式年迁宫,最近一次是在 1993 年,是第 61 次式年迁宫。这种做法既有传统宗教习俗的因素,也有防范木构建筑腐坏的客观考虑。让日本人自豪的是,这一"式年迁宫"的传统,较好地保护和传承了木结构建筑的建造技术,尤其是皇家御用工匠技术的传承与发扬。但显然,这一做法与《威尼斯宪章》所规定的修复原则格格不入,按照西方的观念,这些建筑很难达到世界文化遗产的登录标准,于是产生了东西方对于"原真性"的争论。为此,1994 年专门在日本古都奈良召开国际性的"关于原真性的奈良会议",讨论并形成了《奈良原真性文件》。文件肯定并强调了文化多样性和文化遗产的多样性,认为作为人类发展的一个本质的方面,保护和增进我们这个世界文化与遗产的多样性应大力提倡,而且必须从原真性的原则出发,寻找各种文化对自己文化遗产保护的有效方法。

国外世界遗产保护经验

1. 美国经验:分区管理,限制发展

约塞米蒂国家公园(见图 15-5)位于旧金山东部 150 英里处,以其壮观的花岗岩悬崖、瀑布、清澈的溪流、巨杉和丰富的生物多样性闻名于世,是美国最美丽的国家公园之一。

图 15-5 美国的约塞米蒂国家公园(1984)

约塞米蒂国家公园位于加利福尼亚中部,该公园给我们展示着世上罕见的由冰川作用而成的大量花岗岩形态,包括"悬空"山谷、瀑布群、冰斗湖、冰穹丘、冰碛以及 U 型山谷。在约塞米蒂国家公园海拔 600 米至 4000 米的区域内,我们还可以找到各种各样的动植物。

虽然有关管理部门为保护约塞米蒂国家公园的自然环境做了很多努力,但还是没能避免人为过度开发的现象。据统计,1980 年,公园地区的住家、车库、商店、旅馆及餐馆等设施已经超过 1000 个;1997 年公园游客总数超过 400 万,比1980年增加了近一倍。更严重的是,人们在山谷中修筑了一条近30英里长的公路。每年将近有100万辆轿车、卡车和客车在这条公路上来往穿梭。旅游高峰期,公园车辆总数有时候超过6000辆,交通拥挤不堪,游客怨声载道。很显然,这个美丽的山谷已经呈现出过度拥挤的迹象。

1997年,约塞米蒂山谷管理实施规划出台。它明确指出,交通拥挤带来的种种不利后果,影响了诸如空气质量等自然资源,使游客的人身安全无法保障,得不到旅游观光的充分享受。同时,游客私车过多,致使区间客车得不到充分利用。公园管理部门原本为限制汽车数量而减少车位,但经常出现游客因找不到车位而胡乱停车的现象,反而对自然资源造成额外的不良影响。新规划建议:公园管理部门在数量管理战略中主要使用限制发展战略,白天禁止所有私车进入公园园区,并限制旅馆和宿营地的数量;限制的同时,在品质控制战略中,使用分区战略,对核心景区、宿营地和不敏感区域进行清晰的分区界定;在位置强化战略中,使用集中战略,把餐馆、纪念品商店、旅店都改建在宿营地附近靠近人群和交通便利的地方。相信约塞米蒂国家公园的新规划,将对其今后的发展奠定良好的基础(孙瑞红等,2005)。

2. 德国经验:社区、政府和投资者的共赢

2002年《世界遗产布达佩斯宣言》明确指出:"努力在保护、可持续性和发展之间寻求适当而合理的平衡,通过适当的工作使世界遗产资源得到保护,为促进社会经济发展和提高社区生活质量作出贡献。"在此方面,德国鲁尔区的工业遗产旅游开发称得上典范,其最可贵的一点就是实现了社区、政府和投资者的共赢,从而很好地解决了产业调整带来的失业等一系列社会问题。

鲁尔区并不是一个真正的行政区域,而是一片由鲁尔煤管区规划协会所管辖的地区,位于德国西部、莱茵河下游支流鲁尔河与利珀河之间。鲁尔工业区是德国发动两次世界大战的物质基础,战后又在西德经济恢复和经济起飞中发挥过重大作用。但这个以采煤工业起家的工业区,随着煤炭资源的枯竭,如何得到"可持续发展"迫在眉睫,鲁尔区以无限的创意给出了绝佳的应对之策。昔日的厂房和车间,经过设计和包装,展现出一种独特气质的旅行氛围,那些厚重的机械设备与别具一格的博物馆有机结合在一起,产生出一种独特的魅力。如今,埃森的关税同盟煤矿工业区(见图15-6)已经列入《名录》,而在鲁尔区里,富有创意的工业园区星罗棋布,每一个都让人兴趣盎然。

第 15 章　濒危世界遗产　265

图 15-6　德国埃森的关税同盟煤矿工业区(2001)

位于北莱茵—威斯特法仑专区的普鲁士"关税同盟"工业区完整保留着历史上煤矿的基础设施,那里的一些 20 世纪的建筑也展示着杰出的建筑价值。工业区的景观见证了过去 150 年中曾经作为当地支柱工业的煤矿业的兴起与衰落。

鲁尔区从废弃的空置厂房,到工业专题博物馆,再发展到今天的富于创意的工业遗产旅游景点,相当程度上得益于一个基于社区的多目标的区域综合整治与振兴计划,即国际建筑展计划(IBA:International Building Exhibition),该计划并不覆盖整个鲁尔区,而是面向鲁尔区中部工业景观最密集、环境污染最严重、衰退程度最高的埃姆舍地区,因此又被称为德国的埃姆舍公园模式。这是一个始于 1989 年、由鲁尔区的区域管理委员会 KVR 组织实施的长达 10 年之久的区域性综合整治与复兴计划,该计划对鲁尔区工业结构转型、旧工业建筑和废弃地的改造和重新利用、当地的自然和生态环境的恢复,以及就业和住房等社会经济问题的解决等等,给予了系统的考虑和规划。特别是,IBA 计划以项目分解和国际竞赛相结合的方式,获得了工业遗产旅游开发的创意源泉,例如,北杜伊斯堡的景观公园就是 IBA 计划中国际竞赛的产物。如果没有这种自上而下与自下而上相结合的 IBA 计划的实施与推动,很难有今天鲁尔区的工业遗产旅游发展。该公园的经营主管拉贝认为:"只是通过文物保护的方式并不能拯救这些古建筑,因为在博物馆里并不能生活,谈不上任何发展的机会。只有将整修古迹和城市发展结合起来,才能防止古城继续衰败,同时保障人类的生存基础。"(李蕾蕾,2002;陈兴中等,2008)。

3. 意大利的经验:注重法律与机构保障

意大利对历史文化名城的保护,不是单体保护,而是成片保护,如古罗马城就被全城保护下来。因此,罗马素有永恒之城的美誉。对于能够加以利用的建筑物,法律规定其建筑物外部结构属于政府,任何开发商和商店经营者、居民所购买的只是房子内部使用权,不拥有对建筑物整体改造的权利。正是得益于禁拆限改、整体保护的理念,如今在意大利全国 8000 多个市镇中,类似罗马这样的世界性的景观遗产多达 900 个。

此外,意大利人对古城内的遗址,多以遗址公园的形式保护下来。比如古罗马市场,是古代罗马城公共活动中心,意大利政府将其建成遗址公园,园内没附加任何现代建筑,以使其保持原貌。在罗马城内有着众多的残垣断壁,因为在意大利人的观念中,"真实的历史遗迹之上摆放任何现代人的复制品,都将破坏遗迹的历史真实性"。不仅如此,连新修的路也尽量采用古代规格的石头来铺。

意大利将文物保护作为重要国策写入宪法,法律同时规定:在意大利境内发现的所有出土文物都归国家所有,对于发现和报告文物的个人和团体,国家给予一定的奖励,奖励金额一般是所报文物价值的 10%。

意大利政府很早就成立了文化遗产部以负责全国的文物保护,地方则设置了文化遗产监管局,如果地方政府搞建设遇到文物遗址或要利用历史建筑等,必须获得文化遗产监管局的批准,否则就是触犯法律。如罗马市政府在修建的第三条地铁线上发现了一处 6 世纪的铜厂和文艺复兴时期的大量古代遗址。由于担心地铁修建可能对地下文物遗址造成破坏,工程立即叫停。根据意大利法律,出现上述情况,只有考古发掘部门才有权决定如何处理。

文物离不开保护,保护少不了花钱,为了筹措文物保护的巨额资金,意大利想尽了各种办法,比如把博彩业和文物保护挂钩,将彩票收入的千分之八作为文物保护的资金。意大利官员认为,此举不仅增加了博彩收入的使用透明度,而且是"取之于民,用之于民"。此外,一些企业对文化活动的赞助可以抵税,这样,有一些文物的保护项目就从企业获得赞助。正因为得益于上述举措,文明古国意大利虽历经工业化建设的滚滚洪流,却依然散发着厚重的历史气息和璀璨的艺术之光(张行,2009)。

4. 澳大利亚的经验:采取有效措施引导旅游者的行为

在世界遗产旅游中,旅游者的行为可以构成对世界遗产的威胁甚至破坏。一种情况是一些素质不高的旅游者的不良行为,如攀登、乱丢垃圾、乱刻乱画等产生的破坏;另一种情况是旅游者对保护要求的无知,造成无意识的破坏。旅游者的行为需要引导和管理,让他们具有"保护责任"意识,旅游过程中自觉采取保护行动。澳大利亚大堡礁海洋公园对游客引导和管理的措施值得借鉴。

(1)解说和宣传。导游和其他旅游企业的服务员工担负着解说员和宣传员的角色。导游要向旅游者生动地讲解世界遗产的文化内涵,指导旅游者欣赏世界遗产景观并达到愉悦的效果,还应向旅游者宣传世界遗产和环境保护的要求,最终对旅游者的行为产生积极的影响。

（2）制定明确的旅游行为要求和规定被限制的行为。让旅游者知道哪些行为是被禁止的,哪些行为应该怎样来约束。

（3）向旅游者收取环境管理费。旅游开发和旅游者的到来,无疑改变和影响了目的地的环境,向旅游者收取环境管理费在情理之中。环境管理费不在于数额的大小,最重要的是让旅游者懂得他们有义务和责任保护世界遗产和环境。

（4）设计旅游者能方便参与的保护项目。旅游者参与到保护项目中来,能使世界遗产的保护更加严密。通过旅游者亲自参与保护项目,能够变被动教育为自我教育,促使旅游者真正建立起保护责任意识,使旅游过程变得有趣而有意义（邓明艳,2006）。

5. 日本的经验:"活"的文化保护

如果一个文化遗产地没有"活"的文化(非物质文化遗产)存在其中,历史城市、街区、建筑都只是一些供人参观的展品。它们虽然能够教育后人,但缺乏文化氛围。在日本,人们则能够看到历史街区和建筑中仍然延续着的传统生活,手工作坊还在继续做着手工的工艺;店铺里还在进行着传统的买卖;戏台上还在唱着古老的戏曲和民间歌谣;如此等等,给人一种身临其境的感觉,可真切地感受到日本的历史和传统文化。

以悠久的历史和独特的文化培育起来的京都(见图15-7)一年中几乎每天都有庆祝活动和例行节日,保存了大量的文化传统。其中葵节、祇园节、时代节是京都的三大祭礼,五山送火节是京都最宏大的的仪式。5月15日是京都的葵节,届时全长700米的王朝风俗游行队列从京都御所出发,经过下鸭神社,奔向上贺茂神社,整个游行队列均以葵叶装饰。祇园祭(7月1—29日)已有一千多年的历史,是日本最具代表性的夏季祭祀活动,时间持续近一月。其间14—16日的宵山和17日的神轿巡行为其高潮。每年巡行的这一天,来自日本各地及国外的古文化爱好者,都会特意赶来。巡行的人都穿着传统服装,做着传统的动作,神车前后是护神的人,道路两边则围满了游客,十分壮观。8月15日是五山送火节,起源于弘法大师。在京都的五座山上点燃"大"、"妙法"、"船"、"鸟居"、"左大文字"的字样火焰,以求祛病消灾。10月22日的时代节是平安神宫的重要活动。大约1700多人身穿京都1100年中各时代的服装,代表各时代著名的人物,游客可以饱览京都的千年风情。同一天,歧神社举行鞍马火节,是京都的三大奇节之一,预告了冬天的到来(柳肃,2009;刘玉芝,2010)。

图 15-7 日本的古京都遗址(1994)

古京都是仿效古代中国首都形式,于公元 794 年建立的。从建立起直到 19 世纪中叶古京都一直是日本的帝国首都。作为一千多年来日本的文化中心,古京都不仅见证了日本木结构建筑,特别是宗教建筑的发展,而且也向世人展示着日本花园艺术的变迁,现在日本的花园设计艺术已经对全世界的景观花园设计产生了重大影响。

通过这样的庆典,既吸引了游客,也使地方文化得以延续。参与其中,游客会深刻地感悟到,古老的京都依旧是一个"活"的城市,这正是世界遗产保护的重要目标之一。

第16章 结语

上图是"帕特里莫尼托"——世界遗产青年保卫者的形象,它诞生于1995年挪威卑尔根举办的第一次世界遗产青年论坛的专题研讨会上,当时,一些讲西班牙语的学生创造出了一个他们可以辨认的人物形象。"帕特里莫尼托"(Patrimonito)在西班牙语里意为"小遗产"。这个人物形象代表着世界遗产青年保卫者。

第一节 做负责任的旅行者

UNESCO世界遗产中心欧洲部主席迈克蒂尔德·罗斯勒认为:世界遗产地的旅游业给世界各地的几百万人创造了就业机会,还给无数的旅游者提供了娱乐、快乐和休闲。然而,它也破坏和污染了遗产地独特而原始的环境,对当地的文明构成了威胁,而且降低了遗产地之所以成为令人向往的旅游地所具有的特色。

引发遗产地破坏的因素很多,游客是重要方面。游客的不当行为破坏了当地的环境,而这一现象由于政府缺乏适当的管理又日趋严重,这一点在发展中国家表现得尤为突出。如埃及著名的吉萨高地金字塔和狮身人面像就正在遭受游客不当行为引发的破坏,这些行为包括:(1)游客们步行、骑马、骑骆驼到这里,对一些敏感的地貌造成的破坏;(2)攀爬墓碑;(3)出入对外界刺激敏感的建筑群;(4)乱扔垃圾;(5)擅自摘取"纪念物";(6)乱涂乱画;(7)在石灰石建筑物上小便,等等。

更令人遗憾的是，许多游客并不是故意为之，很多情况下他们并不知道自己在破坏环境。这就更加凸显出在更广范围内传播"如何做一个负责任的世界遗产旅游者"的必要性。

热心于中国长城保护事业的威廉，每每为散布在长城周围的垃圾所困扰。一次，他在通往长城的小路旁守了一小时，发现前来游览的游客中只有25%的人能自觉地把垃圾带回家；随处丢弃垃圾的，竟然多达75%。为了改变这一状况，后来他特别开设了专门宣传山野环境保护的网站——"我爱山野"。以期在更广泛的范围内宣传"山野之约"。威廉创建的国际长城之友协会的"山野之约"内容为：

带走垃圾，不随地乱扔
走小路，不踩踏农田
除非呼救，不大声喧哗
不吸烟，不燃放鞭炮
使用背包，不用塑料袋
不破坏花草树木
"方便"之后用土掩埋
在背包有空地时，捡拾别人丢弃的垃圾
向路人宣传"山野之约"

以下将分别从吃、穿、住、行、游等各个侧面具体讨论如何做一个负责任的旅游者。

吃

1. 吃当地美食

中国人口味之杂，堪称世界之冠，但也有一定规律可循。有人说南甜北咸、东辣西酸，这在一定程度上反映了我国饮食文化的地区差异，同时，也反映了人们的口味与地理环境存在着一定的联系。如四川盆地，天气多湿热，因此菜品以麻辣为主，以至于"川妹子"也被称为"辣妹子"。从此意义来看，品尝地方美食，也是在品尝一方水土所孕育的地方文化，是一件颇具"艺术感"的事情。同时，游客的购买还能激发当地人对地方饮食的认同，从而使其特色的"食"文化得以传承。

2. 拒绝野味

像当地人一样"吃"，是被推荐的一种负责任的旅游行为，但有一类食品不在其列——野味。因为这常会引发某一类植物或动物物种的岌岌可危。青海湖（在中国世界遗产预备名单中）目前虽不在中国世界遗产名录之列，但其优美的风光、独特的民俗每年都能吸引成千上万的游客纷至沓来，可这也对被国家列为稀有水生动物的青海湖湟鱼构成了威胁。在青海湖入口处帐房宾馆附近一带的餐厅中,"湟鱼宴"几乎是餐厅老板向每一名前来就餐的游客特别推荐的一道特色菜。据了解,在青海湖附近的一些餐厅中每天就餐游客约 3000 人(次),每桌湟鱼系列的凉、热菜有 4 至 5 道,每道"湟鱼宴"中有 2 至 3 条湟鱼。粗略统计一下,一桌团餐按 6 至 8 名游客计算,青海湖附近餐厅中每天湟鱼的销量达 4000 条左右,每条湟鱼按 0.25 千克计,环湖地区每天出售的湟鱼约有 1000 千克。而湟鱼生长速度十分缓慢,一条湟鱼每年只增重 50 克,生长 500 克需要近 10 年。长期的捕捞特别是对产卵场的过度捕捞,造成目前青海湖湟鱼资源量仅占上世纪 60 年代开发初期的 10%。湟鱼是青海湖生态链中十分重要的一环。湟鱼的减少导致藻类大量繁殖,而鸟类则因无处觅食而飞走。届时,所谓"青海湖中有两宝:一是湟鱼二是鸟"的说法将成为历史,等待游客的则是一个死气沉沉的青海湖。因此,除政府的管控外,游客"嘴下留情"也是遗产地环境保护的重要一环。

"拒绝野味"的另一层考虑也是出于对游客自身健康的关注,因为这些所谓的"美味",往往也是恶性病毒的传播者。2003 年,"非典型性肺炎"在全国蔓延,其来历至今仍众说纷纭。而比较著名的一种说法是,南方人经常食用的野味"果子狸"是此病毒的主要传播者。

❧ 穿

得体的穿着意味着对当地风俗文化的尊重。如在教堂、清真寺或寺庙等敬神的地方,男士应穿长裤,女士应穿长裙或长裤。某些寺庙,可能会被要求脱帽,而在清真寺里,却应戴着帽子。在进入印度寺庙之前,你还需要脱掉身上的皮质物质,例如皮腰带。在进入某些清真寺或寺庙前,如果你在门外看到很多鞋子,那么你也请脱掉鞋子再进去。以上是一些常识性知识,但不同的地方往往风俗上大相径庭,如果你前往的地方比较特别,一定要事前做好工作,到目的地后则要主动"入乡随俗",而不要凭借自己的"想当然"。

一名来自法国的女性游客竟然大胆地在澳洲原住民的"圣地"艾尔斯岩(Ayres Rock)上大跳脱衣舞,并将这段"跳舞"的影片放上网络分享。该名游客表示自己的这段"舞蹈"是为了向艾尔斯岩表达敬意,而且是利用最原始的方式(指裸体)致敬。但这却大大触怒了澳大利亚的原住民。代表土地拥有者的土地管理局更是直接呼吁新上任的澳大利亚总理应该立即将该名游客递解出境。

❧ 住

1. 住绿色饭店

旅游业曾经作为无烟工业被广为传颂,很多人认为它不会污染环境。但多年来的事实证明,饭店作为消费娱乐场所,占用、消耗了大量的自然资源,并制造了大量生活垃圾,给环境带来不同程度的污染和资源浪费。伴随环境保护运动的深入,绿色饭店的理念应运而生,其概念诞生于上个世纪80年代的欧美发达国家,首先由德国的一家绿色标志组织提出概念并发起。90年代中后期,北欧白天鹅、加拿大枫叶、德国蓝色天使等环境标志体系组织以及美国、英国等国家的饭店管理组织和绿色环保机构开始颁布或制定所在国或区域性的绿色饭店标准。绿色饭店在环保方面创制了很多行之有效的措施,如加拿大太平洋酒店实施整体环保计划,使饭店在废弃物处置方面节约5000万美元的费用,使用节能灯节约2.5万美元,节气8300万美元,并得到电力公司1900万美元的退款。我国绿色饭店以银杏叶作为标识(见图16-1)。根据饭店在安全、健康、保护环境等方面程度的不同,分为A级至AAAAA级。旅行住宿时,尽量选择绿色饭店,将使你的旅程对环境影响更小。2011年5月8日,《非诚勿扰2》的拍摄地三亚亚龙湾热带天堂森林公园人间天堂鸟巢度假村就正式被授予国家五叶绿色饭店称号(见图16-2)。

图16-1　我国AAAAA绿色饭店标牌

2. 选择当地人经营或雇用更多当地人的旅店

无法选择绿色饭店的时候,可选择当地人经营或雇佣更多当地人的旅店,这意味着你的消费更多用于支持当地旅游经济的发展,为当地人提供更多的就业机会,它们会进一步促进当地旅游业的可持续发展。

✍ 行

1. 少乘坐飞机

乘飞机是导致全球变暖的主要原因之一。短距离空中旅行与铁路相比较,每名旅客产生约3倍以上的二氧化碳排放,而作为一个行业整体,产生的二氧化碳约占全球温室气体排放量的2%~3%。《改变生活方式:气候中和联合国指南》指出,跨大西洋的飞行所造成的碳排放相当于驾驶汽车1年。

如果一定要乘坐飞机,出行前一定要精简行李,因为您减轻了行李重量,就减少了飞机的承重压力和油耗,长期下来,也能减少客观的碳排量。研究表明,如果每个飞机旅客将携带的行李减少到低于 20 公斤,就可能在全球范围内,每年削减 200 万吨二氧化碳的排放。

另外,最好预订直航航线,而不是那些绕路或是中途需要经停的航线。

2. 旅游目的地之"行"法则

可以乘坐火车或公共汽车,则避免租车;如果可以骑自行车或走路,那公共汽车也不要坐了,在减少碳排放的同时,你不但省了钱,还有更多机会欣赏沿途的风景。

3. 景区内行走,不要离开步道

特别是在干旱和半干旱地区,即使是一棵小草的生长也是一个缓慢的过程,因此尽量保持在步道内行走,你无意间的错误可能会使它们几年的"努力"毁于一旦(见图 16-2)。

图 16-2　美国拱门国家公园的标牌

注:图片的英文标题意为"请不要踩到它。待在步道上!"

✎ 游

1. 雇用当地的导游,他们的故事会丰富你的旅程,你也支持了当地就业。
2. 除了脚印和汗水,请什么也别留下;除了记忆和照片,请什么也别带走。
3. 尊重当地文化。

了解一个地方最好的方式就是成为这个地方的一部分。因此,出发之前一定要做足"功课",尽量多地了解目的地的风土人情。旅游时,让你的行为举止更符合当地文化的要求,以免冒犯当地人。例如,在家时,喂鸽子是没问题的,但在有些城市这被认定为犯罪行为;在很多国家,公共场合是禁止吸烟的;在一些国家和地区,过于暴露的衣着也是被禁止的。

娱

不要以喂食野生动物的方式表达你的"爱心"。爱它就让它独立。一方面，你会破坏它的食物结构；另一方面，当这种动物食物充裕而又鲜有天敌的时候，该动物会过度繁殖，从而破坏平衡的食物链。

四川峨眉山除了是历史久远的风景名胜区外，当地的猴子也受到游客欢迎，不过管理人员也发现，猴子们因为吃了太多游客喂食的食物，体重直线上升。为此峨眉山管委会不得不决定对这些猴子实行人工"减肥计划"，即每天减少喂食的猴粮。有时候，"喂食"也会给自己招惹麻烦，如一对猴子坐在一块，一个孩子高兴地拿出自己带来的食品喂猴子，一只猴子接过东西吃得很开心，另一只没有吃到东西的猴子则因"嫉妒"毫不客气得抓向孩子，结果孩子被抓伤。

购

1. 购买当地人制作的旅游纪念品。大品牌的东西你在家附近就能买到，当地人制作的纪念品会让你常常想起旅行时美妙的体验。同时，你也让自己的钱在当地经济中循环起来，从而促进当地发展。

2. 不要购买用珍惜动植物制作的旅游纪念品和特产。购买纪念品时，切忌购买以珍惜动植物为原料的产品，这会鼓励"谋杀"行为。

3. 讨价还价时要公平合理。给出合理价格，不要过分砍价，这也是对当地人的尊重。

学

语言是文化的载体，去一个特别的地方，如西藏，学一点当地的语言，会帮助你更好地融入当地社会。同时，你的做法也会增强当地人的民族自豪感。

念

拍照是我们旅游纪念的重要方式，但很多当地人会认为这是对他们隐私的侵犯。因此，当你举起照相机的时候，特别是在诸如市场这样的公共场所，一定要事先征得当地人的同意。不要把你的镜头对准穷人和贫民区，这会冒犯到当地人。如果照相时你答应把照片寄给他们，一定要信守你的诺言。

捐

在一些相对贫穷的世界遗产地旅游时，常会碰到乞讨的儿童，比如在柬埔寨的吴哥窟。此时，给文具或衣物，比给钱或糖果好，因为钱可能被大人拿走，糖果会引起蛀牙。现金或贵重物品会吸引更多的孩子沦为"乞讨者"，所以如果你真想帮助他们,最好捐款给儿童医院(为当地儿童提供免费医疗)或是地雷博物馆(帮助除雷及教育,资助地雷受害者)、儿童村等政府或非政府组织的慈善机构,这些机构会用你的钱以合理的方式去帮助他们。

第二节 找寻旅行的意义

思考作业之一:阿兰·德·波顿在《旅行的艺术》中热情地唱诵着有关旅行的赞歌,他说"如果生活的要义在于追求幸福,那么,除却旅行,很少有别的行为能呈现这一追求过程中的热情与矛盾"。于你而言,旅行的意义又是什么?你去过哪里?为什么去那个地方?路上有什么故事?这趟旅程对你有不同的意味吗?分享你的照片,分享你的感触!

如果说人生就是一次漫长的旅行,那么我们在找寻旅行意义的同时也在探讨人生的意义。同样,每一段或长或短的旅程,又未尝不是一次人生的演练。一路走来,哪些风景让你感动?哪些险境将你置于困顿之地?你喜欢什么样的旅伴?你钟爱什么样的风景?何情何景令你激情澎湃?何时何地又让你满心欢喜?外面的世界对你意味着什么?对家你又有怎样的牵挂?是的,正是旅行,让我们认清自己,明白自己想要什么,知晓前方的人生之路该如何行走!下面是我的学生们对旅行意义的理解:

位移是零,可收获了无法买到的知识、经验、阅历……

旅游(Tour)这个词来源于拉丁语的"tornare"和希腊语的"tornos",其含义是"车床或圆圈;围绕一个中心点或轴的运动"。这个含义在现代英语中演变为"顺序"。后缀 ism 被定义为"一个行动或过程;以及特定行为或特性",而后缀 ist 则意指"从事特定活动的人"。词根 tour 与后缀 ism 和 ist 连在一起,指按照圆形轨迹的移动,所以旅游指的是一种往复的行程,即指离开后再回到起点的活动。

我想这便是旅行的意义,从出生的地方出发,到别人生活的地方去,绕一圈,又回来。在看过了不同地方的高楼之后,再来听听眼前的喧嚣,看看时间的流逝抹去了什么,又带来了什么,寻找曾经的记忆,思考一些问题。位移是零,可路程却不是。知识、经验、阅历……有太多的事是我们无法买到碰到,甚至无法用任何一个单位来衡量的。

"慢慢走,欣赏啊!"

旅游总是一个过程。人生就是这样一个发现自己满足自己的漫长旅程。只是以到达目的地为目标,而不会体验旅途生活的人是不会懂得旅游的真正的乐趣的,也就体会不到人生的乐趣。进入阿尔卑斯山麓人们会看到一块牌子,上面写着:"慢慢走,欣赏啊!"这是在提示人们,不要匆匆忙忙赶路,慢慢走,欣赏旅游过程的乐趣。你不是为到达一个什么地方。没有谁命令你前往。路是自由的,且在你的足下。

一道心灵的鸡汤

旅行不仅仅可以放松身体,愉悦眼目,有时更是一道心灵的鸡汤:落日的余晖可以照进内心静谧的港湾,雄浑的瀑布往往激荡胸怀蓬勃的壮志。有时一次旅行,可以增加一个人的见闻,改变一个人的心态,甚至影响一个人的人生。这就是旅行之于人的魅力之所在。

重新认识自己的机会

旅行,让我离开生活一成不变的轨道,走上一条例外的路。看不一样的风光,认识不一样的人,从而让我重新认识自己,认识自己未来的方向,每隔一段时间,感觉厌倦了日复一日周而复始的生活,我就会想出去走走,有朋友同行最好,没有也不勉强。不一定出行要走多么远,只要心灵得到安慰。

深切体会对家的眷恋

每次在旅途之中,我都会十分地想家,想念家里的一切,觉得家于我来说应该就是天堂。为什么平时在家的时候没有这样深刻的感受呢?我想这就是旅行的意义之一吧!这份对家的深切眷恋只有在旅行中体会得才尤为真切。

如果大地可以承受如此巨大的裂痕,那我也可以

为什么要旅行?梅拉尼很好地解答了这个问题。当生活给了她重大的压力,给了她巨大的创伤后,她选择带着两个孩子横跨美国,从西海岸走到东海岸,试图寻找独自面对新生活的勇气。当梅拉尼看见那沐浴着傍晚的夕阳、泛出艳丽红光的科罗拉多大峡谷时,她恍然大悟。"我望着科罗拉多大峡谷,心想,如果大地可以承受如此巨大的裂痕,那我也可以。"

回归到最原始的状态

为什么要去旅行呢?我也常常问自己,是为了离开,还是再开始?我们顶着灰的蓝的天空,走过不同的街道,爬过大大小小的山,触摸的每一条河流都有自己的温度。我们在取景框里摆着各种各样的pose,大多数的时候笑得很傻,偶尔也会在陌生的城市失声哭泣。

一次心的放飞,在这个烦躁的都市里,形形色色的人们有着各自的烦恼,在

一个没有人认识的地方和大自然那么的亲近,也许这就是心灵的回归,回归到最原始的状态……

读懂生命,享受生活

很喜欢一句话,"要么旅行,要么读书,身体和精神必须有一个在路上"。生命本身只是一纸空白,等待着我们自己去充实,去写满。而读书与旅行正是填充生活的两种绝妙方式。读书时,我们沉浸在别人的智慧之中,借他人的灯光,点亮自己的生命。然而生活绝不能只停留在浩瀚的书海当中,我们更要走出书香气韵,让身体与自然融合,真正地读懂生命,享受生活。

"旅行的意义"没有答案,也无可言尽,就像幸福的人生其实各有各的幸福。唯一不变的是阿尔卑斯山山谷中的那句标语所传达的精神,"慢慢走,欣赏啊!"在快速发展的中国,这一点显得尤其重要。美学大师朱光潜先生的《谈美书简》中,也谈到了这句话以及那条两旁景物极美的公路。许多人经过那里,都是坐在汽车里急驶而过,对山谷美景无暇一顾。朱光潜说:"这丰富华丽的世界,便成了一个了无生趣的囚牢,这是一件多么可惋惜的事啊!"

所以,无论旅行还是人生,都需要"慢慢走,欣赏啊!"

第三节　发现你的幸福之地

思考作业之二:如果你可以去任何地方(不用考虑时间的问题、金钱的问题以及路上的风险),你想去哪儿?为什么?更重要的是,那里最吸引你的是什么?相信,对于每一个人而言,一定有一个特别的地方在等待你。在那里,你可以做你自己;在那里,你可以发现内心的宁静与和谐;在那里,你是快乐的!

白居易曾写过一组《忆江南》的词,其中一首:"忆江南,最忆是杭州。山寺月中寻桂子,郡亭枕上看潮头。何日更重游。"他在杭州为官多年,调任后对杭州的休闲生活深深追忆,表现出浓重的地方情结。古时文人骚客对地方的独特情感表达为今人留下了数不胜数的璀璨篇章。而余光中《乡愁》的深情,三毛在周庄啼嘘而泣,青年人对丽江古城的向往,则是现代人地方情结的表现。

地方是一个充满意义的空间,每个人或多或少对某地会有特殊的情感,人文地理学者称其为"地方感"。地方感是"人—地"相互作用下而产生的人对地方的一种反应,因为人的记忆、感受与价值等情感因素与地方资源之间会产生情感意义上的互动,所以人就会产生对地方的依附行为。白居易对杭州的追忆即是地方感的典型表现。

人文主义地理学大师段义孚最早关注到地方的意义,他认为:"在世界中活动的人的反映,通过人的活动,空间被赋予意义……地方是人类生活的基础,在提供所有的人类生活背景的同时,给予个人或集体以安全感或身份感"。这样的理解突破了过去人们总把地方看成一个空间概念的模式,在段义孚的眼中地方有了文化的成分,而那些能够带来类似于家的那种让人放松和愉快的感觉空间,更被认为是"好"的地点,为我们提供了"呵护空间"。由此,我们可以解释,为什么有的旅游者对某些地方会格外地喜爱,旧地重游几次,甚至几十次之多。这些地方大多会带给他们温馨的回忆,天地合一的感觉,犹如儿时被父母呵护一般,并最终升华为荡漾在心头的一种自豪之感、幸福之感。这样的感觉会再次强化旅游者对独特地方的喜爱之情。如图 16-3 所示,在此过程中,几种美好的感觉实现了良性的互动,旅游者的心情也变得更加灿烂。

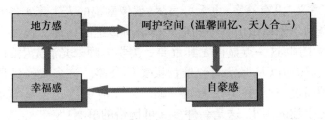

图 16-3　从地方感到幸福感

以下是让我的学生们感到幸福的一些地方:

和顺,让我的心栖息的地方

关于"幸福"每个人都有不同的定义,而我对于"幸福之地"的理解,我想应该是能让我的心栖息的地方。抛开一切的喧嚣与世俗的嘈杂,内心的浮躁慢慢沉淀,用平静的心去聆听去感受周围的那份宁静与和谐。这个地方便是和顺。

喜欢和顺,因为那儿有我童年与小伙伴们在河边嬉戏的回忆;喜欢和顺,因为那里有悠长的小巷,让我静静地走下去;喜欢和顺,因为那一条沿着小镇蜿蜒流淌的小河以及河边的风雨桥,载满了和顺人走四方留下的汗水和对故乡的眷恋;喜欢和顺,因为那一座座古典的民居以及民居里的人和事儿;喜欢和顺,一个让我的心平静下来的栖息之地,一个让我无论走多远都还是想念的地方。

丽江,让我学会放慢脚步

习惯了都市快节奏的生活,突然置身于丽江的青石板间,真正去放慢脚步,放慢生活的节奏,也着实不是一件简单的事。仅仅是短暂的停留,明知几天后又要回到快节奏的都市,但至少这几天我可以舒展紧绷着的神经,放缓自己的脚步,给自己一个喘息的空间。也只有这里,所有的人都自觉地放慢了脚步,尽量使自己的节奏符合古镇的韵律和气息。珍惜那份舒缓的时机,爱上丽江,它让我放慢了生活的脚步。

泰姬陵，对我的生活价值观有很大的影响

比如说，她的唯美激发了我对生活的热爱，让我能感受到这世界是如此的美好。既然有这么美的地方，还有人不会欣赏。其实，人的生命是短暂的，来也匆匆，去也匆匆。所以得珍惜每一分每一秒，珍惜身边每一个人。学会去欣赏身边的人，身边的风景，以及学会感恩、学会满足。我们都应该时刻不要忘记，总会有人在一直默默地关心我们。停止抱怨，因为不知道哪天我们旁边的那些关心我们的人不在了，想感恩也来不及。所以就得珍惜现在，盼望未来。

来自拉萨布达拉宫的启迪

它那挺直高大的身躯，给了我一种刚正的力量；向上倾斜的外墙，屋顶笔直随天空一起消失，有一种神秘的向心力，而且具有军事防御的功能，如同坚实的碉堡，在这里让你不得不知道什么叫静谧和虔诚……看那一路叩首的虔诚的朝圣者，不管天塌地陷，世事变迁，他们总是朝着一个永恒的方向，永恒的信仰走去，让我觉得信仰与习惯的力量是那么强大而富有魅力。

徽州人的徽州梦

当繁华散尽，荣耀不在时，我们要宠辱不惊，要继续坚强骄傲地走下去。在皖南古村落，透过一栋栋百年老屋，我看到的有几世纪前徽商的无限繁华，也看到了时光变迁、兴衰沉浮后的无奈和淡淡的哀伤。然而，徽州人赋予平凡的白墙以马头的形状，似乎早就预见了世事的沧桑。虽然徽商的荣耀渐渐淡去，但是墙上的马头造型与建筑群连在一起，表情依然骄傲睥睨，像是在带领着墙壁向前奔腾，跃向更为广阔的天空。如今的皖南在经历了沧海桑田的变化后，正在以崭新的姿态崛起在江淮大地。而我们也正需要这样的精神，成功也好，失败也罢，我们要有坚强的斗志，任何艰难险阻都不能阻挡我们追求梦想的脚步。过去的荣耀属于过去，未来的成败属于未来，我们能做的就是把握住今天，跟着心底的呼唤踏实前行。

什么样的地方是"好"的地方？故乡常常当仁不让地排在靠前的位置，那里有我们对家的温暖的回忆，是我们心灵栖息之所。接下来，如家般美好的场所，洋溢着浪漫气息的地方，代表着人类永恒追求（如爱情、信仰）的旅游地都会令我们有"相看两不厌"的感觉。世界遗产地，代表着人类发展进程中被证明的、突出的普遍价值，是全人类的心灵家园。在那里，我们身心放松，我们得到安慰和理解，我们获得能量的来源。因此从这个意义讲，保护世界遗产，也是在呵护我们自己，让我们的心有一个寄放之所。

【旅行的意义之四】

旅行,旅行去

图16-4　罗宏·葛哈弗(Laurent Graff)

一个从来没有上过班的隐士,一直用动物学的观点研究和探索着关于人生、旅途、生命存在的意义,这就是法国新生代小说家罗宏·葛哈弗的人生轨迹! 其力作《旅行,旅行去》以日记式的记载和随想跨越了时间和空间,创造了一系列怪异意境,寄寓了葛哈弗对人类灵魂深处自由的渴望与梦想。

"有一个心愿,绝不说说就算! 那就是,戴上墨镜、抛下一切,旅行去! 心意已决,我们的主人翁就要出发。去哪儿呢? 很远很远的地方。什么时候走? 时候到了就走。巴特西克,三十几岁,欧吉桑初级班,在法国诺曼底一家赌场上班当庄家发牌员,着手策划着自己远走他方的旅行。"

从买皮箱到打预防针,从买随身刀到遮阳帽,巴特西克一步步地打点、准备着。然而他天天想着出发,并仔细揣摩着各种旅行的可能性,却终究没能迈出半步。每天照常上班,日子在无聊透顶的侵蚀下随风而逝……然而人生总有挑战,无数的压力终于推动他拖起了那只等待已久的皮箱,四处游走,却终归还是入住在市区的一间旅店。直到他的儿子西蒙在他死后,将骨灰带往月球,才让这位大旅行家、一位永远在心里寻觅他方的梦想家,在一望无垠的世界里划上生命的句点。

看似无章,却井然有序的设计,让轻轻浅浅的意识流于想象与恍然。葛哈弗从另类的视角,用非凡的才情和独特的睿智构建旅行的愉悦与幻象,让自由的心灵之旅驰骋于生活的点滴。

"巴特西克的出发,已经变成一种习惯、一种人生。这是一种没有目的地、什么地方也不去、甚至完全不动身的出发。处在启程的状态,就好像时时都在路过某地。我们是时间的旅人,乘着某艘人生之舟;一出发,就朝死亡接近一点。"

是的,在人生这趟华丽又惊险的旅行中,我们都是逃不掉的时间的旅人。而旅行无论在咫尺还是天涯,都让我们遭遇到自己的内心,在纷繁尘世中寻到一份安心与自在,舒缓掉些许心灵深处的孤寂与创伤。

资料来源:罗宏·葛哈弗,2008;YOKA 时尚网,2008。

参考文献

第一编

ICOMOS(edited by Jukka Jokilehto). What is OUV? Defining the outstanding universal value of cultural world heritage properties[M]. Berlin: Hendrik Bäßler Verlag. 2008.

IUCN(edited by Badman, T, Bomhard, B, Fincke, A, Langley, J, Rosabal, P. and Sheppard, D). Outstanding universal value: Standards for natural world heritage [M]. Gland, Switzerland: IUCN. 2008.

Lonely Planet. 为什么旅行? LONELY PLANET 的故事. 托尼·惠勒和莫琳·惠勒[EB/OL]. http://www.lonelyplanet.com.cn,2011-06-14.

Peter Bartleme. Yosemite conservancy works to fund important youth programs[EB/OL]. http://www.mariposagazette.com/news/2011-03-03/Sierra_Lifestyles/Yosemite_Conservancy_works_to_fund_important_youth.html,2011-03-03.

Searns,R. M. The evolution of greenways as an adaptive urban landscape form [J]. Landscape and Urban Planning,1995,33(1):65—80.

UNESCO. Convention concerning the protection of the world cultural and natural heritage [A]. Bureau of the world heritage committee sixteenth ordinary session [C]. 1992. clt-92-conf003-9e. http://whc.unesco.org/en/documents/635,2011-05-25.

Yale P. From tourist attractions to heritage tourism. Huntingdon: ELM Publications. 1991.

本杰明·穆顿(Benjamin Mouton). 遗产:发展的动力[EB/OL]. 中国古迹遗址保护协会,http://www.icomoschina.org.cn/ggfb/25509.aspx,2010-10-20.

晁华山. 世界遗产[M]. 北京:北京大学出版社,2004. 参考此书的世界遗产地包括:美国大峡谷国家公园、湖南武陵源风景名胜区、赞比亚和津巴布韦的维多利亚瀑布、埃及孟菲斯及其墓地金字塔群、德国科隆大教堂.

单之蔷. 世界遗产是"最好中的最好"吗? [J]. 百姓,2004,(8):52.

邓敏敏. 于丹:完成千山万水中的发现[N]. 中国旅游报,2011-05-16.

邓明艳,罗佳明. 英国世界遗产保护利用与社区发展互动的启示——以哈德良长城为例[J]. 生态经济,2007,(12):141—145.

蒂莫西,博伊德等著,程尽能主译. 遗产旅游[M]. 北京:旅游教育出版社,2007.

傅朝卿. 文化景观与文化路径(建筑保存理论专题讨论稿第二单元)[R]. 台南:成功大学建筑研究所,2004.

姑苏晚报编辑部. 孩子构思的世遗动画片脚本提交教科文[N]. 姑苏晚报,2011-03-01.

国际古迹遗址理事会西安国际保护中心. 世界遗产[EB/OL]. http://iicc. org. cn/IIC-CZH/SiLuShenSui/XiangMuJieS/wh1/Index. html,2011-04-28.

韩博. 新西兰南岛,深入"魔戒"之地[EB/OL]. 时尚旅游,http://www. trends. com. cn/travel/motorists/2010-09/283871. shtml,2010-09-16

韩锋. 世界遗产文化景观及其国际新动向[J]. 中国园林,2007,23(11):18—21.

贺麟. 自然与人生[A]. 1941年7月20日刊登于《思想与时代》第5期. 见:文化与人生[M]. 北京:商务印书馆,1988.

侯仁之,吴良镛,谢凝高等14名专家教授. 保护泰山,拆除中天门——岱顶索道[J]. 中国园林,2000,16(5):71.

江进富. 游客对关渡自然公园亲蟹观察区户外解说牌成效之评估[D]. 硕士论文. 台北:台湾师范大学,2004.

肯·泰勒,韩锋,田丰. 文化景观与亚洲价值:寻求从国际经验到亚洲框架的转变[J]. 中国园林,2007,23(11):4—9.

李京龙,张小林,郑淑婧. 试论世界遗产的出路[J]. 旅游学刊,2006,21(9):86—91.

李伟,俞孔坚. 世界文化遗产保护的新动向——文化线路[J]. 城市问题,2005,(4):7—12.

栗松北. 走近哈德良长城[EB/OL]. 我爱山野,http://www. 5ishanye. com/detail. php? classid=1&cid=81. 2011-12.

林英男. 旅行的历史[M]. 北京:希望出版社,2007.

刘新静. 世界遗产教程[M]. 上海:上海交通大学出版社,2010.18.145.

刘壹青. 天南海北话旅游[J]. 上海经济,2010,(1):38—42.

刘正辉. 试论自然遗产与文化遗产整合保护体系之建构——以台湾世界遗产潜力点为例[A]. 海峡两岸世界遗产规划与管理机制研讨会论文集[C]. 台北:台湾"行政院"文化建设委员会,2007.

欧斌. 论人类共同继承财产原则[J]. 外交学院学报,2003,(4):106.

彭顺生. 世界遗产旅游概论[M]. 北京:中国旅游出版社,2008. 23—24.

荣芳杰. 台湾世界遗产潜力点的机会与挑战[J]. 二十一世纪,2010,总119(6):91—92.

史晨暄. 世界遗产"突出的普遍价值"评价标准的演变[D]. 博士论文. 北京:清华大学,2008.

斯蒂芬·F. 麦库尔. 全球视野与本土经验——中国世界遗产突出的普遍价值及其在保护与管理中的运用[J]. 风景园林,2011,(1):102—113.

宋峰,祝佳杰,李雁飞. 世界遗产"完整性"原则的再思考——基于《实施世界遗产公约的操作指南》中4个概念的辨析[J].中国园林,2009,25(5):14—18.

苏勤,曹有挥,张宏霞,吴萍.旅游者动机与行为类型研究——以世界遗产地西递为例[J].人文地理,2005,总第84(4):82—86.

苏昭旭.环游世界之后的人生观[A].见:环游世界铁道之旅120选[M].台北:人人出版社,2010.

王晶.文化线路申报世界遗产的探讨[J].中国文物科学研究,2011,(1):9—13.

王昕,韦杰,胡传东.中国世界遗产的空间分布特征[J].地理研究,2010,29(11):2080—2088.

威廉·房龙.人类的故事[M].北京:中国妇女出版社,2004.

威廉·林赛.欢迎你回归大自然!——威廉·林赛的心里话[EB/OL].我爱山野,http://www.5ishanye.com/promise.php,2011-05-10.

吴必虎,李咪咪,黄国平.中国世界遗产地保护与旅游需求关系[J].地理研究,2002,21(5):617—626.

吴琪.我所了解的英国哈德良长城[EB/OL].我爱山野,http://www.5ishanye.com/detail.php?classid=1&cid=70,2006.

肖明光.世界遗产是一个民族的身份证[J].风景园林,2004,(9):13.

谢凝高.索道对世界遗产的威胁[J].旅游学刊,2000,15(6):57—60.

薛岚,吴必虎,齐莉娜.中国世界遗产的价值转变和传播理念的引出[J].经济地理,2010,30(5):844—848,870.

雪涌,志刚.文化景观是人类可持续发展的珍贵遗产——北京大学景观设计学研究院院长俞孔坚专访[J].世界遗产,2009,(4):86—91.

杨珂珂.文化线路遗产价值评价特性分析[D].硕士论文.北京:中国建筑研究设计院,2009.

杨志刚.遗产的新类型及保护新思维[A].见:海峡两岸世界遗产规划与管理机制研讨会论文集[C].台北:台湾"行政院"文化建设委员会,2007.

张朝枝.原真性理解:旅游与遗产保护视角的演变与差异[J].旅游科学,2008,(1):1—8,28.

张成渝.《世界遗产公约》中两个重要概念的解析与引申——论世界遗产的"真实性"和"完整性"[J].北京大学学报(自然科学版),2004,40(1):129—138.

张成渝.国内外世界遗产原真性与完整性研究综述[J].东南文化,2010,总第216(4):30—37.

张东操.中国的世界遗产知多少[N].中国青年报,2000-12-27(第4版).

赵鑫珊.世界遗产的价值和意义[J].同济大学学报(社会科学版),2003,14(2):6—7.

邹统钎,王小方,刘溪宁.遗产旅游研究进展[J].湖南商学院学报(双月刊),2009,16(1):72—76.

第二编

《旅行家》编辑. 省立恐龙公园 恐龙"老巢"还原史前想象[J]. 旅行家,2011,(1):34.

《走近科学》编辑部. 大熊猫会消亡吗?[J]走近科学,2010,(03).

阿兰·德·波顿,南治国等译. 旅行的艺术[M]. 上海:上海译文出版社,2004.

安娜·维多利亚瀑布飞彩虹[J]. 草地文学,2007,(3):72—73.

澳大利亚旅游局官网. 探索大堡礁的五种方式[EB/OL]. http://www.australia.com/zhs/explore/icons/great-barrier-reef.aspx,2012-03-07.

北海有鱼. 读《〈诺阿诺阿〉——高更塔希提岛手记》[EB/OL]. http://babyface1960.blogbus.com/logs/15703932.html,2008-02-20.

蔡文清. 霍金预言世界末日,专家称短期移居外星球不现实[N]. 北京晚报,2010-08-11.

曾凡祥. 梦幻大堡礁[J]. 世界遗产. 2010,(4):100—105.

陈周·UNESCO世界自然遗产越南峰牙己榜国家公园[EB/OL]. 越南共产党电子报, http://www.cpv.org.vn/cpv/Modules/News_China/News_Detail_C.aspx?co_id=28340435&cn_id=325175,2008-11-10.

楚克. 在天边撒点野[M]. 北京:华夏出版社,2011.

戴维·迈尔斯著,侯玉波等译. 社会心理学(第8版)[M]. 北京:人民邮电出版社,2006:478—479.

单波. 第三章 人生意义的体验——唐氏人生道德哲学[A]. 见:心通九境——唐君毅哲学的精神空间[M]. 北京:人民出版社,2001.

单之蔷. 桂林:绝对够但却不是世界自然遗产的地方[EB/OL]. 2011-10-11.

方陵生. 魔幻之岛 加拉帕戈斯群岛[J]. 大自然探索,2006,(12):36—44.

冯新灵. 中国气象风景旅游资源及其开发利用[J]. 自然资源,1997,(6):67—73.

高富华,王永. 夹金山,上帝遗忘的后花园——随世遗专家考察"四川大熊猫栖息地"[J]. 风景名胜,2006,(9):80—87.

顾小存. 美国黄石国家公园纪行[J]. 英语知识,2007,(06):10—12.

广州日报记者. 阿根廷最美的冰川开始崩塌[N]. 广州日报,2008-07-09(A12版).

国家旅游局. 2000年入境旅游者抽样调查综合分析报告[EB/OL]. http://www.cnta.com/ziliao/zglyyndbg/200022k.asp,2003-04-05.

胡明. 维多利亚瀑布:津赞两国共同财富[N]. 国际商报,2010-02-08(第012版).

胡炜. 亚马逊河:令人惊异的美丽[J]. 创新科技,2009,(1):54—55.

怀蒙. 回归心灵的自然居所——《乞力马扎罗的雪》在生态美学视野下的解读[J]. 大舞台,2011,(11):282—283.

黄燕. 九寨沟的灵魂[J]. 旅游纵览,2004,(11):55.

黄泽全. 赤道雪峰——乞力马扎罗山[J]. 百科知识,1998,(4):59—60.

蒋勋. 第六讲:河流与文明[A]. 见:美的曙光[M]. 桂林:广西师范大学出版社,2010.

金麟,玫影. 九寨沟瀑布群静谧中的奔腾之姿[J]. 西南航空,2010,(06):32—38.

金涛. 塔希提岛与高更. 科学时报[N],2011-02-17(B3).

九寨沟风景名胜区管理局旅游营销处. 童话世界——九寨沟[J]. 中国园林,2010,26(5):57—58.

李孟顺. 愿冰川永在[J]. 创新科技,2008,(07):58—59.

李晓君. 触摸乞力马扎罗的雪. [J] 旅游,2011,(1):34—41.

李燕琴,张茵,彭建. 旅游资源学[M]. 北京:清华大学出版社 & 北京交通大学出版社,2007.

刘克. 怒江13级水坝开发成定局 两派专家激烈交锋[N]. 新京报,2003-11-25.

刘旸. 乞力马扎罗动植物画卷[J]. 百科知识,2011,(15):11—14.

芦燕娟. 济南泉水申报世界双遗产确定时间表[N]. 济南日报,2006-06-27.

路来森. 山水之美 [EB/OL]. http://lulaisen123. blog. 163. com/blog/static/282070882007427103756228/,2007-05-27.

罗伯特·J. 摩尔,张华侨等译. 全球最美的自然景观[M]. 北京:中国大百科全书出版社,2010. 参考此书的世界遗产地包括:赞比亚和津巴布韦的维多利亚瀑布、美国黄石国家公园、澳大利亚大堡礁、厄瓜多尔加拉帕戈斯群岛.

罗伯特·哈斯(Robert B. Haas). 国家地理每日一图:尤卡坦半岛的火烈鸟[EB/OL]. 译言网,http://article. yeeyan. org/view/wshijf/150033,2010-11-11

美国《侨报》. 领略亚马逊河的神秘自然之美[EB/OL]. 中国新闻网,http://www. chinanews. com/lxsh/news/2010/02-11/2122151. shtml,2010-02-11.

磨房网站. 这里是恐龙的故乡——恐龙省立公园[EB/OL]. http://www. doyouhike. net/forum/globe/489242,0,0,1. html,2011-07-07.

南方日报编辑. 他拿到了"世界上最好工作"[N]. 南方日报,2009-05-07. http://epaper. nfdaily. cn/html/2009-05/07/content_6747942. htm.

欧阳军. 加拉帕戈斯群岛——"活的生物博物馆"[J]. 生态经济,2004,(5):78—80.

潘益大. 为孩子找回失去的星空[N]. 文汇报,2010-06-01(005).

平川. 莱茵河——德国葡萄酒浪漫之旅[J]. 中国酒,1999,(06):100—102.

戚永晔责编,SUNNY 撰文. 特卡波湖:在梵高的星空下[J]. 风景名胜 2011,(2):78—83.

秦昭. 莱茵河谷 走入古老壮美的中世纪传奇[J]. 地图,2011,(03):94—105. 王祖远. 莱茵河[J]. 新青年,2008,(06):2.

邱才桢. 十七世纪下半叶山水画中的黄山形象[D]. 博士论文. 北京:中央美术学院,2005.

人民网. "大熊猫"12 日申遗成功 安阳殷墟 13 日表决[EB/OL]. http://culture. people. com. cn/GB/22219/4587036. html,2006-07-13.

沙润等. 旅游景观审美[M]. 南京:南京师范大学出版社,2005.

沈婷婷. 在冰川邂逅最美的冬季[J]. 海洋世界,2010,(11):49—51.

师卫华. 中国与美国国家公园的对比及其启示[J]. 山东农业大学学报(自然科学版),2008,39(04):631—636.

世界遗产旅游专刊. 意大利的世界遗产:庞贝——火山灰淹没的罗马古城[EB/OL].

孙克勤. 世界遗产学[M]. 北京:旅游教育出版社,2008.

万润龙. 今天,我们如何仰望星空？[N]东方早报,2011-04-28.

维尔. 追寻格瓦拉的足迹阿根廷探险记(上)[J]. 摩托车,2009,(11):60—65.

维尔. 追寻格瓦拉的足迹阿根廷探险记(下)[J]. 摩托车,2009,(12):68—73.

卫中. 印度尼西亚苏门答腊热带雨林列入《世界濒危遗产名录》[EB/OL]. 中国新闻网,http://www.chinanews.com/gj/2011/06-23/3130342.shtml,2011-06-23.

香港地球之友. 抢救黑夜:争取成立星空保育区[EB/OL]. http://www.foe.org.hk/welcome/gettc.asp?id_path=1,%207,%202028,%20150,%204017,%204160,2009-06-18.

项国雄,黄小琴. 传播学视野下的"东学西渐"[J]. 新闻与传播研究,2004,(04):84—88.

萧春雷. 他没有因发现"三江并流"而声名鹊起[EB/OL]. http://blog.sina.com.cn/s/blog_485070310100he2x.html,2010-03-19.

新浪环球地理. 夏威夷火山崩裂出新喷口:喷射熔岩高25米[EB/OL]. http://tech.sina.com.cn/geo/environment/news/2011-03-10/0926687.shtml,2011-03-10.

信息技术与课程整合教法资源库. 非洲乞力马扎罗山的垂直地带性[EB/OL]. http://202.201.109.15/gzshang/tbxt/g1/g1dl/14/3.8/pic/index.htm,2012-03-13.

邢涛,纪江红. 世界自然奇观[M]. 北京:北京出版社,2005:334.

徐俐,张天蔚. 垭口:听徐俐讲梅里转山的故事[M]. 桂林:漓江出版社,2011.

徐新建. "世界遗产":从熊猫栖息地看人类与自然的新调整[J]. 中南民族大学学报(人文社会科学版),2007,27(5):11—15.

杨景春,李有利. 地貌学原理[M]. 北京:北京大学出版社,2001.

杨立杰编,周大庆,陈琛图. 世界自然遗产——三江并流[EB/OL]. 新华网,http://news.xinhuanet.com/ziliao/2003-07/03/content_951199.htm,2003-07-03.

于晓东. 一个人的落基山[M]. 青岛:青岛出版社,2008:自序.

禹春景编译. 加拉帕戈斯群岛:生物进化活博物馆[J]. 世界博览,2005,(02):21—23.

月亮. 梦会阿凡达——亚马逊穿越纪实[EB/OL]. http://www.mafengwo.cn/i/676678.html,2011-03-04.

张成渝. 从世界遗产的角度看地质遗产的价值[J]. 北京大学学报(自然科学版),2005,41(6):898—905.

张成渝. 世界遗产视野下的地质遗产的功能及其关系研究[J]. 北京大学学报(自然科学版),2006,42(2):226—230.

张丹明. 莱茵河中游河谷——葡萄园—古堡—城镇—山河的奏鸣曲[J]. 中国文化遗产,2007,(02):102—107.

张虎,邓崇祝等. 大熊猫叩开"世遗"大门[J]. 科学世界.2007,(01).

张冀巍. 观黄山云海,梦境般的完美时光[EB/OL]. 中国国家地理,http://travel.sina.com.cn/china/2010-01-26/1434124870. shtml,2010-01-26.

张家界导游伴游网. 世界遗产之画景天成武陵源[EB/OL]. http://www.zjjby.com/youji/201012131554441145. html,2010-12-13.

张玲霞. 世界遗产之旅:自然奇景[M]. 北京:中国旅游出版社,2004. 参考此书的世界遗产地包括:美国大峡谷国家公园、四川九寨沟风景名胜区、澳大利亚大堡礁、安徽黄山风景名胜区.

中华人民共和国国家质量监督检验检疫总局. 中华人民共和国国家标准,GB/T18972—旅游资源分类、调查与评价[S]. 2003.

自然之友. 70年代亚马逊热带雨林遭到大规模破坏[A]. 见:20世纪环境警示录[M]. 北京:华夏出版社,2003.

第三编

《博物》编辑. 克里姆林宫塔楼 永远闪耀的红星[J]. 博物,第56期. http://www.zcom.com/article/2579/,2008-08-27.

CCTV《探索·发现》. 秘境追踪:巨石阵 巫术笼罩的地方[EB/OL]. 央视国际,http://www.cctv.com/geography/20050610/101358. shtml,2005-06-10.

GAPP Architects,Urban Designers,Charles Corbett. 玛罗彭——"人类摇篮"遗址的史料和展示中心[J]. 建筑技艺,2009,(11):96—101.

Stanley A. Mulaik,方舟子译. 死亡的意义[EB/OL]. http://nept.blog.163.com/blog/static/642925320106134518952/,2010-07-13.

艾昕. 失落的帝国,马丘比丘[J]. 中华民居,2010,(11):82—97.

爱屋及乌. 凡尔赛宫:宫廷建筑、御花园、特里农[EB/OL]. http://www.reocities.com/bailily_rov/,2012-03-19.

保继刚,陈云梅. 宗教旅游开发研究[J]. 热带地理,1996,16(01):89—96.

保罗·科埃略著,周汉军译. 朝圣[M]. 上海:上海译文出版社,2003.

北京娱乐信报. 秦始皇陵布局谜破解 以封土为中心分四层次[EB/OL]. 腾讯科技,http://tech.qq.com/a/20060404/000319.htm,2006-04-04.

陈柳钦. 城市特色及其挖掘和维育[EB/OL]. 价值中国网,http://www.chinavalue.net/Finance/Article/2010-8-4/192200. html,2010-08-04.

陈帅,汤鉴君. 罗马城的历史文化遗产保护经验与借鉴[J]. 中国科技论文在线,http://wenku.baidu.com/view/c2db4607e87101f69e31959a. html,2010-11-23.

陈文斌. 世界上最长的墙,万里长城[A]. 见:品读世界建筑史[M]. 北京:北京工业大学出版社,2007.

陈熙. 旧城:威尼斯[J]. 文化月刊,2011,(3):94—97.

陈展川. 诗意与理性——中西古典园林风格比较[J]. 华南热带农业大学学报,2007,13

(01):50—54

成寒. 瀑布上的房子—追寻建筑大师莱特的脚印[M]. 北京:三联出版社,2003.

成展鹏,张娅子. 法国小伙的别样旅行:以劳动换食宿体会农场生活[EB/OL]. 中国新闻网,http://www.chinanews.com/life/2011/11-18/3468924.shtml,2011-11-17.

戴斌,周晓歌和梁壮平. 中国与国外乡村旅游发展模式比较研究[J]. 江西科技师范学院学报,2006,(1):16—23.

戴继诚,刘剑锋. 宗教之旅——身心的愉悦与灵魂的洗礼[J]. 青海社会科学,2007,(06):81—84.

丁红. 罕见的传统庶民建筑——日本白川乡合掌村[N]. 光明日报,2008-12-20(008版).

费明. 关于死的思考二[EB/OL]. http://fei-ming.hxwk.org/page/2/,2011-09-18.

冯叙. 文化地理学视野中的地点及其维度——以电影《天使爱美丽》为例[J]. 华中建筑,2008,26(09):1—4.

橄榄. 俄罗斯之魂 克里姆林宫[J]. 走向世界,2011,(25):86—91.

橄榄. 品味威尼斯水城[J]. 走向世界,2009,(16):66—71.

橄榄. 走进神话般的雅典卫城[J]. 走向世界,2009,(19):66—71.

关国澄. 英国巨石阵探秘[J]. 旅游纵览,2007,(01):80—83.

郭树林. 吴哥窟—人类建筑的艺术宝藏[N]. 中华建筑报,2011-11-18(011版).

国家地理系列编委会. 人类遗产之旅[M]. 北京:蓝天出版社,2009.

和兴文化. 世界人工奇观博览[M]. 西安:太白文艺出版社,2010:1.

河流. 俯瞰着爱琴海的雅典卫城[J]. 飞碟探索,2004,(04):32—33.

贺明. 带您开启彩虹之旅:走遍南非[M]. 北京:时事出版社,2010.

胡伯诚. 老胡侃史之三十四:苏州园林何以能进入世界遗产名录[EB/OL]. 人民网,http://su.people.com.cn/GB/channel251/413/200803/17/11405.html,2008-03-17.

胡德坤. 世界遗产[M]. 南宁:广西人民出版社,2002:415,416.

胡竞恺. 论园林美鉴赏与创造[J]. 山东林业科技,2008,38(06):89—91

胡允恒. 世界遗产之旅:老城古镇[M]. 北京:中国旅游出版社,2004a.

胡允恒. 世界遗产之旅:皇宫御苑[M]. 北京:中国旅游出版社,2004b. 参考此书的世界遗产地包括:明清故宫、法国凡尔赛宫及其园林.

胡允恒,黄英. 世界遗产之旅:古代文明[M]. 北京:中国旅游出版社,2004. 参考此书的世界遗产地包括:希腊雅典卫城、陕西秦始皇陵及兵马俑坑、埃及孟菲斯及其墓地金字塔群、柬埔寨吴哥窟、秘鲁马丘比丘城址及古神庙.

胡允恒,邱秋娟. 世界遗产之旅:宗教圣地[M]. 北京:中国旅游出版社,2005. 参考此书的世界遗产地包括:德国科隆大教堂、山东泰山.

黄细嘉,陈志军. 宗教旅游的多维价值及开发利用研究[J]. 宗教学研究,2008,(4):143—147.

黄艳华,张兵,李佳. 北美乡村旅游发展特点及对我国的启示. 昆明大学学报,2006,(02):53—56.

金铁木. 破译兵马俑的历史密码[J]. 中华遗产,2005,(3):76—95.
拉拉. 庞贝:沉睡千年爱别离[J]. 建筑与文化,2011,(02):56—57.
拉特克立夫,崔永禄译. 凡尔赛宫重放异彩[J]. 世界文化,1985,(05):57—58.
来去于海峡二岸间. 秦始皇陵兵马俑 金戈铁马秦军阵[EB/OL]. 凤凰博报,http://blog.ifeng.com/article/13362098.html,2011-09-05.
李建英. 死亡的哲学意义:《禁止死亡》译后记. 安庆师范学院学报[J]:社会科学版,2005,24(03):72—73.
李涛,姜晓东. 克里姆林宫的抉择:苏俄帝国的涅盘[M]. 北京:中国友谊出版公司. 2007.
李晓明. 一起领略日本乡村文化与田园风光[EB/OL]. http://gezidiy.blog.sohu.com/103884272.html,2008-11-07.
李玉祥,吴伯臣,沈国平等. 西递宏村:人与大地的交集[J]. 中华遗产,2007,(12):52—67.
李志民. 丽江的柔软时光[M]. 昆明:云南人民出版社,2003:32.
联合国. 世界文化多样性宣言[C]. 联合国教育、科学及文化组织大会第三十一届会议,2001-11-02.
林少雄. 建筑装饰基调的中西映对[A]. 见:罗哲文,王振复. 中国建筑文化大观[C]. 北京:北京大学出版社,2001.86—90.
刘春玲. 中国古建筑景观的旅游功能与鉴赏[J]. 石家庄高等师范专科学校,2000,2(4):69—72.
刘红缨. 从大视角审视世界遗产城市(上)[N]. 中国旅游报,2007-09-28(007).
刘火雄. 泰姬陵:一滴永恒的爱情之泪[J]. 文史参考,2010,(5):90—93.
刘武,吴新智等. 南非古人类学研究考察散记[J]. 化石,2009,(03):58—68.
卢周来. 乡村社会的魅力[N]. 中国经营报,2009-02-22.
罗哲文. 世界遗产大观[M]. 北京:五洲传播出版社:2008:94.
罗哲文. 万里长城的历史兴衰与辉煌再造[J]. 新湘评论,2010,(03):51—54.
马倩妮.《穆斯林的葬礼》与伊斯兰丧葬文化[J]. 西安社会科学,2009,27(4):164—166.
马晓毅. 这里就是一部历史——科隆大教堂[N]. 光明日报,2007-06-07.
玛利亚. 伊娃尼都,多谢纳. 穆鲁. 雅典卫城:修复项目[M]. 希腊共和国文化部,卫城修复工程部. 2008.
迈克·托瑞摄影,李嫣文. 石头的述说——马丘比丘建筑景观[J]. 中国摄影家,2011,(12):36—43.
孟繁华. 梦幻与宿命:中国当代文学的精神历程[M]. 广州:广东人民出版社,1999.
孟方卿. 千年等待,重释神秘——新雅典卫城博物馆[J]. 缤纷,2009,(07):134—137.
诺伯舒兹著,施植明译. 场所精神——迈向建筑现象学[M]. 武汉:华中科技大学出版社,2010.

钱腾飞. 苏州园林各具魅力——看不同[EB/OL]. 人民网. http://su.people.com.cn/GB/154949/211241/13604244.html,2010-12-28.

邱秋娟,黄英. 世界遗产之旅——艺术瑰宝[M]. 北京:中国旅游出版社,2005.

日本国家旅游局. 白川乡和五个山的合掌结构村落[EB/OL]. http://www.welcome2japan.cn/indepth/scenic/c_3_shirakawa.html,2012-03-13.

蜀茗. 希巴姆古城:"沙漠中的曼哈顿"[J]. 中华建设,2009,(10):92—93.

苏燕. 中国文人的桃源情结[D]. 硕士论文. 长春:东北师范大学,2007.

孙辰文. 克里姆林宫院内的兵器馆(上)[J]. 俄罗斯中亚东欧市场,2004,(9):47—53.

孙克勤. 世界旅游文化[M]. 北京:北京大学出版社,2007:72,210.

唐剑鸣. 中国、日本和意大利园林景观比较浅论[EB/OL]. http://wenku.baidu.com/view/9abf82fd0242a8956bece492.html,2011-08-08.

汪荣祖. 追寻失落的圆明园[M]. 南京:江苏教育出版社,2005.

王兵. 从中外乡村旅游的现状对比看我国乡村旅游的未来[J]. 旅游学刊,1999,14(02):38—42.

王成钊. 巨石阵前的敬畏[J]. 散文选刊. 2008,(05):66.

王青笠. 新世纪如何保护历史文化遗产[N]. 北京青年报,2001-1-17.

王宇. 拿起来就放不下的80个自然地理之谜[M]. 北京:企业管理出版社,2009:1—5.

王早娟. 世界文化现状与宗教旅游走向[J]. 社会科学家,2011,(09):118—121.

王哲一. 吴哥窟见证佛陀生平演绎[J]. 中国宗教,2010,(06):50—52.

王振复. 东方独特的大地文化与大地哲学[A]. 见:罗哲文,王振复. 中国建筑文化大观[C]. 北京:北京大学出版社,2001a. 前言9—13.

王振复. "中国":天下之"中"谁居之[A]. 见:罗哲文,王振复. 中国建筑文化大观[C]. 北京:北京大学出版社,2001b. 8—11.

威廉. 林赛. 万里长城,百年回望——从玉门关到老龙头[M]. 北京:五洲传播出版社,2007:72.

魏明. 幽灵之城马丘比丘[J]. 大自然探索,2010,(07):70—81.

闻静. 隽永的人文山水图——皖南古村落:西递、宏村[J]. 民主,2010,(3):38—40.

吴宝国,陈东云,王岚. 埃及[M]. 重庆:重庆出版社,2004.

吴京垿. 向天堂攀升——科隆大教堂内部空间探析[J]. 装饰,2005,总149(09):56—57.

吴源林,晓文. 英国保护乡村运动八十年[J]. 世界博览,2007,(04):48—53.

武斌卫. 天人合一的中国古建[J]. 山西建筑,2006,32(23):45—46.

喜琳. 避世最佳处,日本岐阜合掌屋世遗村落[EB/OL]. 新浪旅游,http://travel.sina.com.cn/world/2011-07-25/1401159703_4.shtml,2011-07-25.

肖建莉. 从《威尼斯宪章》到《西安宣言》[N]. 文汇报,2006-2-26.

小桥. 巴西作家保罗·科埃略访谈[EB/OL]. 世界之窗,http://www.ewen.cc/qikan/bkview.asp?bkid=19963&cid=33452,2002-05-31.

小者. 谷歌地球搜化石[J]. 新知客,2010,(08):96—99.

辛荷. 跟着陈从周 圈圈点点逛苏州园林[N]. 羊城晚报,2008-08-11(B12).

新浪网. 以建筑的名义,回归东方理想生活[EB/OL]. 2011-07-15.

星光彩绘. 世界奇迹之吴哥窟:给神灵最奢华的供奉[EB/OL]. 新浪旅游网,http://travel. sina. com. cn/world/2011-09-05/1811161717_3. shtml,2011-09-05.

徐征泽. 旷世爱情誓言[J]. 建筑艺术瑰宝. 照相机,2011,(07):46—51.

许丽. 中国古典园林园路的意境美体现[J]. 现代园林,2009,(07):33—35.

晏华. 青山绿水原无价 白墙黑瓦别有情——安徽黟县西递和宏村采风[J]. 统一论坛,2005,总97(3):59—60.

央视国际. 中国的世界遗产:故宫[EB/OL]. http:www. cctv. com/geography/shijieyichan/sanji/gugong. html,2012-03-20.

杨克. 科隆大教堂[EB/OL]. http://yangkeblog. blog. 163. com/blog/static/124595192200971931153146/,2009-01-24.

杨敏芝. 群体组合[A]. 见:罗哲文,王振复. 中国建筑文化大观[C]. 北京:北京大学出版社,2001b. 116—119.

杨锐. 初论"中国五岳"的世界遗产价值(讨论稿)[C]. 四川:第三届世界自然遗产会议,2007-11-06.

于坚. 丽江后面[M]. 昆明:云南人民出版社,2001:1—28.

余秋雨. 文化苦旅[M]. 上海:东方出版中心,1992.

袁留斌. 中国古典园林与英国自然风景式园林的比较[J]. 安徽农业科学,2006,34(22):5834—5835.

袁晓明. 泰山碑刻[EB/OL]. 中华泰山网,http://www. my0538. com/article-77427-1. html. ,2010-10-15

詹姆斯·布坎南,韩旭译. 财产与自由[M]. 北京:中国社会科学出版社,2002.

张弛. 泰姬陵,无法言说的美丽[J]. 山西青年,2009,(Z3):58—59.

张楷模. 狗说狗讲[M]. 昆明:云南人民出版社,2001.

张岚岚. 西方墓园规划建设浅析[J]. 山西建筑,2006,32(08):36—37.

张配. 北京,一个伟大城市的离去[EB/OL]. http://house. focus. cn/showarticle/1903/27491. html,2004-07-07.

郑晴云. 朝圣与旅游:一种人类学透析[J]. 旅游学刊,2008,23(11):81—86.

郑重. 罗纳德. 克拉克在人类摇篮里[N]. 文汇报,2010-05-24(10).

中国网. 巴勒斯坦为圣诞教堂申遗,称此举是建国步骤之一[EB/OL]. http://www. china. com. cn/international/txt/2011-02/12/content_21905940. htm,2011-02-12.

周武忠. 理想家园——中西古典园林艺术比较研究[D]. 博士论文. 南京:南京艺术学院,2001.

猪猪. 吴哥窟的奢侈时光[J]. 西南航空,2010,(10):74—83.

庄鸿雁,张碧波. 从中国的石棚到欧洲的巨石阵——灵石崇拜文化探秘[J]. 学理论,2009,(8):120—125.

第四编

Lonely Planet. 旅行小贴士[M]. 北京:生活·读书·新知三联书店,2006.

Manning, R. E. Studies in outdoor recreation: Search and research for satisfaction[M]. Corvallis, OR: Oregon State University Press, 1999.

McCool, S. F. Limits of Acceptable changes: Evolution and future [A]. In: Towards Serving Visitors and Managing Our Resources. Proceedings of a North American Workshop on Visitor Management in Parks and Protected Areas[C]. Tourism Research and Education Centre, University of Waterloo, 1990, 185—194.

Michael Petzet. Monuments&Sites XIX-The giant Buddhas of Bamiyan: Safeguarding the remains[M]. Berlin, ICOMOS-Hendrik Bäßler, 2009. 26, 65.

YOKA 时尚网. 城市隐士带您《旅行,旅行去》[EB/OL]. 时尚旅游, http://www.yoka.com/life/reading/2008/1230132482.shtml, 2008-12-30.

曹永康. 我国文物古建筑保护的理论分析与实践控制研究[D]. 博士论文. 杭州:浙江大学, 2008.

陈芳. 黄石公园的启示[EB/OL]. 环球, http://news.sina.com.cn/c/2003-08-09/14441510842.html, 2003-08-09.

陈兴中 郑柳青 德国世界遗产保护与可持续发展的经验与启迪[J]. 西南民族大学学报(人文社科版) 2008,(2):204—207.

邓明艳. 国外世界遗产保护与旅游管理方法的启示——以澳大利亚大堡礁为例[J]. 生态经济, 2005,(12):76—79.

葛晓音. 物华天宝,人杰地灵[A]. 见:中国山水文化大观[M]. 北京:北京大学出版社, 1995. 9—10.

顾宋华. 休闲者的地方感研究[D]. 硕士论文. 杭州:浙江大学, 2011.

何鹃,田浩. 战场世界遗产保护问题探析[J]. 湖南社会科学, 2004,(05):151—153.

黄勇. 低碳生活其实并不难,注意衣食住行可减半碳足迹[N]. 中国环境报, 2008-06-13(005).

李蕾蕾. 逆工业化与工业遗产旅游开发:德国鲁尔区的实践过程与开发模式[J]. 世界地理研究, 2002, 11(3):57—65.

刘玉芝. 从奈良,京都历史遗迹看日本文化遗产保护[J]. 中国文化遗产, 2010,(06):106—110.

柳肃. 日本城市文化遗产保护的经验[J]. 湖南文理学院学报:社会科学版, 2009, 34(01):71—74.

罗宏·葛哈弗著,游禹译. 旅行,旅行去[M]. 深圳:深圳报业集团出版社, 2008.

迈拉·沙克利,张晓萍等译. 游客管理——世界文化遗产管理案例分析[M]. 昆明:云南大学出版社, 2004.

施秀芬编译. 世界濒危遗产完全档案[J]. 科学生活, 2004,(3).

孙瑞红,叶欣梁 & 吴国清. 美国旅游地可持续发展现状及启示[J]. 商业研究,2005,(17):161—165.

人民网. 遗产保护不能掉以轻心,"世界遗产"不再随意"接客"[EB/OL]. 中国经济网,http://www.ce.cn/newtravel/lvxw/hyxw/200606/14/t20060614_7333589.shtml,2006-06-14.

谢凝高. 双重遗产的双重属性[EB/OL]. 百家讲坛,http://wx.cclawnet.com/baijiajt/ls036.htm,2004-07-02.

张行. 浅议意大利文化遗产的保护和文明的崛起[J]. 丝绸之路,2009,(22):60—62.

长城小站. 对长城造成破坏的情况分析[EB/OL]. www.thegreatwall.com.cn/awcc/page03.php,2006-12-21.

郑若麟. "我最关心的还是濒危遗产"——访联合国教科文组织世界遗产保护中心主任巴达兰[N]. 文汇报,2004-06-26.

朱煜杰. 跨文化背景下中西世界遗产保护对比研究[J]. 世界遗产,2010,(01):84—89.

朱煜杰. 中西遗产保护比较的几点思考:一个跨文化的视角[J]. 东南文化,2011,(03):118—122.

特别说明

1. "UNESCO 评价"、"遗产价值"主要参考 UNESCO 网站(http://www.unesco.org)各遗产地的相关介绍和文件。

2. 相关内容还参照了维基百科、百度百科、互动百科的部分条目及国家文物局网站之"中国的世界遗产"专栏等内容。

3. 文献庞杂,特别是来自网络的文献,可能有被遗漏之处,在此一并对相关作者为本书提供的支持表示感谢!

附录1 本书图片出处目录

页码	图名		作者	来源
1	图1-1	拆解阿布辛拜勒神庙	Nenadovic	UNESCO网站
2	图1-2	埃及阿布辛拜勒神庙(1979)	Bionet	维基共享资源
3	图1-3	同一个地球,同一个世界	Niamh Burke	UNESCO网站
6	图1-4	1991年和2012年世界遗产的地区分布	李燕琴	本人
8	图1-5	周口店北京人遗址(1987)	孙晔	本人
8	图1-6	2011年文化与自然遗产比例图	李燕琴	本人
11	图1-7	澳大利亚卡卡杜国家公园(1981)	Thomas Schoch	维基共享资源
14	图1-8	菲律宾科迪勒拉山水稻梯田(1995)	Magalhães	维基共享资源
15	图1-9	新西兰汤加里罗国家公园(1993)	Markrosenrosen	维基共享资源
16	图1-10	6处《名录》中的文化线路案例分布图	杨珂珂,2009	见参考文献
17	图1-11	前往圣地亚哥之路(法国部分)	Allan T. Kohl	Kenyon College网站
18	图1-12	世界遗产类型关系图	刘正辉,2007	见参考文献
20	图1-13	世界遗产的申报步骤	不详	维基百科,"世界遗产"条目
20	图1-14	耶路撒冷古城及其城墙(1980)	Berthold Werner	维基共享资源
23	图1-15	《世界遗产与年轻人》	不详	亚马逊网站
25	图1-16	日本法隆寺地区的佛教建筑物(1993)	663highland	维基共享资源
28	图1-17	日本广岛和平纪念碑(1996)	Aude	维基共享资源
29	图1-18	世界文化遗产评价标准的应用比例	李燕琴	本人
29	图1-19	世界自然遗产评价标准的应用比例	李燕琴	本人
30	图1-20	侯仁之教授	不详	北京大学城市与环境学院网站
32	图1-21	中国世界遗产总体分布图	王昕等,2010	见参考文献
37	图2-1	遗产旅游的划分	蒂莫西,2007:13	见参考文献
41	图2-2	英国哈德良长城(1987)	Stevenfruitsmaak	维基共享资源

附录1 本书图片出处目录

（续表）

页码	图名		作者	来源
43	图2-3	香格里拉建水电站	姑苏晚报，2011	见参考文献
44	图2-4	匈牙利霍洛克古村落及其周边（1987）	Krzyżówki	维基共享资源
45	图2-5	惠勒夫妇	Rico Shen	维基共享资源
47	图3-1	保罗·高更（Paul Gauguin）（1848—1903）	公有领域	维基百科
48	图3-2	我们从哪里来？我们是谁？我们往哪里去？	公有领域	维基共享资源
51	图3-3	中国丹霞（2010）	Zhangzhugang	维基共享资源
52	图3-4	意大利的多洛米蒂山脉（2009）	Frisia Orientalis	维基共享资源
54	图3-5	中国云南三江并流保护区	Shizhao	维基共享资源
57	图3-6	"三江并流"八大片区示意图	周大庆，陈琛，2003.	见参考文献
58	图3-7	加拿大艾伯塔省立恐龙公园	Scorpion0422	维基共享资源
61	图3-8	艾伯塔龙的模型	FlickreviewR	维基共享资源
62	图3-9	美国夏威夷火山国家公园	李燕琴	本人
65	图3-10	英国"巨人之路"及其海岸（1986）	überraschungs-bilde	维基共享资源
66	图3-11	湖南省武陵源风景名胜区	孙晔	本人
68	图3-12	"天下第一桥"	孙晔	本人
69	图3-13	美国大峡谷国家公园	罗翊	本人
73	图3-14	越南丰芽—格邦国家公园	Genghiskhanviet	维基共享资源
77	图4-1	阿根廷的伊瓜苏国家公园（1984）	Nanosmile	维基共享资源
77	图4-2	法国巴黎塞纳河畔（1991）	Benh	维基共享资源
78	图4-3	福建的武夷山（1999）	Gisling	维基共享资源
81	图4-4	德国的莱茵河中上游河谷	King	维基共享资源
83	图4-5	猫堡	Wilson44691	维基共享资源
84	图4-6	四川九寨沟风景名胜区	AlexHe34	维基共享资源
87	图4-7	赞比亚和津巴布韦的维多利亚瀑布	John Walker	维基共享资源
89	图4-8	魔鬼池体验	JackyR	维基共享资源
90	图4-9	美国黄石国家公园	孙晔	本人
92	图4-10	为了人民的利益和欣赏	Yunner	维基共享资源
94	图4-11	澳大利亚大堡礁	Rotatebot	维基共享资源
98	图4-12	阿根廷冰川国家公园（阿根廷湖俯瞰）	NASA	维基共享资源
100	图4-13	阿根廷最美的冰川开始崩塌	cascoly，6703573	前图网
104	图5-1	澳大利亚的塔斯马尼亚荒原（1980）	公有领域	光明网
104	图5-2	塞内加尔朱贾国家鸟类保护区（1981）	Ji-Elle	维基共享资源

(续表)

页码	图名		作者	来源
106	图 5-3	巴西亚马逊河中心综合保护区(卫星照片)	NASA	维基共享资源
110	图 5-4	迁徙中的火烈鸟方队	Robert B. Haas	译言网
111	图 5-5	四川大熊猫栖息地	J. Patrick Fischer	维基共享资源
112	图 5-6	四川大熊猫栖息地世界遗产保护区划示意图	人民网,2006	见参考文献
115	图 5-7	厄瓜多尔的加拉帕戈斯群岛(加岛信天翁)	putneymark	维基共享资源
121	图 6-1	四川峨眉山佛光	zhangjie, FF11392	前图网
122	图 6-2	安徽黄山风景名胜区	Chi King	维基共享资源
123	图 6-3	石涛(1630—1724)黄山图	Shizhao	维基共享资源
126	图 6-4	坦桑尼亚的乞力马扎罗国家公园	RogerJH, 14674337	前图网
128	图 6-5	乞力马扎罗山的气候垂直带谱	信息技术与课程整合教法资源库,2012.	见参考文献
130	图 6-6	新西兰的特卡波镇的星空自然保护区(约翰山天文台)	Evil Monkey	维基共享资源
132	图 6-7	阿兰·德·波顿(Alain de Botton)	Charlotte de Botton	KQED网站
138	图 7-1	皖南古村落之宏村月沼	Jma	维基共享资源
141	图 7-2	敬爱堂的"孝"字	不详	人民教育出版社网站
143	图 7-3	日本的白川乡和五屹山历史村落	663highland	维基共享资源
148	图 8-1	意大利的维罗纳城(2000)	Tillea	维基共享资源
149	图 8-2	比利时的布鲁塞尔大广场(1998)	Moyogo	维基共享资源
150	图 8-3	西班牙的科尔多瓦历史中心(1984)	James (Jim) Gordon	维基共享资源
152	图 8-4	云南丽江古城	孙晔	本人
154	图 8-5	纳西族妇女的传统服饰——"披星戴月"披肩	罗翀	本人
156	图 8-6	意大利威尼斯及其泻湖(叹息桥)	QMeuh	维基共享资源
159	图 8-7	威尼斯传统交通工具:贡多拉	Radomil	维基共享资源
161	图 9-1	意大利的庞贝、赫库兰尼姆和托雷安农齐亚塔考古区(1997)	Kim Traynor	维基共享资源
164	图 9-2	中国明清皇陵(明显陵、清东陵、清西陵—2000)(明十三陵、明孝陵—2003)	孙晔	本人

(续表)

页码	图名	作者	来源
164	图9-3 匈牙利布达佩斯的多瑙河两岸、布达城堡区和安德拉什大街(2002)	Gisling	维基共享资源
165	图9-4 北京皇家祭坛——天坛(1998)	冯成	维基共享资源
166	图9-5 中国杭州西湖文化景观(2011)	孙晔	本人
167	图9-6 玻利维亚的蒂瓦纳科文化的精神和政治中心(2000)	Mhwater	维基共享资源
168	图9-7 英国的"巨石阵"	garethwiscombe	维基共享资源
171	图9-8 南非古人类化石遗址(罗百氏傍人)	José Braga; Didier Descouens	维基共享资源
175	图9-9 洪都拉斯的科潘玛雅古迹遗址(1980)	Bumihills, 1660107	前图网
175	图9-10 中国长城	孙晔	本人
179	图9-11 八达岭残长城	李燕琴	本人
179	图9-12 希腊雅典卫城	Christophe Meneboeuf	维基共享资源
182	图9-13 厄瑞克修姆神庙的少女像柱	Dennis Jarvis	维基共享资源
187	图10-1 瑞典的斯科斯累格加登公墓(1994)	BloodIce	维基共享资源
188	图10-2 俄罗斯的新圣女修道院(2004)	Anne-Laure	维基共享资源
188	图10-3 陕西秦始皇陵及兵马俑坑	孙晔	本人
190	图10-4 秦始皇陵布局	北京娱乐信报,2006.	见参考文献
192	图10-5 埃及孟菲斯及其墓地金字塔群	Ricardo Liberato	维基共享资源
194	图10-6 半湮于沙土中的狮身人面像	公有领域	维基百科
197	图11-1 墨西哥的特奥蒂瓦坎(1987)	Jackhynes	维基共享资源
198	图11-2 法国的圣米歇尔山及其海湾(1979)	Benh LIEU SONG	维基共享资源
199	图11-3 澳大利亚的悉尼歌剧院(2007)	Mfield	维基共享资源
200	图11-4 埃塞俄比亚的拉利贝拉岩石教堂(1978)	Giustino	维基共享资源
200	图11-5 中国的拉萨布达拉宫历史建筑群(1994)	joaquin uy	维基共享资源
201	图11-6 中国明清故宫	孙晔	本人
203	图11-7 角楼	Charlie fong	维基共享资源
204	图11-8 俄罗斯克里姆林宫及红场	不详	来自 www.kremlin.ru
209	图12-1 捷克的克罗麦里兹花园和城堡(1998)	haak78, 8115251	前图网

(续表)

页码	图名		作者	来源
211	图 12-2	法国的枫丹白露宫和花园（1981）	Photo by DAVID ILIFF. License：CC-BY-SA 3.0	维基共享资源
212	图 12-3	江苏苏州古典园林（拙政园之"与谁同坐轩"）	外史公 Liu Runen	维基共享资源
215	图 12-4	法国凡尔赛宫及其园林	公有领域	维基共享资源
217	图 12-5	造园师安德列·勒诺特	公有领域	维基共享资源
221	图 13-1	甘肃敦煌莫高窟（1987）	公有领域	维基共享资源
222	图 13-2	柬埔寨吴哥窟	Bjørn Christian Tørrissen	维基共享资源
225	图 13-3	高棉的微笑	Hans Stieglitz	维基共享资源
227	图 13-4	意大利的比萨大教堂广场（1987）	Georges Jansoone	维基共享资源
227	图 13-5	梵蒂冈城（1984）	Monchelsea	维基共享资源
228	图 13-6	德国科隆大教堂（1900 年左右教堂旧景）	公有领域	维基共享资源
231	图 13-7	印度泰姬陵	Yann	维基共享资源
234	图 13-8	保罗·科埃略（Paulo Coelho）	Xavier González, fotógrafo	维基共享资源
236	图 14-1	故宫被游客挤得水泄不通	绿色世界	深圳热线
238	图 14-2	危地马拉的蒂卡尔国家公园（1982）	Raymond Ostertag	维基共享资源
239	图 14-3	瑞典的拉普人居住区（1996）	Photoglob AG Zürich	维基共享资源
240	图 14-4	希腊的曼代奥拉修道院（1988）	Rudolf Bauer	维基共享资源
241	图 14-5	山东泰山	Charlie fong	维基共享资源
245	图 14-6	秘鲁马丘比丘城址及古神庙	Martin St-Amant	维基共享资源
251	图 15-1	黑山的科托尔自然保护区和文化历史区（1979）	Michal Krumnikl	维基共享资源
255	图 15-2	秘鲁的昌昌考古区（1986）	Håkan Svensson	维基共享资源
261	图 15-3	阿富汗巴米扬山谷的文化景观和考古遗迹（2003）	Michael Petzet，2009	见参考文献

(续表)

页码	图名		作者	来源
262	图15-4	中国的青城山——都江堰(2000)	Huowax	维基共享资源
263	图15-5	美国的约塞米蒂国家公园(1984)	Brocken Inaglory	维基共享资源
265	图15-6	德国埃森的关税同盟煤矿工业区(2001)	Neptuul	维基共享资源
268	图15-7	日本的古京都遗址(1994)	罗翊	本人
272	图16-1	我国AAAAA绿色饭店标牌	不详	百度图片
273	图16-2	美国拱门国家公园的标牌	李燕琴	本人
278	图16-3	从地方感到幸福感	李燕琴	本人
280	图16-4	罗宏·葛哈弗(Laurent Graff)	YOKA时尚网,2008	见参考文献

附录 2　案例讨论目录[①]

排序	案例讨论题目
案例讨论 1	怒江水电开发的争论
案例讨论 2	恐龙的灭绝是进步,还是退步?
案例讨论 3	夏威夷沙石——最危险的纪念品
案例讨论 4	是"乾坤柱",还是"哈利路亚山"?
案例讨论 5	大峡谷西缘人造 U 型空中桥廊——玻璃桥(Skywalk)
案例讨论 6	没有尽头的地下世界——韩松洞
案例讨论 7	12 个人管理好一条横跨 9 个国家的国际河流
案例讨论 8	山地灾害——九寨沟美丽的奠基者
案例讨论 9	维多利亚大瀑布上演"黑夜彩虹"奇观
案例讨论 10	2012,黄石火山爆发"来了"又"走"?
案例讨论 11	2050,大堡礁是否消失?
案例讨论 12	阿根廷冰川首次在冬季崩塌
案例讨论 13	谁能帮亚马逊热带雨林走出危机?
案例讨论 14	吕植——和大熊猫最亲近的人
案例讨论 15	加拉帕戈斯群岛的回归之路
案例讨论 16	水墨黄山——中国山水画永不枯竭的源泉
案例讨论 17	乞力马扎罗山的"雪"危机
案例讨论 18	心灵被黑暗点亮
案例讨论 19	桃花源,中国人的理想家园
案例讨论 20	日本反思申遗热:花钱申遗,不如花钱保护
案例讨论 21	丽江纳西古乐与宣科
案例讨论 22	如何应对成功?
案例讨论 23	巨石阵治病救人
案例讨论 24	一半是古猿,一半是直立人
案例讨论 25	长城为什么伟大?
案例讨论 26	从丰厚的文化传统中汲取前进的力量

[①] 全文请在北京大学出版社网站(www.pupbook.com)教学课件专区下载。

（续表）

排序	案例讨论题目
案例讨论 27	25 亿元的诱惑：秦始皇陵目前是否应该打开？
案例讨论 28	金字塔建造的秘密——以协作的方式朝向共同的目标
案例讨论 29	故宫告别星巴克
案例讨论 30	战时克里姆林宫因何未被炸毁？
案例讨论 31	苏州博物馆新馆——贝聿铭于故乡的封笔之作
案例讨论 32	路易十四，凡尔赛宫花园中的"导游"
案例讨论 33	高棉的微笑
案例讨论 34	千秋功罪，谁予评说——科隆大教堂前景何在？
案例讨论 35	慈善赞助下的泰姬陵修复工程
案例讨论 36	泰山为什么"崇高"？
案例讨论 37	石头的献礼，永恒的智慧